Ekkehard Kaier
Dietrich Franz

MS-DOS-Wegweiser
Festplatten-Management
Kompaktkurs

Mikrocomputer sind Vielzweck-Computer (General Purpose Computer) mit
vielfältigen Anwendungsmöglichkeiten wie Textverarbeitung, Datei/Daten-
bank, Tabellenverarbeitung, Grafik und Musik. Gerade für den Anfänger ist
diese Vielfalt häufig verwirrend. Hier bieten die Wegweiser-Bücher eine klare
und leicht verständliche Orientierungshilfe.

Jedes Wegweiser-Buch wendet sich an Benutzer eines bestimmten Mikro-
computers bzw. Programmiersystems mit dem Ziel, Wege zu den grundlegenden Anwendungsmöglichkeiten und damit zum erfolgreichen Einsatz
des jeweiligen Computers zu weisen.

Bereits erschienen:

BASIC-Wegweiser
- für den IBM Personal Computer und Kompatible
- für Commodore Amiga
- GFA-Basic Wegweiser Komplettkurs

Turbo-Basic-Wegweiser
- Grundkurs

Turbo-C-Wegweiser
- Grundkurs

Quick C-Wegweiser
- Grundkurs

Turbo Pascal-Wegweiser
- Grundkurs
- Aufbaukurs
- Übungen zum Grundkurs
- Kompaktkurs mit Diskette (incl.)

Festplatten-Wegweiser
- für IBM PC und Kompatible unter MS-DOS

MS-DOS-Wegweiser
- Grundkurs
- Festplatten-Management, Kompaktkurs mit Diskette (incl.)

Multiplan-Wegweiser
- Kompaktkurs mit Diskette (incl.)

In Vorbereitung
- SQL-Wegweiser
- dBASE-Wegweiser, Grundkurs
- Word-Wegweiser, Grundkurs

Zu allen Wegweisern sind die entsprechenden Disketten lieferbar.
(Bestellkarten jeweils beigeheftet)

Ekkehard Kaier
Dietrich Franz

MS-DOS-Wegweiser
Festplatten-Management
Kompaktkurs

Mit 98 Befehlsdateien

Springer Fachmedien Wiesbaden GmbH

Der Verlag Vieweg ist ein Unternehmen der Verlagsgruppe Bertelsmann.

Umschlaggestaltung: Peter Lenz, Wiesbaden

ISBN 978-3-528-04715-3   ISBN 978-3-322-89432-8 (eBook)
DOI 10.1007/978-3-322-89432-8

Vorwort

Das vorliegende Wegweiser-Buch wendet sich an alle, die einen Personalcomputer unter MS-DOS 4 bzw. PC-DOS 4 betreiben und den Speicherraum der Festplatte ökonomisch organisieren und sicher kontrollieren müssen. In fünf Abschnitten werden dazu das erforderliche Grundlagenwissen vermittelt und modellhafte Anwendungen dargestellt.

- Abschnitt 1: Erläuterung von Festplattentypen und -technologie.

- Abschnitt 2: Alle Befehle bis MS-DOS 4 werden alphabetisch mit allgemeinem Befehlsformat und Beispielen aufgelistet. Zusätzlich wird ausführlich auf die festplattenorientierten Befehle zum Installieren von MS-DOS, zum Aufbau von baumartigen Verzeichnissen, zum Erstellen von Batch-Dateien und zur Gestaltung der DOS-Umgebung eingegangen.

- Abschnitt 3: Drei Modelle zum Festplattenmanagement werden erklärt:
  Modell 1 für den eiligen Einsteiger.
  Modell 2: Einfaches Menüsystem mit Stapeldateien zum direkten Anwählen aller verfügbaren Anwendungen und Verzeichnisse.
  Modell 3: Professionelles Menüsystem, das alternativ für Maus-, Cursortasten- oder Funktionstastenwahl ausgelegt ist. Das Modell wird über einen zusätzlichen Befehl (COM-Datei) kontrolliert, der in eine Stapeldatei integriert ist.

- Abschnitt 4: Eine Vielzahl von komfortablen Stapelprogrammen zum Festplatten-Management werden entwickelt. Unter Nutzung aller Möglichkeiten von DOS, wie Escape-Sequenzen zur Gestaltung des Bildschirms, rekursiver Stapelprogrammaufruf, Piping und Datenumleitung, werden Programme für Computeranimation (bewegte Bilder), für spezielle Druckaufgaben, für Eingaben von Maschinenprogrammen, für Taschenrechnerfunktionen usw. dargestellt.

- Abschnitt 5: Ein Patch-Kurs mit DEBUG zeigt, wie auch Laien Maschinenprogramme eingeben, ändern und für sich anwenden können.

Für eilige Benutzer: Das Wegweiser-Buch läßt sich auch als Nachschlagewerk einsetzen. Aus diesem Grunde sind das Inhalts-, das Befehls- und das Sachwortverzeichnis sehr detailliert aufgegliedert.

Heidelberg, im Juli 1989

Ekkehard Kaier
Dietrich Franz

Inhaltsverzeichnis

1 Festplatten-Management über die DOS-Shell 1

1.1 Festplatte als Externspeicher 3
   1.1.1 Personalcomputer (PC) als Computertyp 3
   1.1.2 Vom Disketten-Manager zum Festplatten-Verwalter 3
   1.1.3 Vier Typen von Festplatten 5
   1.1.4 Kleine Festplatten-Technologie 6

1.2 MS-DOS auf der Festplatte installieren 8
   1.2.1 MS-DOS menügesteuert installieren 8
      1.2.1.1 Disketten bereitlegen (Schritt 1) 9
      1.2.1.2 Installieren (Schritt 2) 9
      1.2.1.3 Konfigurationsdateien umbenennen (Schritt 3) 10
      1.2.1.4 System neu starten (Schritt 4) 11
   1.2.2 MS-DOS „von Hand" installieren 12
      1.2.2.1 Fünf-Schritte-Vorgehen 12
      1.2.2.2 Festplatte mit mehreren Partitions 13

1.3 Menü-Oberfläche bzw. DOS-Shell 15
   1.3.1 Menü-Oberfläche und Befehlszeilen-Oberfläche 15
   1.3.2 Hauptmenü als Programmstartmenü 16
   1.3.3 Verzeichnis der Menübefehle 17
   1.3.4 Parameter des Befehls SHELLC 19
      1.3.4.1 SHELLC in Datei DOSSHELL aufrufen 19
      1.3.4.2 Verzeichnis der Parameter 20
   1.3.5 Programmstartkommandos 22
      1.3.5.1 Aufbau eines Menüpunktes 22
      1.3.5.2 Verzeichnis der Programmstartkommandos 24

1.4 Datensicherung der Festplatte 26
   1.4.1 Über die Menü-Oberfläche sichern 26
      1.4.1.1 Sicherungskopie auf Festplatte erstellen 26
      1.4.1.2 Sicherungskopie zurückspeichern 28
   1.4.2 Über die Befehlszeilen-Oberfläche sichern 29
      1.4.2.1 Sicherungskopie erstellen mit BACKUP 30
      1.4.2.2 Zurückspeichern mit RESTORE 31
   1.4.3 Datensicherungs-System 32

1.5 Benutzerdefinierte Menüs 33
   1.5.1 Eine neue Menügruppe hinzufügen 33
   1.5.2 Menüpunkte in der Menügruppe speichern 34
      1.5.2.1 Befehlsstapel im Menüpunkt 34
      1.5.2.2 Programmstartkommandos im Menüpunkt 35
      1.5.2.3 Kennwort und Stapeldatei im Menüpunkt 38
      1.5.2.4 Eingabe des Dateinamens im Menüpunkt 40
      1.5.2.5 Befehlsziele mit beliebiger Eingabe 41

2 Festplatten-Management über die DOS-Befehlszeile 43

2.1 Vereinbarungen 45
    2.1.1 Bezeichner 45
    2.1.2 Editiermöglichkeiten 47
    2.1.3 Befehlstypen 48

2.2 Befehlsverzeichnis 49

2.3 Verzeichnisbefehle 69
    2.3.1 Verzeichnis mit Baumstruktur anlegen 69
        2.3.1.1 Baum aufbauen mit MD, RD, CD (Schritt 1) 71
        2.3.1.2 Dateien in Verzeichnisse kopieren (Schritt 2) 72
        2.3.1.3 Dateien im Stammverzeichnis löschen (Schritt 3) 73
    2.3.2 Zugriffspfad festlegen 74
    2.3.3 Verzeichnisse und Dateien kopieren 75

2.4 Stapelverarbeitungsbefehle 81
    2.4.1 Stapeldatei erstellen, ausführen und anzeigen 81
    2.4.2 Stapeldatei mit auswechselbaren Parametern 84

2.5 Umgebungsbefehle 90
    2.5.1 Aktives Verzeichnis als Umgebungselement 91
    2.5.2 Konfiguration 92
        2.5.2.1 Konfigurieren beim Systemstart 93
        2.5.2.2 Datei CONFIG.SYS in elementarer Form 94
        2.5.2.3 Datei AUTOEXEC.BAT in elementarer Form 96
    2.5.3 Umgebungsvariablen 98
        2.5.3.1 Von MS-DOS in die Umgebung eingefügte Variablen 98
        2.5.3.2 Vom Benutzer definierte Umgebungsvariablen 99
    2.5.4 Filterbefehle 100
    2.5.5 Umleitung der Ein-/Ausgabe 101
        2.5.5.1 Umleitung 102
        2.5.5.2 Umleitung und Pipe (Datenübergabe) 103

3 Festplatten-Management über benutzerdefinierte Menü-Modelle 105

3.1 Modell 1: Elementares System mit Unterverzeichnissen 105
    3.1.1 Diskette simuliert Festplatte 107
        3.1.1.1 Bootfähige Diskette formatieren 107
        3.1.1.2 Unterverzeichnisse in Ebene 2 bis 4 anlegen 108
        3.1.1.3 Konfigurationsdateien ins Stammverzeichnis eingeben 115
        3.1.1.4 Dateien in die Verzeichnisse kopieren 117
    3.1.2 Festplatte organisieren 120
        3.1.1.1 Bootfähige Festplatte einrichten 120
        3.1.1.2 Unterverzeichnisse in Ebene 2 bis 4 anlegen 120
        3.1.1.3 Konfigurationsdateien ins Stammverzeichnis eingeben 115
        3.1.1.4 Dateien in die Verzeichnisse kopieren 117

3.2 Modell 2: Menüorientiertes System mit Stapeldateien 123
  3.2.1 Verzeichnisstruktur einrichten 125
  3.2.2 Menü bereitstellen 127
    3.2.2.1 Textdatei MENU.TXT 127
    3.2.2.2 Stapeldatei MENU.BAT 129
  3.2.3 Stapeldateien für die jeweilige Menüwahl 130
    3.2.3.1 Speicherung der Stapeldateien 130
    3.2.3.2 Starten eines Werkzeugs ohne RAM-Disk 135
    3.2.3.3 Starten eines Werkzeugs mit RAM-Disk 135

3.3 Modell 3: Menüorientiertes System mit Assembler-Programm 137
  3.3.1 Schritt 1: Bootfähige Festplatte einrichten 140
  3.3.2 Schritt 2: Unterverzeichnisse in den Ebenen 2 bis 4 anlegen 140
  3.3.3 Schritt 3: Konfigurationsdatei CONFIG.SYS einrichten 141
  3.3.4 Schritt 4: Anpassungsdatei AUTOEXEC.BAT einrichten 141
  3.3.5 Schritt 5: Menü bereitstellen 142
    3.3.5.1 Textdatei MENU.TXT 143
    3.3.5.2 Stapeldatei MENU.BAT 145
    3.3.5.3 Programm MENUKEYS.COM 151
  3.3.6 Schritt 6: Einfügen von einfachen Untermenüs 169
    3.3.6.1 Datei MENU.TXT im Unterverzeichnis \HILFE\UTIL 171
    3.3.6.2 Datei MENU.BAT im Unterverzeichnis \HILFE\UTIL 174
  3.3.7 Schritt 7: Einfügen von Untermenüs mit automatischen
     Voreinstellungen 176
    3.3.7.1 Datei MENU.TXT in den Unterverzeichnissen
       \TOOL\DBASE und \TOOL\WORD 178
    3.3.7.2 Datei MENU.BAT in den Verzeichnissen
       \TOOL\DBASE und \TOOL\WORD 179

4 Stapelverarbeitung als Hilfsmittel 183

4.1 Programmierung von Stapeldateien 185
  4.1.1 Allgemeine Programmiertips 185
  4.1.2 Ausgewählte Beispiele 188
    4.1.2.1 Umgebungsvariablen ansprechen 188
    4.1.2.2 Eingabe von Parametern abfragen 189
    4.1.2.3 Parameter beim Stapelaufruf trennen 191
    4.1.2.4 FOR innerhalb und außerhalb des Stapels 191
    4.1.2.5 Stapeldateien verketten 193

4.2 Escape-Sequenzen 194
  4.2.1 Systemanfragen erzeugen 195
    4.2.1.1 Systemanfrage links unten 195
    4.2.1.2 Systemanfrage rechts oben 196
  4.2.2 Zeichenattribute setzen 197
    4.2.2.1 DISKCOPY und FORMAT mit Warnung 199
    4.2.2.2 Einfaches Passwortsystem 200

4.2.3 Tastenbelegung vornehmen 204
    4.2.3.1 Belegung von Tasten mit PROMPT 205
    4.2.3.2 Belegung von Tasten mit ECHO 207
    4.2.3.3 Belegung von Tasten von TYPE 208

4.3 Stapeldateien für Fortgeschrittene 211
  4.3.1 Mehr Komfort bei der Festplattenverwaltung 212
    4.3.1.1 Dateien aufspüren mit FINDFILE.BAT 212
    4.3.1.2 Textstellen in Verzeichnissen suchen mit
        FINDTEXT.BAT 216
    4.3.1.3 Dateien sichern mit BACK.BAT 218
    4.3.1.4 Dateien zurückspeichern mit REST.BAT 221
    4.3.1.5 Aufruf von Standardprogrammen von allen Laufwerken
        und Verzeichnissen 222
  4.3.2 Druckroutinen 226
    4.3.2.1 Mehrfachdruck von Text mit Verteiler
        VPRINT.BAT 227
    4.3.2.2 Etikettendruck für jeden Bedarf mit EPRINT.BAT 230
    4.3.2.3 Dateigruppen drucken mit APRINT.BAT als
        „rekursivem“ Programm 232
    4.3.2.4 Dateien mit Tagesdatum und Uhrzeit drucken 236
    4.3.2.5 Dateien mit Zeilennummern drucken mit
        ZPRINT.BAT 238
    4.3.2.6 Druckkosmetik mit SETPRN.BAT 239
    4.2.3.7 Platzsparender Druckprogrammaufruf mit
        Menüprogramm PR.BAT 244
  4.3.3 RAM-Disk-Schalter für virtuelle Speicher 253
    4.3.3.1 RAM-Disk einrichten mit RAMDISK1.BAT 253
    4.3.3.2 Automatische Programmgenerierung mit
        RAMDISK2.BAT 260
  4.3.4 Bequemes Blättern und Löschen 263
    4.3.4.1 In Dateien blättern mit TYPE.BAT 263
    4.3.4.2 Blättern bei Angabe des Dateinamens mit TYPE2.BAT 266
    4.3.4.3 Verzeichnisse mit Inhalt durch einen Befehl löschen
        mit SCRATCH.BAT 267
  4.3.5 Weitere nützliche Stapel 268
    4.3.5.1 Multifunktionaler Taschenrechner in DOS 269
    4.3.5.2 Assembler- und Maschinenprogramme mittels Stapel
        erstellen 271
    4.3.5.3 Computer-Animation mit Stapeldateien 279

5 Patch-Kurs mit DEBUG 289

5.1 DEBUG.COM als Testhilfeprogramm 291
  5.1.1 Befehle zum Patchen 292
  5.1.2 Unterscheidung von Segment- und Offsetdaresse 293

5.2 Ester Patchversuch in sechs Schritten 297
    5.2.1 Schritt 1: DEBUG.COM starten 297
    5.2.2 Schritt 2: Register anzeigen mit Befehl R 297
    5.2.3 Schritt 3: Dump anzeigen mit Befehl D 298
    5.2.4 Schritt 4: Daten direkt eingeben mit Befehl E 299
    5.2.5 Schritt 5: Daten schreiben mit Befehl W 302
    5.2.6 Schritt 6: DEBUG.COM verlassen mit Befehl Q 302

5.3 Zweiter Patchversuch mit einem ausführbaren Programm 303
    5.3.1 Schritt 1: COM-Datei untersuchen 303
    5.3.2 Schritt 2: Texte in Programmen ändern 304
    5.3.3 Schritt 3: Geändertes Programm zurückschreiben 306

5.4 Eingabe von Programmen 308
    5.4.1 Eingabe von Assemblerprogrammen 308
        5.4.1.1   Schritt 1: Assembler-Anweisungen eingeben mit
                  Befehl A 309
        5.4.1.2   Schritt 2: Programmlänge ermitteln mit Befehl H 310
        5.4.1.3   Schritt 3: Programm sicherstellen mit Befehl N und W 311
        5.4.1.4   Schritt 4: Kontrolle über Unassemble-Befehl U 312
        5.4.1.5   Schritt 5: Programm testen und korrigieren 313
        5.4.1.6   Schritt 6: Progammeingabe üben mit DELAY.COM 314
    5.4.2 Eingabe von Maschinenprogrammen 316
        5.4.2.1   Schritt 1: Maschinen-Anweisungen eingeben
                  mit Befehl E 316
        5.4.2.2   Schritt 2: Programmlänge ermitteln 317
        5.4.2.3   Schritt 3: Programm sicherstellen mit Befehlen
                  R, N und W 318
        5.4.2.4   Schritt 4: Kontrolle durch Dump-Befehl D 319
        5.4.2.5   Schritt 5: Programm testen und korrigieren 320
        5.4.2.6   Schritt 6: Programmeingabe mit BOOT.COM 321

Anhang 321

ASCII 321

Gegenüberstellung von ASCII und EBCDIC 324
Erweiterter Zeichensatz 325
ANSI.SYS-Befehle für den Bildschirm 326
ANSI.SYS-Befehle zur Cursorsteuerung 328
ANSI.SYS-Befehle zur Tastaturbelegung 330
Umwandlung von hexadezimaler und dezimale Darstellung 322
Dualsystem, Hexadezimalsystem und Dezimalsystem 334
DEBUG.COM-Befehle 335
Farbnummerntabelle für MENUKEYS.COM (Abschnitt 3.3.5.3) 336

Programmverzeichnis 338

Sachwortverzeichnis 339

MS-DOS-Wegweiser Festplatten-Management Kompaktkurs

1	**Festplatten-Management über die DOS-Shell**	**1**
2	Festplatten-Management über die DOS-Befehlszeile	43
3	Festplatten-Management über benutzerdefinierte Menü-Modelle	105
3.1	Modell 1: Elementares System mit Unterverzeichnissen	105
3.2	Modell 2: Menüorientiertes System mit Stapeldateien	123
3.3	Modell 3: Menüorientiertes System mit Assembler-Programm	137
4	Stapelverarbeitung als Hilfsmittel	183
5	Patch-Kurs mit DEBUG	289

1.1 Festplatte als Externspeicher

1.1.1 Personalcomputer (PC) als Computertyp

Drei Typen von Datenverarbeitungssystemen bzw. Computern lassen sich unterscheiden:

Großcomputer	(sogenannte Mainframes)
Personalcomputer	(abgekürzt PCs)
Homecomputer	(vom Finanzamt nicht "anerkannt")

Gelegentlich siedelt man zwischen Groß- und Personalcomputern noch die Anlagen der Mittleren Datentechnik (MDT) an - auch als Mini- oder MidiComputer bezeichnet. Das vorliegende Buch wendet sich an PC-Benutzer. PC steht dabei für Personalcomputer.

Die Personalcomputer wiederum teilt man ebenfalls in Klassen ein:

> Personalcomputer der PC-Klasse (Prozessor 8088)
>
> Personalcomputer der XT-Klasse (eXtended Technology, Prozessor 8086)
>
> Personalcomputer der AT-Klasse (Advanced Technology, Prozessor 80286)
>
> Personalcomputer der 386-Klasse (Prozessor 80386)

Verwirrend dabei ist, daß der PC erneut als Unterscheidungsbegriff auftaucht - freilich in einem engeren und auf die Prozessor-Technologie bezogenen Sinn.
Wenn in diesem Buch vom PC gesprochen wird, dann ist damit der Computertyp gemeint, also der PC mit 80386-, 80286-, 8086- bzw. 8088-Prozessor. An diese Personalcomputer-Benutzer wendet sich das Buch.

1.1.2 Vom Disketten-Manager zum Festplatten-Verwalter

...**irgend einmal ist es soweit:** Man fühlt sich bei der Arbeit am PC zu einem Disketten-Manager degradiert. *"Diskette rein, Diskette raus"*, "was ist auf welcher Diskette gespeichert?", "DIR *.* als meistverwendeter Befehl". Und irgendwann einmal wird dieses Disketten-Manager-Dasein als lästig empfunden. Und dann sehnt man sich nach der eigentlichen Arbeit zurück: nach dem Programmieren, dem Arbeiten mit einem Tool (zu deutsch: Werkzeug), dem Einsetzen eines (fertigen) Anwenderprogramms usw. Die Information soll dabei auf einer *Festplatte* gespeichert werden.

Größere Speicherkapazität bei der Festplatte: Eine 'normale' Diskette mit einer Kapazität von 360 KB (KB für Kilobyte, ca. 360.000 Bytes und somit 360000 Zeichen) faßt etwa 100 Textseiten (Annahme: Seite mit 60 Zeilen zu je 60 Anschlägen). Die Festplatte hat eine Mindestkapazität von 10 MB (MB für Megabyte, ca. 10.000.000 Bytes) und kann demnach - ganz grob - das 25-fache an Zeichen speichern, also 2500 Textseiten.

Größere Lesegeschwindigkeit bei der Festplatte: Nimmt man für die Festplatte eine Datenübertragungsrate von (nur) 5 MBit je Sekunde an, dann ist sie um ungefähr 20 mal schneller als die Diskette mit einer Rate von 250 KBit je Sekunde. An einem Beispiel: 100 Textseiten werden in ca. 1/2 Sekunde von der Festplatte in den RAM gelesen; beim Lesen von Diskette hingegen vergehen ca. 10 Sekunden.

	Diskette:	Festplatte:
Kapazität:	360, 720 KB, 1.2 MB	10 MB, 20 MB, 30 MB, ...
	100 Textseiten	2500 Textseiten
Lesegeschwin-digkeit:	100 Textseiten	100 Textseiten
	in 10 Sekunden	in 1/2 Sekunde
Format:	5.25" und 3.5"	3.5" (überwiegend)

Gegenüberstellung von Diskette und Festplatte

Mit der großen Speicherkapazität und dem schnellen Zugriff ergeben sich bei der Nutzung der Festplatte zwei große Problemkreise. Zum einen muß die Platte organisiert werden. Zum anderen müssen die Daten geschützt werden: gegen unerlaubten Zugriff wie Verlust.

Festplatten-Problem "Organisation des Speicherraumes": Externspeicher mit 10 MByte oder 30 MByte müssen sinnvoll organisiert werden. Ähnlich wie eine Buch-Bibliothek baut man eine Datei-Bibliothek mit Verzeichnissen und Unterverzeichnissen auf. Über hierarchisch gegliederte Inhaltsverzeichnisse kann man sich dann bequem über die Dateien informieren. Durch Angabe von Suchpfaden kann man gezielt auf Dateien zugreifen.

Festplatten-Problem "Kontrolle des Speicherraumes": Die Kontrolle hat zwei Seiten. Zum einen muß gewährleistet sein, daß nur befugte Personen auf die Dateien zugreifen können: *Datenschutz*. Zum anderen müssen die Daten sicher aufbewahrt werden: *Datensicherung* z.B. auf Band oder auch auf eine zweite Festplatte.

1.1.3 Vier Typen von Festplatten

Die Festplatte wird auch als Winchesterplatte und Harddisk bezeichnet. Sie wird als 'normale' im PC eingebaute Platte, als Hardcard, als transportable und als externe Festplatte angeboten. Jeder dieser vier Typen hat seine Vor- und Nachteile.

1. Ins PC-Gehäuse eingebaute Festplatte
- Ursprünglich am weitesten verbreitete Methode der externen Speichererweiterung.
- Festplatte wird anstelle des 2. Diskettenlaufwerkes eingebaut.
- Slimline-Bauweise: Festplatte findet auch bei zwei Diskettenlaufwerken Platz (aber: Erweiterungsslot durch Kontrollerkarte belegt).

2. Steckbare Festplatte
- Laufwerk und Kontroller befinden sich auf einer Steckkarte.
- Bezeichnungen (Beispiele): Hardcard, Filecard, Drivecard, Diskcard bzw. Pluscard.
- Festplatte beansprucht zumeist nur einen Erweiterungsslot des PCs.
- Vorteil: Rascher Ein-/Ausbau. Datentransport getrennt vom PC möglich. Zum Beispiel 30 MByte auf einer Karte.
- Zu beachten: Stromversorgung, Wärmeentwicklung, Lüftung, Netzteil.

3. Transportable Festplatte
- Laufwerk kurzfristig an den PC ankoppeln und wieder vom PC trennen.
- Handikap: Kontroller-Karte muß im jeweiligen PC eingebaut sein.

4. Externe Festplatte:
- Speicherkapazität von teilweise über 100 MByte.
- Problem: Festplatte in logische Laufwerke aufteilen, da MS-DOS 3.2 nur bis zu 32 MByte verwaltet.
-- Einsatz: PC-Netzwerke (LANs) zur zentralen Verwaltung großer Datenbestände.
- Oft in das Gehäuse eingebaut: Bandlaufwerk zur Datensicherung (sogenannter Streamer).

1.1.4 Kleine Festplatten-Technologie

Festplatten-Historie: In der Mitte der 70er Jahre wurden Festplattenlaufwerke mit damals "sensationellen 5 MB" angeboten. Man bezeichnete sie als Winchester-Laufwerke (Winchester als Code-Name eines IBM-Entwicklungsprojekts). 1989 werden Laufwerke mit einer Kapazität von über 250 MB (also: ca. 250.000.000 Zeichen!) angeboten

Aufbau des Plattenstapels: Bei Festplattenlaufwerken für PCs werden zumeist ein bis vier Platten übereinandergestapelt, wobei zwei bis acht Schreib-/Leseköpfe auf die Platten zugreifen. Auf jeder Plattenoberfläche sind gleichermaßen konzentrische Spuren markiert. Die jeweils übereinanderliegenden Spuren werden als **Zylinder** bezeichnet; die Abbildung verdeutlicht dies.

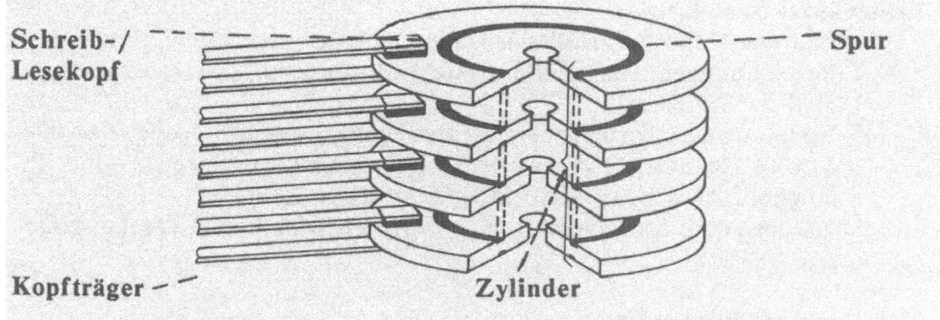

Beispiel: Festplatte mit vier gestapelten Platten

Zugriff zylinderweise: Die Festplatte dreht sich mit 3600 U/min (zum Vergleich: die 5.25"-Diskette dreht mit nur 360 U/min). Bei der Drehung der Platte überstreichen die am Kopfträger angebrachten Schreib-/Leseköpfe einen Ring, den man *Spur* nennt. Alle Spuren einer bestimmten Kopfträgerposition bilden einen *Zylinder*. Durch das zylinderweise vorgenommene Aufzeichnen von Information erreicht man, daß der Kopfträger so wenig als möglich bewegt werden muß.

Genauigkeit: Der Abstand zweier Spuren beträgt heute ca. 0.10 mm (Spurmitte zu Spurmitte). Da die Spuren durch einen Leerabstand voneinander getrennt werden müssen, ist die zur Datenspeicherung nutzbare Spurbreite noch geringer. Das bedeutet zweierlei:
- Die Positionierungsgenauigkeit der Köpfe muß sehr hoch sein.
- Die Plattenbeschichtung muß hohen Anforderungen genügen (pro Bit stehen nur wenige Magnetteilchen zur Verfügung).

Sauberkeit: Die hohe Drehzahl des Plattenstapels wälzt Luft um, wodurch der Kopf über die Plattenoberfläche fliegt. Die Platte wird magnetisiert,

                                                7

ohne daß der Kopf die Plattenbeschichtung berühren darf (im Gegensatz
zur Diskette, wo "Berührungen stattfinden"). Jede Berührung wirkt absolut
zerstörerisch. Damit ergibt sich bei der Festplatte das Problem der absoluten Sauberkeit:

- Festplatten werden in Clean-Rooms montiert und versiegelt. Ein späterer Plattenaus-
  tausch ist zumeist nicht möglich.
- Die Laufwerke besitzen Filter, die Partikel von mehr als 3 µm entfernen.
- Die Abbildung zeigt, wie groß ein menschliches Haar im Vergleich zum Schreib-/Lese-
  kopf ist.

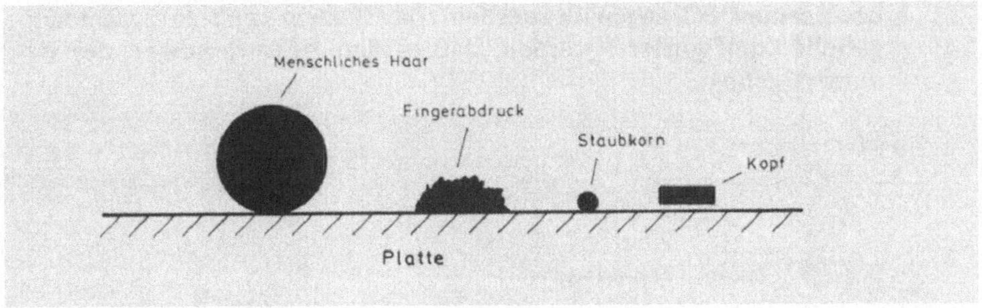

*Schreib-/Lesekopf der Festplatte und menschliches Haar
im Größenvergleich*

Controller: Der Controller übernimmt die Steuerung des Zugriffs auf die
Festplatte. Er steuert zum Beispiel, daß der Schreib-/Lesekopf auf die
Adresse (2/267/9) zugreifen soll:

2	Nummer der Plattenoberfläche (Plattenseite)
267	Nummer der Spur (Spur 0 ist zumeist innen angeordnet)
9	Nummer des Sektors bzw. gleichgroßen Spurabschnitts

Dieses Adreßsystem gewährleistet, daß Information wiedergefunden werden kann. Der Benutzer muß sich die jeweiligen Adressen nicht merken:

- MS-DOS legt auf der Festplatte ein entsprechendes Inhaltsver-
  zeichnis an, das Adressen automatisch verwaltet bzw. aktualisiert.
- Der Controller steuert den Zugriff über Adressen (Adressierung).
- Controller und Festplatte müssen kompatibel sein.

1.2   MS-DOS auf der Festplatte installieren

1.2.1 MS-DOS menügesteuert installieren

Zwei Aufgaben des Installierens: Installieren bedeutet Einrichten. Beim Installieren von Software wie z.B. des Betriebssystems MS-DOS 4.0 fallen stets drei Aufgaben an:
1. *Formatieren:* Festplatte (logisch) in Partitions, Spuren und Sektoren einteilen, daß auf den Speicher zugegriffen werden kann.
2. *Kopieren:* Dateien von den gelieferten Systemdisketten auf Diskette bzw. Festplatte des PCs kopieren.
3. *Konfigurieren:* Das Betriebssystem MS-DOS muß an den Benutzer bzw. seinen PC angepaßt werden. Das System muß so zusammengestellt (konfiguriert) werden, daß es den Anforderungen des Benutzers genügt.

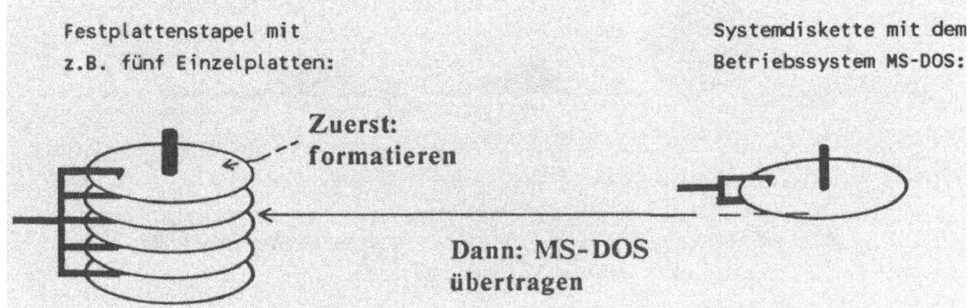

MS-DOS auf formatierte Festplatte übertragen

Installieren über SELECT: Das Installieren von MS-DOS 4.0 wird über den SELECT-Befehl menügesteuert vorgenommen.
- SELECT fragt nach den Komponenten des Personalcomputers, auf dem installiert werden soll.
- Der Benutzer antwortet.
- SELECT kopiert die erforderlichen Dateien und konfiguriert das System. Die Dateien CONFIG.SYS und AUTOEXEC.BAT werden automatisch erstellt.

Vier-Schritte-Vorgehen: Im Gegensatz zu früheren Versionen läuft das Installieren von MS-DOS 4.0 weitgehend automatisiert in vier Schritten wie folgt ab.

1.2.1.1 Disketten bereitlegen (Schritt 1)

Dem Begrüßungsbildschirm des SELECT-Befehls ist zu entnehmen, daß
zur Installation auf Festplatte eine Diskette erforderlich ist.

```
DOS-Installationsprogramm SELECT
Mit dem Installationsprogramm SELECT wird DOS 4.00
auf der Festplatte oder einer Diskette installiert.
Bei der Installation auf einer Diskette sind ent-
sprechend dem Laufwerkstyp und der Kapazität der
verwendeten Disketten folgende Leerdisketten erfor-
derlich:
Laufwerkstyp (Kapazität):        Anzahl Leerdisketten:
5,25 Zoll  (360  KByte)          vier 5,25 Zoll (360 KByte)
5,25 Zoll  (1,2  MByte)          vier 5,25 Zoll (360 KByte)
3,5  Zoll  (720  KByte)          zwei 3,5  Zoll (1 Mbyte)
3,5  Zoll  (1,44 MByte)          eine 3,5  Zoll (2 MByte)


Bei der Installation von DOS 4.00 auf einer Fest-
platte wird eine Leerdiskette benötigt:
5,25-Zoll-Laufwerk               eine 5,25 Zoll  (360 KByte)
3,5-Zoll-Laufwerk                eine 3,5  Zoll  (1   MByte)
```

Begrüßungsbildschirm beim Installieren über von SELECT

1.2.1.2 Installieren (Schritt 2)

Die Disketten haben (bei IBM Personalcomputer bzw. IBM DOS) folgende
Bezeichnungen:

```
Vom Hersteller gelieferte Disketten,      Für Sie erstellte Disketten,
als Quelldisketten gelesen:               als Zieldisketten formatiert und
                                          beschrieben:
1. Installationsdiskette                  a) SHELL-Diskette
2. Programmdiskette                       b) Startdiskette
```

Vier Diskettentypen für SELECT

Befehl SELECT starten: Die gelieferte *Installationsdiskette* in das Disket-
tenlaufwerk einlegen und den Personalcomputer mit Strg-Alt-Entf bzw.
Ctrl-Alt-Del anschalten. Der Befehl SELECT wird automatisch gestartet.
Ist dies nicht der Fall, dann tippt man hinter dem Bereitschaftszeichen
(Promptzeichen) *A>* das Befehlswort SELECT oder SELECT MENU ein:

```
A>select                     (select tippen und dann Return-Taste tippen)
```

Nun ist den Eingabehinweisen von SELECT zu folgen, um menügesteuert das Formatieren, Kopieren bzw. Konfigurieren vorzunehmen. Bei den Bildschirmen werden – sofern nicht anderes vermerkt ist – die von DOS angebotenen Voreinstellungen (Defaults) übernommen.

Zur Frage nach minimalem, mittlerem bzw. maximalem DOS-Speicherbereich: Nur bei maximaler Ausrüstung werden DOS-Routinen fortwährend (resident) im Hauptspeicher (RAM) gehalten. SELECT schlägt den mittleren Speicherbereich vor.
Zum Landescode (Tastaturbelegung, Datumformat, ...): Für Germany gilt die Landesnummer 049 und die Abkürzung GR.
Laufwerksbezeichnungen: 1. Diskette A, 2. Diskette B, Festplatte C, RAM-Disk D, usw.

1.2.1.3 Konfigurationsdateien umbenennen (Schritt 3)

Dateien mit Dateityp 400: Wird MS-DOS 4.0 erstmalig auf der Festplatte installiert, dann befinden sich auf diesem Externspeicher nun die Konfigurationsdateien CONFIG.SYS und AUTOEXEC.BAT. Diese werden bei jedem PC-Start automatisch aufgerufen, um die entsprechenden Anpassungen vorzunehmen. Hat SELECT auf Diskette bzw. Festplatte bereits Dateien namens CONFIG.SYS und AUTOEXEC.BAT gefunden, dann wurden die "neuen" Dateien unter den Namen CONFIG.400 und AUTO-EXEC.400 gespeichert. Um diese "neuen" Dateien ab jetzt aufzurufen, muß der Dateityp von 400 in SYS bzw. BAT geändert werden. Geben Sie dazu ein:

```
C:\>copy config.400 config.sys
C:\>copy autoexec.400 autoexec.bat
```

Konfigurationsdatei CONFIG.SYS:
Der SELECT-Befehl hat die Konfigurationsdateien CONFIG.SYS und AUTOEXEC.BAT erzeugt. Diese sehen – je nach der Benutzereingabe über den SELECT-Dialog – verschieden aus. Die folgende Datei CONFIG.SYS umfaßt sieben Befehle (siehe auch Abschnitt 2.5):
049 als Landescode für Deutschland; 20 als Anzahl der Pufferspeicher; 12 als Anzahl maximal geöffneter Dateien; KEYB für die deutsche Tastatur; ANSI.SYS für den erweiterten Zeichensatz; HILFE\DOSBEF als Verzeichnis, in dem das Betriebssystems auf der Festplatte gespeichert worden ist.

```
BREAK=ON
COUNTRY=49,,C:\HILFE\DOSBEF\COUNTRY.SYS
BUFFERS=20
FILES=12
SHELL=C:\HILFE\DOSBEF\COMMAND.COM /P /E:512
DEVICE=C:\HILFE\DOSBEF\ANSI.SYS
INSTALL=C:\HILFE\DOSBEF\KEYB.COM GR,,C:\HILFE\DOSBEF\KEYBOARD.SYS
```

Durch SELECT erzeugte Datei CONFIG.SYS (Festplatteninstallation)

Beispiel einer Konfigurationsdatei AUTOEXEC.BAT:
- @ unterdrückt das Anzeigen von Systemmeldungen.
- SET COMSPEC sorgt dafür, daß der Befehlsprozessor COM-MAND.COM nach dem zeitweiligen Verlassen der Menü-Oberfläche wieder gefunden werden kann.
- PROMPT gibt im Prompt-Zeichen der Befehlszeilen-Oberfläche vor dem Größerzeichen (G) auch dem kompletten Verzeichnispfad (P) an.
- PATH sucht nach jeder Befehlseingabe zuerst im Stammverzeichnis "\" und dann ggf. auch im Verzeichnis HILFE\DOSBEF.
- DOSSHELL ruft die Menü-Oberfläche auf und muß als letzter Befehl in AUTOEXEC.BAT stehen. Ohne DOSSHELL würde die Befehlszeilen-Oberfläche aktiviert.

```
@ECHO OFF
SET COMSPEC=C:\HILFE\DOSBEF\COMMAND.COM
PATH C:\;C:\HILFE\DOSBEF
PROMPT $P$G
VER
DOSSHELL
```

Durch SELECT erzeugte Datei AUTOEXEC.BAT

Die Dateien CONFIG.SYS und AUTOEXEC.BAT können vom Benutzer natürlich nachträglich geändert werden (vgl. Abschnitt 2).

1.2.1.4 System neu starten (Schritt 4)

PC aus- und einschalten (Kaltstart) oder Strg-Alt-Entf bzw. Ctrl-Alt-Del drücken (Warmstart). Nun wird MS-DOS 4.0 geladen; die Dateien CONFIG.SYS und AUTOEXEC.BAT werden ausgeführt. Das Betriebssystem meldet sich mit der *Menü-Oberfläche* (am Bildschirm erscheint ein Menü, vgl. Abschnitt 1.3.1) oder der *Befehlszeilen-Oberfläche* (am Bildschirm erscheint ein Bereitschaftszeichen wie z.B. *A:>*) – je nachdem, ob DOS-SHELL als letzter Befehl in der Datei AUTOEXEC.BAT aufgerufen wird oder nicht.

1.2.2   MS-DOS "von Hand" installieren

1.2.2.1 Fünf-Schritte-Vorgehen

Bei Betriebssystemen vor MS-DOS 4.0 wird kein SELECT-Befehl mit Menüführung bereitgestellt, die Installation muß somit "von Hand" vorgenommen werden, d.h. über die Eingabe folgender Befehle.

Schritt 1: DOS-Partition erstellen mittels FDISK-Befehl
MS-DOS ordnet jedem verfügbaren Laufwerk einen Kennbuchstaben zu:
- Boot-Diskettenlaufwerk A:
- Zweites Diskettenlaufwerk B:
- Erstes Festplattenlaufwerk C:
- RAM-Disk D:
- ...

Festplatte als logisches Laufwerk C: Im Laufwerk A: liegt die DOS-Installationsdiskette. In A: als Bootlaufwerk sucht DOS automatisch nach dem Einschalten des PCs. Wechselt man nach dem Booten durch Eingabe von

```
A:>c:
```


zum Laufwerk C:, gibt DOS eine Fehlermeldung aus. Grund: Die Festplatte muß dem Betriebssystem erst als *logisches Laufwerk* bekanntgemacht werden. Dazu dient der FDISK-Befehl.

Partitions: Auf einer Festplatte können mehrere Betriebssysteme installiert werden wie z.B. MS-DOS (PC-DOS, IBM-DOS), OS/2, CP/M-86 und UNIX. Dazu wird die Festplatte in Partitions eingeteilt, um dann jeder Partition ein bestimmtes Betriebssystem zuzuordnen. Eine DOS-Partition wird über das Dienstprogramm FDISK erstellt.
1) DOS-Systemdiskette in das Bootlaufwerk A: einlegen, um dann durch Eingabe von FDISK das Dienstprogramm als externen DOS-Befehl zu starten. Wird mit MS-DOS als alleinigem Betriebssystem gearbeitet, dann ist die Frage "... gesamte Festplatte für MS-DOS nutzen?" zu bejahen.
2) Mit Esc wird FDISK verlassen.

3) Warmstart durchführen durch Tastenkombination Ctrl-Alt-Del (bei deutscher Tastatur Strg-Alt-Entf). MS-DOS erkennt nun die Festplatte als Laufwerk C:.

Schritt 2: Festplatte formatieren
Der Befehl FORMAT zerstört einen etwaigen Speicherinhalt der Festplatte (Achtung). Durch Eingabe des Befehls

```
A:>format c: /s /v
```

wird der FORMAT-Befehl von der Systemdiskette in A: aufgerufen, um die Festplatte in C: zu formatieren, das Betriebssystem zu übertragen (Parameter /S) und einen Namen auf der Festplatte einzutragen (/V).

Schritt 3: Konfigurationsdateien eingeben
Nun sind die Dateien CONFIG.SYS und AUTOEXEC.BAT (vgl. Abschnitt 1.2.1.3) über eine Textverarbeitung oder den Befehl COPY CON einzugeben.

Schritt 4: Systemdateien kopieren
Die Dateien der Installationsdiskette und der Programmdiskette werden durch den Befehl *COPY A:*.* C:* von Diskette auf die Festplatte kopiert.

Schritt 5: System von Festplatte booten
Die DOS-Systemdiskette aus Laufwerk A: entnehmen und einen erneuten Warmstart mit Strg-Alt-Entf durchführen. Nach dem vergeblichen Versuch, das Laufwerk A: anzusprechen (in A: liegt keine Diskette ein) lädt das Bootprogramm nun das Betriebssystem von der Festplatte in C: aus. Zu beachten: Beim Booten von C: aus darf in A: keine Diskette sein.

1.2.2.2 Festplatte mit mehreren Partitions

Um mit mehreren Betriebssystemen auf einer Festplatte zu arbeiten, sind das Programm FDISK für MS-DOS und die entsprechenden Dienstprogramme des jeweiligen anderen Betriebssystems auszuführen.

Schritt 1: Daten von der Festplatte auf Diskette sichern

Schritt 2: Neue DOS-Partition anlegen
- Bestehende DOS-Partition über FDISK-Menüwahl 3 löschen.
- Neue kleinere DOS-Partition über Menüwahl 1 erstellen. Die Anzahl der Zylinder muß natürlich kleiner als 304 sein.

Schritt 3: DOS-Partition neu formatieren
- Der Befehl FORMAT C:/S/V formatiert jetzt nur die DOS-Partition, nicht die gesamte Festplatte.
- Eine Partition kann nur vom jeweiligen (eigenen) Betriebssystem formatiert bzw. gelöscht werden.

Schritt 4: Aktive Partition einstellen
- Menüwahl 2 von FDISK anwählen und einstellen, welche Partition vom PC beim Starten zu verwenden ist.
- Menüwahl 4 zeigt dazu den Status A (für Aktiv) an. In der Abbildung ist die DOS-Partition (als einzige Partition überhaupt) aktiv.

Schritt 5: Gesicherte Daten wieder auf Festplatte kopieren

```
                        IBM DOS Version 4.00
                    Festplatten-Einrichtungsprogramm
                    (C)Copyright IBM Corp. 1983, 1988


                            FDISK-Menü
Aktuelles Festplattenlaufwerk: 1
Eine Auswahl angeben:
1. Erstellen einer DOS-Partition oder eines logischen DOS-Laufwerks
2. Ändern der aktiven Partition
3. Löschen einer DOS-Partition oder eines logischen DOS-Laufwerks
4. Anzeigen der Partitionsdaten
Auswahl: [4]


                        Anzeigen der Partitionsdaten
        Aktuelles Festplattenlaufwerk: 1
        Partition Status   Typ   Größe in MByte  Benutzter Speicherbereich in %
          C: 1        A     DOS        20                    100%


        Gesamtspeicherbereich:    20 MByte (1 MByte = 1048576 Byte)
```

Festplatten-Dienstprogramm FDISK: Menü und Menüwahl 4

1.3 Menü-Oberfläche bzw. DOS-Shell

1.3.1 Menü-Oberfläche und Befehlszeilen-Oberfläche

> "Das *Betriebssystem* hat die Aufgabe, die *Betriebs*mittel eines
> Computers als Datenverarbeitungs*system* zu verwalten".

Was bedeutet diese in der Informatik verbreitete Definition des Betriebs-
systems?
Mit *Betriebsmittel* sind die CPU (Central Processing Unit) bzw. der Zen-
tralprozessor, der Hauptspeicher bzw. RAM (Random Access Memory,
Direktzugriffspeicher) und die gesamte Peripherie gemeint: Tastatur,
Bildschirm, Festplatte, Diskettenlaufwerke, Maus, Modems.
Mit *Verwalten* sind die vielfältigen Dienstleistungen gemeint, die das Be-
triebssystem dem Benutzer anbietet: Dienstleistungen zum Kopieren von
Disketten, zum Informieren über die gespeicherte Information, usw.

Zum Verwalten stellt MS-DOS dem Benutzer entweder Menüs (zum Aus-
wählen) oder aber Befehle (zum Eingeben) zur Verfügung. Da die Menüs
bzw. Befehle dem Benutzer unmittelbar (also an der Oberfläche) angeboten werden, spricht man auch von *Menü-Oberfläche* bzw. *Befehlszeilen-
Oberfläche*. Beide Oberflächen sind getrennt; der Benutzer muß sich ent-
scheiden:

Menü-Oberfläche von MS-DOS:
- MS-DOS bietet seine Dienstleitungen in Form von Menüs an.
- *Systemgeführter Dialog:* MS-DOS fragt bzw. zeigt Menüs an und
  der Benutzer antwortet bzw. wählt einen Menüpunkt aus.
- *Vorteil:* Auch der Einsteiger kann die Dienstleistungen von MS-
  DOS ohne Vorkenntnisse leicht aktivieren.
- *Nachteil:* Für den geübteren Benutzer kann das Blättern in ge-
  schachtelten angeordneten Menüs umständlich werden.

Befehlszeilen-Oberfläche von MS-DOS:
- MS-DOS bietet seine Dienstleistungen in Form von Befehlen an; in
  jeder Zeile wird ein Befehl angegeben.
- *Benutzergeführter Dialog:* Der Benutzer gibt einen Befehl ein und
  MS-DOS reagiert entsprechend. Die Befehlseingabe erfolgt in einer
  Zeile hinter dem ">" als Bereitschafts- bzw. Promptzeichen.
- *Vorteil:* Ein umfangreicher Arbeitsauftrag an der PC kann in einer
  kompakten Befehlszeile eingegeben werden.
- *Nachteil:* Der Benutzer muß die Befehle lernen bzw. mühsam in
  den Betriebssystem-Handbüchern nachschlagen.

1.3.2 Hauptmenü als Programmstartmenü

Meldet sich der PC nach dem Starten mit einem Bereitschaftszeichen wie

```
A:>        oder        B:\DOS>        oder        C:\>
```

dann ist die Befehlszeilen-Oberfläche von DOS aktiv; der PC wartet auf eine Eingabe über das Diskettenlaufwerk A: bzw. B: oder über die Festplatte C:. Durch Eingabe von

```
dosshell
```

gelangt man in die Menü-Oberfläche und am Bildschirm erscheint das Hauptmenü der Menü-Oberfläche.

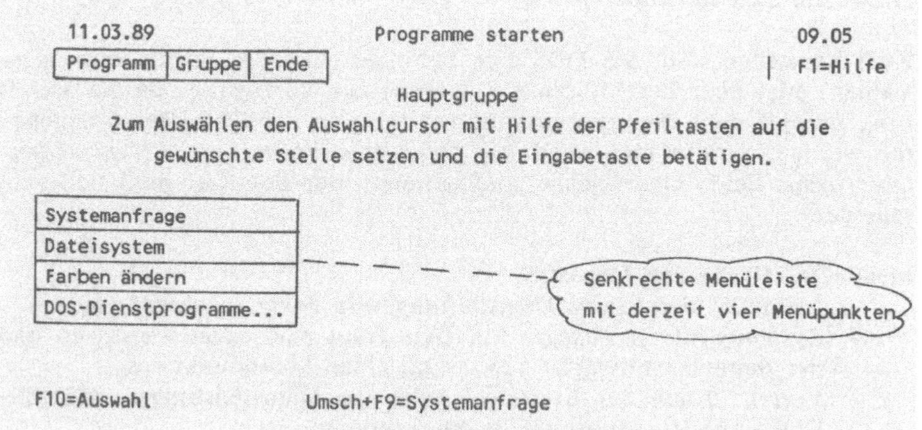

Programmstartmenü bzw. Hauptmenü der Menü-Oberfläche
(Systemanfrage ist markiert)

Zwei Arten von Menüs. Der Bildschirm ist in zwei Teile mit zwei Arten von Menüs unterteilt:
- **Waagrechte Menüleiste** mit den drei Menüpunkten *Programm*, *Gruppe* und *Ende*. Hinter jedem Menüpunkt verbirgt sich ein Pull-Down-Menü.
- **Senkrechte Menüleiste** mit den vier Menüpunkten *Systemanfrage*, *Dateisystem*, *Farben ändern* und *DOS-Dienstprogramme....* Hinter diesen Menüpunkten stehen sofort ausführbare Befehle (z.B. *Systemanfrage*) oder Menügruppen mit weiteren Untermenüs (man erkennt sie an "...".

Mit F10 zwischen waagrechter und senkrechter Menüleiste wechseln:
Nach dem Start ist die senkrechte Menüleiste aktiviert und der Cursor
steht auf *Systemanfrage*. Durch Return (Eingabetaste) wird dieser Menüpunkt aktiviert und durch Esc verlassen. Durch F10 gelangt man von der
senkrechten in die waagrechte Menüleiste, um mit den Pfeiltasten *Programm*, *Gruppe* oder *Ende* zu aktivieren.

Wozu die Trennung von waagrechter und senkrechter Menüleiste? Der
Anwender hat die Möglichkeit, eigene Menüpunkte anzulegen, um z.B.
Anwenderprogramme zu einem bestimmten Gebiet als Dateigruppe abzulegen. Dafür steht ihm die senkrechte Menüleiste zur Verfügung. Der Anwender kann die Liste *Systemanfrage, Dateisystem, Farben ändern* und
DOS-Dienstprogramme also durch eigene Punkte verlängern. Die waagrechte Menüleiste (Action Bar) mit den drei Punkten *Programme, Gruppe*
und *Ende* hingegen ist fest vorgegeben. Hier kann der Anwender keine
eigenen Wahlpunkte einbringen. Dies wäre auch zu aufwendig, da dann
jeweils die Pull-Down-Menüs geändert werden müssten.

1.3.3 Verzeichnis der Menübefehle

In der Menü-Oberfläche von DOS werden Menüpunkte in geschachtelten
Menüs angeboten. Grundlegend sind die Menüs von *Programme starten,
Hauptgruppe, DOS-Dienstprogramme...* und *Dateisystem:*

Waagrechte Menüleiste: Hier werden die Menübefehle *Programm* (einzelne Menüpunkte bearbeiten), *Gruppe* (Menügruppe als Einheit bearbeiten)
und *Ende* angeboten. Hinter den Menübefehlen verbergen sich Pull-
down-Menüs.

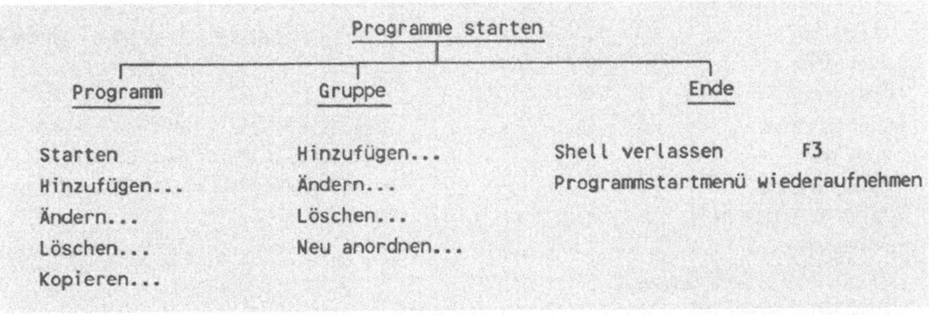

*Menüpunkte in der waagrechten Menüleiste des Programmstartmenüs bzw.
in "Programme starten"*

Senkrechte Menüleiste: Die Menübefehle *Systemanfrage*, *Dateisystem*, *Farben ändern* und *DOS-Dienstprogramme...* können vom Benutzer durch eigene Menübefehle erweitert werden.

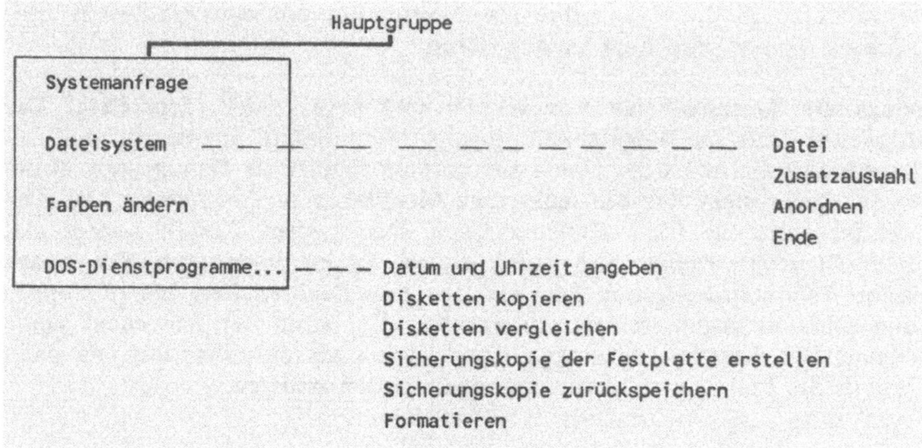

Menüpunkte in der senkrechten Menüleiste des Programmstartmenüs bzw.
in der "Hauptgruppe"

Dateisystem: Das Dateisystem dient dem Dateimanagement und bietet die vier Menüpunkte *Datei, Zusatzauswahl, Anordnen* und *Ende* an.

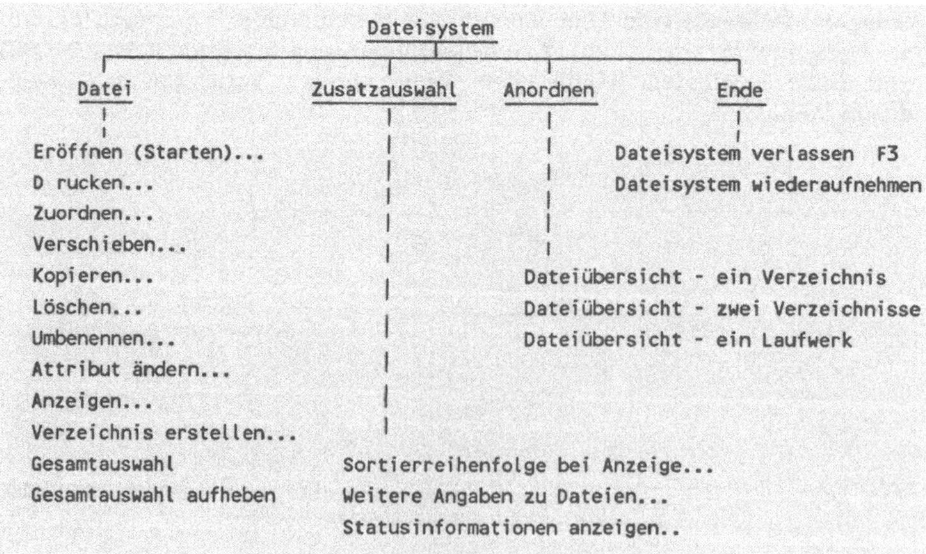

Vier Menüpunkte des Dateisystems

1.3.4   Parameter des Befehls SHELLC

1.3.4.1   SHELLC in Datei DOSSHELL aufrufen

DOSSHELL als Befehl: Mit dem Befehl DOSSHELL wird die Menü-Oberfläche von MS-DOS von der Befehlszeilen-Oberfläche aus gestartet:
- DOSSHELL wird am Promptzeichen eingetippt.
- DOSSHELL ist als Befehl in der Datei AUTOEXEC.BAT enthalten (dabei muß DOSSHELL der *letzte* Befehl im Stapel sein).

Mit DOSSHELL wird eine Stapeldatei namens DOSSHELL.BAT aufgerufen. Diese Datei ist auf einer Systemdiskette von MS-DOS 4.0 enthalten. Der wichtigste Befehl der Stapeldatei heißt SHELLC und hat die Aufgabe, die Menü-Oberfläche zu aktivieren. Die folgende Stapeldatei DOSSHELL.BAT zeigt, mit welchen Parametern der SHELLC-Befehl aufgerufen werden kann.
- Die Stapeldatei wird mit SELECT bei der Installation erzeugt.
- Die Reihenfolge der Parameter spielt keine Rolle.
- Jeder Parameter muß mit einem "/" beginnen (Leerstellen können entfallen).

Stapeldatei DOSSHELL.BAT mit dem SHELLC-Befehl:

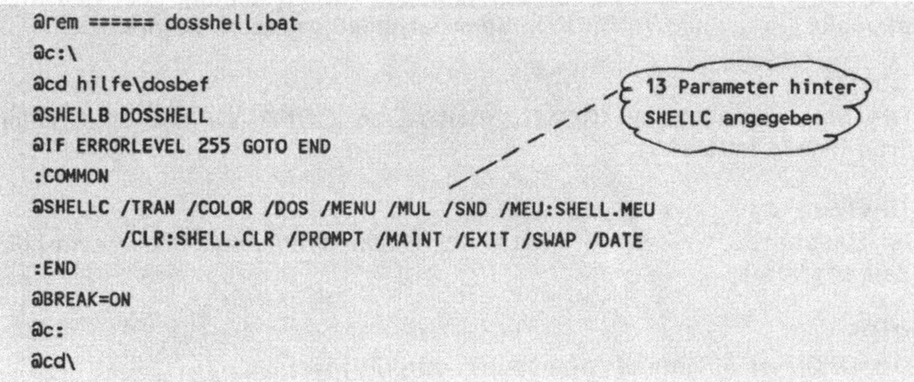


```
@rem ====== dosshell.bat
@c:\
@cd hilfe\dosbef
@SHELLB DOSSHELL
@IF ERRORLEVEL 255 GOTO END
:COMMON
@SHELLC /TRAN /COLOR /DOS /MENU /MUL /SND /MEU:SHELL.MEU
        /CLR:SHELL.CLR /PROMPT /MAINT /EXIT /SWAP /DATE
:END
@BREAK=ON
@c:
@cd\
```

1.3.4.2 Verzeichnis der Parameter

/B:n
Den Pufferspeicher für das *Dateisystem* mit n KByte festlegen. Im residenten Modus (siehe /TRAN) ist der Puffer klein zu wählen.

/C01
Den 16-Farben-Modus (640*350 Pixel) für die Menü-Oberfläche einstellen. Modus 10.

/C02
Den Zwei-Farben-Modus (640*480 Pixel) einstellen. Modus 11.

/C03
Den 16-Farben-Modus (640*480 Pixel) für die Menü-Oberfläche einstellen. Modus 12.

/CLR:Dateiname
Den Namen der Datei angeben, in der die Farbwerte für die Menü-Oberfläche abgelegt sind. Voreinstellung: /CLR:SHELL.CLR.

/COLOR
Nur bei Angabe dieses Parameters kann die Farbeinstellung über den Menüpunkt *Farben ändern* im Programmstartmenü geändert werden.

/COM2
Die Maus ist nicht an COM1, sondern an COM2 als der 2. seriellen Schnittstelle imstalliert.

/DATE
Im Hauptmenü werden oben links das Systemdatum und oben rechts die Zeit angezeigt.

/DOS
Das *Dateisystem* kann als Menüpunkt aktiviert werden.

/EXIT
Die Menü-Oberfläche kann über F3 bzw. den entsprechenden *Ende*-Menüpunkt verlassen werden. Beim Fehlen von /EXIT *und* /PROMPT kann man die Menü-Oberfläche nicht verlassen.

/LF
Die Maustasten des Maustreibers werden für Linkshänder ausgetauscht.

/MAINT
Menüpunkte und Menügruppen können neu angelegt, geändert und gelöscht werden (Maintenance).

/MENU
Nach dem Aufruf wird automatisch das Hauptmenü *Programme starten*
angezeigt. Beim Fehlen von /MENU kann nur das Dateisystem aktiviert
werden. Beim Fehlen von /MENU *und* /DOS "geht nichts".

/MEU:Dateiname
Den Namen der Datei angeben, in der die Information der Menügruppe
bereitgestellt ist, die als Hauptmenü angezeigt werden soll. Voreinstellung:
/MEU:SHELL.MEU, d.h. die *Hauptgruppe* wird gezeigt. Mit der Einstellung /MEU:DOSUTIL.MEU würde die Menügruppe *Dos-Dienstprogramme...* aktiviert.

/MOS:Dateiname
Einen Maustreiber zuordnen. Auf der DOS-Systemdiskette werden die
Treiber PCIBMDRV.MOS (IBM PS/2), PCMSPDRV.MOS (Microsoft pa-
rallel) und PCMSDRV.MOS (Microsoft seriell) bereitgestellt. In CON-
FIG.SYS muß ein DEVICE-Befehl angegeben werden.

/MUL
Dateisystem (Multiple File System) bereitstellen.

/PROMPT
Die Menü-Oberfläche kann mit Umschalt-F9 zum Promptzeichen der Befehlszeilen-Oberfläche verlassen werden.

/SND
Akustische Warnsignale (Sound) können *nicht* abgestellt werden, sind also
in jedem Falle hörbar.

/SWAP
Bei temporärem Verlassen der Menü-Oberfläche (Programmaufruf, Um-
schalt-F9) werden Steuerungsdaten zum Hauptmenü bzw. Dateisystem
kurzfristig auf eine Disketten- bzw. Festplattendatei geschrieben.

/TEXT
Menü-Oberfläche arbeitet im Text-Modus und nicht im Grafik-Modus.

/TRAN
Die Menü-Oberfläche arbeitet im transienten Modus.
   - *Tansienter Modus (vorteilhaft bei Festplatte):* Speicherplatzinten-
     sive Teile von DOS werden nur jeweils bei Bedarf von der Fest-

platte in den RAM geladen. Nur die fortwährend benötigten Teile
werden dauernd (resident) im RAM installiert.

- *Residenter Modus (vorteilhaft bei Diskette):* Bei Start wird die
  Menü-Oberfläche komplett in den RAM geladen. Ein späterer
  Diskettenwechsel zum Nachladen von Menü-Befehlen entfällt.
  Gleichwohl verkleinert sich der verfügbare Speicherplatz.

1.3.5 Programmstartkommandos

1.3.5.1 Aufbau eines Menüpunktes

Menügruppe mit mehreren Menüpunkten: Die in der Menü-Oberfläche
bereitgestellten Menügruppen können vom Benutzer erweitert und ergänzt
werden. In eine Menügruppe kann der Benutzer neue Menüpunkte aufnehmen.

- Das beim Aktivieren eines Menüpunktes gezeigte Fenster ist für
  alle Menüpunkte gleich aufgebaut.
- Dies gilt auch für den Menüpunkt *Formatieren* aus der Menügruppe *DOS-Dienstprogramme....*

```
                              DOS-Dienstprogramme...

      Datum und Uhrzeit angeben

      Disketten kopieren

      Disketten vergleichen

      Sicherungskopie der Festplatte erstellen

      Sicherungskopie zurückspeichern

      Formatieren
```

"Formatieren" als letzter Menüpunkt der Standard-Menügruppe
"DOS-Dienstprogramme..."

Beispiel-Menüpunkt: Anhand des Menüpunkts *Formatieren* zeigt sich der
Aufbau des Fensters wie folgt:

1. Titelzeile oben als 1. Zeile
2. Informationszeile als 2. Zeile
3. Promptangabe in der 3. Zeile links
4. Eingabefenster [...> in der 3. Zeile rechts. [und] für "Grenze geschlossen" sowie < und
   > für "Grenze offen".
5. Kontrollzeile mit Hilfe in der 4. Zeile

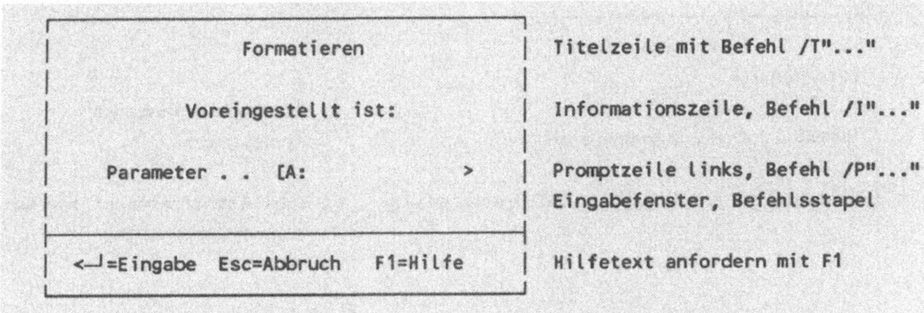

Fenster bei Aufruf von "Formatieren/F10/Starten/"

Gruppe und Programm als Menübefehle: Zur Bearbeitung von Menügruppen bzw. Menüpunkten stehen dem Benutzer die Befehle *Gruppe* bzw. *Programm* zur Verfügung:

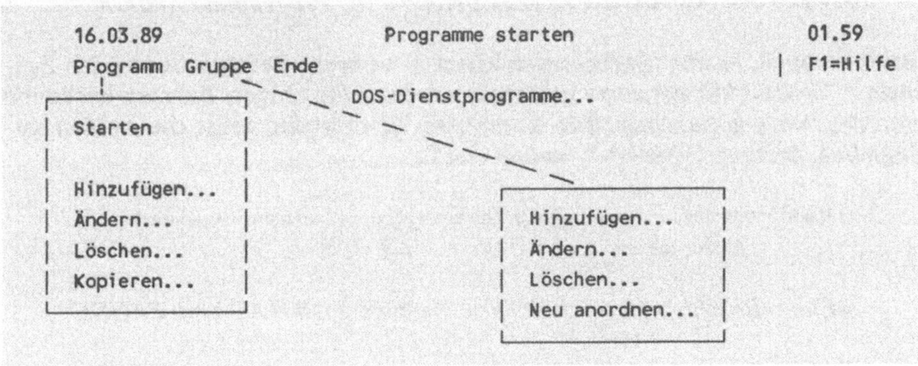

Programmstartmenü mit Pull-Down-Menüs "Programm" und "Gruppe"

Ruft man z.B. den Befehl *Programm/Ändern...* auf, um den Standard-Menüpunkt *Formatieren* zu ändern, zeigt sich folgendes Fenster:

```
 ___________________________________________
|            Programm ändern                |
| Erforderlich                              |
|                                           |          Titel bzw. Name des
| Titel . . . . [Formatieren          > |          Menüpunktes
|                                           |
| Befehle . . . [FORMAT [/t"Formatieren> |          Befehlszeile bzw. Programm-
|                                           |          startbefehlsliste
| Wahlfrei                                  |
|                                           |
| Hilfetext . . [Diesen Menüpunkt auswä> |          Text für Hilfe, die über F1
|                                           |          angefordert wird
| Kennwort . . [           ]              |
|___________________________________________|
| Esc=Abbruch    F1=Hilfe   F2=Sichern      |
|___________________________________________|
```

Fenster bei Aufruf von "Formatieren/F10/Programm/Ändern..."

Befehlsstapel: In der Befehlszeile können mehrere Befehle durch das Zeichen " " (Alt-186) getrennt gestapelt werden. Im obigen Fenster ist davon
nur der Anfang sichtbar. Die komplette Befehlszeile zeigt die beiden gestapelten Befehle FORMAT und PAUSE:

```
FORMAT [/t"Formatieren" /i"Zu formatierendes Laufwerk angeben:"
       /p"Parameter . . " /d"A: " /r] | PAUSE
```

In der Befehlszeile gespeicherte Befehle FORMAT und PAUSE

Programmstartkommandos: Die in der Befehlszeile angegebenen Kom-
mandos /T, /I, /P, /D und /R bezeichnet man als Programmstartkom-
mandos (engl. PSC für "Program Startup Commands").
- Im folgenden Abschnitt 1.3.5.2 finden Sie eine Übersicht der Kommandos.
- In Abschnitt 1.4.2 werden Befehlsstapel zur Datensicherung gezeigt.
- In Abschnitt 1.5.2 werden die Kommandos an Beispielen erklärt.

1.3.5.2 Verzeichnis der Programmstartkommandos

[Liste von Kommandos]
Ein Fenster am Bildschirm öffnen, um die Benutzereingabe(n) als Parameter an die zwischen [] angegebenen Kommandos zu übergeben.

[/T"..."]
Die Titelzeile des Eingabefensters mit maximal 40 Zeichen angeben, die als erste Zeile im Fenster zentriert angezeigt wird. Voreinstellung: leer.

[/I"..."]
Die Informationszeile mit maximal 40 Zeichen angeben, die als zweite Zeile zentriert angezeigt wird. Voreinstellung:

```
Parameter eingeben, dann Eingabetaste betätigen.
```

[/P"..."]
Eine Prompt-Meldung mit maximal 20 Zeichen angeben, die links neben dem Eingabefeld angezeigt wird. Voreinstellung:

```
Parameter . . [                    >
```

[/D"..."]
Defaultwerte für das Eingabefeld angeben, die der Benutzer dann für seine Eingabe übernehmen (Return-Taste) oder durch eigene Parameterwerte ersetzen kann (eigene Werte tippen).

[/L"n"]
Die Länge der Benutzereingabe im Eingabefeld auf n Zeichen begrenzen. Voreinstellung: 127 Zeichen als Maximallänge.

[/M"e"]
Existenzprüfung: Es werden wiederholt Dateinamen zur Eingabe angefordert, bis der Name einer existierenden Datei gelesen wird.

[/R]
Den Inhalt des Eingabefensters (samt /D-Defaults) löschen, wenn eine Nicht-Editiertaste (Einfg, Entf, Pfeiltaste) gedrückt worden ist.

[/F"..."]
Eine Dateibezeichnung (File) mit Laufwerk, Verzeichnis und Dateiname angeben. Der Benutzer wird zur Eingabewiederholung aufgefordert, falls die Datei nicht gefunden wird.

[%n ...]
Parametereingabe in einer Parametervariablen %1, %2, ..., %10 zusätzlich speichern. %n ist als erste Option zwischen [] zu schreiben.

%n
Den Wert einer Parametervariablen %1, %2, ..., %10 außerhalb des Fensters [] aufrufen.

[/C"%n"]
Den Wert einer Parametervariablen %1, %2, ..., %10 in das Eingabefenster zurückkopieren (Copy).

[/D"%n]
Den Wert einer Parametervariablen %1, %2, ..., %10 als Default in das Eingabefenster übernehmen.

/#
Die Bezeichnung des aktiven Laufwerks zurückgeben.

/@
Den Namen des aktiven Verzeichnisses zurückgeben.

Befehle in der Befehlszeile bzw. Programmstartbefehlsliste voneinander trennen. Die einzelnen mit   gestapelten Befehle können Fenster [] enthalten, in denen Programmstartkommandos aufgelistet sind. Zu unterscheiden: (Alt-186) und Pipe-Zeichen | (Alt-124).

1.4 Datensicherung der Festplatte

1.4.1 Über die Menü-Oberfläche sichern

1.4.1.1 Sicherungskopie auf Festplatte erstellen

Mit dem Menüpunkt *Sicherungskopie der Festplatte erstellen* wird der komplette Dateninhalt der Festplatte auf Disketten kopiert. Im Falle des Verlustes von Daten können die gesicherten Daten von der Diskette dann wieder auf die Festplatte zurückgespeichert werden.

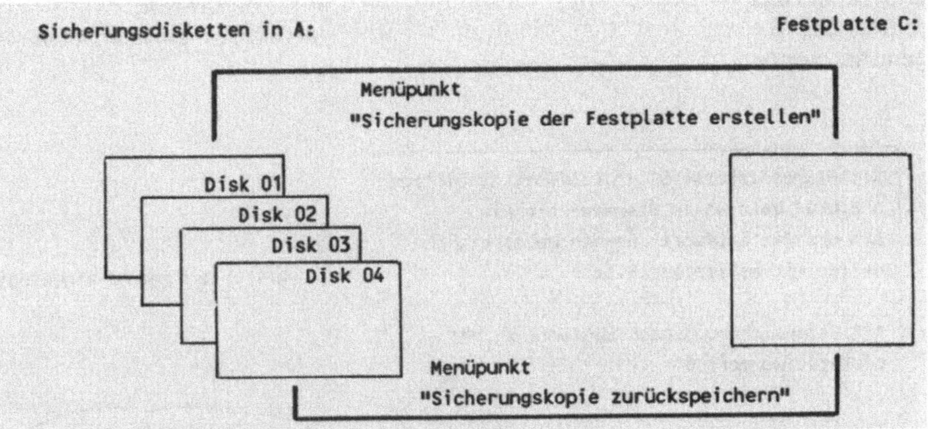

Zuerst Festplatteninhalt sichern und dann bei Bedarf zurückspeichern

Vorgehen zum Sichern des Festplatteninhalts auf Disketten in A:
1. Menüpunkt *Sicherungskopie der Festplatte erstellen* aktivieren.
2. Angebot "Von C: nach A: sichern" durch Return-Taste annehmen. Um nach B: und nicht nach A: zu sichern, muß im Eingabefeld
   ```
   Parameter . .  [C:\*.* A: /S    >
   ```
   A: wie folgt durch B: ersetzt werden (abschließend Return):
   ```
   Parameter . .  [C:\*.* B: /S    >
   ```
3. Sicherungsdiskette 01 in A: einlegen und Taste drücken: Von der Festplatte werden so viele Dateien auf die Diskette in A: kopiert, bis diese voll ist.
4. Sicherungsdiskette 02, 03, 04, ... auf Anforderung nacheinander in A: einlegen und Taste drücken: diese Disketten werden mit den "nächsten" Daten der Festplatte beschrieben.
5. Nach Beenden zurück zu *DOS-Dienstprogramme... .*

```
                       | Sicherungskopie der Festplatte erstellen |
                       |                                          |
DOS bietet in der      |   Quellen- und Ziellaufwerk angeben:     |
Eingabezeile an, daß   |                                          |
von C: nach A:         |     Parameter . .  [C:\*.* A: /S    >     |
komplett gesichert     |                                          |
wird                   |  <┘=Eingabe  Esc=Abbruch    F1=Hilfe     |
```

Fenster des Menüpunktes "Sicherungskopie der Festplatte erstellen"

Die Sicherungsdisketten sind durchnumeriert aufzubewahren, damit sie
später bei Bedarf über den Menüpunkt *Sicherungskopie zurückspeichern*
genutzt werden können.

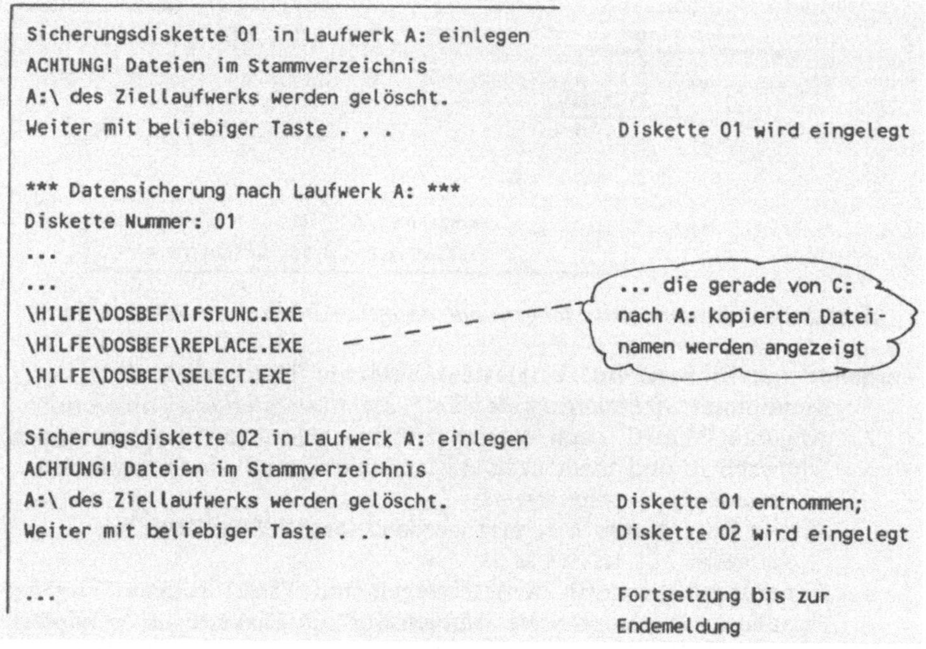

*Meldungen zur Ausführung von Menüpunkt "Sicherungskopie der Festplatte
erstellen"*

1.4.1.2 Sicherungskopie zurückspeichern

Der Menüpunkt *Sicherungskopie zurückspeichern* stellt das Gegenstück zu
dem in Abschnitt 1.4.1.1 dargestellten Menüpunkt *Sicherungskopie der
Festplatte erstellen* dar. Wichtig ist, daß die Sicherungsdisketten in genau
der Reihenfolge gelesen werden, in der sie früher beschrieben worden
sind. Bei den Aufforderungen zum Diskettenwechsel ist stets auf die jeweils passende Diskettennummer zu achten.

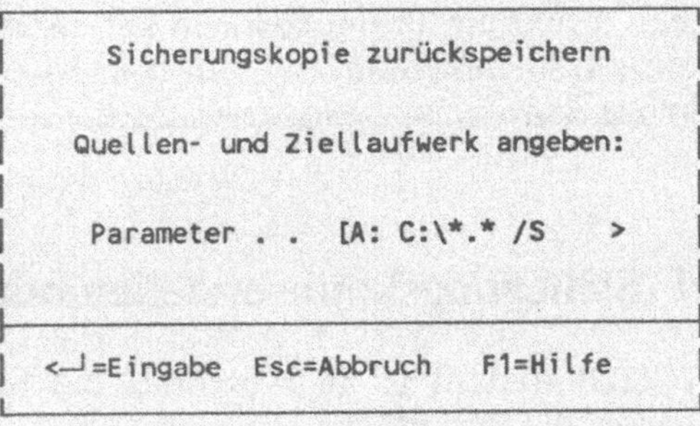

Fenster zu Menüpunkt "Sicherungskopie zurückspeichern"

Jede Diskette wird geprüft, bevor Daten auf die Festplatte kopiert werden. Als "Notbremse" kann das Kopieren wiederum mit Strg-C abgebrochen werden:

```
Sicherungsdiskette 01 in Laufwerk A einlegen
Weiter mit beliebiger Taste . . .
Quelle enthält keine Sicherungsdateien
Weiter mit beliebiger Taste . . .
^C — — — — — — — — — — — — — — — —    Kopiervorgang abbrechen
Stapeljob beenden (J/N)?
```

1.4.2 Über die Befehlszeilen-Oberfläche sichern

Den beiden Datensicherungs-Menüpunkten der Menü-Oberfläche (vgl. Abschnitt 1.4.1) liegen Befehlsstapel zugrunde, in denen die Befehle BACKUP und RESTORE aufgerufen werden:

Menüpunkt *Sicherungskopie der Festplatte erstellen:*

```
BACKUP [/t"Sicherungskopie der Festplatte erstellen" /i"Quellen- und
Ziellaufwerk angeben:" /p"Parameter . . " /d"C:\*.* A:/S" /r] | PAUSE
```

Menüpunkt *Sicherungskopie zurückspeichern:*

```
RESTORE [/t"Sicherungskopie zurückspeichern" /i"Quellen- und
Ziellaufwerk angeben" /p"Parameter . . " /d"A: C:\*.* /S" /r] | PAUSE
```

Befehle BACKUP und RESTORE in Menüpunkten zur Ausführung bringen

Die Befehle BACKUP und RESTORE lassen sich in der Befehlszeilen-Oberfläche direkt am Promptzeichen aufrufen:

- BACKUP kopiert die gesamte Festplatte (full backup) oder Teile davon auf Diskette.
- RESTORE überträgt die sichergestellten Dateien zurück auf die Fest-platte.

1.4.2.1 Sicherungskopie erstellen mit BACKUP

Der BACKUP-Befehl ist in Abschnitt 2.2 beschrieben. Hier einige Beipiele für den Befehlsaufruf:

BACKUP C:.* A:*
- Der Inhalt des Festplatten-Stammverzeichnisses wird auf die Diskette in A: kopiert.
- Bei Bedarf werden weitere Disketten nachgefordert.
- BACKUP-Disketten können nur durch den RESTORE-Befehl gelesen werden, nicht aber durch sonstige DOS-Befehle.

BACKUP C:.* A: /S*
- Der Inhalt des Stammverzeichnisses und aller seiner Unterverzeichnisse wird kopiert, d.h. die gesamte Festplatte.
- Der Parameter /S bezieht die Datensicherung auch auf alle Unterverzeichnisse und die darin gespeicherten Dateien.
- Dieser Befehl wird über den Menüpunkt *Sicherungskopie der Festplatte erstellen* automatisch aufgerufen.

BACKUP C:\REFERAT1.TXT A:
- Nur die eine Datei REFERAT1.TXT wird nach A: kopiert.

BACKUP C:\SPRACHE\TURBO.PAS A:*
- Alle PAS-Dateien werden kopiert.
- Jokerzeichen "*" und "?" sind erlaubt.

BACKUP C:.* A: /S /D:12.04.87*
- Alle Dateien der Festplatte werden kopiert, die am oder nach dem 12. April 1987 abgespeichert wurden.
- Der Parameter /D selektiert nach dem angegebenen Datum.

BACKUP C:\ A:/S/M
- Nur die Dateien werden gesichert, die seit der letzten Datensicherung geändert wurden.
- DOS verwaltet bestimmte Bits im Directory-Eintrag einer Datei. Der BACKUP-Befehl setzt diesen Status auf "an" und beim Speichern einer Datei wird er auf "aus" gesetzt..

-   Der Parameter /M (für modify) ist unabhängig vom Parameter /D.

Fehlercodes beim Sichern: Der BACKUP-Befehl gibt folgende Fehlercodes zurück, die mit dem Befehl IF ERRORLEVEL n abgefragt werden können:

0	Datensicherung fehlerfrei durchgeführt
1	Keine Dateien gefunden und kopiert
3	Abbruch durch Benutzer (Ctrl-C)
4	Abbruch aufgrund eines Fehlers

Zu beachten vor Beginn der Datensicherung:
-   BACKUP zerstört Disketteninhalt. Deshalb bei der Verwendung gebrauchter Disketten diese zuerst kopieren!
-   Disketten zuvor formatieren und prüfen (BACKUP kann das nicht).
-   Nicht mit COPY an BACKUP-Disketten arbeiten.
-   "Versteckte" Dateien wie MSDOS.SYS werden "versteckt" kopiert.
-   Aus Sicherheitsgründen mit Stapeldateien arbeiten (Abschnitt 4).

1.4.2.2 Zurückspeichern mit RESTORE

RESTORE-Befehl als Gegenstück zum BACKUP-Befehl: Beim etwaigen Datenverlust auf der Festplatte können die mit BACKUP kopierten Dateien nur durch RESTORE zurück übertragen werden, nicht aber z.B. mit dem COPY-Befehl. Grund: BACKUP nutzt den Speicherplatz auf Diskette vollständig aus und "schneidet" deshalb Dateien ggf. ab.

RESTORE A: C:.* /S*
-   Gegenstück zum Befehl *BACKUP C:*.* A:/S*, um den gesamten Platteninhalt von den Disketten wieder zurück zu kopieren.
-   Mit der ersten BACKUP-Diskette ist zu beginnen. Weitere Disketten werden nachgefordert.
-   Dieser Befehl wird in der Menü-Oberfläche über den Menüpunkt *Sicherungskopie zurückspeichern* aufgerufen.

RESTORE A: C:\REFERAT1.TXT
-   Datei REFERAT1.TXT ins Stammverzeichnis von C: kopieren.

RESTORE A: C:\TOOL\DBASE.PRG*
-   Alle PRG-Dateien ins genannte Verzeichnis übertragen.

Fehlercodes beim Zurückspeichern: RESTORE liefert die entsprechenden ERRORLEVEL-Codes zurück wie BACKUP (siehe oben).

1.4.3 Datensicherungs-Systeme

Zur Sicherung von 10 MB braucht BACKUP ungefähr eine Stunde. Dies unterstreicht den Bedarf, schnellere Systeme zur Sicherung zu nutzen:

1. Utilities zum Ersetzen des BACKUP-Befehls: Es gibt zahlreiche Programme zum schnellen Sichern (Beispiel: Fastback kopiert 1 MB pro Minute von Festplatte auf Diskette mit hoher Kapazität).

2. Zweite im PC eingebaute Festplatte: Steckbare Datensicherungs-Festplatte (Hardcard). Festplatte-zu-Festplatte-Kopie relativ schnell möglich.

3. Externes Bandgerät (Streamer-Tape): Festplattendaten strömen (engl. to stream) ohne Start-/Stop-Markierungen auf die Datenkassette, die ca. 10 MB faßt. Der Streamer ist ein zuverlässiges Backup-Medium.

4. Externes Wechselplatten-Laufwerk: Verbreitet ist die Bernoulli-Box von Adcomp; das Zusatzgerät hat z.B. zwei 20-MB-Plattenboxen. Die Datensicherung über Wechselplatten ist insbesondere für Großanwender geeignet, für den PC als Stand-alonee-System von den Kosten her jedoch kaum sinnvoll.

1.5   Benutzerdefinierte Menüs

1.5.1 Eine neue Menügruppe hinzufügen

Benutzerdefinierte Menügruppen: Im Programmstartmenü wird zunächst mit einer Menügruppe namens *Hauptgruppe* gearbeitet, in der neben den Menüpunkten *Systemanfrage*, *Dateisystem* und *Farben ändern* eine weitere Menügruppe angeboten wird: *DOS-Dienstprogramme*.... DOS umfaßt somit standardmäßig die beiden Menügruppen *Hauptgruppe*... und *DOS-Dienstprogramme*...; mit "..." wird angezeigt, daß sich hinter einer Menügruppe weitere Menüpunkte verstecken können. Der Benutzer kann weitere eigene Menügruppen definieren.

Eine Menügruppe zum Aufrufen von Tools hinzufügen: Eine Menügruppe namens *Tools aufrufen*... soll in die *Hauptgruppe*... aufgenommen werden. In diese Menügruppe sollen Menüpunkte zum Aufrufen einzelner Software-Tools wie Word, dBASE, Turbo Pascal, Multiplan, Pagemaker, Quattro usw. aufgenommen werden.

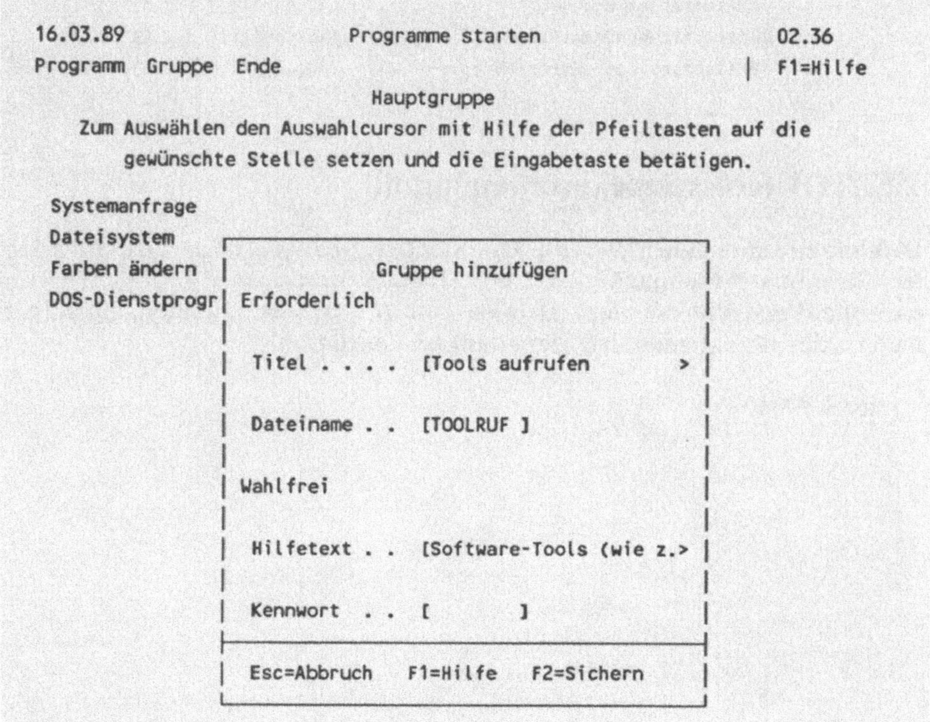

"Hinzufügen..."-Fenster zum Editieren der Menügruppe "Tools aufrufen"

1. Mit *F10/Gruppe/Return/Hinzufügen...* wird das Fenster *Gruppe hinzufügen* angezeigt.
2. Als Titel wird "Tools aufrufen" und als Hilfetext "Software-Tools (wie z.B. Word, dBASE) aufrufen" eingegeben (Zeilenwechsel mit Tab). Als Dateiname wird TOOLRUF eingegeben. Zweck: Unter dem Namen TOOLRUF.MEU werden die Angaben zu dieser Menügruppe auf Diskette bzw. Festplatte gespeichert.
3. Mit F2 die neue Menügruppe in der Hauptgruppe sichern.

1.5.2 Menüpunkte in der Menügruppe speichern

In die benutzerdefinierte Menügruppe *Tools aufrufen* sollen vier Menüpunkte gespeichert werden, die von Ihnen später geändert bzw. erweitert werden können:

```
Verzeichnis kopieren            (Abschnitt 1.5.2.1, 1.5.2.2)
Textverarbeitung Word           (Abschnitt 1.5.2.3)
Datei mit Word editieren        (Abschnitt 1.5.2.4)
Beliebiges Tool aufrufen        (Abschnitt 1.5.2.5)
```

1.5.2.1 Befehlsstapel im Menüpunkt

Befehlszeile mit einem Befehl: Die Menügruppe *Tools aufrufen* ist noch leer. Der erste Menüpunkt soll den Namen *Verzeichnis kopieren* haben und alle Verzeichnisse samt Dateien von A: nach B: kopieren. Speichert man in der Befehlszeile des Menüpunktes den Befehl

```
XCOPY a:*.* b: /s
```

ab, dann wird sofort nach dem Starten des Menüpunktes ohne Warten mit
dem Kopieren begonnen (XCOPY ist in Abschnitt 2.2 beschrieben).

Befehlszeile mit mehreren durch   getrennten Befehlen: Soll vor dem Kopieren eine Pause eingelegt werden, um erst nach Tastendruck fortzufahren, schreibt man in der Befehlszeile:

```
PAUSE | XCOPY a:*.* b: /s
```

Die zwei Befehle PAUSE und XCOPY A:*.* B:/S werden durch das Zeichen   getrennt, das man über F4 oder über Alt-186 (bei gedrückter Alt-
Taste die Zahl 186 tippen) erreicht. Um auch nach dem Kopieren auf eine beliebige Taste zu warten, schreibt man:

```
PAUSE | XCOPY a:*.* b: /s | PAUSE
```

Die drei Befehle PAUSE, XCOPY und PAUSE werden nun in der Reihenfolge abgearbeitet, in der sie in der Befehlszeile mit   aufgelistet bzw.
gestapelt sind. Man spricht von einem *Befehlsstapel*.
**Anmerkung für die Befehlszeilen-Oberfläche von DOS: Das Zeichen   (Alt-186) darf nicht mit
dem Pipe-Zeichen | (Alt-124) verwechselt werden.**

Menüpunkt eingeben: Das Eingeben des Menüpunktes *Verzeichnis kopieren* erfolgt über den *Hinzufügen...*-Befehl als Menübefehl der *Programm-
Menüs*:
1. Menügruppe *Tools aufrufen...* aktivieren.
2. Über *F10/Programm/Hinzufügen...* den Menüpunkt mit dem Titel
    Verzeichnis kopieren einrichten und folgende Befehlszeile ein-
    geben:

```
| Befehle . . .  [pause | xcopy a:*.* b: /s | pause   > |
```

Abschließend die neue Menügruppe mit F2 sichern.

1.5.2.2 Programmstartkommandos im Menüpunkt

Eingabefenster [] am Beispiel des DIR-Befehls: Mit dem DIR-Befehl
wird das Inhaltsverzeichnis der Dateien des aktiven Laufwerks angezeigt.
Mit DIR werden alle Dateien gezeigt, mit DIR *.TXT alle TXT-Dateien
und mit DIR KUND*.PAS alle PAS-Dateien, sofern sie mit den vier Zeichen "KUND" beginnen. Soll die Entscheidung durch den Benutzer über
ein Fenster vorgenommen werden, schreibt man DIR []. Die eckigen
Klammern (Alt-91 für "[" und Alt-93 für "]") symbolisieren ein Eingabe-

fenster und bedeuten: *"Die über das Fenster eingetippten Werte sind als Parameter an den Befehl DIR zu übergeben."*

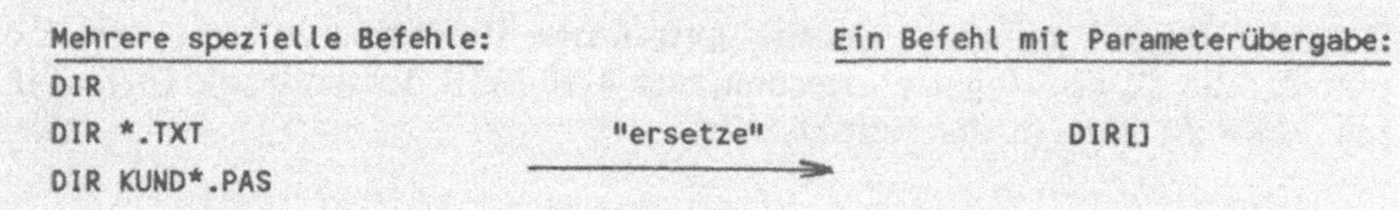

Parameterübergabe über [ ] als Fenster zur flexiblen Benutzereingabe

Programmstartkommandos am Beispiel des Menüpunkts "Formatieren": Eine Eingabe ohne vorherige Eingabeaufforderungist wenig sinnvoll. Aus diesem Grunde stellt DOS zahlreiche Befehle bereit, die in das []-Fenster zum Zweck der Benutzerinformation geschrieben werden können. Ein anschauliches Beispiel hierzu bietet die Menügruppe *DOS-Dienstprogramme...* mit *Formatieren* als Standard-Menüpunkt (vgl. Abschnitt 1.3.5.1). Hier wird nicht einfach FORMAT [] pro-grammiert, sondern man schreibt ins []-Eingabefenster die Programmstartkommandos /T, /I, /P, /D und /R (siehe Abschnitt 1.3.5.2).

1) Befehle FORMAT und PAUSE in der Befehlszeile gestapelt:

```
FORMAT [/t"Formatieren" /i"Zu formatierendes Laufwerk angeben:"
/p"Parameter . .  " /d"A: " /r] | PAUSE
```

2) Bei der Ausführung angezeigt:

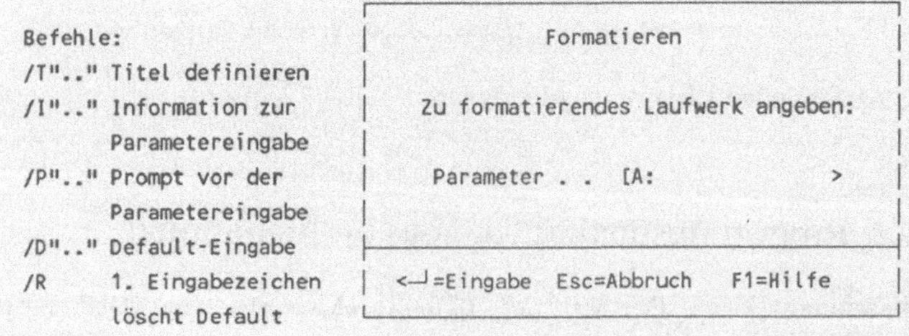

Programmierung und Ausführung von FORMAT [...Befehlsliste...]

Weitere Beispiele: Befehlsstapel mit BACKUP und RESTORE in Abschnitt 1.4.2.

Eigener Menüpunkt mit Programmstartkommandos: Der Menüpunkt *Verzeichnis kopieren* (Abschnitt 1.5.2.1) soll so geändert werden, daß der Befehl XCOPY A:*.* B:/S nicht sofort ausgeführt wird, sondern daß über ein Fenster die als Default angezeigten Parameter *A:*.* B:/S* entweder vom Benutzer übernommen oder aber neu eingegeben werden können.

1) Befehle XCOPY und PAUSE in der Befehlszeile gestapelt:

```
XCOPY [/t"Verzeichnis kopieren" /i"Quellen- und Ziellaufwerk angeben:"
/p"Parameter . .  " /d"A:*.* B: /S" /r] | PAUSE
```

2) Im "Ändern..."-Fenster programmiert:

```
                        +------------------------------------------------+
                        |                 Programm ändern                |
                        | Erforderlich                                   |
                        |                                                |
                        |                                                |
                        |  Titel . . . .  [Verzeichnis kopieren  >       |
  In Titel, Befehle,    |                                                |
  und Hilfetext ist     |  Befehle . . .  [xcopy [/t"Verzeichnis >       |
  nur ein Teil sicht-   |                                                |
  bar (">" verweist     | Wahlfrei                                       |
  auf Fortsetzung)      |                                                |
                        |  Hilfetext . .  [Verzeichnis samt Datei>       |
                        |                                                |
                        |  Kennwort . .  [            ]                  |
                        +------------------------------------------------+
                        |  Esc=Abbruch    F1=Hilfe    F2=Sichern         |
                        +------------------------------------------------+
```

3) Bei Ausführung von "Verzeichnis kopieren" im Fenster angezeigt:

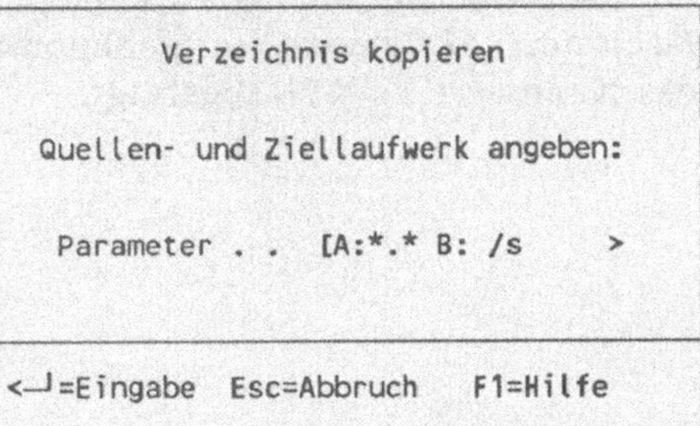

```
                        +------------------------------------------------+
                        |             Verzeichnis kopieren               |
                        |                                                |
  Parameter werden als  |    Quellen- und Ziellaufwerk angeben:          |
  Default angeboten:    |                                                |
  Übernehmen oder aber  |     Parameter . .  [A:*.* B: /s      >         |
  ändern als Entschei-  |                                                |
  dung des Benutzers    +------------------------------------------------+
                        |  <─┘=Eingabe  Esc=Abbruch    F1=Hilfe          |
                        +------------------------------------------------+
```

4) Bei Ausführung von "Verzeichnis kopieren" im Hilfefenster angezeigt:

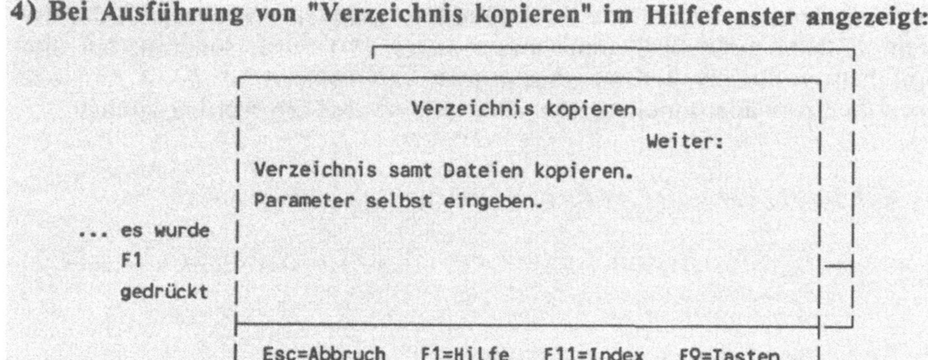

Vier Darstellungen zum Menüpunkt "Verzeichnis kopieren"

1.5.2.3 Kennwort und Stapeldatei im Menüpunkt

In die Menügruppe *Tools aufrufen ...* soll der Menüpunkt *Textverarbeitung Word* hinzugefügt werden

1. Menügruppe *Tools aufrufen...* aktivieren.
2. Über *F10/Programm/Hinzufügen...* den Menüpunkt mit dem Titel *Textverarbeitung Word*, das Kennwort TEXT1 und folgende Befehlszeile eingeben:

```
ECHO Laufwerk: /# | ECHO Verzeichnis: /\@ |
PAUSE Zum Starten von Word Taste | CALL c:\hilfe\stapel\w.bat
```

3. Abschließend die Menügruppe mit F2 sichern.
4. Nach dem Aktivieren des Menüpunkts *Textverarbeitung Word* wird das Kennwort TEXT1 abgefragt.

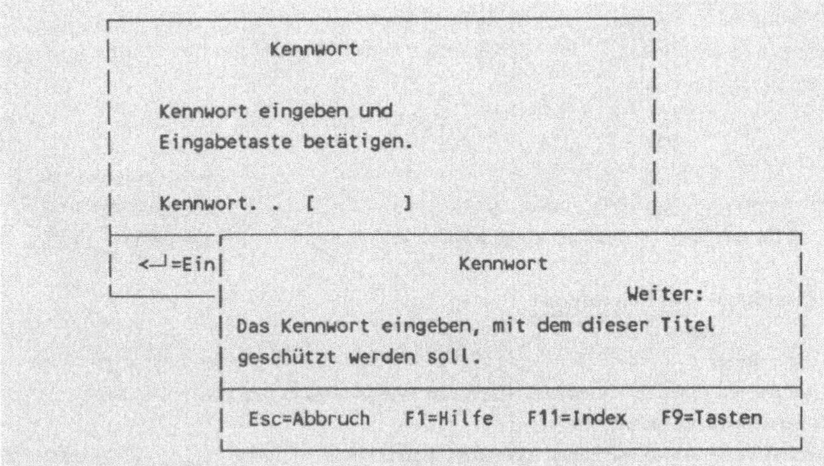

Schritt 4: Kennwort TEXT1 abfragen (auch F1=Hilfe gibt keinen Hinweis)

Nach Eingabe des Kennwortes wird die Stapeldatei W.BAT mit dem Befehl CALL W.BAT aufgerufen, um über diese Stapeldatei dann die Textverarbeitung Word zu starten (in Abschnitt 3.2.6 wird auf W.BAT eingegangen).

Stapeldatei in der Befehlszeile mit CALL aufrufen: Von einer Stapeldatei aus kann man eine andere Stapeldatei nur über den CALL-Befehl aufrufen. Da die in der Befehlszeile eines Menüpunktes mit   aufgelisteten Befehle einen Stapel (Batch) darstellen, muß der Befehl CALL verwendet werden. Anstelle von CALL W.BAT kann man einfacher auch CALL W schreiben.

Kennwort in der Datei TOOLRUF.MEU nachsehen: Die Einrichtung eines Kennwortes darf nicht als strenge und zuverlässige Sicherheitsmaßnahme verstanden werden, sondern als "Vorsichtssignal". Grund:
- Die Daten jeder Menügruppe werden von DOS jeweils in einer gesonderten MEU-Datei abgelegt.
- Standardmäßig sind die Dateien SHELL.MEU (für die *Hauptgruppe...*) und DOSUTIL.MEU (für die *DOS-Dienstprogramme...*) vorhanden.
- Die Datei TOOLRUF.MEU informiert über die benutzerdefinierte Menügruppe *Tools aufrufen.* Durch einen TYPE-Befehl läßt sich das Kennwort TEXT1 somit leicht "knacken".

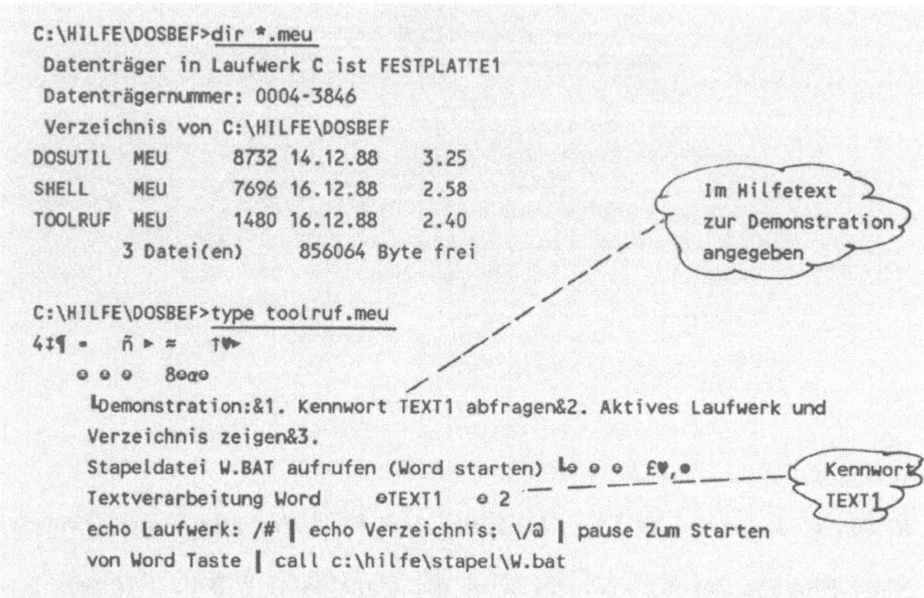

Kennwort TEXT1 über die Textdatei TOOLRUF.MEU anzeigen lassen

1.5.2.4 Eingabe des Dateinamens im Menüpunkt

Problem: Ein Tool soll zusammen mit einem bestimmten Programm aufgerufen werden. Über den folgenden Menüpunkt *Datei mit Word editieren* wird ein Dateiname als Tastatureingabe angefordert, um dann Word im Verzeichnis C:\TOOL\WORD zu suchen und mit dieser Datei aufzurufen. Dazu kann man die Länge und die Existenz der Eingabe wie folgt prüfen:

- **Eingabebegrenzung mit Kommando /L:** Mit */L".."* wird sichergestellt, daß nur die angegebene Anzahl von Zeichen eingegeben werden kann. Beispiele: */L"8"* begrenzt auf 8 und */L"12"* auf 12 Eingabestellen.
- **Existenzprüfung mit Kommando /M:** Mit */M"E"* werden alle Dateinamen abgewiesen, die im aktiven Verzeichnis nicht zu finden sind. Man kann damit sicherstellen, daß die als Parameter eingegebene Datei auch tatsächlich vorhanden ist.

Befehlszeile bzw. Programmstartbefehl im Menüpunkt *Datei mit Word editieren*:

```
C:\TOOL\WORD\WORD [/t"Eine Textdatei bearbeiten"
/i"Name der TXT-Datei eingeben:" /p "Dateiname? "
/l"16" /m"e"]
```

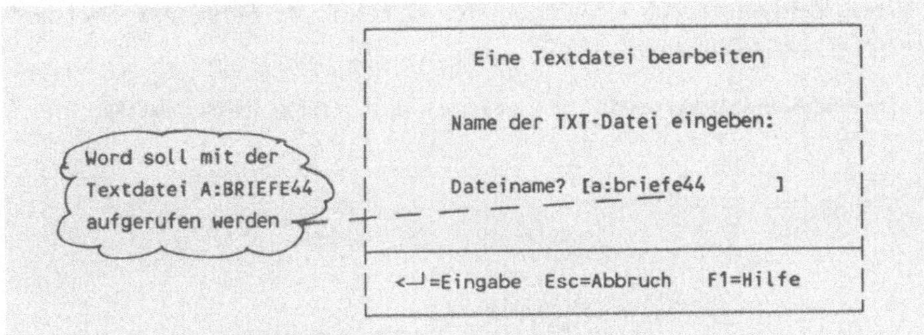

Menüpunkt "Datei mit Word editieren" aktivieren

1.5.2.5 Befehlszeile mit beliebiger Eingabe

Der folgende Menüpunkt *Beliebiges Tool aufrufen* soll als vierter Eintrag in die Menügruppe *Tools aufrufen* aufgenommen werden:

Befehlszeile mit []: Die Befehlszeile enthält nur ein Eingabefenster [] und keinen weiteren Befehl. Über die Kommandos /T, /I und /P wird der Benutzer aufgefordert, den Namen einer ausführbaren Datei einzugeben:

```
[/t"Ein Software-Tool Ihrer Wahl aktivieren"
 /i"Name mit Pfad eingeben" /p"Dateiname? ..."]
```

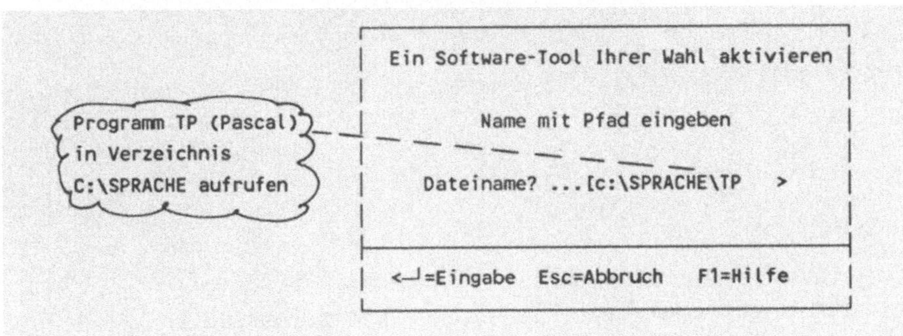

Menüpunkt "Beliebiges Tool aufrufen" aktivieren

Zeilenumbruch mit "&" im Hilfetext: Hilfetext wird mit 44 Zeichen je Zeile umbrochen und am Bildschirm gezeigt. Mit dem Zeichen "&" kann an einen Zeilenumbruch erzwingen. Im Hilfetext zu *Beliebiges Tool aufgerufen* wurde somit eingegeben:

```
Eingabemöglichkeiten:&1. Software-Tool (z.B. C:\TOOL\DBASE\DBAE)&2. Int...
```

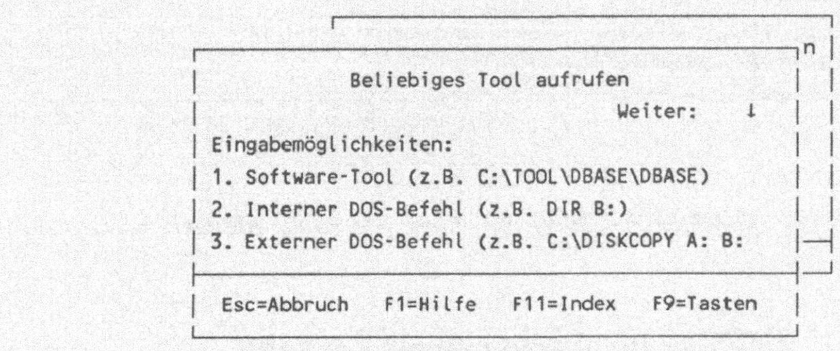

Hilftexte zum Menüpunkt "Beliebiges Tool aufrufen"

MS-DOS-Wegweiser Festplatten-Management Kompaktkurs

1	Festplatten-Management über die DOS-Shell	1
2	Festplatten-Management über die DOS-Befehlszeile	43
3	Festplatten-Management über benutzerdefinierte Menü-Modelle	105
3.1	Modell 1: Elementares System mit Unterverzeichnissen	105
3.2	Modell 2: Menüorientiertes System mit Stapeldateien	123
3.3	Modell 3: Menüorientiertes System mit Assembler-Programm	137
4	Stapelverarbeitung als Hilfsmittel	183
5	Patch-Kurs mit DEBUG	289

2.1   Vereinbarungen

2.1.1 Bezeichner

Bezeichnung von Dateien:

- *Dateiname* maximal 8 Zeichen und Dateityp maximal 3 Zeichen lang (z.B. RECHNUNG.TXT).
- Dateiname mit Buchstaben A-Z, Ziffern 0-9 sowie mit den Sonderzeichen ! # $ % ^ ( ) & - _ ~ { } ' @ .
- Kleinbuchstaben werden in Großbuchstaben umgesetzt.
- Komplette *Dateibezeichnung* mit Laufwerk, Zugriffspfad, Dateiname und Dateityp. Beispiel:

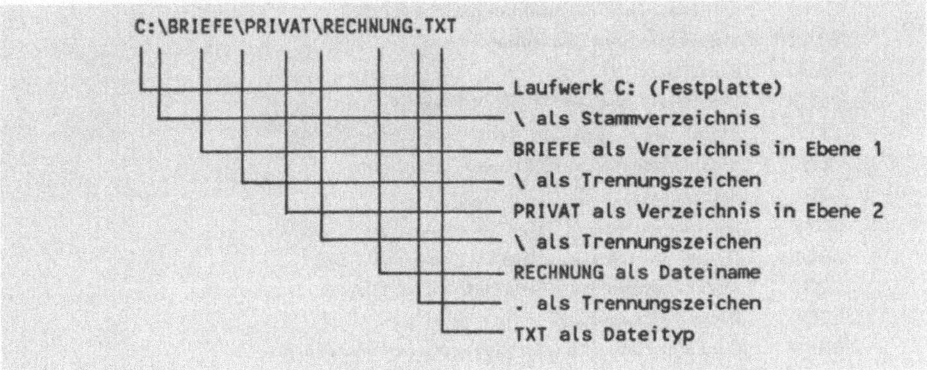

Dateigruppenzeichen (Joker, Wildcards):

Joker * vertritt eine Zeichenfolge (z.B. "Klaus", "6" oder "5a").
Joker ? vertritt ein einzelnes Zeichen (z.B. "a", "@" oder "5").
Beispiele:
- *.TXT: Dateiname beliebig (max. 8 Zeichen) und Dateityp TXT. Umfaßt zum Beispiel A.TXT, V1.TXT, A985FT.TXT, ZA.TXT.
- A*.BAK: Dateiname mit "A" beginnend und sonst beliebig lang, Dateityp BAK.
- ????.*: Dateien mit vierstelligen Dateinamen.

Namen von Geräten bzw. externen Einheiten:

A:	Erstes Diskettenlaufwerk (Bootlaufwerk)
B:	Zweites Diskettenlaufwerk
C:	Festplattenlaufwerk (Hard Disk)
D:	RAM-Disk als virtuelles Laufwerk
E-Z:	Weitere Laufwerke

AUX: Erste serielle Schnittstelle (identisch zu COM1:)
CON: Konsole mit Bildschirm und Tastatur
COM1:   Erste serielle Schnittstelle. Weiter: COM2, COM3, COM4.
LPT1:   Erster Paralleldrucker. Weitere: LPT2, LPT3.
PRN: Erster Paralleldrucker (identisch zu LPT1:)
NUL: Ersatzgerät: Null Device, Dummy Device.

Grundlegende Dateitypen:

$$$ Temporäre Datei bzw. Hilfsdatei
C   Quelldatei in Programmiersprache C
ASM   Quelldatei in Assembler (Maschinensprache)
BAK   Back-Up-Datei als automatisch erstellte Sicherungskopie
BAS   Quelldatei in Programmiersprache BASIC
BAT   Stapeldatei bzw. Batchdatei
BIN   Binärdatei
CHK   Hilfsdatei, die durch CHKDSK erstellt wird
CLR   Farbeinstellungen der Menü-Oberfläche (Color)
COM   Befehlsdatei für ausführbares Programm
CPI   Zeichensatztabelle (Code Page)
CRF   Querverweisdatei (Cross Reference-Datei, XREF)
DBF   Datenbank-Datei in dBASE (Database File)
DBS   Druckertreiberdatei für Word
DIF   Datei von Lotus 1-2-3
DFV   Druckformatvorlage für Textverarbeitung Word
DOC   Dokumentationsdatei als Textdatei
EXE   Befehlsdatei für ausführbares Programm
FMT   Formatdatei für dBASE
FW   Arbeitsdatei für Framework
GEN   Arbeitsdatei für Ventura Publisher
HEX   Hexadezimal-Datei
HLP   Datei für Hilfetexte der Menü-Oberfläche
INI   Datei mit Initialisierungsdaten (Word, Multiplan)
LBL   Labeldatei für dBASE
LOG   Logdatei von BACKUP
LIB   Bibliotheksdatei (Library)
LST   Listing-Datei
MAP   Linker-Kontrolldatei
MEU   Daten zu einer Menügruppe der Menü-Oberfläche
MP   Multiplan-Tabelle
OBJ   Objektdatei für compiliertes Programm
PAS   Quelldatei in Programmiersprache Pascal
PGM   Programm (Systemdateien)
PRG   Programm als Befehlsdatei für dBASE

REC	Hilfsdatei, die durch RECOVER erstellt wird
REF	Cross-Reference-Datei
SIK	Sicherungskopie von Textverarbeitung Word
SYS	Systemdatei für DEVICE
TMP	Temporär eingerichtete Datei
TXT	Textdatei

2.1.2 Editiermöglichkeiten

Editiermöglichkeiten in der Befehlszeilen-Oberfläche von MS-DOS:

F1	Das nächste Zeichen aus dem Tastaturpuffer kopieren bzw. erscheinen lassen
F2z	Alle Zeichen bis zum Zeichen z aus dem Tastaturpuffer kopieren
F3	Bis zum Ende der Eingabezeile kopieren
F4z	Alle Zeichen bis zum Zeichen z überspringen
F5	Die komplette Eingabezeile in den Puffer speichern
F6	Das Textdatei-Endezeichen Strg-Z bzw. Ctrl-Z erzeugen
Esc	Die Eingabe in der aktiven Zeile unwiksam abbrechen
Einfg	Den Einfügemodus ein- bzw. ausschalten (Einfg- bzw. Ins-Taste)
Entf	Das aktive Zeichen aus dem Puffer entfernen (Entf- bzw. Del-Taste)

Editiermöglichkeiten in der Menü-Oberfläche von MS-DOS:

F1	Hilfefenster aktivieren
F2	a) Fenster eines Menüpunkts wirksam (d.h. mit Speicherung) verlassen b) COPY wirksame beenden
F3	a) Vom der Menü-Oberfläche zur Befehlszeilen-Oberfläche wechseln b) Vom Dateisystem zum Programmstartmenü wechseln c) COPY unwirksam abbrechen
F4	Zeichen (Alt-186) zur Befehlstrennung in der Befehlszeile erzeugen
F9	a) Tastenbelegung im Hilfs-Fenster anzeigen b) Im Anzeigen-Fenster zwischen Hex- und ASCII-Modus umschalten c) Den alten Wert in das Eingabefeld eingeben
F10	Die waagrechte Menüleiste oben im Hauptmenü aktivieren
F11	Stichwortverzeichnis im Hilfe-fenster anfordern
Umschalt-F9	In die Befehlszeilen-Oberfläche von MS-DOS wechseln
Leer	Die durch den Cursor angezeigte Datei im Dateisystem aktivieren (markieren) bzw. desaktivieren
Tab	Im Fenster von einem EIngabereich zum nächsten Eingabebereich wechseln
Return	Eine Eingabe bestätigen
Esc	Die Ausführung unwirksam abbrechen und zum übergeordneten Fenster bzw. Menü zurückgehen

2.1.3 Befehlstypen

Unterscheidung von internen und externen Befehlen:

Interne Befehle sind Bestandteil des Befehlsprozessors COMMAND.COM
und als solche im RAM resident:
> BREAK, CALL, CHCP, CD, CHDIR, COPY, CTTY, DATE, DEL, DELETE, DIR,
> ECHO, ERASE, EXIT, FOR, GOTO, IF, MD, MKDIR, PATH, PAUSE, PROMPT,
> REM, REN, RENAME, RD, RMDIR, SET, SHIFT, TIME, TYPE, VERIFY, VOL.

Externe Befehle werden nicht permanent im RAM gehalten und müssen
zum Zeitpunkt des Aufrufens im entsprechenden Laufwerk bzw. Verzeichnis verfügbar sein. Alle die Befehle sind extern verfügbar, die in der
obigen Übersicht der internen Befehle nicht angeführt sind.

Unterscheidung von Befehlen nach Anwendungen:
Bei der folgenden Einteilung ergeben sich zwangsläufig Überschneidun-
gen. Die Anwendungen sind also nicht streng getrennt zu betrachten.

Befehle zur Konfiguration über CONFIG.SYS bzw. AUTOEXEC.BAT:
> ANSI.SYS, BREAK, BUFFERS, COUNTRY.SYS, DEVICE, DISPLAY.SYS, DRI-
> VER.SYS, FCBS, KEYB, KEYBxx, KEYBOARD.SYS, LASTDRIVE, PRINTER.SYS,
> NLSFUNC, SHELL, STACKS, SWITCHES, VDISK.SYS, XMAEM.SYS und
> XMA2EMS.SYS.

Befehle zum Einrichten von Diskette/Festplatte:
> FDISK, FORMAT, SELECT und SYS.

Befehle zum Zugriff auf Datei bzw. Diskette/Festplatte:
> ASSIGN, ATTRIB, CHKDSK, DEL, DELETE, ERASE, FASTOPEN, LABEL, PRINT,
> RECOVER, RENAME und VOL.

Befehle als Filter:
> FIND, MORE und SORT.

Befehle zur Information:
> DATE, MEM, TIME und VER.

Befehle zum Kopieren auf Diskette bzw. Festplatte:
> BACKUP, COMP, COPY, DISKCOMP, DISKCOPY, REPLACE, RESTORE, VERIFY
> und XCOPY.

Befehle zur Stapelverarbeitung:
CALL, CLS, ECHO, ERRORLEVEL, EXIST, FOR-DO, GOTO, IF, PAUSE, REM und
SHIFT.

Befehle zur Verwaltung von Verzeichnissen:
APPEND, CD, DIR, JOIN, MD, MKDIR, PATH, RD, RMDIR, SUBST und TREE.

Befehle für spezielle Probleme:
CHCP, COMMAND, CTTY, DEBUG, DOSSHELL.BAT, EDLIN, EXE2BIN, EXIT,
GRAFTABL, GRAPHICS, LINK und MODE.

2.2 Befehlsverzeichnis

Beschreibung der Befehle (bis Version 4.0 einschließlich) in drei Punkten wie folgt:

> *1. Zeile:*
> Befehlswort: Befehlszweck, Befehlsart
> (interner oder externer Befehl, Anwendung, DOS-Version).
> *2. Zeile:*
> Allgemeines Format: Angaben in [] sind optional,
> (...) für beliebig oft wiederholbaren Begriff,
> / für entweder-oder, d: für Laufwerksangabe.
> *Ab 3. Zeile:*
> Beispiele mit Befehlsaufrufen zu typischen Aufgaben.

ANSI.SYS
device=ansi.sys [/k][/l][/x]

- device=c:\hilfe\dosbef\ansi.sys

- device=ansi.sys /k

- device=ansi.sys /x

Tastatur-Treiber (config.sys)

Gerätetreiber aktivieren, der im Unterverzeichnis abgelegt ist.

Erweiterte Tastatur nicht nutzen.

Erweiterte Tastatur nutzen (z.B. F11, F12).

APPEND   Auf Dateien zugreifen (extern, ab 3.3)

append d:Pfad [;[d:]Pfad ...]
append [/x:on/off][/e][/path:on/off]

- /e   Speichert Suchpfade im DOS-Umgebungsspeicher.
- /x:on   append-Suchpfad für search, first, find first und exec.
- /x:off   append-Suchpfad ist nicht mehr für path zu nutzen (Default).
- /path:on   append-Suchpfad auch nutzen, wenn ein Verzeichnis angegeben wurde.
- /path:off   append-Suchpfad für Verzeichnis bzw. Laufwerk nicht nutzen.

- path c:\tool\dbase	Ab jetzt kann man alle im Verzeichnis
append /e	c:\tool\dbase abgelegten Dateien aufrufen,
append c:\tool\dbase	als wenn sie im aktuellen Verzeichnis lägen.
- append \tool /x	Wie append \tool, gefolgt von path \tool.
- append ;	Alle Suchpfade wieder entfernen.
- append	Den aktiven Suchpfad anzeigen lassen.

ASSIGN   Zugriff umleiten (extern)

assign [x[=]y[...]]

- assign a=b	Von a: auf b: umleiten (dir a: zeigt b:).
- assign a=c b=c	Umleitung auf Festplattenlaufwerk c:.
- assign b=	Umleitung nur des Laufwerks b: aufheben.
- assign	Voreinstellung wiederherstellen.

ATTRIB   Dateiattribute einstellen (extern)

attrib [+r/-r][+a/-a] [d:][Pfad][Dateiname[.erw] [/s]

- +a   Archiv-Attribut gesetzt: Dateiänderung seit dem letztem xcopy/m bzw. backup.
- /s   Bezieht auch Einträge in Unterverzeichnissen mit ein (ab 3.3).

- attrib +r dd.txt	Datei dd.txt als "Nur-Lese-Datei".
- attrib -r dd.txt	Nur-Lese-Attribut entfernen.
- attrib +r -a dd.txt	Archiv-Attribut entfernen (bei xcopy /m und backup keine Dateikopie mehr).
- attrib +r *.com	com-Dateien vor Löschen schützen.
- attrib dd.txt	Aktuellen Status der Attribute anzeigen.

AUTOEXEC.BAT   Spezielle Stapeldatei

- copy con autoexec.bat   Datei erstellen und mit Ctrl-Z beenden.
- autoexec.bat   Beim Systemstart automatisch ausgeführt.

BACKUP   Daten von Platte sichern (extern)

backup d:[Pfad][Dateiname[.erw]] d:[/s][/m][/a][/f][/l]
[/d:Zeit][/t:Zeit]

- backup c:*.* a: Festplatte ohne Verzeichnisinhalte nach a:.
- backup c:*.* a: /s   Festplatte samt Verzeichnisse nach a:.
- backup c:*.* a: /s/f   Disk formatieren (ab 4.0 autom.).
- backup c:*.txt a: /s/m   Nur die geänderten txt-Dateien.
- backup c:*.pas a: /s/a   Dateien nach a: hinzukopieren.
- backup c:*.pas a: /s/d:1.1.89   Nach 1.1.89 geänderte Dateien.
- backup c:*.* a: /d:1.1.89/t:9.00 Nach 9 Uhr geänderte Dateien.
- backup c:*.* a: Logdatei backup.log in a: ablegen.

BREAK   Abbruch prüfen (intern, config.sys)

break [on/off]

- break on   DOS prüft jede Eingabe von Str-C oder
                                   Strg-Abbr (Standard off).

BUFFERS   Pufferanzahl (config.sys)
                                 (2-99 Dateipuffer)
buffers=Puffer [,Sektoren][/x]

- buffers=20   20 Pufferspeicher (durch select erzeugt).
- buffers=22 /x   Puffer im Expanded Memory speichern.
- buffers=25,8   8 Sektoren gleichzeitig lesen (Default=0).

Von DOS standardmäßig eingerichtete Anzahl von Diskettenpuffern: 3 (bis 128 KB RAM), 10
(bis 512 KB RAM) bzw. 15 (ab 512 KB RAM).

CALL   Stapeldatei aufrufen (Stapel)

call [d:][Pfad][Stapeldatei][Parameter]

- rem Befehl in stapel0.bat   stapel1.bat in stapel0.bat aufrufen,
  call stapel1   ausführen und mit stapel0.bat fortfahren.
- call sta77 a b   sta77.bat mit Parametern a und b aufrufen.

CD   Verzeichnis wechseln (intern)
cd [d:][Pfad]

- cd \   Ins Stammverzeichnis \ wechseln.
- cd c:\tool\dbase   Ins Unterverzeichnis \tool\dbase wechseln.
- cd c:tool\dbase   ... vom aktiven Verzeichnis ausgehen.
- cd c: Aktuelles Verzeichnis (Pfad) in c: anzeigen.
- cd ..   Ins übergeordnete Verzeichnis.

CHCP   Zeichensatztabelle (intern, ab 3.3)
chcp [Zeichensatztabelle]   chcp für "Change Code Page"

- nlsfunc c:\country.sys   Von bisheriger Default-Tabelle 437 zur
  chsp 850   mehrsprachigen Tabelle 850 wechseln
                                      (nlsfunc und mode prep vorausgesetzt).
- chsp   Aktive Landes-Zeichensatztabelle anzeigen.

CHDIR   Wie cd (intern)

CHKDSK   Speicherstatusbericht (extern)
chkdsk[d:][Pfad][Dateiname[.erw]][/f][/v]   f=Fehler, v=Anzeigen
- chkdsk c: Statusbericht mit einer Liste aller Dateien
                                      und Verzeichnisse für die Festplatte c:.
- chkdsk c:/v > prn   Statusbericht komplett ausdrucken.
- chkdsk a: /f   Disk prüfen, Fehler melden und korrigieren.

CLS   Bildschirm löschen (Stapel)
- cls   Bildschirm löschen (Farbe bleibt).

COMMAND   Befehlsprozessor laden (extern)
command [d:][Pfad][/p][/c Befehl] [/e:xxxxx] [/msg]
- command   Prozessorkopie in unveränderte Umgebung
                                     laden (Kopie später min exit verlassen).
- command /c dir a: dir a: mit Prozessorkopie ausführen (danach
                                     ist der Primär-Prozessor wieder aktiv).
- command /p   Befehlsprozessor permanent laden (alten
                                     Proz. überschreiben, autoexec.bat starten).
- command /p /msg   Zusätzlich System-Meldungen in den RAM.
- command /p /msg /e:640   Zusätzlich 640 B für Umgebungs-
                                     werte (Environment) reservieren.

COMP   Dateiinhalt vergleichen (extern)

comp [d:][Pfad][Dateiname[.erw]] [d:][Pfad][Dateiname[.erw]]

- comp dd.txt dd.sik	Dateien auf Gleichheit prüfen (nach copy).
- comp c:\tool\word*.pas b:*.bak	Vergleich aller pas-Dateien.

COPY Datei1 Datei2   Dateien kopieren (intern)

copy [d:][Pfad]Dateiname[.erw] [d:][Dateiname[.erw]] [/v][/b][/a]

- copy ddquell.txt ddziel.txt	dd.quell.txt nach ddziel.txt kopieren.
- copy c:ddquell.txt b:ddziel.txt	Von c: nach b: kopieren.
- copy c:\sprache\turbo *.pas b:	Alle pas-Dateien nach b:.
- b:\tool>copy a:\p.pas	p.pas von a:\ ins Verzeichnis b:\tool.
- copy a:*.* b: /v	Kopien mit den originalen vergleichen.
- copy a:t.txt b: /a	ASCII-Datei bis zum 1. Strg-Z kopieren.
- copy a:t.bin b: /b	t.bin als Binärdatei kopieren.

COPY Datei1+Datei2 ... Datei   Dateien zusammenfügen (intern)

copy [d:][Pfad]Dateiname[.erw] [+[d:][Pfad]Dateiname[.erw] ...]
*   [d:][Pfad][Dateiname[.erw]][/v]*

- copy dd1.txt+dd2.txt ddziel.txt	2 Dateien zu ddziel.txt zusammenfügen.
- copy dd.txt+dd2.txt	dd2.txt an Datei dd.txt anhängen.

COPY Eingabeeinheit Datei   Eingabe von Einheit aus (intern)

- copy con dd.txt ... strg-z	Text über Tastatur tippen (Ctrl-Z Ende).
- copy con autoexec.bat ...	Spezielle Stapeldatei eingeben.

COPY Datei Ausgabeeinheit   Datei drucken (intern)

- copy dd.txt prn	Text von dd.txt drucken (prn oder lpt1).
- copy dd.txt prn /a	ASCII-Datei bis zum 1. Strg-Z drucken.
- copy t.bin prn /b	Binärdatei (zum Beispiel eine formatierte Textdatei) mit Steuerzeichen ausdrucken.
- copy dd.txt con	Text am Bildschirm (Console) anzeigen.

COUNTRY   Länderanpassung (config.sys)

country=Landesnummer [,Zeichensatz [,Dateiname]]

Landesnummern: 049 D, 001 USA, 033 F, 032 B, 045 DK, 044 GBR, 039 I, 081 J, 002 CDN, 003 Lateinamerika, 031 NL, 047 N, 351 P, 046 S, 041 CH.

- country=049, 437	Deutsche Datums-/Zeitangaben (Default).
- country=049, 437, c:\hilfe\dosbef\country.sys	Anzugeben, wenn country.sys nicht im Stammverz. der Bootdisk. abgelegt ist.
- country=049, , c:\hilfe\dosbef\country.sys	Vereinfachung, da 437 Default.
- country=,,c:\country.sys	001 als USA-Landesnummer verwendet.

CTTY   **Standardeinheit ändern (intern)**
ctty Einheitenname   *(aux,com1,com2,con,ext,lpt1,lpt2,lpt3,prn,nul)*
- ctty prn   Drucker nun als Standardausgabeeinheit.
- ctty con   Wieder Standard (Tastatur/Bildschirm).

DATE   **Datum setzen/anzeigen (intern)**
date [tt.mm.jj]
- date 02.10.89   Neues Systemdatum festlegen.
- date   Aktuelles Datum anzeigen.

DEBUG   **Maschinenspracheeditor (extern)**
debug [Dateiname][SimulierteParameter]
- debug p.pas   Debugger ist mit p.pas zu berarbeiten.

DEL   **Datei löschen: wie erase (intern)**

DEVICE   **Einheitentreiber laden (config.sys)**
device=[d:][Pfad] Dateiname[.erw] [Parameter]
Einheitentreiber auf DOS-Diskette: ansi.sys (Tastatur, ab 2.0), display.sys (Bildschirm, ab 3.3), driver.sys (Diskette, ab 3.2), printer.sys (Drucker, ab 3.3), vdisk.sys (RAM-Disk, an 3.0), xmaem.sys (IBM PS/2 EM-Adapter-Simulation (ab 4.0) und XMA2EMD.SYS (LIM-4.0-Treiber, ab 4.0).
- device=ansi.sys   Bildschirm-/Tastaturtreiber installieren.
- device=c:\hilfe\dosbef\ansi.sys   Treiber in Unterverzeichnis suchen.

DIR   **Inhaltsverzeichnis zeigen (intern)**
dir [d:][Pfad][Dateiname[.erw]][/p][/w]   *mit w=wide, p=page*
- dir   Alle Dateien im aktiven Verzeichnis des
                                                aktiven Laufwerks anzeigen.
- dir b: bzw. dir b:*.*   Alle Dateien des Laufwerks b: anzeigen.
- dir c:\hilfe\dosbef   Directory von c:\hilfe\dosbef anzeigen.
- dir /w/p   Directory breit und seitenweise anzeigen.
- dir b:dd.txt   Testen, ob Datei dd.txt in b: existiert.
- dir c:\tool\multip *.prg/w   Nur alle prg-Dateien anzeigen.
- dir b:*.* > prn   Directory von b: ausdrucken.
- dir b:*.* | sort > prn   Zuerst sortieren, dann ausdrucken.
- dir b:*.* | \hilfe\sort > prn   Der sort-Befehl ist im Pfad \hilfe abgelegt.
- dir b:*.* | find /v "<DIR>"   Directory ohne die Unterverzeichnisse.

DISKCOMP

diskcomp [d: [d:]][/1][/8]

- diskcomp a: b:
- diskcomp bzw. diskcomp a: a:

Disketteninhalt vergleichen (extern)

/1=1. Diskettenseite, /8=8 Sektoren

Anwendung nach diskcopy-Befehl sinnvoll.

Vergleich bei einem Laufwerk.

DISKCOPY

diskcopy [d: [d:]][/1]

- diskcopy a: b:

- diskcopy a: b: /1
- diskcopy bzw. diskcopy a: a:

Disketteninhalt kopieren (extern)

Von a: nach b: Spur für Spur kopieren (Ziel
in b: ggf. entsprechend a: formatieren).

Nur die 1. Seite der Quelldiskette von a:.

Diskettenkopie bei nur einem Laufwerk.

DISPLAY.SYS   Zeichensatztabelle (config.sys, ab 3.3)

device=display.sys con[:]=([Typ[,Zeichensatz][,n,m]])

Typ mit MONO, CGA, EGA und LCD. Zeichensatz 437, 850, 860, 863 bzw. 865 (siehe coun-
try.sys). n für Anzahl der Codes und m für Anzahl der Schriftarten.

Wichtig: display.sys darf in config.sys immer erst nach ansi.sys eingerichtet werden.

- device=c:\display.sys con:=(ega,437,2)

- device=c:\display.sys con:=(,,2)

Für Konsole werden EGA-Bildschirm und
bis zu 2 Zeichensatztabellen definiert.

DOS setzt Typ und Tabelle selbst ein.

DRIVER.SYS   Blockeinheitentreiber (config.sys)

device=driver.sys /d:Laufw[/t:Spuren][/s:Sektoren][/h:Köpfe]
[/f:Gerätetyp][/c][/n]

Parameter mit Defaults für den Gerätetreiber:

/d	Laufwerk (Drive)	A=0, B=1, C=2, ...	
/t	Spuren (Tracks) je Seite	1-999	(Default 80)
/s	Sektoren je Spur	1-99	(Default 9)
/h	Schreib-/Lese-Köpfe (Heads)	1-99	(Default 2)
/f	Gerätetyp (File) siehe unten		

Gerätetypen, die durch driver.sys unterstützt werden:

Gerätetyp	Laufwerk	Spuren	Sektoren	Tpi	Ab DOS-Version:
7	1,44 MB	80	18	270	3.3
2	720 KB	80	9	135	3.2
1	1,2 MB	80	15	96	3.0
0	360 KB	40	9	48	2.0
0	320 KB	40	8	48	1.1
0	180 KB	40	9	48	2.0
0	160 KB	40	8	48	1.0

- device=driver.sys /d:3 /t:80 /s:9 /h:2 /f:1	richtet für einen AT mit zwei 1.2-MB-Disketten und Festplatte ein logisches 4. Laufwerk (d) mit 80 Spuren (t), 9 Sekt. (s), 2 Köpfen (h) und 1.2 MB (f) ein.
- device=driver.sys /f2	Externes zweites 3.5"-720 KB-Laufwerk für XT wird als Laufwerk d: installiert.
- device=driver.sys /f2 device=driver.sys /f2	Ein und dasselbe Laufwerk erhält die logischen Laufwerksbezeichnungen d: und e:.

DOSSHELL

dosshell

- dosshell

Menü-Oberfläche rufen (Stapel, ab 4.0)
Stapeldatei dosshell.bat aufrufen
Das Hauptmenü der DOS-Shell erscheint.

ECHO

echo [on/off/Nachricht]

Nachricht anzeigen (Stapel)

- echo off	Nachrichten abschalten (on ist Standard).
- @echo off	@ verhindert Anzeigen dieses einen Befehls.
- echo Diskette einlegen	Nachricht "Diskette einlegen" zeigen.
- echo Fehlerhaft: < > |	> < | sind als Textausgabe nicht erlaubt.
- echo Steuersatz 14 %%	Das %-Zeichen im Text doppelt angeben.
- echo	Zustand von echo (on oder off) anzeigen.
- echo Umschalt-Leertaste	Leerzeile ausgeben (Umschalt gedrückt lassen und einmal die Leertaste tippen).
- echo Papier wechseln > prn	Texthinweis am Drucker ausgeben.
- echo Klaus und > speicher.txt echo Tillmann sind da >> speicher.txt	Zwei Textzeilen in der Datei speicher.bat durch Umleitung ">" ablegen.

EDLIN

edlin Dateiname [/b]

Zeilentexteditor (extern)

- edlin b.bin /b   b.bin als Binärdatei editieren.

ERASE

erase [d:][Pfad]Dateiname[.erw] [/p]

Dateien löschen (intern)

- erase b:dd.txt	Eine Datei dd.txt in Laufwerk b: löschen.
- erase c:*.bat	Alle bat-Dateien entfernen.
- erase c:\tool\dbase *.*	Alle Dateien im Verzeichnis löschen.
- erase *.* /p	Jede zu löschende Datei einzeln bestätigen.

EXE2BIN

exe in com/bin ändern (extern)

exe2bin [d:][Pfad]Dateiname[.erw] [d:][Pfad][Dateiname[.erw]]

EXIT

Prozessorkopie verlassen (intern)

exit

- exit   Die Kopie von command.com verlassen.

FASTOPEN

Festplattenzugriff rasch (extern, ab 3.3)

fastopen d:[=Dateianzahl] ...[/x]
fastopen d:[=(Dateianzahl,Extents)]...[/x]   *(ab 4.0)*

- fastopen c:=80	Die letzten 80 Zugriffe speichern.
- install=c:\fastopen.exe c:=80	fastopen schon in config.sys im RAM fest installieren (ab 4.0).
- fastopen c:=80 d:=80	Zugriffe auf c: und RAM-Disk d: verwalten.
- fastopen c:=80 /x	Info im Extended Memory ablegen (ab 4.0).
- fastopen c:=(80,150)	150 Extent-Caches verwalten (ab 4.0).
- fastopen c:=(,150)	Extent-Cache ja, Namens-Cache nein.

FCBS

File Control Block (config.sys)

fcbs = Maximum [Geschützt]   *(Dateiverwaltung vor 2.11)*

FDISK

Festplatten-Utility (extern)

fdisk

- fdisk   Festplatten-Partition menüorientiert anlegen bzw. verwalten.

FILES

Zugriffsanzahl (config.sys)
(Default=8)

files=AnzahlDateien

- files=20   Maximal 20 Dateien zugleich offen (8-255).

FIND

Filterbefehl (extern)

find [/v][/c][/n]"String" [[d:][Pfad]Dateiname[.erw]...]

Drei Parameter: /v=nicht enthalten, /c=enthalten und /n=Zeilennummern anzeigen.

- find "Klaus" b:dd.txt	Alle Zeilen mit String "Klaus" nennen.
- find /n "Klaus" b:dd.txt	Zusätzlich die Zeilennummern nennen.
- find /c /n "Klaus" b:dd.txt	Zusätzlich die Anzahl nennen (count).
- find /v "Klaus" b:dd.txt	Zeilen, die "Klaus" nicht enthalten, nennen.
- find /v "{" p.pas > pneu.pas	Datei pneu.pas ohne Kommentar speichern.
- dir | "<DIR>"	Nur die Unterverzeichnisse anzeigen.

FOR   Schleifenbildung (Stapel)

for %%Variable in (Menge) do Befehl

Schleifen-Schachtelung nicht möglich. Wird der for-Befehl im Direktmodus bzw. in der Menü-
Oberfläche eingesetzt: % anstelle von %% schreiben.

- for %%a in (*.txt) do dir   Directory aller txt-Dateien anzeigen.
- for %%b in (1 2 3 4 5 6) do echo %%b   Zahlen 1-6 untereinander anzeigen.
- for %%c in (b1.txt b2.txt) do type %%c > prn   Zwei Textdateien ausdrucken.
- for %%c in (b1 b2) do type %%c.txt > prn   Wie oben, aber ohne Dateityp-Suche.

FORMAT   Diskette formatieren (extern)

format d: [/s][/1][/4][/8] [/v[:Name]]
*   [/b] [/4][/n:Sekt][/t:Spur] [/f:Kap]*

- format b: Diskette in Laufwerk b: formatieren
                                             (Achtung: bisheriger Inhalt geht verloren).
- format b: s   Zusätzlich: System übertragen (bootfähig).
- format b: s/v   Zusätzlich: Datenträgerkennsatz eintragen.
- format b: /s/v:TEST   TEST als Kennsatz fest eintragen.
- format b: s/v/4   1,2 MB-Laufwerk: nur 360 KB formatieren.
- format a: /1   5.25"-Diskette einseitig formatieren.
- format c: /v/s   Partition der Festplatte formatieren.
- format b: /4   Diskette mit hoher Kapazität (1.2 MB).
- format a: /8   Nur 8 Sektoren je Spur (für CP/M-86).
- format a: /n:9 /t:80   720 KB in 1,44 MB-Laufw.: 9 Sekt., 80 Sp.
- format a: /f:720   Identische Vereinfachung zu: /n:9 /t:80.

Erlaubte Parameter bei den verschiedenen Diskettenarten (für IBM):

160/180 KB	/f, /s, /v, /1, /8, /b, /4
320/360 KB	/f, /s, /v, /1, /8, /b, /4
720 KB/1.44 MB	/f, /s, /v, /n, /t
1,2 MB	/f, /s, /v, /n, /t
Festplatte	/f, /s, /v

Erlaubte Werte für Parameter /f mit Angaben in KByte (ab 4.0):

/f:160, /f:180, /f:320, /f:360, /f:720, /f:1.2 oder /f:1200, /f:1.44 oder /f:1440.

GOTO   Verzweigung (Stapel)

goto [:]Sprungziel

Das Sprungziel muß mit ":" beginnen und allein in einer Zeile stehen. In der Befehlszeile bzw.
im Programmstartbefehl (Menü-Oberfläche) ist goto nicht erlaubt.

- goto ende   Zur Zeile mit Sprungziel ende verzweigen.
- if %2 == 444 goto abbruch   Bedingte Verzweigung.

GRAFTABL   Grafikzeichensatz laden (extern)

graftabl [437/850/860/863/865 / /status / ?]

- graftabl ?   Parameter für graftabl auflisten lassen.
- graftabl   Grafikzeichen ASCII 128-255 in den RAM
                                         laden zwecks Anzeige im Grafikmodus.

- graftabl 850   Mehrsprachige Sonderzeichen hinzuladen.
- graftabl 860 /status   Zeichensatztabelle 860 wählen und zeigen.

Fünf unterstützte länderspezifische Zeichensatztabellen:

437=USA (Standard-IBM-Zeichensatz), 850=Mehrsprachige Zeichen, 860=Portugal,

863=Frankreich, 865=Norwegen.

GRAPHICS   Grafik-Druckertreiber (extern)

graphics [Druckertyp][Info][/r][/b][lcd][/printbox:Kennung]

- graphics bzw. graphics graphics   Grafiken auf IBM-Frucker ausgedruckbar.
- graphics color8 /b   color8-Typ; auch Hintergrund drucken.
- graphics color4 /i   color4-Typ; invers drucken.
- graphics thermal /lcd   Thermal-Drucker mit LCD-Bildschirm.
- graphics graphicswide   Grafikdrucker mit 11-Zoll-Papierbreite.
- graphics grafik2.pro   Standard-Profile-Datei graphics.pro durch
                                         Informationsdatei grafik2.pro ersetzen.

IF   Auswahlstruktur (Stapel)

if [not] Bedingung Befehl

- if errorlevel 1 goto ende   Fehlerstatus 1 als Bedingung.
- if exist dd.txt goto anf   Existenztest von dd.txt als Bedingung.
- if %1==Klaus goto text   Gleichheit von Strings als Bedingung.

INSTALL   Befehl resident halten (config.sys)

install=Dateiname [Parameter]

Über config.sys können folgende Programme bereits be der Systemkonfiguration im RAM resident installiert werden: fastopen.exe, keyb.com, nlsfunc.exe und share.exe (ab 4.0).

- install:c:\fastopen c:=80   Die letzten 80 Festplattenzugriffe merken.
- install=c:\hilfe\dosbef\keyb gr,437,c:\hilfe\dosbef\keyboard.sys   Tastatur einstellen.

JOIN   Verzeichnis umleiten (extern)

join   oder   join d: d:\Verzeichnis   oder   join d:/d   (3 Formate)

- join b: c:\neu   b: mit Pfad c:\neu verknüpft (Diskette als
                                         Verzeichnis \neu auf Festplatte umgelegt).

- join   Alle Verknüpfungen anzeigen.
- join b: /d   Obige Verpnüpfung wieder löschen.

KEYB   Tastatur anpassen (extern, ab 3.3)

keyb[xx[,[yyy],[[d:][Pfad]Tastaturdefinitionsdatei[.erw]]]][/id:ID]

- xx zur Tastaturcode-Angabe, yyy zur Angabe der Zeichensatztabelle (bei fehlender
  Angabe Standardzeichensatztabelle).
- Zeichensatztabelle 437 mit Tastaturen us, uk, fr, gr, it, sp, la, sv, su und nl.
- Mit Strg-Alt-F1 zur US-Tastenbelegung wechseln und mit Strg-Alt-F2 zurück.

- keyb	Zustand des Tastaturtreibers anzeigen.
- keyb gr	Zeichensatztabelle 437 (Standard) und deutsche Tastatur (keyboard.sys) gewählt.
- keyb gr,437, c:\hilfe\keyboard.sys	Tabelle in Verzeichnis \hilfe abgelegt.
- install=c:\hilfe\keyb.com gr,,\hilfe\keyboard.sys	Tastaturbelegung bereits in config.sys installieren (ab 4.0).

KEYBOARD.SYS   Tastaturdefinition (ab 3.3)

Tastaturdefinitionsdatei mit den Zeichensatztabellen für KEYB.COM.

KEYBxx   Tastatur für Land xx (extern, bis 3.2)

- kebgr	Deutsche (gr=german) Tastatur laden.
- keybgr e	e = erweitert (Tastatur XT/AT deutsch).

LABEL   Name von Platte ändern (extern)
label [d:][Name]   *(max. 11 Zeichen lang)*

- label c:festsystem	Festplatte erhält den Namen festsystem.
- label c:	Namen für c: mit Return-Taste löschen.

LASTDRIVE   Größte Laufwerksbez. (config.sys)
lastdrive=Laufwerksbezeichnung   *(a-z mit Default=e)*

- lastdrive=d	Ignoriert, da 5 Laufwerke a-e Default sind.
- lastdrive=p	Auf höchstens 16 Laufwerke kann gleichzeitig zugegriffen werden.

LINK   Objektdateien binden (extern)
link [Dateien,[EXE-Datei,[Kontrolldatei,[Bibliotheken]]] [Optionen][;]

- link	Linker starten zwecks Dialogeingabe.
- link test1;	Eine Datei test1.exe erzeugen.

MD   Verzeichnis erstellen (intern)
md [d:]Pfad

- md tool   tool als neues Unterverzeichnis zum aktiven
                                  Verzeichnis im aktiven Laufwerk anlegen.

- md c:tool   tool als Unterverzeichnis auf der Festplatte.
- md \tool   Unterverzeichnis zum Stammverzeichnis.
- md c:\tool\dbase\einkauf   Verzeichnis einkauf in c:\tool\dbase.
- md einkauf   Wie oben, falls c.\tool\dbase aktiv ist.

MKDIR   Wie md; Make Directory (intern)

MEM   Freier Speicherplatz (extern, ab 4.0)
mem [[/debug / /program]]

mem   Über Speicherplatz im RAM informieren.
mem /program   Auch residente Programme nennen.
mem /debug   Auch die Gerätetreiber nennen.

MODE   Modus für Schnittstelle (extern)
mode lpt#[:][n][,[m][,p]

- mode lpt1 132,8   1-132 Zeichen/Zeile bei 8 Zeilen/Zoll
                                  Vorschub für Drucker festlegen.

mode n oder mode [n],m[,t]

- mode 80,r   Bildschirm mit 80 Zeichen/Zeile und um
                                  2 Zeichen nach rechts verschoben zeigen.

mode comn[:]Baud[,Parität[Datenbits[,Stoppbits[,p]]]]

- mode com2:24,,,2   Schnittstelle com2 auf 2400 Baud, 2
                                  Stoppbits (sonst Standardwerte) einstellen.

mode lpt#[:]=comn

- mode lpt1=com2   Alle Druckaufträge an serielle Schnitt-
                                  stelle com2 umleiten.

- mode   Aktuellen Status von Mode anzeigen.

mode con rate=Tastaturwiederholungfrequenz delay=Verzögerung
mode con [cols=Spalten] [lines=Zeilen]

- mode con cols=80 lines=35   Bildschirm mit 80 Spalten, 35 Zeilen.

mode Einheit   Zeichensatztabellen verwalten
mode Einheit codepage prepare=((cp) Zeichendatei)
mode Einheit codepage select=CP
mode Einheit codepage [/status]
mode Einheit codepage refresh

MORE   Bildschirm-Filterbefehl (extern)
more

- more < b:dd.txt   dd.txt bildschirmseitenweise anzeigen.
- type b:dd.txt | more   Wie oben, aber more über Pipe aufrufen.
- dir c:\tool\dbase | more   Directory bildschirmweise ausgeben.

NLSFUNC   Landesfunktionen laden (extern)
nlsfunc [Dateiname]   *(National Language Support Funkctions)*
nlsfunc   country.sys als Standarddatei laden (Vor-
                                                 aussetzung für chcp).

nlsfunc c:\hilfe\dosbef\country.sys   Datei explizit nennen und laden.
install=c:\hilfe\dosbef\nlsfunc   nlsfunc bereits in config.sys laden.

PATH   Verzeichnis-Pfad nennen (intern)
path [[d:]Pfad[[;[d:]Pfad]...]]
- path   Aktuellen Suchpfad anzeigen.
- path c:\sprache   In einem Pfad automatisch suchen.
- path c:\hilfe\dosbef; a:util   Zwei Suchpfade in c: und in a:.
- path c:\system; b:\system   Identischer Pfadname in zwei Laufwerken.
- path ;   Alle festgelegten Pfade entfernen.

PAUSE   Unterbrechung (Stapel)
pause [Bemerkung]
- pause Diskette wechseln   Unterbrechung mit Nachricht-Ausgabe.
- pause   Ausführungsunterbrechung ohne Nachricht.

PRINT   Warteschlange drucken (extern)
print [/d:Einheit][/b:Puffer][u:In Arbeit-Puls][/m:max.Pulszahl]
*   [s:Zeitscheibe][/q:Schlangengröße)]*   *erstmalig*
print [/c][/t][/p][[d:][Pfad][Dateiname[.erw.]...]   *später*
- print   Alle aktuellen Druckaufträge anzeigen.
- print dd.txt /c   Drucken von dd.txt stoppen (c=cancel).
- print /t   Drucken insgesamt beenden (t=terminate).
- print b:*.txt   txt-Dateien in die Warteschlange setzen.

Ausgabegerät lpt1 einrichten: 40 Dateien in Schlange (queue), Puffer 1024 Byte groß, Druk-
ker-spooler mit 8 Taktzyklen (als Default) aufgerufen (dabei können jeweils maximal 200 Zyk-
len in Anspruch genommen werden), 5 Taktzyklen ohne Zeitüberschreitungsfehler warten.
- print /d:lpt1 /q:40 /b:1024 /s:8 /m:200 /u:5

PRINTER.SYS   Druckerzeichensätze (config.sys, ab 4.0)

device=printer.sys lpt Nummer[:] = Typ[,Zeichensatztabelle [,Anzahl]]

Länder-Zeichensatztabellen für Drucker 4201, 4202, 4207, 4208 und 5202 einrichten.

- device=printer.sys lpt1=4202,437,2)   Zwei Zeichensatztabellen für Drucker 4202.

PROMPT   Bereitschaftszeichen neu (extern)

prompt [Prompt-Definitionsstring]

- prompt $d pg   Datum, Pfad, Größerzeichen als Prompt.
- prompt ng   Laufwerk, Größerzeichen als Standard.
- prompt   Standard-Promptzeichen aktivieren.
- prompt $e[0;59;"dir *.* "p   Taste F1 mit dir-Befehl belegen.
- prompt $e[0;60;"dir *.* "13p   Taste F2 mit dir-Befehl belegen, der sogleich ausgeführt wird (ASCII-13=Return).

Zeichen für Prompt-Definitionsstring: Pipe $b, Datum $d, Excapezeichen (01bh) $e, Größerzeichen $g, Backspace $h, Kleinerzeichen $l, Laufwerk $n, Pfad $p, Gleichheitszeichen $q, Systemzeit $t, Versionsnummer $v, CR/LF-Sequenz $_ und Dollarzeichen $$.

REM   Bemerkungszeile (config.sys, Stapel)

rem Bemerkung

- rem Tastaturtreiber installieren   Diese Zeile bei der Ausführung ignorieren.

RD   Verzeichnis löschen (intern)

rd [d:]Pfad

- rd tool   Leeres Verzeichnis tool im aktiven Pfad.
- rd c:\tool\dbase util   util im Verzeichnis c:\tool\dbase.

RECOVER   Datei wiederherstellen (extern)

recover [d:][Pfad]Dateiname[.erw]

- recover b:dd.txt   Datei ohne Fehler-Sektoren lesen.
- recover a: Gesamten Disketteninhalt herstellen.

RENAME   Dateiname ändern (intern)

ren[ame] [d:][Pfad][Dateiname[.erw]] Dateiname[.erw]

- rename c: dd.txt dd1.txt   dd.txt in dd1.txt umbenennen.
- ren b:*.bak *.pas   Alle bak-in pas-Dateien umbenennen.

REPLACE   Platten-Dateien ersetzen (extern)

*replace [d:][Pfad]Quelldateiname[.erw] [d:][Pfad][/a]
[/p][/r][/s][/w]*

- replace b:*.bat c:\	Alle bat-Dateien im Zielpfad c:\ durch gleichnamige Dateien von b: ersetzen.
- replace b:*.bat c:\/s	In c:\ Dateien suchen und diese ersetzen.
- replace b:*.bat c:\/a	Im Zielpfad fehlende Dateien addieren.
- replace b:*.bat c:\/r	Auch "Nur-Lese-Dateien" mit all ihren Unterverzeichnissen im Zielpfad ersetzen.
- replace b:*.bat c:\/r/s	Kombination zweier Parameter.
- replace b:*.bat c:\p	Bei jedem Dateinamen pausieren: Benutzer kann einzeln ersetzen bzw. addieren.
- replace a:*.* c:\tool/w	Vor dem Start auf Tastatureingabe warten.

Ausgabe von errorlevel-Werten: 2 (Datei nicht gefunden), 3 (Pfad nicht gefunden), 8 (zu wenig Speicherplatz), 11 (Format ungültig), 15 (Laufwerk ungültig), 22 (DOS-Version ungültig), 50 (Read-Only-Datei) an die Stapelverarbeitung.

RESTORE   Gegenstück zu backup (extern)

*restore d:[d:][Pfad]Dateiname[.erw.][/s][/p][/m][/n]
[/a:Datum][/b:Datum][/e:Zeit]*

- restore b: c:*.*	Alle auf der backup-Diskette in b: gesicherten Dateien auf Festplatte zurückkopieren.
- restore b: c:*.* /s	Zusätzlich die Unterverzeichnisse.
- restore b: c:*.* /s /p	Zusätzlich bei geänderten und Nur-Lese-Dateien eine Sicherheitsabfrage vornehmen.
- restore b: c:\hilfe\stapel\b.bat	Eine einzelne Datei wiederherstellen.

REM   Bemerkung in Stapel (intern)

rem [Bemerkung]

- rem Dateiname w1.bat	Hinweis (bei echo off nicht angezeigt).
- rem	Zwischenraum zwecks Lesbarkeit.

RMDIR   Verzeichnis löschen (siehe rd)

SELECT   DOS installieren (extern)

select [menu]

- select menu	Platte formatieren; DOS-System kopieren; Dateien autoexec.bat, config.sys erstellen. Ab MS-DOS 4.4: Systemgeführter Dialog.

SET   Umgebungsvariable (intern)

set [Name=[Parameter]]

- set   Alle Umgebungsvariablen anzeigen lassen
                                         (zumindest comspec und path erscheinen).
- set anwend=\tool\dbase   Variable anwend erhält Pfad zugewiesen.
- set anwend=Tillmann   Tillmann als neuer Wert für anwend.
- set anwend=   Variable anwend wird gelöscht.
- set path=c:\hilfe\dosbef   Ein zusätzlicher Suchpfad definiert.

SHARE   Netzwerk installieren (extern)

share [/f:Dateigröße][/l:Sperren]

share /f:2048   2048 Byte (Default) zur Verwaltung von
                                         Netzwerk-Dateien bereitstellen.
share /f/1024 /l:40   Maximal 40 Dateien gleichzeitig zu locken.

SHELL   Befehlsprozessor laden (config.sys)

shell=[d:][Pfad]Befehlsprozessor[.erw] [/e:Umgebung] [/p] [/msg]

/e reserviert Speicherplatz für den Umgebungsspeicher (160-32768 Byte, Default 160 Byte).
/p startet autoexec.bat nach dem Laden des Befehlsprozessors jeweils neu.
/msg lädt Fehlermeldungen in den RAM (bei PC mit nur einer Diskette erforderlich).

- shell=c:\sys\command.com   Bei DOS-Start Prozessor von c:\sys laden.
- shell=c:\sys\command.com /e:512   Für Umgebungsspeicher 512 KB angeben.
- shell=c:\sys\command.com /e:512 /p   Prozessor command.com permanent laden.
- shell=c:\sys\command.com /e:512 /p /msg   Fehlermeldungen in den RAM laden.

Der shell-Befehl beeinflußt die Umgebungsvariable comspec nicht! Deshalb muß nach dem Laden des Prozessors in autoexec.bat die Variable comspec neu setzen. Sonst kann der Befehlsprozessor bei der Rückkehr nicht nachgeladen werden:

- set comspec=c:\sys\command.com   Prozessor-Name in comspec neu eintragen.

SHIFT   Parameter verschieben (Stapel)

shift   *Verschiebung um 1 bei Befehlsaufruf*

Bis zu neun Parameter %1 - %9 können an eine Stapeldatei übergeben werden. shift verschiebt die Parameterliste um eine Stelle nach links (%9 wird zu %8, und %9 wird somit verfügbar).

- shift   Befehlsaufruf verschiebt Parameter um 1.

SORT   **Filterbefehl: Sortierung (extern)**
sort[/r][+n]   *(r=absteigend; n=ab Spalte n; n=1 Def.)*
sort < Eingabedatei > Ausgabedatei   *(Übergabe an Ausgabedatei)*
MS-DOS-Befehl | Sort   *(sort als Filterbefehl)*

- sort < dd.txt   Sortierte Bildschirmausgabe von dd.txt.
- type dd.txt | sort   Identische Ausgabe über eine Pipe.
- sort < dd.txt > prn   Sortierte Datei ausdrucken.
- dir | sort /+14   Directory nach Dateigröße (wird ab Spalte
                                       14 angegeben) sortieren.
- dir | sort /+14 /r   Zusätzlich: absteigende Sortierfolge.
- dir | sort /+1 /r   Nach Dateinamen sortieren (/+1 als Default
                                       kann auch weggelassen werden).
- sort < dd.txt > ddsort.txt   Sortierte Datei als ddsort.txt speichern.

STACKS   **Stack-Standardwerte (config.sys)**
stacks=Stapel, Größe

- stacks=0,0   Default des Stapelrahmens (Stack Frame)
                                       bei IBM PC/XT (Stapel 8-64 möglich).
- stacks=9,128   Default bei AT und PS/2.

SWITCHES   **Standardtastatur (config.sys, ab 4.0)**
switches=/k
- switches=/k   Erweiterte Tastatur als "alte" Tastatur
                                       nutzen (z.B. zwecks Kompatibilität).

SUBST   **Laufwerk -> Verzeichnis (extern)**
subst d: d:Pfad [/d]   *(lastdrive beachten)*
- subst   Alle derzeitigen Ersetzungen anzeigen.
- subst e: c:\tool   Verzeichnis c:\tool durch e: ersetzen.
- subst e: /d   Die Ersetzung e: wieder löschen.

SYS   **DOS auf Platte kopieren (extern)**
sys dZiel: *(command.com nicht übertragen)*
sys dQuell: dZiel:

- sys b: Systemdateien MSDOS.SYS, IO.SYS bzw.
                                       IBMDOS.COM, IBMBIO.COM nach b:.
- sys c: DOS-System auf Festplatte kopieren.
- sys a: b: Systemdateien von a: nach b: kopieren.

TIME   Systemzeit setzen, ändern (intern)
time [hh:mm:[:ss[.tt]]]

- time 10:45   Zeit auf 10:45:00.00 (10 Uhr 45 Minuten).
- time 10:50:30   Teit auf 10 Uhr, 50 Min., 30 Sek. korrigiert.
- time   Zeit anzeigen und Eingabeaufforderung.

TREE   Verzeichnisbaum zeigen (extern)
tree [d:][/f]

- tree   Verzeichnisbaum des aktiven Laufwerks.
- tree /f   Auch die Namen aller Dateien nennen.
- tree b: /f | more   Verzeichnisbaum von b: bildschirmweise.
- tree c:\ /f > verz.txt   Baum von c: komplett in verz.txt ablegen.
- tree c:\ /f > prn   Baum von c: komplett ausdrucken lassen.

TYPE   Datei im ASCII anzeigen (intern)
type [d:][Pfad]Dateiname[.erw]

- type b:dd.txt   Inhalt von dd.txt am Bildschirm zeigen.
- type c:\texte\a.txt | more   Inhalt bildschirmweise anzeigen.
- more < c:\texte\a.txt   Identisch mit vorhergehendem Befehl.
- type b:dd.txt > prn   Textdateinhalt ausdrucken lassen.
- type b:dd.txt > ddneu.txt   Datei nach ddneu.txt kopieren.
- type b:dd.txt >> ddneu.txt   Text an Inhalt von ddneu.txt anhängen.

VDISK.SYS   RAM-Disk-Treiber (config.sys)
device=[d:][pfad]vdisk.sys [Größe] [Sektorgröße] [Einträge]
[/e:MaxExt] [:x/MaxExp]

Größe	Kapazität der RAM-Disk von 1 KB bis RAM-Größe (Default 64 KB).
Sektorgröße	128, 256 oder 512 (Default 128 KB).
Einträge	Anzahl der Dateieinträge (Dateinamen) von 2 bis 512 (Default 64).
/e	Bei AT, PS/2 und 386-PC RAM-Disk im Extended Memory anlegen. MaxExt=1-8 Sektoren auf einmal aus RAM-Disk lesen (Default 8).
/x	Zuerst mit xma2ems.sys Expanded Memory einrichten, dann diesen anlegen und MaxExp=1-8 Sektoren einlesen (Default 8).

- device=vdisk.sys 64 128 64   RAM-Disk mit 64 KB Speicherplatz, 128
                                         Bytes/Sektor und maximal 64 Einträgen.
- device=vdisk.sys   Wie oben, da Standardwerte.
- device=c:\hilfe\dosbef\vdisk.sys   Treiber in Unterverzeichnis suchen.
- device=vdisk.sys 256 128 112   RAM-Disk mit 256 KB und maximal 112
- device=vdisk.sys Größe=256, Sektoren=128, Dateinamen=112   Identischer kom-
                                         mentierter Befehl, da DOS nur Zahlen liest.

VER   Versionsnummer zeigen (intern)
ver

VERIFY   Aufzeichnung prüfen (intern)
verify [on/off]
- verify   Status anzeigen: Standard ist off.
- verify on   Ab jetzt alle Schreiboperationen prüfen.

VOL   Namen der Platte zeigen (intern)
vol [d:]
- vol c: Name der Festplatte anzeigen.

XCOPY   Dateigruppe kopieren (extern)
xcopy [d:][Pfad]Dateiname[.erw] [d:][Pfad][Dateiname[.erw]]
[/a][/d][/e][/m][/p][/s][/v][/w]:

- xcopy b:\ c:\   Von b:\ nach c:\ kopieren (nur die Dateien
                                            des Stammverzeichnisses werden kopiert).
- xcopy b:\ c:\ /s   Auch die Unterverzeichnisse kopieren (nur
                                            nicht-leere Unterverzeichnisse anlegen, /s).
- xcopy b:\ c:\ /s /e   Auch leere Unterverzeichnisse anlegen (/e).
- xcopy b:\ c:\ /s /e /a   Nur die seit xcopy bzw. backup geänderten
                                            Dateien kopieren (Archiv-Flag bleibt, /a).
- xcopy b:\ c:\ /s /e /m   Wie /a, aber das Archiv-Flag zurücksetzen.
- xcopy b:\ c:\ /s /e /p   Jede Dateikopie einzeln bestätigen (/p).
- xcopy b:\ c:\ /s /d:25.12.88   Nur die jüngeren Dateien kopieren (/d).
- xcopy b:\tool c:\/s   Dateien und Verzeichnisse unterhalb von
                                            b:\tool ins Stammverzeichnis c:\ kopieren.
- xcopy b:\ c:\ /v   Kopie überprüfen (/v für Verify).
- xcopy b:\ c:\ /w   Zuerst Diskettenwechsel abwarten (/w).

XMAEM.SYS   Expanded-Emulation (config.sys, ab 4.0)
device=xmaem.sys [Seitenanzahl]
Den 80286-Expanded-memory-Adapter/A für IBM-PS/2 auf 80386-Systemen emulieren.
- device=xmaem.sys   Der Treiber xmaem.sys ist vor xma2ems.sys
  device=xma2ems.sys ...   zu installieren.
- device=xmaem.sys 32   Nur 32 Seiten Expanded Memory nutzen.

XMA2EMD.SYS   EMS-Treiber (config.sys, ab 4.0)
device=xma2ems.sys [frame=Adresse] [Pn=Adresse] [/x:Seitenanzahl]
- device=xma2ems.sys frame=d000 p254=c000 p255=c400 /x:8

2.3 Verzeichnisbefehle

2.3.1 Verzeichnis mit Baumstruktur anlegen

MS-DOS verwaltet ein hierarchisches Dateisystem mit Dateinamen (kurz: Dateien) und Verzeichnisnamen (kurz: Verzeichnissen), das als Baum darstellbar ist: Der Baum steht auf dem Kopf mit der Wurzel (engl. root) nach oben, und die Verzeichnisse stellen die Verästelungen dar. Die am Baum hängenden "Früchte" sind Dateien oder auch Unterverzeichnisse. Der folgende Verzeichnisbaum besteht aus drei Teilen:

- Stammverzeichnis "\" als Wurzel mit den Unterverzeichnissen \ANWEND und \SYSTEM.
- Weiter verästeltes Unterverzeichnis \ANWEND mit drei Verzeichnissen:

  \ANWEND\TEXTE\DIENST für dienstliche Texte wie AB336.TXT.

  \ANWEND\TEXTE\PRIVAT für private Texte wie FRANZ3.TXT.

  \ANWEND\PASCAL für Pascal-Programme (derzeit zwei Programme).
- Unterverzeichnis \SYSTEM mit vier Systemprogrammen (Utilities).

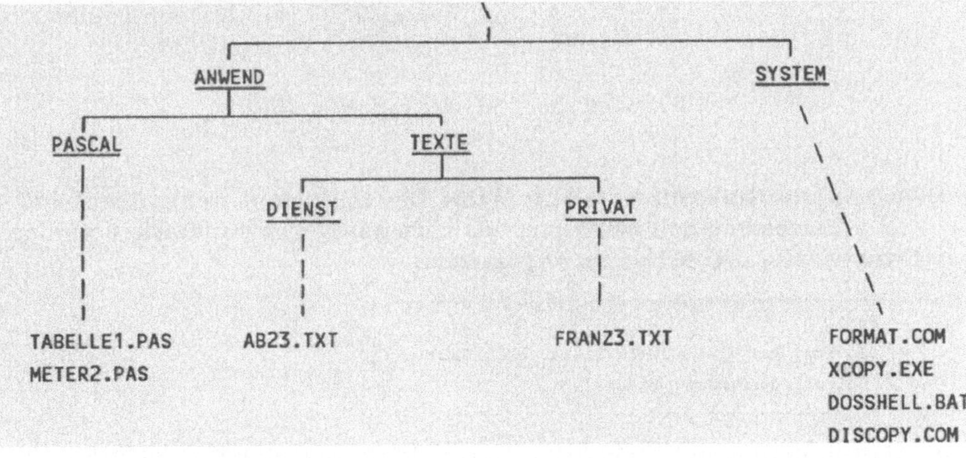

Verzeichnisbaum mit 6 Unterverzeichnissen und 8 Dateien

Baumstruktur mit Vorteilen: Verzeichnissen mit Baumstruktur bieten die drei folgenden Vorteile.

1. *Übersichtlichkeit* des Plattenverzeichnisses.
2. *Größere Anzahl von Einträgen* (Datei- oder Verzeichnisnamen). Das Stammverzeichnis kann maximal aufnehmen:
    - Einseitige Diskette mit 64 Einträgen.
    - Zweiseitige Diskette mit 112 Einträgen.
    - Diskette mit hoher Kapazität mit 224 Einträgen.
    - Festplatte mit 512 Einträgen.
3. *Größere Zugriffsgeschwindigkeit:* Je mehr Dateien in einem Verzeichnis stehen, desto länger der Zugriff. Es ist deshalb günstig, für kleinere Dateigruppen Unterverzeichnisse zu bilden.

Zur Organisation von Verzeichnissen stellt MS-DOS die Befehle CD, MD, RD, TREE, XCOPY und PATH bereit.

- CD oder CHDIR	aktives Verzeichnis wechseln.
- MD oder MKDIR	Neues Unterverzeichnis erstellen.
- RD der RMDIR	Leeres Unterverzeichnis löschen.
- TREE	Verzeichnisstruktur anzeigen.
- XCOPY	Verzeichnisse mit Dateien kopieren.
- PATH	Zugriffspfad(e) festlegen

Verzeichnisbefehle im weiteren Sinne

Verzeichnis strukturieren als Aufgabe: Das folgende - wenig übersichtliche - Verzeichnis soll baumartig wie oben angegeben strukturiert werden. Dazu wird in drei Schritten vorgegangen.

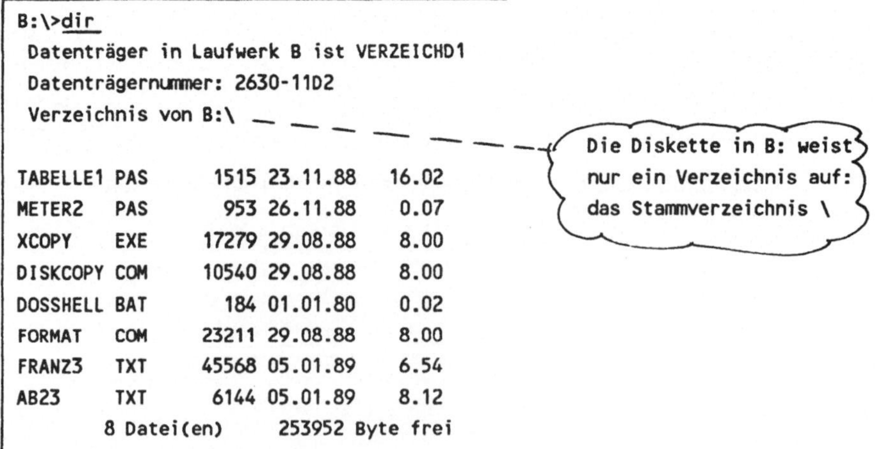

```
B:\>dir
 Datenträger in Laufwerk B ist VERZEICHD1
 Datenträgernummer: 2630-11D2
 Verzeichnis von B:\

TABELLE1 PAS      1515 23.11.88    16.02
METER2   PAS       953 26.11.88     0.07
XCOPY    EXE     17279 29.08.88     8.00
DISKCOPY COM     10540 29.08.88     8.00
DOSSHELL BAT       184 01.01.80     0.02
FORMAT   COM     23211 29.08.88     8.00
FRANZ3   TXT     45568 05.01.89     6.54
AB23     TXT      6144 05.01.89     8.12
        8 Datei(en)     253952 Byte frei
```

2.3.1.1 Baum aufbauen mit MD, RD, CD (Schritt 1)

Der Befehl MD \ANWEND erstellt ANWEND als Unterverzeichnis zum
Stammverzeichnis "\". Man spricht kurz vom Verzeichnis ANWEND. Das
Zeichen "\" hat folgende Aufgaben: es kennzeichnet das Stammverzeichnis
und es dient zum Trennen von Verzeichnis- bzw. Dateinamen.
Der Befehl RD \ANWEND\TEXTE\PRIV löscht das Unterverzeichnis
PRIV. Ein Unterverzeichnis kann nur dann gelöscht werden, wenn es leer
ist. Also zuvor gegebenenfalls Dateien mit ERASE *.* löschen.
Der Befehl CD \ANWEND\TEXTE macht \ANWEND TEXTE zum akti-
ven Verzeichnis. Der Befehl CD (ohne Zusatzangabe) dient zum Anzeigen
des aktiven Verzeichnisses.

```
CD \                        CD \ANWEND\TEXTE        CD \ANWEND\TEXTE\PRIVAT
MD ANWEND\TEXTE\PRIVAT      MD PRIVAT
                            CD \
```

Drei identische Befehlsfolgen zum Aktivieren des PRIVAT-Verzeichnisses

Absoluter Zugriffspfad: Dieser Pfad geht stets vom Stammverzeichnis aus
und beginnt mit dem "\". Beispiel zum Anlegen von Verzeichnis PRIVAT:

```
B:\>md \anwend\texte\privat
```

Relativer Zugriffspfad: Dieser Pfad geht vom aktiven Verzeichnis aus
darf deshalb nicht mit dem "\" beginnen. Beispiel zu ANWEND\TEXTE
als aktives Verzeichnis:

```
B:\ANWEND\TEXTE>md privat
```

```
B:\>md system

B:\>md \anwend
```



```
B:\>dir/w
 Datenträger in Laufwerk B ist VERZEICHD1
 Datenträgernummer: 2630-11D2
 Verzeichnis von B:\
TABELLE1 PAS    METER2  PAS    XCOPY    EXE    DISKCOPY COM    DOSSHELL BAT
FORMAT   COM    FRANZ3  TXT    AB23     TXT    SYSTEM          ANWEND
        10 Datei(en)     251904 Byte frei
```

```
B:\>md anwend\texte
B:\>md anwend\pascal
B:\>md anwend\texte\dienst

B:\>md anwend\texte\priv
B:\>rd anwend\texte\priv

B:\>md anwend\texte\privat
```


2.3.1.2 Dateien in Verzeichnisse kopieren (Schritt 2)

Der Befehl COPY *.COM \SYSTEM kopiert alle COM-Dateien vom
Stammverzeichnis in das Verzeichnis SYSTEM. Als Alternative kann man
auch CD \SYSTEM gefolgt von COPY *.COM eingeben.
- <DIR> kennzeichnet ein Verzeichnisses im Directory.
- "." und ".." im Directory: Der Einzelpunkt bezeichnet das Unterverzeichnis selbst und die zwei Punkte das darüberliegende Verzeichnis.
- CD .. macht das übergeordnete zum aktiven Verzeichnis.
- CD .. .. geht um zwei Verzeichnisebenen hoch.

```
B:\>copy *.pas \anwend\pascal
TABELLE1.PAS
METER2.PAS
        2 Datei(en) kopiert

B:\>copy \ab23.txt \anwend\texte\dienst
        1 Datei(en) kopiert

B:\>cd anwend\texte\privat
B:\ANWEND\TEXTE\PRIVAT>copy \franz3.txt
        1 Datei(en) kopiert

B:\ANWEND\TEXTE\PRIVAT>cd \system
B:\SYSTEM>copy *.com
Datei nicht gefunden - ????????.COM
        0 Datei(en) kopiert
B:\SYSTEM>copy \*.com
B:\DISKCOPY.COM
B:\FORMAT.COM
        2 Datei(en) kopiert
```

```
B:\SYSTEM>copy \*.exe
B:\XCOPY.EXE
      1 Datei(en) kopiert


B:\SYSTEM>cd \
B:\>copy *.bat \system
DOSSHELL.BAT
      1 Datei(en) kopiert
```

2.3.1.3   Dateien im Stammverzeichnis löschen (Schritt 3)

ERASE *.* löscht alle (zuvor in die Unterverzeichnisse kopierten) Datei-
originale im Stammverzeichnis. Das Directory der Diskette VERZEICHD1
zeigt nun keine Dateinamen mehr an, sondern nur die Verzeichnisnamen
ANWEND und SYSTEM.

```
B:\>erase *.*
Alle Dateien im Verzeichnis werden gelöscht!
Sind Sie sicher (J/N)?j


B:\>dir
 Datenträger in Laufwerk B ist VERZEICHD1
 Datenträgernummer: 2630-11D2
 Verzeichnis von B:\
SYSTEM         <DIR>     05.01.89   10.23
ANWEND         <DIR>     05.01.89   10.23
        2 Datei(en)     247808 Byte frei


B:\>cd \system
B:\SYSTEM>dir
 Datenträger in Laufwerk B ist VERZEICHD1
 Datenträgernummer: 2630-11D2
 Verzeichnis von B:\SYSTEM
.              <DIR>     05.01.89   10.23
..             <DIR>     05.01.89   10.23
DISKCOPY COM   10540 29.08.88    8.00
FORMAT   COM   23211 29.08.88    8.00
XCOPY    EXE   17279 29.08.88    8.00
DOSSHELL BAT     184 01.01.80    0.02
        6 Datei(en)     247808 Byte frei
```

```
B:\ANWEND>dir
 Datenträger in Laufwerk B ist VERZEICHD1
 Datenträgernummer: 2630-11D2
 Verzeichnis von B:\ANWEND
 .              <DIR>        05.01.89    10.23
 ..             <DIR>        05.01.89    10.23
 TEXTE          <DIR>        05.01.89    10.24
 PASCAL         <DIR>        05.01.89    10.24
         4 Datei(en)      247808 Byte frei


B:\ANWEND>cd texte
B:\ANWEND\TEXTE>dir dienst/w
 Datenträger in Laufwerk B ist VERZEICHD1
 Datenträgernummer: 2630-11D2
 Verzeichnis von B:\ANWEND\TEXTE\DIENST
 .              ..                   AB23      TXT
         3 Datei(en)      247808 Byte frei
```


2.3.2 Zugriffspfad festlegen

Pfad: Unter einem Pfad (Zugriffspfad, Verzeichnispfad) versteht man den
gesamten Weg durch die Verzeichnisse einer Platte zu einer bestimmten
Datei oder einem Verzeichnis.

- B:\ANWEND ist ein kurzer Pfad zum Verzeichnis ANWEND.
- B:\ANWEND\TEXTE\PRIVAT\FRANZ3.TXT als Pfad zur Datei FRANZ3.TXT.

Zwei Aufgaben des Zeichens "\": Das erste \ bezeichnet das Stammverzeichnis, während nachfolgende \ zur Trennung von Verzeichnis- und
Dateinamen dienen.

Dateien gleichen Namens: In MS-DOS wird der Pfad als Teil des Namens
aufgefaßt. Damit wird es möglich, auf einer Platte zwei gleichnamige Dateien abzuspeichern - nämlich in verschiedenen Verzeichnissen. Beispiel:

- B:\DD.TXT mit Textdatei DD.TXT im Stammverzeichnis.
- B:\ANWEND\TEXTE\PRIVAT\DD.TXT mit DD.TXT im Unterverzeichnis PRIVAT.

Aktives Verzeichnis: MS-DOS sucht stets im aktiven Verzeichnis. Dies ist
zunächst das Stammverzeichnis im Bootlaufwerk. Durch den CD-Befehl
kann ein beliebiges Verzeichnis zum aktiven Verzeichnis gemacht werden.

PATH-Befehl nennt Suchpfade: Über den PATH-Befehl können Pfade
festgelegt werden, in denen MS-DOS zusätzlich zum aktiven Verzeichnis
nach ausführbaren Dateien suchen soll. "Ausführbar" sind Dateien mit den

Dateitypen COM, BAT und EXE. Dazu folgendes Beispiel, das sich auf das Verzeichnis von Abschnitt 2.3.1 bezieht:

- DISKCOPY wird nicht gefunden, da nicht im Stammverzeichnis.
- PATH \SYSTEM legt \SYSTEM als Suchpfad fest.
- DOS findet DISKCOPY nun unabhängig vom aktiven Verzeichnis.

```
B:\>diskcopy
Falscher Befehl oder Dateiname


B:\>path \system


B:\>diskcopy
Quellendiskette in Laufwerk B: einlegen
....
```

PATH-Befehl in der Startdatei AUTOEXEC.BAT: Diese Startdatei wird nach jedem Booten des PCs automatisch ausgeführt. Statt den PATH-Befehl jedesmal neu eintippen zu müssen, kann man ihn in AUTOEXEC-.BAT schreiben. Beispiel: Durch die Startdatei

```
B:\>type autoexec.bat
keyb gr
path = c:\; c:\hilfe\dosbef
...
```

wird MS-DOS veranlaßt, die deutsche Tastatur einzustellen (KEYB-Befehl) und nach jeder Eingabe einer BAT-, COM- oder EXE-Datei wie folgt dreifach zu suchen (PATH-Befehl):

1. Im gerade aktiven Verzeichnis suchen.
2. Im Festplatten-Stammverzeichnis C:\ suchen.
3. Im Unterverzeichnis DOSBEF von HILFE suchen.

Im PATH-Befehl werden Suchpfade durch ";" getrennt aufgelistet.

2.3.3 Verzeichnisse und Dateien kopieren

Mit XCOPY steht ein mächtiger Befehl zur Verfügung, um Unterverzeichnisse und damit Gruppen von Dateien zu kopieren. Zur Demonstration werden auf einer Platte namens VERZEICHD2 in Laufwerk B: nach dem Formatieren die sechs Verzeichnisse KLAUS, TILLMANN, ANITA, JAKOB, IRENE und LAURA angelegt.

```
C:\>format b: /v
Neue Diskette in Laufwerk B: einlegen
und anschließend Eingabetaste betätigen...


Formatieren beendet
Name (max. 11 Zeichen, kein Name: EINGABE)? verzeichd2
    362496 Byte Gesamtspeicherbereich
    362496 Byte auf Diskette/Platte verfügbar
      1024 Byte in jeder Zuordnungseinheit
       354 Zuordnungseinheiten auf Diskette/Platte verfügbar
Datenträgernummer: 0E27-07C8


B:\>md klaus
B:\>md tillmann
B:\>cd klaus
B:\KLAUS>md anita
B:\KLAUS>md jakob
B:\KLAUS>cd jakob
B:\KLAUS\JAKOB>md irene
B:\KLAUS\JAKOB>md laura
```

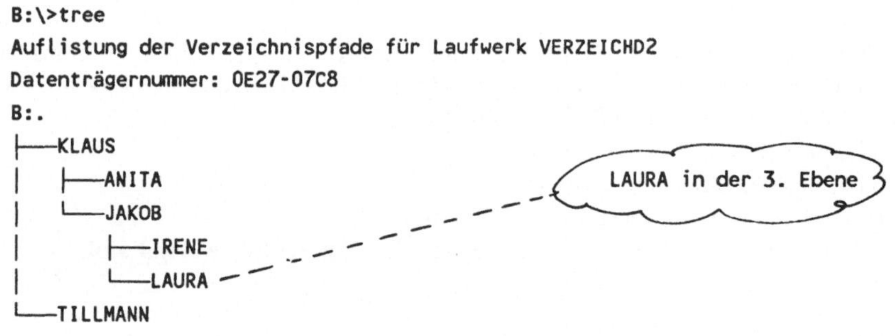

Verzeichnisbaum anzeigen lassen mit TREE: Der TREE-Befehl zeigt jetzt
einen Baum mit sechs Verzeichnissen, in denen (noch) keine Dateien abgelegt sind. Man spricht auch von einem *leeren Baum*.

```
B:\>tree
Auflistung der Verzeichnispfade für Laufwerk VERZEICHD2
Datenträgernummer: 0E27-07C8
B:.
├───KLAUS
│   ├───ANITA
│   └───JAKOB
│       ├───IRENE
│       └───LAURA
└───TILLMANN
```

XCOPY-Befehlsaufrufe (1) und (2) werden abgelehnt: Die Verzeichnisse
sind leer, d.h. in ihnen sind keine Dateien gespeichert. Ohne Angabe des
Parameters /E werden keine leeren Unterverzeichnisse kopiert. Die beiden
folgenden XCOPY-Befehlsaufrufe werden deshalb vom System abgelehnt.

```
B:\>xcopy b:\klaus b:\tillmann                Befehlsaufruf (1) abgelehnt
Datei nicht gefunden - ????????.???
        0 Datei(en) kopiert
```

```
B:\>xcopy b:\klaus b:\tillmann /s          Befehlsaufruf (2) abgelehnt
Datei nicht gefunden - ????????.???
        0 Datei(en) kopiert
```

XCOPY-Befehlsaufruf (3) wird abgelehnt: Nur bei Angabe des Parameters /S werden auch die Dateien und Verzeichnisse kopiert, die unterhalb des Quellenverzeichnisses (hier KLAUS) liegen. Da der Parameter /S nicht angegeben wurde, erfolgt die Abweisung "Rekursive Kopie nicht möglich": das Zielverzweichnis wäre ja Teil des Quellenverzeichnisses.

```
B:\>xcopy b:\klaus b:\tillmann /e          Befehlsaufruf (3) abgelehnt
Wird durch TILLMANN ein Dateiname oder
ein Verzeichnis auf der Zieleinheit angegeben
(D=Datei, V=Verzeichnis)? V
Rekursive Kopie nicht möglich
        0 Dateien kopiert
```

XCOPY-Befehlsaufruf (4) kopiert alle vier Unterverzeichnisse: Die Verzeichnisse KLAUS und TILLMANN haben nach dem Aufruf des Befehls XCOPY \KLAUS \TILLMANN /S/E dieselbe Struktur und denselben Inhalt. Falls vorhanden, wären durch den Parameter /S/E auch auch alle Dateien mit kopiert worden.

```
B:\>xcopy \klaus \tillmann /s /e           Befehlsaufruf (4) ausgeführt
Datei nicht gefunden - ????????.???
        0 Datei(en) kopiert

B:\>dir \tillmann /w
 Datenträger in Laufwerk B ist VERZEICHD2
 Datenträgernummer: 0E27-07C8
 Verzeichnis von B:\TILLMANN

.            ..            ANITA         JAKOB
        4 Datei(en)     352256 Byte frei


B:\>dir \tillmann\jakob /w
 Datenträger in Laufwerk B ist VERZEICHD2
 Datenträgernummer: 0E27-07C8
 Verzeichnis von B:\TILLMANN\JAKOB

.            ..            IRENE         LAURA
        4 Datei(en)     352256 Byte frei
```

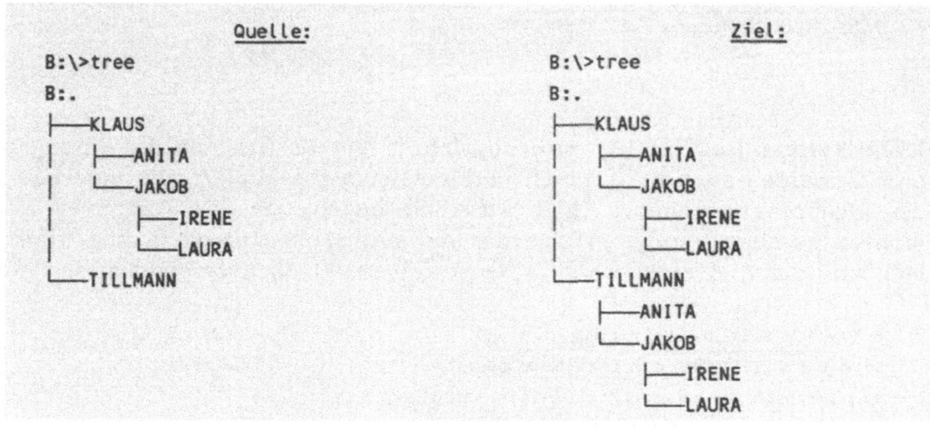

Quell- und Zielverzeichnis bei Aufruf von
XCOPY B:\KLAUS B:\TILLMANN /S/E

XCOPY-Befehlsaufruf (5) kopiert zwei Unterverzeichnisse auf die unterste Ebene: Die Verzeichnisse IRENE und LAURA werden kopiert und im Zielverzeichnis auf einer um eins tieferen Ebene angefügt.

```
B:\>xcopy \klaus\jakob \tillmann\jakob\laura /s /e          Befehlsaufruf (5)
Datei nicht gefunden - ????????.???
        0 Datei(en) kopiert
```

```
           Quelle:                                    Ziel:
B:\>tree                                  B:\>tree
B:.                                       B:.
├───KLAUS                                 ├───KLAUS
│   ├───ANITA                             │   ├───ANITA
│   └───JAKOB                             │   └───JAKOB
│       ├───IRENE                         │       ├───IRENE
│       └───LAURA                         │       └───LAURA
└───TILLMANN                              └───TILLMANN
    ├───ANITA                                 ├───ANITA
    └───JAKOB                                 └───JAKOB
        ├───IRENE                                 ├───IRENE
        └───LAURA                                 └───LAURA
                                                      ├───IRENE
                                                      └───LAURA
```

Quell- und Zielverzeichnis bei Aufruf von
XCOPY B:\KLAUS\JAKOB B:\TILLMANN\JAKOB\LAURA /S/E

XCOPY-Befehlsaufruf (6) kopiert zwei Unterverzeichnisse und fügt sie auf der Ebene 1 ein:

Die Verzeichnisse IRENE und LAURA werden kopiert und im Zielverzeichnis auf der Ebene von TILLMANN angesiedelt. Der Verzeichnisname LAURA taucht nun viermal im Baum auf.

```
B:\>xcopy \klaus\jakob \tillmann /s /e              Befehlsaufruf (6)
Datei nicht gefunden - ????????.???
        0 Datei(en) kopiert
```

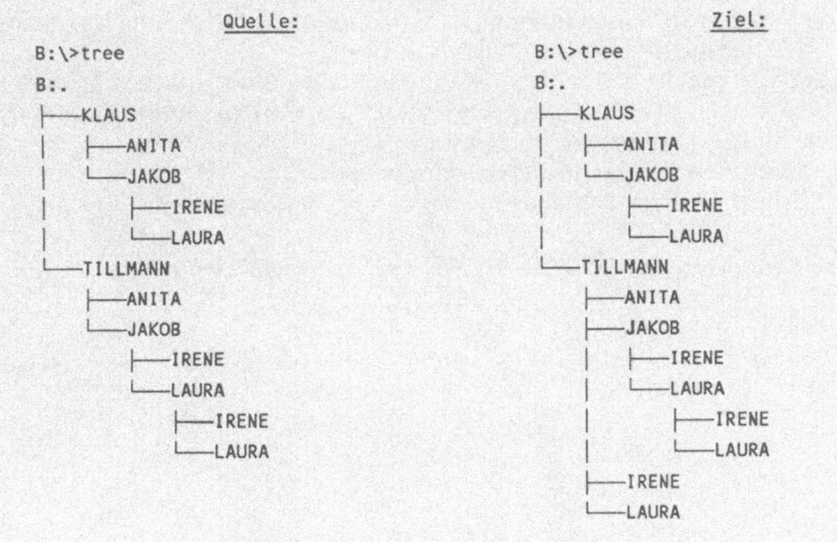

Quell- und Zielverzeichnis beim Befehl
XCOPY B:\KLAUS\JAKOB B:\TILLMANN /S /E

Anmerkungen zum Befehl XCOPY:

- Ohne Angabe eines Pfades beginnt XCOPY im aktiven Verzeichnis.
- XCOPY eignet sich nicht nur zum Kopieren innerhalb der Festplatte, sondern zum Kopieren von Diskette auf Festplatte und umgekehrt.
- Das Umbenennen von Dateien ist beim Kopieren über XCOPY nach den Regeln des COPY-Befehls möglich.
- XCOPY kann nicht auf reservierte Einheiten (CON, LPT1) kopieren.

xcopy [d:][Pfad][Datei[.erw] [d:][Pfad][Datei].erw]] Parameter

a　kopiert nur Dateien mit gesetztem Dateiänderungsattribut; siehe dazu Befehl ATTRIB (a=attribut).

d　kopiert nur Dateien mit gleichem oder späterem Datum (d=date).

e　gewährleistet, daß auch leere Unterverzeichnisse mit ins Ziel kopiert werden (e=empty).

m　kopiert Dateien mit gesetztem Dateiänderungsattribut und hebt es bei der Quellendatei zwecks Datensicherung auf (m=memory).

p　erwartet vor dem Kopieren jeder einzelnen Datei eine Ja/Nein-Tastatureingabe des Benutzers (p=pause).

s　kopiert gemäß der Baumstruktur auch alle unterhalb des Quellverzeichnisses liegenden Dateien. Ohne /S werden keine Unterverzeichnisse kopiert (s=structure).

v　nimmt eine Sektorenprüfung vor (v=verify).

w　Wartet vor dem Kopiebeginn zwecks Diskettenwechsel (w=wait).

Parameter des XCOPY-Befehls (vgl. auch Abschnitt 2.2)

2.4 Stapelverarbeitungsbefehle

2.4.1 Stapeldatei erstellen, ausführen und anzeigen

Befehle in einer Datei stapeln: Befehlsfolgen, die man öfters benötigt, lassen sich in Dateien stapeln, um sie dann bei Bedarf aufzurufen und auszuführen. Die Dateien nennt man Stapelverarbeitungs-, Stapel- oder Batchdateien (engl. batch für Stapel). Man spricht auch von Batchprogrammen. MS-DOS stellt für die Stapelverarbeitung spezielle Befehle bereit. Hinweis: In Abschnitt 3.2 wird die Stapelverarbeitung anhand eines durchgängigen Modell-Beispiels dargestellt.

```
CALL                            Stapeldatei als Unterprogramm aufrufen
CLS                             Bildschirm löschen
ECHO [ON/OFF/Nachricht]         Bildschirmanzeige bei Stapelausführung
FOR %%Variable IN (Satz) DO Befehl   Wiederholung in Stapeldatei
GOTO :Sprungziel                Verzweigung im Stapel zu Sprungziel
IF [NOT] Bedingung Befehl       Bedingte Befehlsausführung
PAUSE [Bemerkung]               Unterbrechung der Stapelausführung
REM [Bemerkung]                 Bemerkung am Bildschirm anzeigen
SHIFT                           Bereitstellung von über 10 Parametern
```

Stapelverarbeitungsbefehle von MS-DOS

Eingabe einer Stapeldatei:
Die Eingabe erfolgt entweder über ein Textverarbeitungsprogramm oder direkt über die Befehlsfolge COPY CON ... Strg-Z:

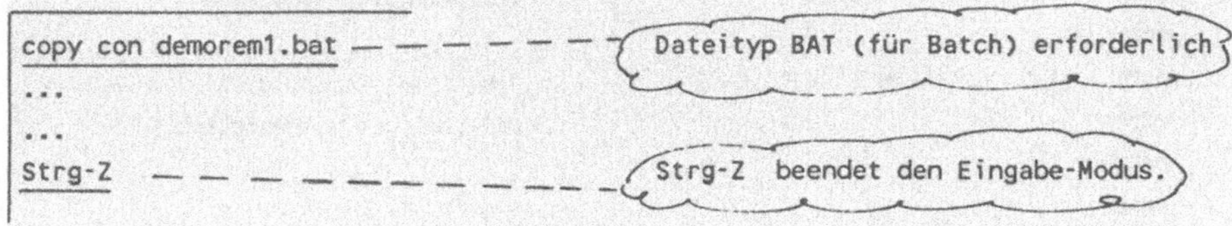

Ausführung einer Stapeldatei: Durch Eingabe des Dateinamens wie z.B. DEMOREM1 über die Tastatur oder durch Aufruf des Namens von einer anderen (Stapel-)Datei aus.

Anzeigen/Ausdrucken einer Stapeldatei: Zum Beispiel durch Eingabe von TYPE DEMOREM1.BAT. Durch vorangestellte Eingabe von Strg-P wird der Programmtext zum Drucker geleitet.

Stapelverarbeitungsbefehle an Beispielen: Die Stapelbefehle werden im folgenden an kleinen Batch-Dateien namens DEMO ... .BAT demonstriert.

REM-Befehl anhand Stapeldatei DEMOREM1.BAT:
Bei ECHO OFF werden Bemerkungen durch REM nicht angezeigt. Der
Programmtext ist links und der Programmausführung rechts wiedergegeben. Die Tastatureingabe des Benutzers ist jeweils unterstrichen gekennzeichnet:

```
rem Name: demorem1.bat
rem -----------------
rem Tillmann ist heute
echo off
rem nicht
copy xyz.bat a:
echo on
rem an seinem Computer
```

```
B:\>demorem1

B:\>rem Name demorem1.bat

B:\>rem -----------------

B:\>rem Tillmann ist heute

B:\>echo off
XYZ.BAT Datei nicht gefunden
        0 Datei(en) kopiert

B:\>rem an seinem Computer
```

ECHO-Befehl anhand Stapeldatei DEMOECHO.BAT:
ECHO (ohne Angabe eines Parameters) gibt den aktuellen Status an. Stan-
dardeinstellung ist ON.

```
echo off
rem Name: demoecho.bat
rem -----------------
echo Tillmann programmiert
echo on
echo und programmiert immer noch
echo
echo off
echo
```

```
B:\>demoecho

B:\>echo off
Tillmann programmiert

B:\>echo und programmiert immer noch
und programmiert immer noch

B:\>echo
ECHO ist on

B:\>echo off
ECHO ist off
```

PAUSE-Befehl anhand Stapeldatei DEMOPAUS.BAT:

```
echo off
rem Name: demopaus.bat
rem ----------------
pause
pause Diskette in Laufwerk A: wechseln!
echo Drucker richten
pause
echo on
pause Neue Diskette in B: legen
```

```
B:\>demopaus

B:\>echo off
Wenn bereit, eine Taste betätigen. .
Wenn bereit, eine Taste betätigen. .
Drucker richten
Wenn bereit, eine Taste betätigen. .

B:\>pause Neue Diskette in B: legen
Wenn bereit, eine Taste betätigen. .
```

CLS-Befehl anhand Stapeldatei DEMOCLS1.BAT:

```
echo off
rem Name: democls1.bat
rem ----------------
cls
echo Stapeldateien sind ..?..
pause
cls
echo ... sehr praktisch.
```

```
B:\>democls1

B:\>echo off
Stapeldateien sind ..?..
Wenn bereit, eine Taste betätigen. .
... sehr praktisch.
```

IF EXIST-Befehl anhand Stapeldatei DEMOIF1.BAT: Der Befehlszusatz
EXIST prüft die Existenz der angegebenen Datei. Mittels NOT EXIST
kann das Gegenteil geprüft werden.

```
B:\>type demoif1.bat
echo off
rem Name: demoif1.bat
rem ----------------
if exist demoif1.bat echo ... Datei demoif1.bat wurde gefunden
if not exist xyz.txt echo ... xyz.txt im aktiven Laufwerk nicht gefunden
```

```
B:\>demoif1

B:\>echo off
... Datei demoif1.bat wurde gefunden
... xyz.txt im aktiven Laufwerk nicht gefunden
```

CALL-Befehl anhand Stapeldatei DEMOCALL.BAT (rufende Datei) und UNTERPRG.BAT (gerufene Datei): Mit dem Befehl CALL UNTERPRG wird die Stapeldatei UNTERPRG.BAT aufgerufen und ausgeführt, um dann die Kontrolle wieder an DEMOCALL.BAT als rufende Datei zurückzugeben.

- Der CALL-Befehl dient also dazu, eine Stapeldatei als Unterprogramm von einer anderen Stapeldatei aus aufzurufen.
- Der @-Operator dient dazu, die Ausführung des gerade ausgeführten Befehls nicht zu protokollieren. @ wirkt nur auf die Befehlszeile, in der @ steht. ECHO OFF wirkt auf nachfolgende Befehle, @ hingegen nur auf den aktiven Befehl.

```
B:\>type democall.bat
@echo off
rem Name: democall.bat
rem -----------------
echo Tillmann
call UnterPrg
echo Klaus


B:\>type unterprg.bat
echo und sein Bruder
```

```
B:\>democall


Tillmann
und sein Bruder
Klaus
```

2.4.2 Stapeldatei mit auswechselbaren Parametern

Parameter als Platzhalter: In eine Stapeldatei können beliebig viele (Schein-)Parameter %1, %2, ... geschrieben werden, um diese dann durch die Werte zu ersetzen, die beim Aufruf des Stapels angegeben werden.

IF-EXIST-Befehl mit Parameter %1 anhand Stapeldatei DEMOIF2.BAT: Ruft man die Stapeldatei DEMOIF2.BAT ohne Parameterwert auf, ergibt sich ein Fehler. Ruft man sie mit einem Wert auf, dann wird dieser Wert an die Stapeldatei übergeben und anstelle des Parameters %1 eingesetzt. Man bezeichnet dies auch als Parameterübergabe.

```
@echo off
rem Name: demoif2.bat
rem ---------------
if exist %1 echo %1 gefunden
if not exist %1 echo Fehler
```

```
B:\>demoif2
Falscher Befehl oder Dateiname


B:\>demoif2 demoif2.bat
demoif2.bat gefunden


B:\>demoif2 rechnung.prg
Fehler
```

IF-EXIST-Befehl mit Ctrl-C anhand Stapeldatei DEMIOF3.BAT: Eine Datei soll nur dann von A: nach B: kopiert werden, wenn sie nicht schon in B: existiert. Dieses Problem wird über die Abbruchtaste Ctrl-C gelöst.

```
B:\>type demoif3.bat
@echo off
rem Name: demoif3.bat
rem ----------------
if exist b:%1 echo Datei %1 bereits vorhanden. Ctrl-C eingeben
pause
copy a:%1 b:
```

```
B:\>demoif3 demoif3.bat
Datei demoif3.bat bereits vorhanden. Ctrl-C eingeben
Wenn bereit, eine Taste betätigen. . . ^C
Stapeljob beenden (J/N)? j

B:\>demoif3 xyz
Wenn bereit, eine Taste betätigen. . .
B:XYZ Datei nicht gefunden
        0 Datei(en) kopiert
```

IF-EXIST-Befehl anhand Stapeldatei DEMOIF4.BAT: Hier wird dasselbe Problem wie in DEMOIF3.BAT eleganter gelöst.

```
B:\>type demoif4.bat
@echo off
rem Name: demoif4.bat
rem ----------------
if exist b:%1 echo Datei %1 bereits vorhanden.
if not exist b:%1 copy a:%1 b:
```

```
B:\>demoif4 xyz
B:XYZ Datei nicht gefunden
        0 Datei(en) kopiert
```

```
B:\>demoif4 demoif4.bat
Datei demoif4.bat bereits vorhanden.
```

IF-ERRORLEVEL-Befehl anhand Stapeldatei DEMOIF5.BAT: Durch ERRORLEVEL kann man in der Stapeldatei einen Fehlercode abfragen und entsprechend reagieren. Die Befehle BACKUP, FORMAT, RE-PLACE und RESTORE können einen Fehlercode setzen.

```
B:\>type demoif5.bat
@echo off
rem Name: demoif5.bat
rem ----------------
backup c:\xyz\verz007\*.pas b:
if errorlevel 4 echo Hardwarefehler oder sonstiger Fehler
if errorlevel 3 echo Befehl wurde mit Ctrl-C abgebrochen
if not errorlevel 1 echo Files von c: nach b: kopiert
if errorlevel 1 echo backup-Befehl wurde nicht ausgefuehrt!
```

```
B:\>demoif5
Ungültiger Pfad
Hardwarefehler oder sonstiger Fehler
Befehl wurde mit Ctrl-C abgebrochen
BACKUP-Befehl wurde nicht ausgeführt!
```

IF-Stringvergleich-Befehl anhand Stapeldatei DEMOIF6.BAT: Je nach Parametereingabe von A, T und P wird das Directory des entsprechenden Verzeichnisses angezeigt. Dabei wird der Wert des Parameters %1 mit einem Buchstaben verglichen (z.B. %1==T); es wird also ein Stringvergleich durchgeführt.

IF (NOT)Bedingung Befehl

1. IF EXIST Dateiname oder IF NOT EXIST Dateiname
    Bedingung: Existenz einer Datei prüfen

2. OF ERRORLEVEL1 Befehl
    Bedingung: Fehlercode 1 (1 als Beispiel) prüfen

3. IF String1==String2 Befehl
    Bedingung: Zwei Strings bzw. Zeichenfolgen vergleichen

Drei Formen des IF-Befehls

```
B:\>type demoif6.bat
@cho off
rem Name: demoif6.bat
rem ----------------
recho Welche Dateien in Laufwerk B: anzeigen:
echo A)lle? T)exte? P)ascal? (A, T oder P tippen)
if %1==A dir b:\*.* /w /p
if %1==T dir b:\briefe\*.txt
if %1==P dir b:\sprache\turbo\*.pas/w
```

IF-GOTO-Befehl anhand Stapeldatei DEMIOF7.BAT: In Abhängigkeit der von IF getesteten Bedingung kann ein beliebiger Befehl angegeben werden, so auch der GOTO-Befehl, um zu einem Sprungziel zu verzweigen. Das Sprungziel (z.B. :ENDE) muß mit einem führenden ":" angegeben werden.

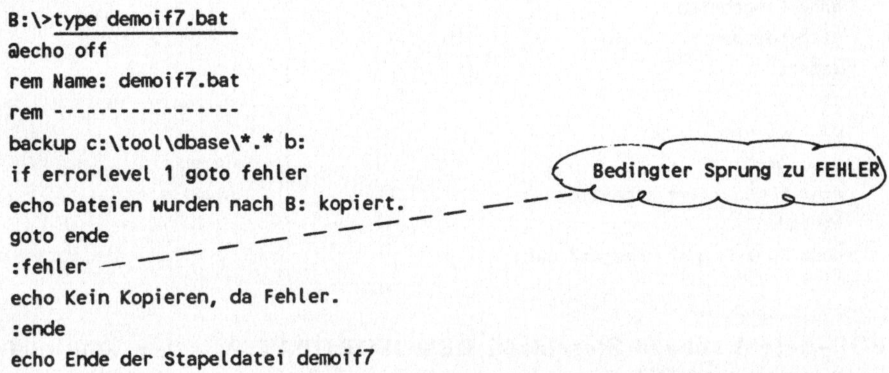


```
B:\>type demoif7.bat
@echo off
rem Name: demoif7.bat
rem ----------------
backup c:\tool\dbase\*.* b:
if errorlevel 1 goto fehler
echo Dateien wurden nach B: kopiert.
goto ende
:fehler
echo Kein Kopieren, da Fehler.
:ende
echo Ende der Stapeldatei demoif7
```

GOTO-Befehl anhand Stapeldatei DEMOGOT1.BAT: Hier wird eine Endlosschleife programmiert. Durch BREAK=ON wird sichergestellt, daß diese Schleife jederzeit durch Ctrl-C angebrochen werden kann.

```
B:\>type demogot1.bat
@echo off
rem Name: demogot1.bat
rem ----------------
break=on
:anfang
echo Dies ist eine Endlosschleife!
goto anfang
```

```
B:\>demogot1
Dies ist eine Endlosschleife
Dies ist eine Endlosschleife
Dies ist eine Endlosschleife
^C
Stapeljob beenden (J/N)? j
```

GOTO-Befehl anhand Stapeldatei DEMOGOT2.BAT: Bei Eingabe von WORD T soll das Textverarbeitungsprogramm Word mit der Textdatei T gestartet werden (im Ausführungsbeispiel nicht wiedergegeben). Sonst wird eine Fehlermeldung ausgegeben. Die zwei Sprungziele :START und :BEENDEN dienen der Ablaufsteuerung.

```
B:\>type demogot2.bat            B:\>demogot2 word t
aecho off                        .....
rem Name: demogot2.bat           Ende Textverarbeitung
rem ----------------             Ende Stapel demogot2.bat
if %1==word goto start
echo Eingabefehler
goto beenden
:start                           B:\>demogot2 dbase t
c:                               Eingabefehler
cd\tool\word                     Ende Stapel demogot2.bat
word %2
echo Ende Textverarbeitung
:beenden                         B:\demogot2
echo Ende Stapel demogot2.bat    Syntaxfehler
                                 Eingabefehler
                                 Ende Stapel demogot2.bat
```

FOR-Befehl anhand Stapeldatei DEMOFOR1.BAT: Mit dem FOR-Befehl
kann ein hinter DO angegebener Befehl wiederholt zur Ausführung gebracht werden: Alle BAT-Dateien, die mit DEMO beginnen, werden im
Directory der Reihe nach gesucht und angezeigt (Anzeige hier nicht wiedergegeben). Die FOR-Schleife wird für jeden Directory-Eintrag einmal
durchlaufen.

```
B:\>type demofor1.bat
aecho off
rem Name: demofor1.bat
rem ----------------
for %%d in (demo*.bat) do dir %%d
```

FOR-Befehl anhand Stapeldatei DEMOFOR2.BAT: Der Textinhalt zweier
über die Parameter %1 und %2 eingegebener Dateien wird am Drucker
ausgegeben. Die Ein-Zeilen-Schleife wird somit stets genau zweimal
durchlaufen.

```
B:\>type demofor2.bat
aecho off
rem Name: demofor2.bat
rem ----------------
for %%a in (%1 %2) do type %%a > prn
echo Ende des Ausdruckens.
```

FOR-Befehl amhand Stapeldatei DEMOFOR3.BAT: Dieses Stapelprogramm formatiert eine in B: einliegende Diskette, über-trägt das Betriebssystem (/S) und kopiert alle A: gefundenen Turbo-Dateien nach B:.

```
B:\>type demofor3.bat
@echo off
rem Name: demofor3.bat
rem -----------------
break=off
a:format b:/s
for %%a in (turbo.* tlist*.* *.pas) do copy a:%%a b:
echo Pascal-Systemdiskette in B: erstellt.
```

SHIFT-Befehl anhand Stapeldatei DEMOSHI1.BAT: MS-DOS kann beliebig viele Parameter an Stapeldateien übergeben, aber nur 10 Parameter gleichzeitig verwalten:

- Parameter %0 enthält den Namen der aufgerufenen Stapeldatei.
- Parameter %1 enthält den ersten eingegebenen Wert.
- Parameter %2 enthält den zweiten Eingabewert usw.

Mit jedem Aufruf des SHIFT-Befehls verschiebt sich die Liste der verfügbaren Parameter um 1 nach rechts. Damit erweitert sich die Anzahl der aufrufbaren Parameter. SHIFT kann nicht rückgängig gemacht werden!

```
B:\>type demoshi1.bat          B:\>demoshi1 a b c d e f g h i j
@echo off
rem Name: demoshi1.bat         Erster Parameter:  demoshi1.bat
rem -----------------          Zweiter Parameter: a
echo Erster Parameter:  %0      ...
echo Zweiter Parameter: %1     Zehnter Parameter: i
echo ...                       shift
echo Zehnter Parameter: %9     Erster Parameter:  a
shift                          Zweiter Parameter: b
echo shift                      ...
echo Erster Parameter:  %0     Zehnter Parameter: j
echo Zweiter Parameter: %1     Stapelende demoshi1.bat.
echo ...
echo Zehnter Parameter: %9
echo Stapelende demoshi1.bat.
```

2.5 Umgebungsbefehle

Was ist eine Umgebung bzw. ein Environment? Um diese Frage zu beantworten, muß zwischen *Hardware-Umgebung* und *Software-Umgebung* unterschieden werden:

1. **Hardware-Umgebung:** Sie wird durch die Datei CONFIG.SYS festgelegt. Diese Datei definiert, welche Peripherie das Betriebssystem zusätzlich zu den bereits in der versteckten Datei IBMBIO.COM (PC-DOS, IBM-DOS) bzw. IO.SYS (MS-DOS) angesprochenen Standardgeräten ansprechen kann. Die Hardware-Umgebung beschreibt also die Schnittstelle zwischen MS-DOS und den vom PC bedienten Geräten.

2. **Software-Umgebung:** Mit ihr wird die Schnittstelle zwischen MS-DOS und den Anwenderprogrammen beschrieben. Man bezeichnet die Software-Umgebung auch als Programm-Umgebung oder als *Programm-Environment* bzw. kurz als *Environment*. Für das Environment wird ein bestimmter Speicherbereich im RAM reserviert. Nach allen Ladeoperationen befinden sich im Environment ASCII-Strings, die die Arbeitsmöglichkeiten der Anwenderprogramme festlegen. Jeder String bildet einen Befehl, der wie folgt aufgebaut ist:

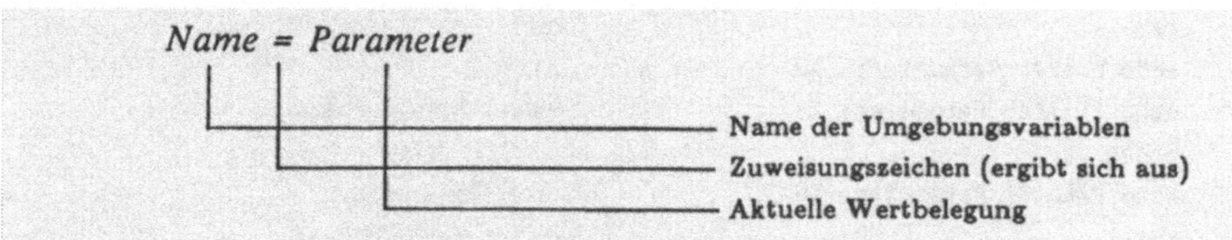

Umgebungsvariable als Befehl

SET-Befehl zum Verändern des Environments: Mit dem Befehl

```
SET Name = Parameter
```

fügt man einen Eintrag in die Umgebung hinzu und mit

```
SET Name =
```

(ohne Zusatzangabe) entfernt den Eintrag wieder.

Drei Umgebungsvariablen: Das erste Environment bildet MS-DOS für seinen Befehlsprozessor COMMAND.COM mit den drei Umgebungsvariablen COMSPEC, PATH und PROMPT.

Im folgenden wird auf die Gestaltung der Hardware-Umgebung wie auch der Software-Umgebung eingegangen. Dabei werden systemnahe Aspekte bewußt ausgeklammert.

2.5.1 Aktives Verzeichnis als Umgebungselement

Schritt 1: Wird von der Festplatte aus gebootet, meldet sich MS-DOS mit dem Laufwerk C: und dem Stammverzeichnis \. Gibt man nun
```
C:\>cd tool\dbase
```
ein, wird in das Verzeichnis TOOL\DBASE im Laufwerk C: gewechselt.

Schritt 2: Durch Eingabe von
```
C:\>b:

B:\>
```
wird das Diskettenlaufwerk B: angesprochen und durch
```
B:\>cd anwend
```
das Unterverzeichnis ANWEND zum aktiven Verzeichnis gemacht.

Schritt 3: Wir wechseln durch die Eingabe von
```
B:\>c:
```
wieder zur Festplatte und geben dann den DIR-Befehl ein. Welches Inhaltsverzeichnis wird angezeigt: von C:\ oder von C:\TOOL\DBASE? Das Betriebssystem zeigt das Directory von C:\TOOL\DBASE an. Fazit:

> **Beim Laufwerkswechsel merkt sich MS-DOS das aktive Verzeichnis**

Arbeitsbereich: Laufwerk und Verzeichnis bestimmen den Arbeitsbereich, in dem der Benutzer gerade arbeitet. Der Arbeitsbereich ist das aktive Verzeichnis auf dem gerade gewählten aktiven Laufwerk.

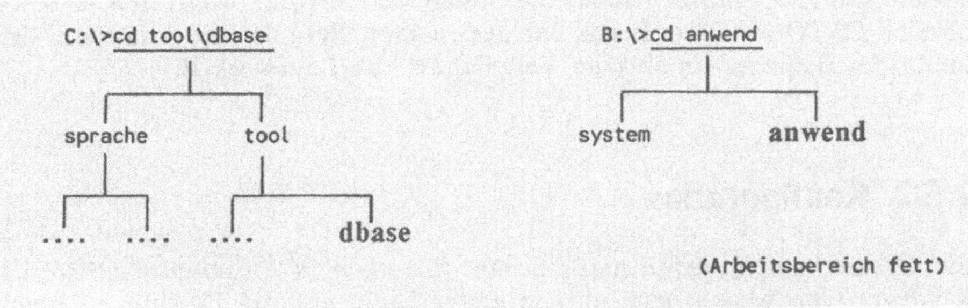

CD B: und CD C: zeigen die aktiven Verzeichnisse an
(die sich das Betriebssystem merkt)

Vier Umgebungselemente: Laufwerk, Pfad, Verzeichnis und Arbeitsbereich sind die grundlegenden Elemente, die die Umgebung des Benutzers beim Zugriff auf Festplatte und Diskette prägen.

Laufwerk als Umgebungselement:
- C: als aktives Laufwerk, wenn von Festplatte aus gebootet wird.
- Durch Eingabe von B: wird B: zum aktiven Laufwerk.
- Auf das aktive Laufwerk greift zu, wenn keine andere Laufwerksangabe gemacht wird.

Pfad als Umgebungselement:
- Der Pfad beschreibt die Position einer Datei (Nutzdatei, Verzeichnis) im Baum. Er zählt alle Verzeichnisse auf, die vom Stammverzeichnis ausgehend bis hin zum Zielverzeichnis bzw. zur Zieldatei zu durchlaufen sind.
- Pfadbestandteile: Verzeichnis-/Dateinamen, die durch "\" getrennt sind.
- Bezeichnungen: Zugriffspfad, Suchpfad.

Verzeichnis als Umgebungselement:
- Nach dem Booten: Stammverzeichnis als aktives Verzeichnis.
- Verzeichnis als spezielle Datei zur Verwaltung anderer Dateien im Verzeichnisbaum.
- Das aktive Verzeichnis wird durch einen Pfad exakt definiert.

Arbeitsbereich als Umgebungselement:
- Aktives Verzeichnis auf dem aktuellen Laufwerk.

Zwischen den beiden Befehlsfolgen

```
B:\>c:                                    B:\>cd c:\tool\dbase
C:\>cd tool\dbase
```

besteht ein großer Unterschied: Die linke Befehlsfolge wählt den Arbeitsbereich C:\TOOL\DBASE an. Bei der rechten Befehlsfolge hingegen verbleibt der Benutzer im aktiven Verzeichnis von Laufwerk B:.

2.5.2 Konfiguration

Ein *System konfigurieren* heißt *Geräte für einen PC zusammenstellen*; das Konfigurieren bezieht sich also in erster Linie auf die Hardware-Umgebung. Nach dem Systemstart sucht MS-DOS eine Datei namens CONFIG.SYS, um die Umgebung ihren Befehlen entsprechend zu gestalten;

diese Datei übernimmt anlagenspezifische Einstellungen. Anschließend
wird die Anpassungsdatei AUTOEXEC.BAT ausgeführt.

2.5.2.1 Konfigurieren beim Systemstart

Schaltet man den PC an (Kaltstart), konfiguriert sich das System wie folgt
in fünf Schritten selbst:

Schritt 1: Starten bzw. Booten
- Ein im ROM (Festwertspeicher) abgelegtes Bootprogramm wird
  gestartet. Der *Bootstrap* ("sich an den eigenen Haaren emporzie-
  hen") beginnt.
- Bootlaufwerk mit dem Betriebssystem suchen: dies ist das Lauf-
  werk A: (wenn Systemdiskette in A:) oder die Festplatte C: (wenn
  Laufwerk A: leer und MS-DOS auf C: gespeichert ist).
- Versteckte Dateien MSDOS.SYS und IO.SYS (bei IBM: IBM-
  DOS.COM und IBMIO.COM) von A: oder C: in den RAM laden.

Schritt 2: Konfigurationsdatei CONFIG.SYS ausführen
- Falls CONFIG.SYS im Bootlaufwerk gefunden wird: Befehle ausführen, d.h. Konfiguration vornehmen.
- Falls keine CONFIG.SYS gefunden wird: das System mit Standard-
  werten konfigurieren.
- CONFIG.SYS und auch AUTOEXEC.BAT müssen im Stammverzeichnis des Bootlaufwerks gespeichert sein. Grund: Beim Bootstrap existiert noch kein Suchpfad.

Schritt 3: Befehlsprozessor laden
- Standardmäßig wird die Datei COMMAND.COM als Befehlsprozessor geladen. Sie stellt die Schnittstelle zwischen dem Benutzer
  und dem System dar und enthält unter anderem alle internen Befehle wie COPY und DIR.
- Falls in CONFIG.SYS angegeben: Mit dem Befehl *SHELL=Be-
  fehlsprozessorname* würde ein anderer Prozessor aktiviert.
- Nach Schritt 3 sind die drei Hauptbestandteile von MS-DOS im
  RAM verfügbar: 1) MSDOS.SYS, 2) IO.SYS und 3) der Befehlsprozessor COMMAND.COM.

Schritt 4: Anpassungsdatei AUTOEXEC.BAT ausführen
- Falls AUTOEXEC.BAT im Bootlaufwerk gefunden wird: Entsprechende Anpassungen vornehmen (z.B. deutsche Tastatur).

- Falls keine Anpassungsdatei AUTOEXEC.BAT vorhanden: Systemdatum und Zeit erfragen.

Schritt 5: Betriebsbereitschaft durch Promptzeichen melden
- Durch den PROMPT-Befehl in AUTOEXEC.BAT kann das Promptzeichen verändert werden.
- Über AUTOEXEC.BAT kann ein beliebiges Verzeichnis eingestellt worden sein.

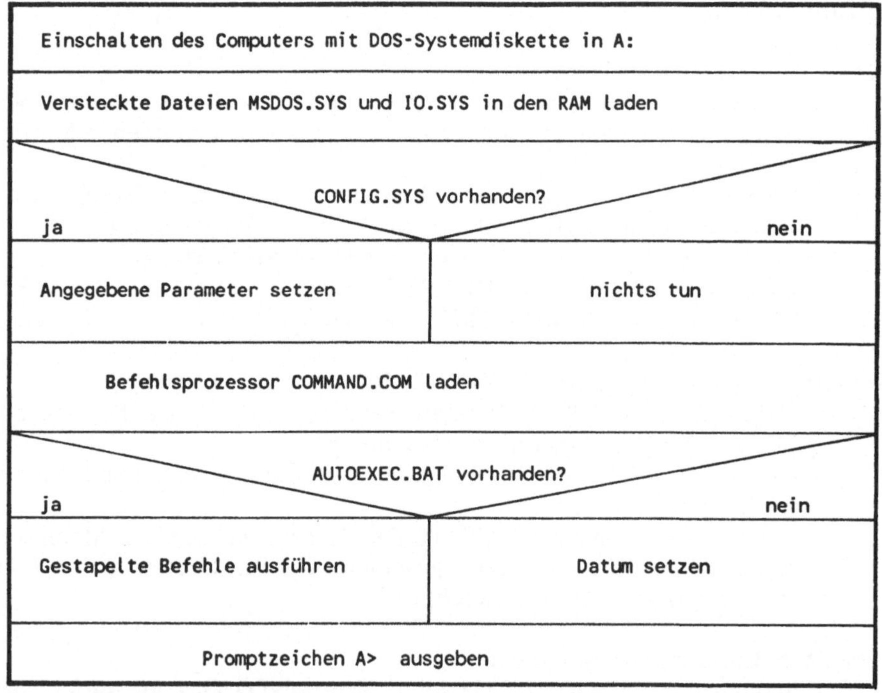

Booten als Ablauf in Form eines Struktogramms dargestellt

2.5.2.2 Datei CONFIG.SYS in elementarer Form

In Abschnitt 1.2.1.3 wird eine Konfigurationsdatei CONFIG.SYS dargestellt, wie sie durch den SELECT-Befehl erzeugt wird. Natürlich kann der Benutzer "seine" CONFIG.SYS selbst eingeben bzw. modifizieren. Die folgende Datei enthält die elementaren (durch Großschreibung hervorgehobenen) Konfigurationsbefehle:

```
BREAK=ON
FILES=16
BUFFERS=20
COUNTRY=049,,c:\hilfe\dosbef\COUNTRY.SYS
SHELL=c:\hilfe\dosbef\COMMAND.COM /p /e:256
DEVICE=c:\hilfe\dosbef\ANSI.SYS
DEVICE=c:\hilfe\dosbef\VDISK.SYS Kapazität=96 Sektoren=128 Dateinamen=64
DEVICE=c:\hilfe\dosbef\DRIVER.SYS /d:0 /t:80 /s:9 /h:2 /f:0
LASTDRIVE=J
INSTALL=c:\hilfe\dosbef\KEYB.COM gr,,c:\hilfe\dosbef\KEYBOARD.SYS
```

Elementare Konfigurationsdatei CONFIG.SYS

Konfigurationsbefehl BREAK:
BREAK=OFF als Standard: Ctrl-Break nur bei Tastatureingabe prüfen.

Konfigurationsbefehl FILES:
Mit FILES=8 als Voreinstellung kann man gleichzeitig auf 8 geöffnete Dateien zugreifen. Beispiel: Für die Arbeit mit dBASE ist FILES=20 günstig.

Konfigurationsbefehl BUFFERS:
BUFFERS=2 (2 als Standard) legt 2 Pufferspeicher fest, in denen Daten beim Plattenzugriff abgelegt werden. Beispiel: Für die Arbeit mit dBASE III ist BUFFERS=15 günstig.

Konfigurationsbefehl COUNTRY:
COUNTRY=49 legt das deutsche Uhrzeit-/Datumformat fest. Da die Datei COUNTRY.SYS ist in einem anderen als dem Stammverzeichnis zu suchen ist, gibt man HILFE\DOSBEF als den Suchpfad explizit an.

Konfigurationsbefehl SHELL:
SHELL lädt den Befehlsprozessor aus dem Verzeichnis HILFE\DOSBEF, startet den Prozessor und auch - durch /P veranlaßt - AUTOEXEC.BAT. Mit /E:256 werden 256 Bytes für die Umgebungsvariablen reserviert.

Konfigurationsbefehl DEVICE=ANSI.SYS:
DEVICE=Treiberprogrammname meldet den jeweiligen Treiber an; der Treiber wird als MS-DOS-Erweiterung in den RAM geladen. Mit dem Befehl DEVICE=ANSI.SYS meldet man den Bildschirmtreiber an.

Konfigurationsbefehl DEVICE=VDISK.SYS:
DEVICE=VDISK.SYS 96 128 64 richtet eine RAM-Disk als virtuelles Laufwerk mit den Parametern "96 KB groß, 128K-Sektor und maximal 64 Namenseinträgen" ein.
VDISK.SYS erlaubt die Angabe von Kommentar (z.B. Kapazität=), der bei der Befehlsausführung vom System ignoriert wird.
Parameter zur Installation der RAM-Disk: RAM-Disk-Größen 1 KB bis RAM-Kapazität; Sektorgrößen 128, 256 bzw. 512 Bytes (viele kleine Dateien, dann 128 Bytes wählen); Anzahl der Namenseinträge zwischen 2 und 512.

Konfigurationsbefehl DEVICE=DRIVER.SYS:
Eine logische Laufwerksbezeichnung (z.B. E:) wird einem physischen (also tatsächlichen) Laufwerk (z.B. A:) zugeordnet.
DEVICE=DRIVER.SYS /D:0 /F:0 als vereinfachte Form des hier angegebenen Befehls in CONFIG.SYS (da Voreinstellungen): Für das erste Diskettenlaufwerk (also /D:0) wird ein logisches Laufwerk eingerichtet mit ebenfalls 360 KB (/F:0).
Geht man von einem PC aus mit zwei Diskettenlaufwerken A: und B:, einer Festplatte C:, einer RAM-Disk D: (durch vorangehenden Befehl installiert), dann wird dieses logische Laufwerk unter dem Namen E: angesprochen.

Konfigurationsbefehl LASTDRIVE:
Die maximale Anzahl von Laufwerken angeben, auf die zugegriffen werden kann (Voreinstellung ist E). Beispiel: Mit LASTDRIVE=J werden 10 Laufwerke A,...,J angemeldet.

Konfigurationsbefehl INSTALL:
Mit diesem lädt die Tastaturbelegung samt Zeichensatztabelle bereits beim Konfigurieren in den RAM; KEYB.COM wird gestartet und im RAM resident installiert, verbleibt also im Hauptspeicher. Dies ist von Vorteil, da INSTALL die Datei KEYB.COM günstiger (da früher) im RAM ablegen kann als später AUTOEXEC.BAT.
Vor MS-DOS 4.0 kann man den Befehl KEYB GR erst in AUTOEXEC.BAT angeben.

2.5.2.3 Datei AUTOEXEC.BAT in elementarer Form

Diese Stapeldatei (Dateityp BAT für Batch bzw. Stapel) kann vom Benutzer eingegeben werden, um die Umgebung den eigenen Erfordernissen anzupassen. Die folgende AUTOEXEC.BAT ist bewußt

sehr einfach gestaltet und stimmt mit der Anpassungsdatei überein, die
vom SELECT-Befehl automatisch erzeugt wird (siehe Abschnitt 2.2.1.4):

```
@ECHO OFF
REM autoexec.bat, 16.3.1989, Kai, Version 2
SET COMSPEC=c:\hilfe\dosbef\command.com
PROMPT $p$g
PATH=c:\;c:\hilfe\dosbef
DATE
VER
REM DOSSHELL
```

Elementare Konfigurationsdatei AUTOEXEC.BAT

ECHO OFF: Standardmäßig ist ECHO ON eingestellt, d.h. bei der Aus-
führung von AUTOEXEC.BAT wird jede ausgeführte Befehlszeile mit
Bildschirmmeldungen kommentiert. Mit dem Befehl ECHO OFF wird die
Ausgabe von Systemmeldungen unterdrückt.

@ECHO OFF: Mit dem @-Befehl gilt das Unterdrücken auch für den
ECHO-Befehl selbst.

REM: Hinter dem Befehlswort REM kann man Kommentar angeben, der
beim Anzeigen der Befehlszeilen mittels TYPE gezeigt wird, nicht aber
bei der Ausführung der Stapeldatei. Der letzte REM-Befehl wird zum
Auskommentieren verwendet (DOSSHELL-Befehl wird nicht ausgeführt).

SET COMSPEC=C:\HILFE\DOSBEF\COMMAND.COM: In die Umge-
bungs- bzw. Environment-Variable COMSPEC wird der Name des Befehlsprozessors (COMMAND.COM) samt Zugriffspfad (hier C:\HILFE\-
DOSBEF) gespeichert. Geht der Befehlsprozessor verloren, kann er über
die Variable COMSPEC gefunden und geladen werden. COMSPEC wird
auch gelesen, um nach dem Verlassen der Befehlszeilen-Oberfläche wieder zur Menü-Oberfläche zurückzugehen.

PROMPT PG ersetzt das Standard-Promptzeichen durch ein Promptzeichen, in dem vor dem Größer-Zeichen ($G) der gesamte Pfad ($P) angezeigt wird.

PATH C:\;C:\HILFE\DOSBEF legt fest, daß nicht nur im gerade aktiven
Verzeichnis gesucht werden soll, sonder nzusätzlich auch im
Stammverzeichnis und im Verzeichnis HILFE\DOSBEF.

DATE zeigt das Datum und VER die DOS-Versionsnummer an.

DOSSHELL ruft die Menü-Oberfläche (ab DOS 4.0) auf. Da mit DOS-SHELL eine Stapeldatei namens DOSSHELL.BAT aufgerufen wird, muß dieser Befehl als *letzter Befehl* in AUTOEXEC.BAT stehen.
Da im obigen Beispiel nach dem Booten nicht die Menü-Oberfläche, sondern die Befehlszeilen-Oberfläche erscheinen soll, wurde der DOS-SHELL-Befehl durch einen vorangestellten REM-Befehl passiviert.

2.5.3   Umgebungsvariablen

2.5.3.1   Von MS-DOS in die Umgebung eingefügte Variablen

Mit dem SET-Befehl kann man Umgebungsvariablen setzen, d.h. diese Variablen in die Umgebung des Befehlsprozessors einfügen. Gibt man den Befehl ohne Parameter an, werden alle derzeit gesetzten Umgebungsvariablen angezeigt. Die Variablen COMSPEC, PATH und PROMPT hat MS-DOS beim Booten von A: automatisch in die Umgebung eingefügt:

```
C:\>set
COMSPEC=C:\COMMAND.COM
PATH=\;
PROMPT=$n$g
```

- **COMSPEC** nennt den Pfad, den MS-DOS benutzen muß, wenn der Befehlsprozessor COMMAND.COM neu geladen werden muß.
- **PATH** zeigt an, daß nur ein Suchpfad benutzt wird: das Stammverzeichnis der Festplatte C:
- **PROMPT** legt das Bereitschaftszeichen fest. ng ist standardmäßig eingestellt.

Der Benutzer kann diese Variablen verändern. Am Beispiel der Stapeldatei DEMOPRO1.BAT wird gezeigt, wie das Promptzeichen verändert wird. Im Format *PROMPT=$c* können für *c* folgende Zeichen genannt werden:

t	Uhrzeit	l	Kleiner-Zeichen
d	Datum	b	Filter-Zeichen
p	Aktueller Pfad	q	Gleichheits-Zeichen
v	Versionsnummer	h	Vorhergehendes Zeichen löschen
n	Aktuelles Laufwerk	e	Escape-Zeichen
g	Größer-Zeichen	-	Wagenrücklauf/Zeilenvorschub

```
B:\>type demopro1.bat          B:\>demopro1
@echo off
rem Name: demopro1.bat         C:\TOOL\DBASE>prompt=$n$g
rem -----------------
c:                             C>prompt=Datum  $d $p$g
cd \tool\dbase
echo on                        Datum:  So 22.02.1987 C:\TOOL\DBASE>prompt=$p$g
prompt=$n$g
prompt=Datum:   $d $p$g        C:\TOOL\DBASE>
prompt=$p$g
```

Stapeldatei DEMOPRO1.BAT mit Programmtext (links)
und Ausführungsbeispiel (rechts)

2.5.3.2 Vom Benutzer definierte Umgebungsvariablen

Der Benutzer kann Umgebungsvariablein setzen, aufrufen, ändern und
wieder löschen.

Umgebungsvariable setzen: Der Befehl
```
set weg=c:\tool\dbase
```
weist der Umgebungsvariablen WEG den Wert C:\TOOL\DBASE zu. In
WEG ist also ein Pfadname gespeichert.

Umgebungsvariable aufrufen: Beim Aufruf muß die Umgebungsvariable
zwischen %-Zeichen geschrieben werden, also z.B. %WEG%. Das Zeichen
% kennen Sie von der Stapelverarbeitung her (Abschnitt 2.4). Nun kann
zum Beispiel der recht mühsame Befehlsaufruf DIR C:\TOOL\DBASE ersetzt werden durch DIR %WEG%.

Umgebungsvariable ändern: Durch den Befehl
```
set weg=c:\sprache\turbo\anwend
```
wird der Variablen WEG ein geänderter Wert zugewiesen. Durch den Befehl CD %WEG% würde man nun in C:\SPRACHE\TURBO\ANWEND
als Verzeichnis wechseln.

Umgebungsvariable entfernen: Durch die Eingabe von
```
set weg=
```
wird die Variable WEG aus der Umgebung des Befehlsprozessors wieder
entfernt.

2.5.4 Filterbefehle

MS-DOS stellt standardmäßig drei Filter als externe Befehle auf der Systemdiskette zur Verfügung:

1. *SORT*   Text zeilenweise sortieren
2. *FIND*   Textzeilen nach einem Muster absuchen
3. *MORE*   Text bildschirmweise anzeigen

Aufruf eines Filters mittels Datenübergabe "¦":
Das Verketten von Befehlsdateien durch den Doppelstrich "¦" bezeichnet man als Datenübergabe. Dabei werden die Standardeingabe und die Standardausgabe jeweils automatisch umgeleitet. Beispiel: Durch den Befehl

```
dir ¦ sort
```

wird die Standardausgabe von DIR an die Standardeingabe von SORT gesendet, sortiert und auf der Standardausgabeeinheit gezeigt. Kurz: Das Directory wird sortiert angezeigt. Die Ausgabe des DIR-Befehls wird also gefiltert - deshalb die Bezeichnung "SORT als Filterbefehl". Weitere Beipiele:

TREE ¦ MORE zeigt alle Unterverzeichnisse der Festplatte an, wobei jeweils bei vollem Bildschirm die Nachricht -FORTSETZUNG - angezeigt wird.

TYPE B:DD.TXT ¦ C:\MORE zeigt den Inhalt von DD.TXT von Laufwerk B: bildschirmweise an, wobei der Filter MORE im Festplattenstammverzeichnis abgelegt ist (wichtig: MORE ist ein externer Befehl).

DIR ¦ FIND "<DIR>" sucht im Directory alle Verzeichnisse und zeigt sie am Bildschirm als Standardausgabeeinheit an.

DIR ¦ FIND "<DIR>" ¦ SORT gibt die Verzeichnisse sortiert aus.

TYPE DD.TXT ¦ FIND "MS-DOS" ¦ MORE gibt bildschirmweise alle die Textzeilen der Datei DD.TXT aus, die den String "MS-DOS" enthalten.

Aufruf eines Filters mittels Umleitungen "<" bzw. ">":
Über den Parameter ">" wird die Standardausgabe und durch "<" die Standardeingabe umgeleitet. Durch den Befehl

```
dir ¦ sort > prn
```

zum Beispiel wird das sortierte Directory nicht (wie standardmäßig) am Bildschirm gezeigt, sondern ausgedruckt. Weiteres Beispiel:

DIR ¦ SORT > B:INHALT1.SRT speichert das sortierte Directory in der Textdatei INHALT1.SRT ab.

2.5.5 Umleitung der Ein-/Ausgabe

Nach dem Booten stellt MS-DOS die Tastatur als Standardeingabeeinheit und den Bildschirm als Standardausgabeeinheit zur Verfügung:

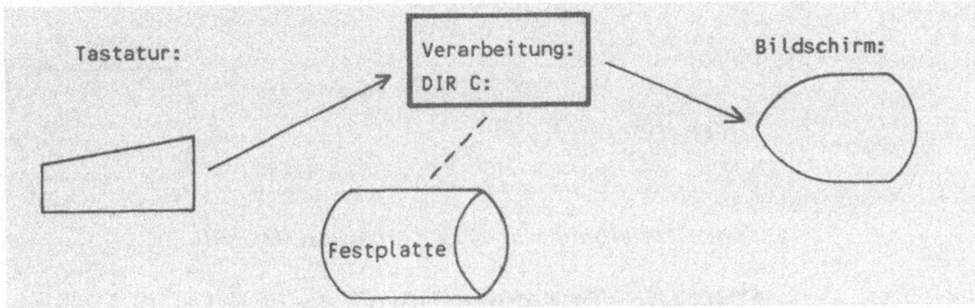

Tastatur als Standardeingabeeinheit und
Bildschirm als Standardausgabeeinheit

Durch die Parameter ">" und "<" kann die Aus- bzw. Eingabe auf andere als die Standardeinheiten umgeleitet werden:

> [d:][Pfad]Dateiname[.erw]
Ausgabeumleitung: Die Ausgabe wird nach *Dateiname* umgeleitet. Anstelle auf den Bildschirm wird auf *Dateiname* ausgegeben. Zuvor in *Dateiname* abgelegte Daten werden zerstört.

>> [d:][Pfad]Dateiname[.erw]
Ausgabeumleitung mit Hintanfügen: *Dateiname* wird eröffnet und ggf. erstellt und der Schreibzeiger an das Dateiende gesetzt. Alle Ausgabedaten werden nun hinter die bereits gespeicherten Daten geschrieben.

< [d:][Pfad]Dateiname[.erw]
Eingabeumleitung: Alle Eingaben kommen von *Dateiname* und nicht von der Tastatur. *Dateiname* wird zur Standardeingabeeinheit.

2.5.5.1 Umleitung

Beispiel zur Ausgabeumleitung:
DIR C: zeigt das Directory von C: am Bildschirm. Im Gegensatz dazu
leitet DIR C: > B:INHALT1.TXT leitet die Ausgabe des DIR-Befehls zur
Textdatei INHALT1.TXT in Laufwerk B: um. Das Directory wird in dieser Datei gespeichert und kann später z.B. mittels TYPE B:INHALT1.TXT
angezeigt werden.

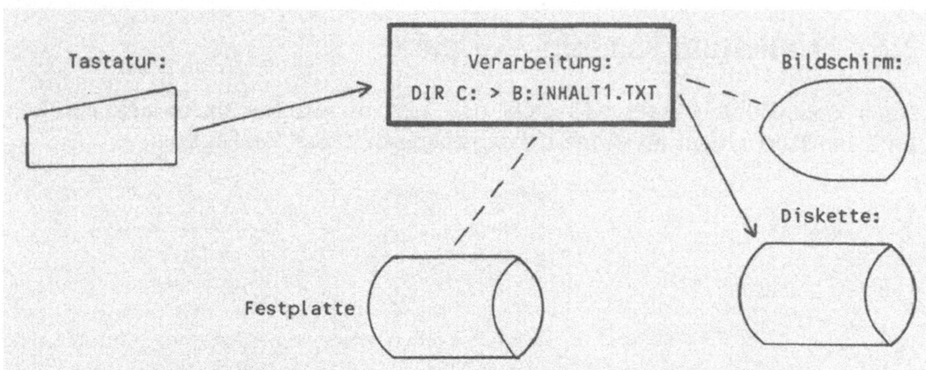

Ausgabe-Umleitung von Bildschirm auf Diskette

Wird DIR C: > B:INHALT1.TXT durch DIR C: >> B:INHALT1.TXT ersetzt, so wird das Directory an den bisherigen Inhalt von INHALT1.TXT
hintangefügt.

Beispiel zur Eingabeumleitung:
Durch SORT < B:INHALT1.TXT wird die Datei INHALT1.TXT Zeile für
Zeile sortiert am Bildschirm angezeigt.

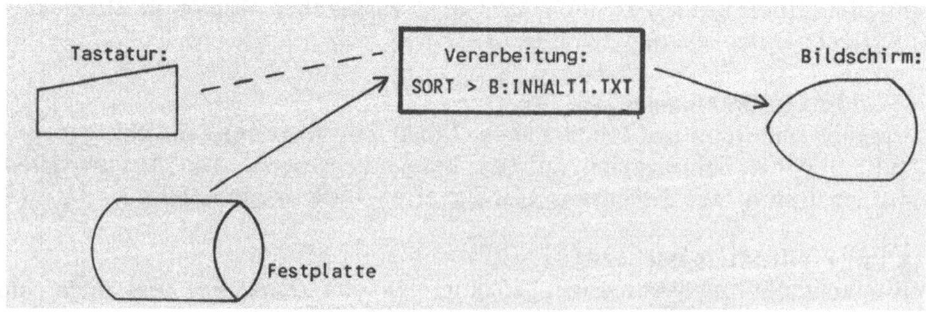

Ausgabe-Umleitung von Tastatur auf Diskette

Beispiel zur Kombination von Ein- und Ausgabeumleitung:
Durch den Befehl SORT < B:INHALT1.TXT > A:INHALT2.TXT wird
die Datei B:INHALT1.TXT zunächst sortiert (Eingabeumleitung) und
dann unter dem Namen INHALT2.TXT auf Laufwerk A: gespeichert
(Ausgabeumleitung).

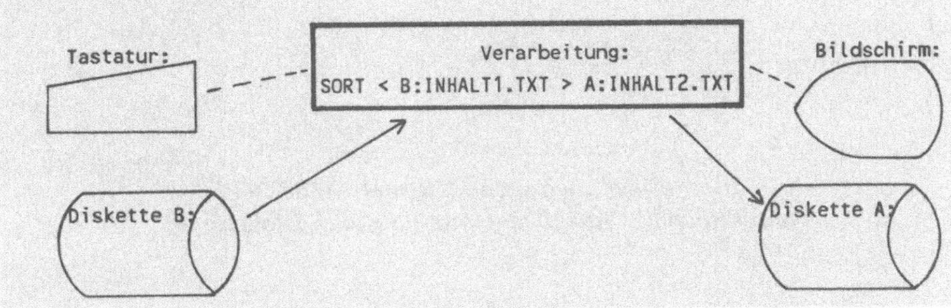

*Eingabe-Umleitung auf Diskette B: und Ausgabe-Umleitung auf
Diskette A:*

2.5.5.2 Umleitung und Pipe (Datenübergabe)

In Abschnitt 2.5.4 haben wir den Parameter "¦" zur Datenübergabe kennengelernt: er verkettet Befehle, in dem er automatisch die Umleitung
von Standardeingabe und Standardausgabe übernimmt. Durch Verwendung
von "¦" lassen sich Befehle vereinfachen:

DIR C: > INHALT1.TXT
SORT < B:INHALT1.TXT > A:INHALT2.TXT

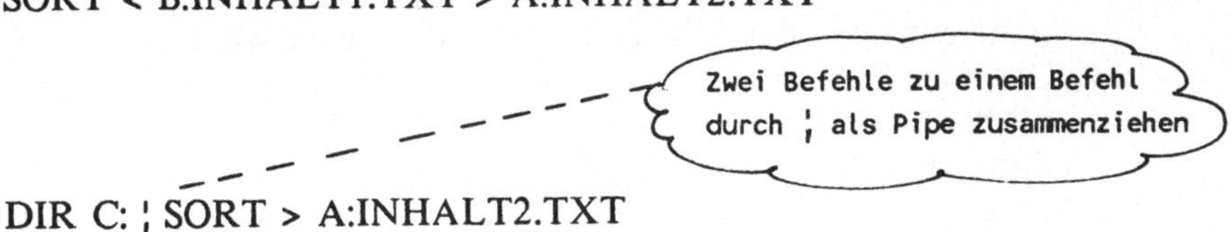

DIR C: ¦ SORT > A:INHALT2.TXT

Pipe: Auf die Hilfsdatei B:INHALT1.TXT kann verzichtet werden, da
mittels "¦" die Ausgabe von DIR automatisch mit der Eingabe in SORT
verkettet worden ist: zwischen diesen Befehlen wird eine Art von *Pipeline*
aufgebaut. Aus diesem Grunde bezeichnet man "¦" auch als *Pipe.*

Zur obigen Abbildung als Datenflußplan:
- Die Sinnbilder sind nach DIN 66001 genormt. Das Rechteck stellt den PC dar (bzw.
  dessen CPU), die Pfeile kennzeichnen den Datenfluß (deshalb auch die Bezeichnung
  "Datenflußplan").
- Die Ausgabeumleitung zeigt sich darin, daß der Datenfluß von der CPU nicht zum
  Bildschirm, sondern zur Diskette erfolgt.

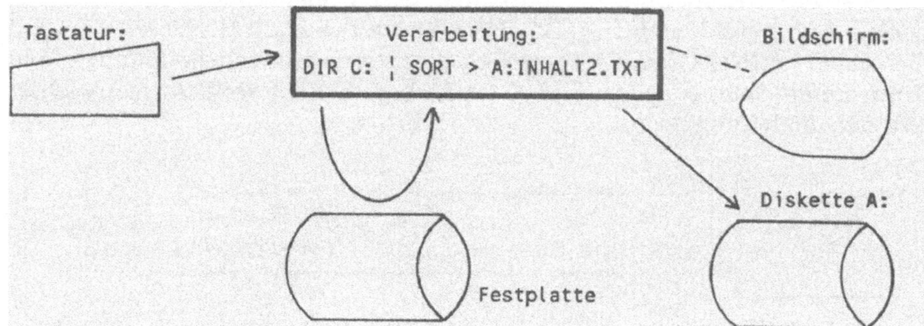

Pipe(-line) zwischen DIR und SORT und
anschließende Ausgabe-Umleitung auf Diskette A:

Weitere Umleitungs-Beispiele zum eigenen Experimentieren:
- Die Umkehrung des Befehls SORT < B:INHALT1.TXT zum Befehl B:INHALT1.TXT > SORT ist nicht möglich (Grund: IN-HALT1.TXT kein ausführbares Programm).
- Mit TYPE B:INHALT1.TXT > B:SICHER1.TXT wird der Inhalt von INHALT1.TXT nach SICHER1.TXT kopiert (Textinhalt der Datei kopieren).
- Mit FIND "03.87" < B:INHALT1.TXT werden alle ab März 1987 erstellten bzw. geänderten Dateinamen angezeigt.
- Mit SORT < B:INHALT1.TXT > A:INHALT2.TXT CON wird (wie oben) die Textdatei INHALT2.TXT gespeichert, um dann zusätzlich noch deren Inhalt am Bildschirm (Einheitenname CON) anzuzeigen.
- DIR C: ¦ SORT darf nicht zu SORT ¦ DIR C: umgekehrt werden, da damit zunächst der SORT-Befehl aufgerufen würde.
- Mit den vier Zeilen
      SORT > CON
      Tillmann
      Anita
      Klaus
      Strg-Z
  und abschließendem Strg-Z wird der SORT-Befehl aufgerufen, um die drei Namen sortiert auszugeben.
- Mit FIND "PRG" < B:INHALT1.TXT ¦ SORT > DIRSORT1.TXT werden alle Dateien vom PRG-Typ sortiert.

Pipe-Zeichen "¦" auf der deutschen Tastatur erreichen:
Mit Ctrl-Alt-F1 zur US-Tastatur wechseln, mit Shift-"<" das Pipe-Zeichen erzeugen und mit Ctrl-Alt-F2 wieder den deutschen Zeichensatz aktivieren. Oder Alt-124 eintippen.

MS-DOS-Wegweiser Festplatten-Management Kompaktkurs

1	Festplatten-Management über die DOS-Shell	1
2	Festplatten-Management über die DOS-Befehlszeile	43
3	Festplatten-Management über benutzerdefinierte Menü-Modelle	105
3.1	Modell 1: Elementares System mit Unterverzeichnissen	105
3.2	Modell 2: Menüorientiertes System mit Stapeldateien	123
3.3	Modell 3: Menüorientiertes System mit Assembler-Programm	137
4	Stapelverarbeitung als Hilfsmittel	183
5	Patch-Kurs mit DEBUG	289

3.1.1 Diskette simuliert Festplatte

"Probieren geht über Studieren" - Dies gilt sicher auch für das Organisieren einer Festplatte. Das Gefährliche daran ist, daß mit einem einzigen Befehl unter Umständen der gesamte Festplatteninhalt zerstört werden kann (also z.B. 20 MB, d.h. über 20.000.000 Zeichen). MS-DOS stellt nämlich recht mächtige Befehle zur Verfügung.

Aus diesem Grunde sollen die ersten Schritte zum Aufbau einer Festplattenorganisation an einer Diskette ausprobiert werden. *Die Diskette simuliert dabei die Festplatte.* MS-DOS kommt dieser Simulation insofern entgegen, als die meisten Befehle für Festplatte und Diskette übereinstimmen. Der Unter-schied besteht hauptsächlich in der Bezeichnung des Externspeichers:

- A: für das erste Diskettenlaufwerk
- B: für das zweite Diskettenlaufwerk
- C: für die Festplatte
- D: für die RAM-Disk

Die Angabe von "A:" für das erste Diskettenlaufwerk kann somit später durch die Angabe von "C:" für die Festplatte ersetzt werden.

3.1.1.1 Bootfähige Diskette formatieren

Legen Sie die MS-DOS-Systemdiskette in das Laufwerk A: ein und schalten Sie den PC ein. Nach kurzer Zeit erscheint am Bildschirm das Prompt- bzw. Bereitschaftszeichen "A>": es zeigt an, daß das Betriebssystem MS-DOS bereit ist und auf Ihre Eingaben wartet. Durch den Befehl

```
A:\>format /s /v                    (Formatieren)
```

wird die Diskette formatiert, das Betriebssystem (COMMAND.COM) übertragen (Parameter /S) und ein Datenträgername (Volume-Name) eingetragen (HARDDISKUEB, da der Umgang mit einer Hard-Disk eingeübt werden soll). Abschließend wird durch den Befehl

```
A:\>dir                        (Inhaltsverzeichnis anzeigen)
```

das Directory bzw. Inhaltsverzeichnis der in Laufwerk A: einliegenden Diskette angezeigt: Nur der Befehlsprozessor COMMAND.COM befindet sich auf der Diskette, er wurde über den Parameter "/S" übertragen. Da "A:" das aktive Laufwerk ist, sind die Befehle DIR und DIR A: identisch.

```
A:\>c:\hilfe\dosbef\format a: /s /v
Neue Diskette in Laufwerk A: einlegen
und anschließend Eingabetaste betätigen...


Formatieren beendet
Systemdateien übertragen


Name (max. 11 Zeichen, kein Name: EINGABE)? harddiskueb
     362496 Byte Gesamtspeicherbereich
     109568 Byte vom System verwendet
     252928 Byte auf Diskette/Platte verfügbar


       1024 Byte in jeder Zuordnungseinheit
        247 Zuordnungseinheiten auf Diskette/Platte verfügbar
Datenträgernummer: 363A-08E2
Weitere Dskt./Platte formatieren (J/N)? n


A:\>dir
 Datenträger in Laufwerk A ist HARDDISKUEB
 Datenträgernummer: 363A-08E2
 Verzeichnis von A:\
COMMAND  COM     38523 29.08.88    8.00
         1 Datei(en)     252928 Byte frei
```

Neue Diskette als Bootdiskette formatieren

Die Diskette wird als bootfähige Diskette (kurz Bootdiskette) bezeichnet,
da sie die wesentlichen Programme zum Booten (= Starten des Systems)
umfaßt (wie COMMAND.COM und einige unsichtbare Systembefehle).

3.1.1.2 Unterverzeichnisse in Ebene 2 bis 4 anlegen

Auf dem Externspeicher sollen Hilfsprogramme (Ultilities), Programmiersprachen und Tools (Werkzeuge i.e.S.) gespeichert werden. Aus diesem Grunde legt man aus dem bislang existierenden Stammverzeichnis
heraus drei Unterverzeichnisse namens HILFE, SPRACHE und TOOL an.
Das Stammverzeichis wird durch den Backslash "\" gekennzeichnet und
auch als Root (Wurzel) bezeichnet. Damit wird auf die baumartige
Struktur des Verzeichnisses verwiesen.

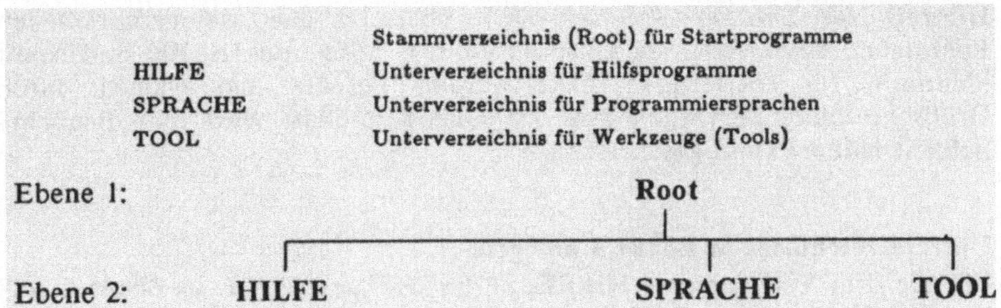

Baumartige Anordnung: ein Stamm- und drei Unterverzeichnisse

Zum Anlegen des Unterverzeichnisses HILFE dient der Befehl

md hilfe   (Anlegen eines Verzeichnisses)

für Make Directory. Anstelle von MD kann man auch MKDIR eingeben.
Nach der Eingabe von DIR werden nun zwei Dateien bzw. Files angezeigt: das Programm COMMAND.COM und das Unterverzeichnis HILFE.
Durch die Befehle· MD SPRACHE und MD TOOL werden die beiden anderen Verzeichnisse angelegt.

```
A:\>md hilfe
A:\>md sprache
A:\>md tool


A:\>dir
 Datenträger in Laufwerk A ist HARDDISKUEB
 Datenträgernummer: 363A-08E2
 Verzeichnis von A:\


COMMAND   COM     38523 29.08.88      8.00
HILFE          <DIR>        09.01.88   1.33
SPRACHE        <DIR>        09.01.88   1.33
TOOL           <DIR>        09.01.88   1.33
        4 Datei(en)     249856 Byte frei


A:\>tree
Auflistung der Verzeichnispfade für Laufwerk HARDDISKUEB
Datenträgernummer: 363A-08E2
A:.
├───HILFE
├───SPRACHE
└───TOOL
```

Befehl MD zum Anlegen von drei Unterverzeichnissen

Hinweis zur Schreibweise: MS-DOS übersetzt alle kleingeschriebenen Buchstaben automatisch in Großschreibung: hilfe und HILFE sind somit identisch. Im erklärenden Text werden Befehle und Namen durch Großschreibung hervorgehoben. Im Dialogprotokoll wird (der Bequemlichkeit halber) klein geschrieben.

Unterverzeichnisse in Ebene 3 anlegen:
Für die drei Verzeichnisse HILFE, SPRACHE und TOOL in Ebene 2 sollen wie folgt weitere Unterverzeichnisse in einer nachgelagerten Ebene 3 angelegt werden:

```
Ebene 1:                                Root
                            ┌────────────┴┬──────────────┐
Ebene 2:        HILFE            SPRACHE              TOOL


Ebene 3:        DOSBEF          BASICA               DBASE
                STAPEL          HBASIC               FRAME
                UTIL            TURBO                MULTIP
                WINDOWS                              WORD
```

Stamm- und Unterverzeichnisse in drei Ebenen

Aktuelles Verzeichnis wechseln mit Befehl CD: Um in das angelegte Unterverzeichnis TOOL zu gelangen, wird der Befehl

```
A:\>cd tool                      (Aktuelles Verzeichnis wechseln)
```

eingegeben. Anstelle von CD (für Change Directory) kann auch CHDIR eingegeben werden.
- CD TOOL bedeutet "Wechsle vom aktiven Verzeichnis in dessen Unterverzeichnis TOOL".
- CD \TOOL bedeutet "Gehe vom Stammverzeichnis \ aus (Ebene 1) in das untergeordnete Unterverzeichnis TOOL (Ebene 2)". Die Angabe von \ ist dann erforderlich, wenn man sich nicht im Stammverzeichnis als aktivem Verzeichnis befindet.

Der CD-Befehl macht TOOL zum aktuellen Verzeichnis. Nun kann mit DIR das Inhaltsverzeichnis von TOOL angezeigt werden: Der "." bezeichnet das Unterverzeichnis TOOL selbst und mit ".." wird das darüberliegende Verzeichnis angegeben, d.h. das Stammverzeichnis. Der Befehl

```
    C:\TOOL>cd ..                        (zum übergeordneten Verzeichnis)
```

bedeutet "wechsle ins übergeordnete Verzeichnis" und entspricht in diesem Fall also dem Befehl CD \ . Grund: das Stammverzeichnis ist das übergeordnete Verzeichnis von TOOL.

```
    A:\>cd tool


    A:\TOOL>dir
     Datenträger in Laufwerk A ist HARDDISKUEB
     Datenträgernummer: 363A-08E2
     Verzeichnis von A:\TOOL


    .           <DIR>       09.01.88    1.33
    ..          <DIR>       09.01.88    1.33
            2 Datei(en)       246784 Byte frei


    A:\TOOL>cd ..
```

Zwei Anwendungen des Befehls CD

Zum Anlegen der Verzeichnisse von Ebene 3 werden zwei Möglichkeiten aufgezeigt: Anlegen vom übergeordneten Verzeichnis aus (gezeigt anhand SPRACHE) und Anlegen vom Stammverzeichnis aus (gezeigt anhand TOOL).

Unterverzeichnisse vom übergeordneten Verzeichnis aus anlegen: Durch den Befehl CD SPRACHE wird SPRACHE zum aktuellen Verzeichnis. Nun kann z.B. mit MD BASICA zu SPRACHE das Unterverzeichnis BASICA angelegt werden.

```
    A:\>cd sprache

    A:\SPRACHE>md basica
    A:\SPRACHE>md hbasic
    A:\SPRACHE>md turbo
```

```
A:\SPRACHE>dir
 Datenträger in Laufwerk A ist HARDDISKUEB
 Datenträgernummer: 363A-08E2
 Verzeichnis von A:\SPRACHE

 .            <DIR>      09.01.88    1.33
 ..           <DIR>      09.01.88    1.33
 BASICA       <DIR>      09.01.88    1.36
 HBASIC       <DIR>      09.01.88    1.37
 TURBO        <DIR>      09.01.88    1.38
         5 Datei(en)     246784 Byte frei
```


Drei Unterverzeichnisse zu SPRACHE anlegen

Unterverzeichnisse vom Stammverzeichnis aus anlegen: Zunächst wird durch den Befehl CD \ das Stammverzeichnis eingestellt. Nun kann z.B. durch den Befehl MD \TOOL\DBASE das Unterverzeichnis DBASE zu TOOL angelegt werden. Es muß also jeweils der komplette Zugriffspfad \TOOL\DBASE angegeben werden. Dazu ein Beispiel:
- A:\>MD \FRAME   legt Verzeichnis FRAME in Ebene 2 an.
- A:\>MD \TOOL\FRAME legt Verzeichnis FRAME in Ebene 3 an.

Der Backslash "\" hat somit zwei Aufgaben: er dient zur Kennzeichnung des Stammverzeichnisses und als Trennungszeichen zur Angabe des Zugriffspfads. Auf der Tastatur ist er ggf. über Alt-92 zu erreichen.

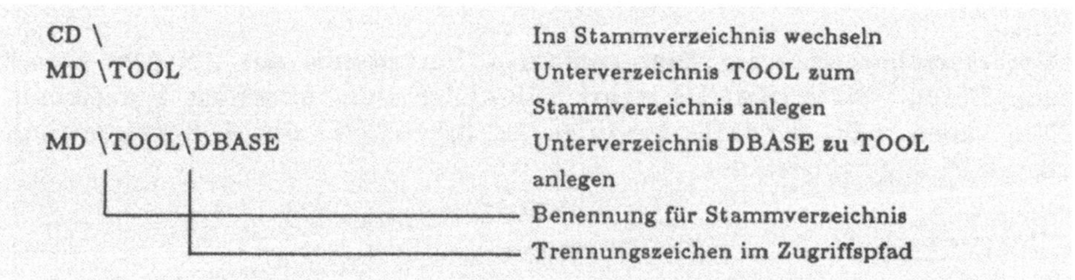

Backslash "\" mit zwei Aufgaben

Verzeichnis löschen mit dem Befehl RD: Durch die Eingabe des Befehls

```
rd \frame                              (Verzeichnis löschen)
```

wird das Verzeichnis FRAME in der dem Stammverzeichnis \ nachgelagerten Ebene 2 gelöscht. Anstelle von RD (Remove Directory) kann man auch RMDIR eintippen. Der RD-Befehl kann nur auf leere Verzeichnisse angewendet werden.

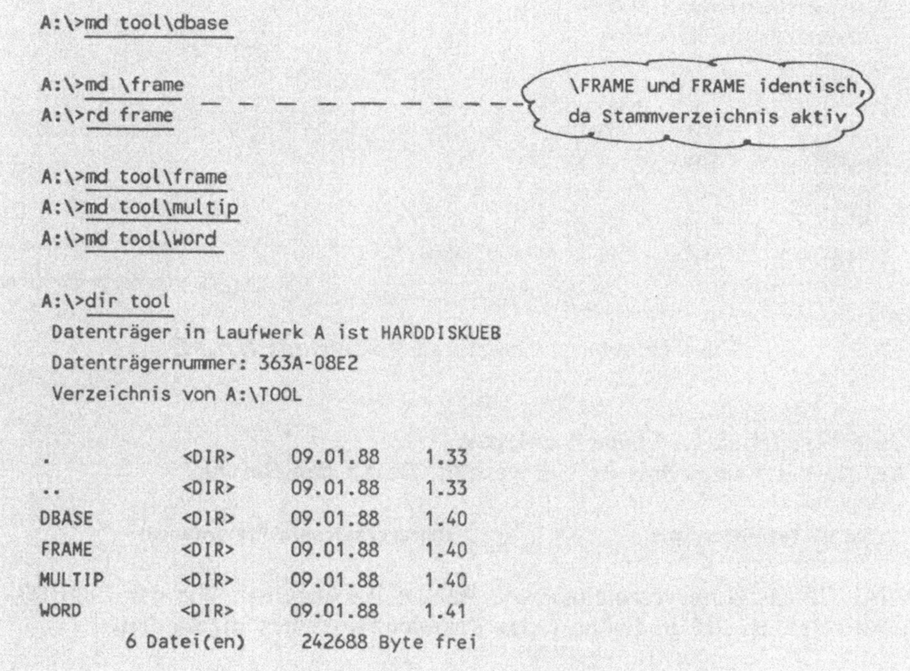


```
A:\>md tool\dbase

A:\>md \frame
A:\>rd frame

A:\>md tool\frame
A:\>md tool\multip
A:\>md tool\word


A:\>dir tool
 Datenträger in Laufwerk A ist HARDDISKUEB
 Datenträgernummer: 363A-08E2
 Verzeichnis von A:\TOOL


 .            <DIR>      09.01.88   1.33
 ..           <DIR>      09.01.88   1.33
 DBASE        <DIR>      09.01.88   1.40
 FRAME        <DIR>      09.01.88   1.40
 MULTIP       <DIR>      09.01.88   1.40
 WORD         <DIR>      09.01.88   1.41
          6 Datei(en)      242688 Byte frei
```

Vier Unterverzeichnisse zu TOOL anlegen

Unterverzeichnisse in Ebene 3 für Verzeichnis HILFE anlegen: Nach dem Anlegen der Unterverzeichnisse DOSBEF, STAPEL, UTIL und WIN-DOWS hat das Verzeichnis HILFE in folgendes Aussehen:

```
A:\> cd hilfe
A:\HILFE>md stapel
A:\HILFE>md util
A:\HILFE>md windows
```

```
A:\HILFE>dir
 Datenträger in Laufwerk A ist HARDDISKUEB
 Datenträgernummer: 363A-08E2
 Verzeichnis von A:\HILFE


 .              <DIR>      09.01.88    1.33
 ..             <DIR>      09.01.88    1.33
 DOSBEF         <DIR>      09.01.88    1.42
 STAPEL         <DIR>      09.01.88    1.42
 UTIL           <DIR>      09.01.88    1.42
 WINDOWS        <DIR>      09.01.88    1.43
         6 Datei(en)      238592 Byte frei
```

Fünf Unterverzeichnisse zu Verzeichnis HILFE

Unterverzeichnis in Ebene 4 anlegen:
Als aktives Verzeichnis ist \ eingestellt. Durch den Befehl

```
md hilfe\windows\pif                (Untererzeichnis PIF anlegen)
```

wird PIF als Unterverzeichnis von WINDOWS angelegt. Wie der Zugriffspfad zeigt, ist PIF in Ebene 4 des Verzeichnisbaumes angesiedelt.

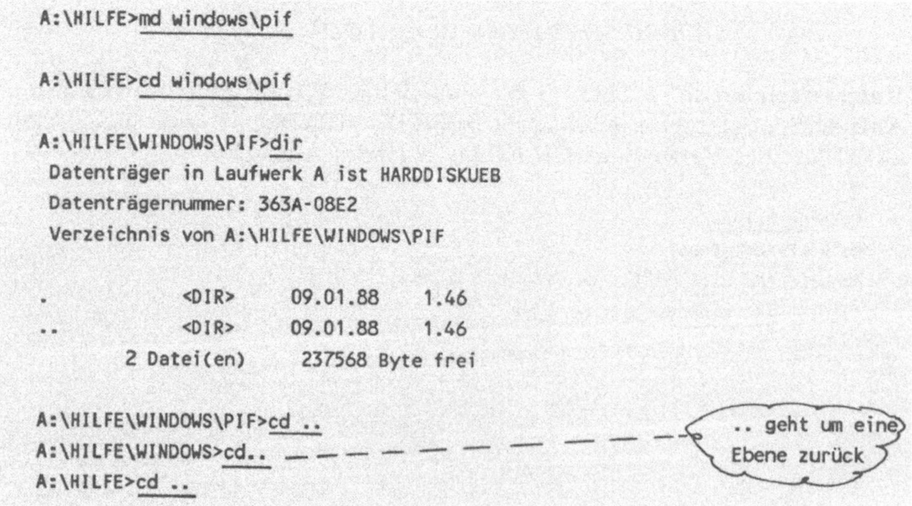

```
A:\HILFE>md windows\pif


A:\HILFE>cd windows\pif


A:\HILFE\WINDOWS\PIF>dir
 Datenträger in Laufwerk A ist HARDDISKUEB
 Datenträgernummer: 363A-08E2
 Verzeichnis von A:\HILFE\WINDOWS\PIF


 .              <DIR>      09.01.88    1.46
 ..             <DIR>      09.01.88    1.46
         2 Datei(en)      237568 Byte frei


A:\HILFE\WINDOWS\PIF>cd ..
A:\HILFE\WINDOWS>cd..
A:\HILFE>cd ..
```


Unterverzeichnis PIF in Ebene 4

Damit sind alle Verzeichnisse auf dem Externspeicher angelegt. Das Stammverzeichnis (engl. Root für Wurzel) befindet sich in Ebene 1, die 15 Unterverzeichnisse sind in den Ebenen 2 bis 4 angesiedelt.

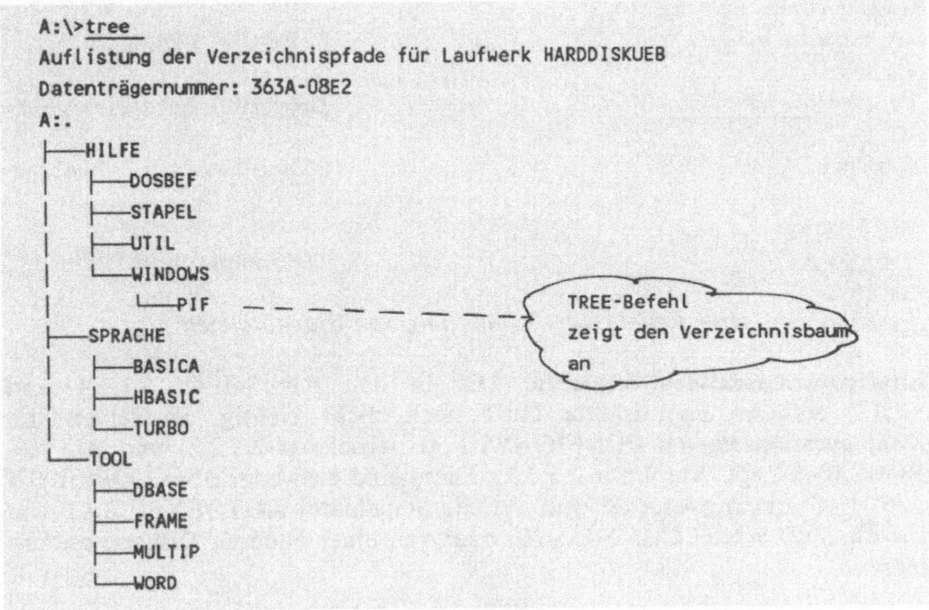

Stammverzeichnis und 15 Unterverzeichnisse
auf 4 Ebenen

3.1.1.3 Konfigurationsdateien ins Stammverzeichnis eingeben

Ein Batchfile (Batch für Stapel, File für Datei) wird auch Stapelverarbeitungsdatei oder Stapeldatei genannt: Mehrere DOS-Befehle werden in der Datei abgespeichert, um dann bei Ausführung der Stapeldatei der Reihe nach - eben wie ein *Stapel von Befehlen* - ausgeführt zu werden. AUTO-EXEC.BAT ist eine besondere Stapeldatei.

Bezeichnung: BAT für Dateityp BATch
    Laufwerk:Dateiname.BAT

Eingabe bzw. Speicherung:
 COPY CON Dateiname.BAT   Schritt 1: COPY CON ...
 ...
 ... Befehle eintippen   Schritt 2: Befehlseingabe
 ...
 Ctrl-Z   Schritt 3: Ctrl-Z beendet

Ausführung:
 Dateiname   Dateiname ohne Dateityp

Drei Regeln zur Behandlung von Stapeldateien

Konfigurationsdateien kopieren: Die in den Abschnitten 3.1.1.1 und
3.1.1.2 erstellte Bootdiskette läuft noch nicht richtig. So fehlen die
Konfigurationsdateien CONFIG.SYS (vgl. Abschnitt 2.5.2.2) und AUTO-
EXEC.BAT (vgl. Abschnitt 2.5.2.3). Diese sind entweder über *COPY CON
... Strg-Z* einzutippen (dies gilt für die Stapeldatei AUTOEXEC.BAT wie
für die Systemdatei CONFIG.SYS) oder von einer anderen Diskette zu kopieren.

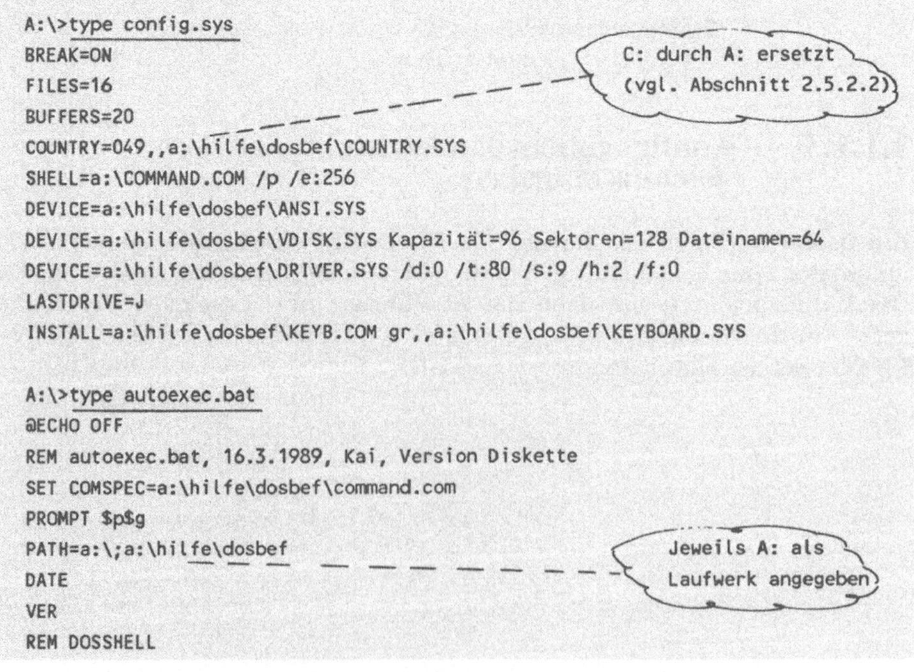

Im Stammverzeichnis befinden sich nun die Dateien COMMAND.COM, CONFIG.SYS und AUTOEXEC.BAT.

3.1.1.4 Dateien in die Verzeichnisse kopieren

Nun können die benötigten Dateien in die derzeit noch leeren Verzeichnisse kopiert werden.

Systemdateien in das Unterverzeichnis C:\HILFE\DOSBEF kopieren: Um alle Dateien der MS-DOS-Originaldiskette z.B. von Laufwerk B: in das Verzeichnis DOSBEF der neuen Diskette in Laufwerk A: zu kopieren, gibt man den Befehl

```
copy b:*.* a:\hilfe\dosbef
```

ein. Welches Laufwerk als aktuelles Laufwerk gerade eingestellt ist, ist dabei gleichgültig. Dasselbe kann man auch wie folgt in drei Schritten erreichen:

```
A:\>cd hilfe\dosbef                 Aktives Verzeichnis wechseln
A:\HILFE\DOSBEF>copy b:*.* a:       Kopieren
```

Im folgenden Beispiel sind auf die Diskette HARDDISKUEB nur die unbedingt erforderlichen Dateien KEYB.COM, KEYBOARD.SYS, COUNTRY.SYS, ANSI.SYS und DRIVER.SYS kopiert worden.

```
A:\>dir
     Datenträger in Laufwerk A ist HARDDISKUEB
     Datenträgernummer: 363A-08E2
     Verzeichnis von A:\
COMMAND  COM      38523 29.08.88     8.00
HILFE           <DIR>     09.01.88     1.33
SPRACHE         <DIR>     09.01.88     1.33
TOOL            <DIR>     09.01.88     1.33
AUTOEXEC BAT       260 09.01.89     1.42
CONFIG   SYS       405 09.01.89     0.01
        6 Datei(en)       120832 Byte frei
```

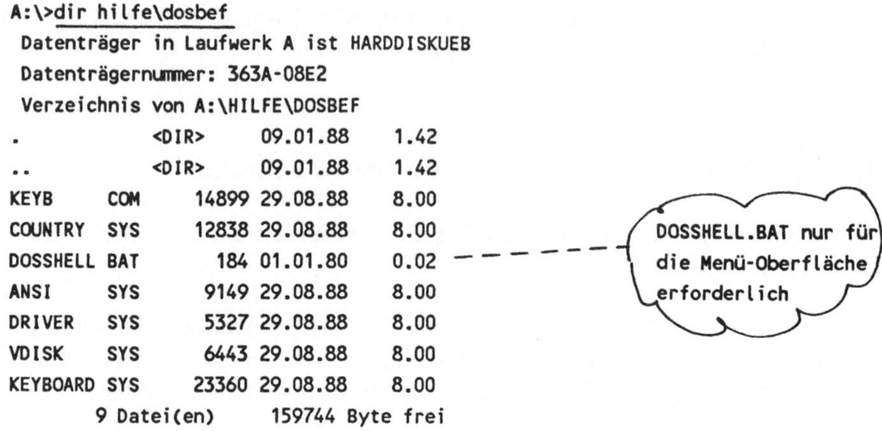

```
A:\>dir hilfe\dosbef
 Datenträger in Laufwerk A ist HARDDISKUEB
 Datenträgernummer: 363A-08E2
 Verzeichnis von A:\HILFE\DOSBEF
 .              <DIR>      09.01.88    1.42
 ..             <DIR>      09.01.88    1.42
 KEYB     COM    14899 29.08.88    8.00
 COUNTRY  SYS    12838 29.08.88    8.00
 DOSSHELL BAT      184 01.01.80    0.02
 ANSI     SYS     9149 29.08.88    8.00
 DRIVER   SYS     5327 29.08.88    8.00
 VDISK    SYS     6443 29.08.88    8.00
 KEYBOARD SYS    23360 29.08.88    8.00
        9 Datei(en)       159744 Byte frei
```


Systemprotokoll beim Booten: Starten man das Betriebssystem mit der Bootdiskette HARDDISKUEB, so erscheint folgendes Protokoll.

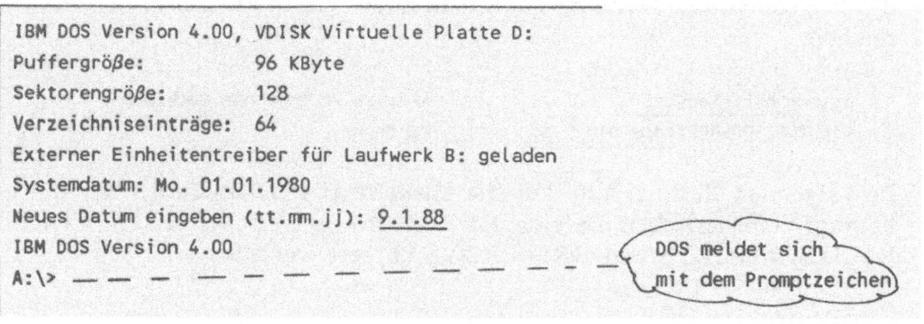

```
IBM DOS Version 4.00, VDISK Virtuelle Platte D:
Puffergröße:          96 KByte
Sektorengröße:        128
Verzeichniseinträge:  64
Externer Einheitentreiber für Laufwerk B: geladen
Systemdatum: Mo. 01.01.1980
Neues Datum eingeben (tt.mm.jj): 9.1.88
IBM DOS Version 4.00
A:\>
```


Menü-Oberfläche zusätzlich beim Booten aktivieren: Soll nach dem Booten nicht die Befehlszeilen-Oberfläche, sondern die Menü-Oberfläche aktiviert werden, ist wie folgt zu verfahren:

1. Befehlswort DOSSHELL als letzten Befehl in die Datei AUTO-EXEC.BAT aufnehmen (oben also das REM vor DOSSHELL entfernen).
2. Die Datei DOSSHELL.BAT in das Verzeichnis HILFE\DOSBEF aufnehmen (oben bereits vorgenommen). DOSSHELL.BAT ruft die Menü-Oberfläche SHELLC.EXE auf.

```
A:\>type hilfe\dosbef\dosshell.bat
@SHELLB DOSSHELL
@IF ERRORLEVEL 255 GOTO END
:COMMON
@SHELLC
/MOS:PCIBMDRV.MOS/TRAN/COLOR/DOS/MENU/MUL/SND/MEU:SHELL.MEU/CLR:SHELL.CL
R/PROMPT/MAINT/EXIT/SWAP/DATE
:END
@BREAK=ON
```

3. Die folgenden SHELL-Dateien von der Systemdiskette in das Ver-
    zeichnis A:\HILFE\DOSBEF kopieren.

```
A:\>dir shell*.*
 Datenträger in Laufwerk A ist DOS40_1088
 Datenträgernummer: 07C8-3019
 Verzeichnis von A:\


SHELLC   EXE    155545 29.08.88    8.00
SHELL    MEU      4588 29.08.88    8.00
SHELL    CLR      4438 29.08.88    8.00
SHELLB   COM      3942 29.08.88    8.00
SHELL    ASC         0 30.10.88    0.29
        5 Datei(en)        3072 Byte frei
```

Aufgrund des großen Speicherplatzbedarfs der DOS-Shell (155545 Byte)
kann es nun bei einem 5.25"-360 KB-Laufwerk zu Platzproblemen kommen. Die Menü-Oberfläche sollte deshalb erst bei Nutzung der Festplatte
aufgerufen werden (Abschnitt 3.1.2).

3.1.2 Festplatte organisieren

Die in Abschnitt 3.1.1 erläuterten Schritte

- Bootfähige Diskette formatieren
- Unterverzeichnisse in den Ebenen 2 bis 4 anlegen
- Stapeldateien (Batchfiles) in Stammverzeichnis eingeben

wurden anhand einer Diskette erprobt und sind nun auf die Festplatte zu
übertragen. Da MS-DOS für Diskette und Festplatte großenteils dieselben
Befehle bereitstellt, ergeben sich bei der Übertragung kaum Probleme. Es
wird davon ausgegangen, daß mit A: und ggf. B: Diskettenlaufwerke und
mit C: eine Festplatte verfügbar sind.

3.1.2.1 Bootfähige Festplatte einrichten

Die MS-DOS-Systemdiskette wird in Laufwerk A: eingelegt. Zum Installieren hat man zwei Möglicghkeiten:
1. Menügesteuertes Installieren über den Befehl SELECT (vgl. Abschnitt 1.2.1).
2. Installieren "von Hand" über die Befehle FDISK und FORMAT (vgl. Abschnitt 1.2.2).

MS-DOS-Partition erstellen mit FDISK: Auf einer Festplatte können mehrere Teilbereiche bzw. Partitions für mehrere Betriebssysteme (z.B. CP/M-86, Unix, MS-DOS) eingerichtet werden. Wir wollen den gesamten Festplattenbereich für MS-DOS verfügbar machen. Dazu wird das Programm FDISK aufgerufen und das Menü angefordert (vgl. Abschnitt 1.2.2.2).
- Menüwahl 1 eingeben: Frage "gesamte Festplatte für MS-DOS?" mit "ja" beantworten. Nun wird auf der Festplatte eingetragen, daß die gesamte Platte für MS-DOS als Laufwerk C: verfügbar ist.
- Menüwahl 4 eingeben, um die Daten der Partition anzuzeigen.
- Mit Ctrl-Alt-Del einen Warmstart ausführen (MS-DOS-Systemdiskette befindet sich noch im Laufwerk A:).
- Nach Eingabe von C: erkennt das Betriebssystem nun die Festplatte.

Festplatte formatieren mit FORMAT: Durch Eingabe des externen Befehls FORMAT C: /V /S wird die Festplatte (genauer: die MS-DOS-Partition) formatiert, das Betriebssystem übertragen und ein Volume-Name (z.B. FESTPLATTE1) eingetragen. Der Befehl entspricht dem Disketten-Befehl in Abschnitt 3.1.1.1 exakt.

Von der Festplatte C: aus booten: Beim Einschalten des Computers sucht das System zuerst stets im Laufwerk A:, um das Betriebssystem von A: zu laden. Aus diesem Grunde darf beim Systemstart in Laufwerk A: keine Diskette liegen. Nach dem vergeblichen Suchen in A: spricht das System dann automatisch die Festplatte C: an, um MS-DOS wie gewünscht von dort zu laden.

3.1.2.2 Unterverzeichnisse in Ebene 2 bis 4 anlegen

Das Anlegen der Unterverzeichnisse läuft bei Diskette und Festplatte genau gleich ab. Der einzige Unterschied besteht darin, daß anstelle von A:

mit dem Laufwerk C: gearbeitet wird. Wir gehen also wie in Abschnitt
3.1.1.2 vor.

3.1.2.3 Konfigurationsdateien ins Stammverzeichnis eingeben

Auch bei der Tastatureingabe von AUTOEXEC.BAT gehen wir wie in
Abschnitt 3.1.1.3 gezeigt vor. Dabei muß aber COPY CON C:AUTO-
EXEC.BAT eingetippt werden (also C: anstelle von A:). Bei der Datei
CONFIG.SYS wird entsprechend verfahren.

3.1.2.4 Dateien in die Verzeichnisse kopieren

Um die benötigten Dateien in die Unterverzeichnisse der Festplatte zu
kopieren, geht man genau wie bei der Diskette (siehe Abschnitt 3.1.1.4)
vor. Dabei ist innerhalb der Dateien die Laufwerksangabe A: gegen C:
auszutauschen.

MS-DOS-Wegweiser Festplatten-Management Kompaktkurs

1	Festplatten-Management über die DOS-Shell	1
2	Festplatten-Management über die DOS-Befehlszeile	43
3	Festplatten-Management über benutzerdefinierte Menü-Modelle	105
3.1	Modell 1: Elementares System mit Unterverzeichnissen	105
3.2	Modell 2: Menüorientiertes System mit Stapeldateien	123
3.3	Modell 3: Menüorientiertes System mit Assembler-Programm	137
4	Stapelverarbeitung als Hilfsmittel	183
5	Patch-Kurs mit DEBUG	289

Vorteil von Modell 1:
Das Modell 1 (Abschnitt 3.1) hat den Vorteil, daß der Speicherraum der Festplatte durch baumartig angeordnete Verzeichnisse übersichtlich und leicht erweiterbar strukturiert ist. Beispiel: Im Verzeichnis SPRACHE sind alle verfügbaren Programiersprachen untergebracht. Eine zusätzliche Sprache kann in einem rasch mittels MD bzw. MKDIR angelegten neuen Unterverzeichnis gespeichert werden.

Nachteile von Modell 1:
 - Die verfügbaren Dateien, Programme bzw. Werkzeuge werden nicht angezeigt. Der Benutzer muß sich in den Verzeichnissen z.B. mittels DIR jeweils selbst informieren. Hier wäre die Bereitstellung der Wahlmöglichkeiten über ein Menü von Vorteil.
 - Um eine bestimmte Datei aufzurufen, muß jeweils der komplette Zugriffspfad eingegeben werden. So muß man zum Aufrufen des Werkzeugs Multiplan mühevoll C:\TOOL\MULTIP\MP eingeben. Bequemer wäre es, wenn Multiplan durch Eingabe des "Befehls" M aufgerufen werden kann.

Kennzeichen von Modell 2:
Das folgende Modell 2 stellt eine Erweiterung von Modell 1 dar: Einerseits wird die Struktur der Verzeichnisse von Modell 1 übernommen. Andererseits wird ein Menü bereitgestellt, dessen Auswahlmöglichkeiten bzw. "Befehle" durch Stapeldateien gesteuert werden.

3.2.1 Verzeichnisstruktur einrichten

Schritt 1: Bootfähige Festplatte einrichten
Vorgehen wie bei Schritt 1 von Modell 1 (Abschnitte 3.1.1.1 und 3.1.2.1) durch Anwendung der Befehle SELECT oder FDISK und FORMAT.

Schritt 2: Unterverzeichnisse in den Ebenen 2 und 4 anlegen
Vorgehen wie bei Schritt 2 von Modell 1 (Abschnitte 3.1.1.2 und 3.1.2.2) durch Anwendung der Befehle CD, MD und RD. Wie bei Modell 1 sind auch bei Modell 2 Unterverzeichnisse auf 4 Ebenen angeordnet:
 - Falls Modell 1 bereits eingerichtet ist: Schritt 2 entfällt, da alle Verzeichnisse für das Modell 2 übernommen werden können.
 - Falls Modell 1 nicht eingerichtet wurde: Schritt 2 durchführen.

```
                          ┌─────────────┐
                          │  Modell 2   │
                          └─────────────┘
     ┌──────────────────────────┼──────────────────────────┐

 HILFE                      SPRACHE                      TOOL


 DOSBEF                     BASICA                       DBASE
 STAPEL                     HBASIC                       FRAME
 UTIL                       TURBO                        MULTIP
 WINDOWS                                                 WORD
```

Modelle 1 und 2 mit identischer Verzeichnisstruktur

Schritt 3: Stapeldateien in das Stammverzeichnis eingeben

Wie bei Modell 1 werden die Konfigurationsdateien CONFIG.SYS und
AUTOEXEC.BAT in das Stammverzeichnis eingegeben bzw. kopiert (vgl.
Abschnitte 3.1.1.3 und 3.1.2.3). Die Datei CONFIG.SYS wird unverändert
übernommen:

```
REM config.sys, Version für Modell 2
BREAK=ON
FILES=16
BUFFERS=20
COUNTRY=049,,c:\hilfe\dosbef\COUNTRY.SYS
SHELL=c:\hilfe\dosbef\COMMAND.COM /p /e:256
DEVICE=c:\hilfe\dosbef\ANSI.SYS
DEVICE=c:\hilfe\dosbef\VDISK.SYS Kapazität=96 Sektoren=128 Dateinamen=64
DEVICE=c:\hilfe\dosbef\DRIVER.SYS /d:0 /t:80 /s:9 /h:2 /f:2
LASTDRIVE=J
INSTALL=c:\hilfe\dosbef\KEYB.COM gr,,c:\hilfe\dosbef\KEYBOARD.SYS
```

In der Datei AUTOEXEC.BAT wird MENU als letzter Befehl eingetragen, um mit MENU.BAT eine Stapeldatei aufzurufen, die ein Menü über
die Eingabemöglichkeiten des Benutzers anzeigt (siehe Abschnitt 3.2.2).

Anpassungsdatei AUTOEXEC.BAT für Modell 2

Hinweis: Schreibt man SET X=XNAME in der Form SET X = XNAME, dann können die Leerstellen zu Identifikationsproblemen führen.

Schritt 4: Dateien in das Verzeichnis kopieren
Vorgehen wie bei Schritt 4 von Modell 1 (Abschnitt 3.1.1.4 und 3.1.2.4) durch Anwendung des Befehls COPY. Im Verzeichnis TOOL\DBASE ist das Datenbank-Tool dBASE z.B. wie folgt abgespeichert:

```
C:\TOOL\DBASE>dir/w


 Datenträger in Laufwerk C ist FESTPLATTE1
 Datenträgernummer: 0004-3846
 Verzeichnis von C:\TOOL\DBASE

.              ..                DBASE   SER   DBASE   EXE   SIGNON  COM
CONFIG  DBX    INITDB  BAT    CONFIG  SIK   CONFI256 DB   CONFI256 SYS
DBASEINL OVL   DBASE   MSG    INSTALL BAT   UNINSTAL BAT  README  TXT
YN      EXE    ID      EXE    HELP    DBS   DBASE   OVL   ASSIST  HLP
CONFIG  DB
        21 Datei(en)      540672 Byte frei
```


3.2.2   Menü bereitstellen

3.2.2.1 Textdatei MENU.TXT

Im Stammverzeichnis der Festplatte wird zusätzlich zum Befehlsprozessor COMMAND.COM und den Konfigurationsdateien AUTOEXE.BAT und CONFIG.SYS eine Textdatei namens MENU.TXT abgelegt:

```
C:\>dir
 Datenträger in Laufwerk C ist FESTPLATTE1
 Datenträgernummer: 0004-3846
 Verzeichnis von C:\

COMMAND  COM     38523 29.08.88     8.00
HILFE         <DIR>     09.01.88     1.33
SPRACHE       <DIR>     09.01.88     1.33
TOOL          <DIR>     09.01.88     1.33
MENU     TXT       985 10.01.89     0.38
AUTOEXEC BAT       260 09.01.89     1.42
CONFIG   SYS       405 09.01.89     0.01
        7 Datei(en)      540672 Byte frei
```

Menü anzeigen: Nach dem Booten erscheint auf dem Bildschirm ein Menü, das als Textdatei namens MENU.TXT im Stammverzeichnis abgelegt ist. MENU.TXT wird mit einem Editor (z.B. Turbo Pascal-Editor) oder einer Textverarbeitung (z.B. Word, Wordstar) erstellt und unformatiert (wichtig, da MENU.TXT mit TYPE aufgerufen wird) im Stammverzeichnis abgespeichert.

```
AUFRUF:   WERKZEUG:           RÜCKKEHR:           VERZEICHNIS:
------    --------            --------            -----------

B         BasicA              System              sprache\basica
H         HBASIC              System              sprache\hbasic
TP        Turbo Pascal        File - Quit         sprache\turbo


D         dBASE               Quit                tool\dbase
F         Framework           Ctrl-L, Ende        tool\frame
M         Multiplan           Quit                tool\multip
W         Word 4.0            Quit                tool\word
WRam      Word mit RAM-Disk   Quit                tool\word


P         PC Tools            Esc/ja              hilfe\util
SK        Sidekick            Strg-Alt            hilfe\util
Wi        Windows             Alt-Leer            hilfe\util\windows


Kopie     Diskcopy A: B:      Menu                hilfe\dosbef
Form      Format B: /V        Menu                hilfe\dosbef
Menu      Menü aufrufen                           \
```

Menü von Modell 2 mit 14 Wahlmöglichkeiten

Unter dem Menü erscheint das Prompt "C:\" des Betriebssystems. MS-DOS erwartet also einen beliebigen Befehl bzw. Dateiaufruf:

- Durch Eingabe von DIR wird der interne Befehl DIR aktiviert.
- Durch Eingabe von DISKCOPY wird der externe Befehl DISKCOPY.COM aktiviert.
- Durch Eingabe von B werden die Stapeldatei B.BAT und durch Eingabe von MENU die Stapeldatei MENU.BAT aktiviert.

Auf diese Art können die in der linken Menüspalte genannten 14 Befehle *B, D, H, TP, ...* durch gleichnamige Stapeldateien *B.BAT, H.BAT, TP.BAT, ...* gesteuert werden.

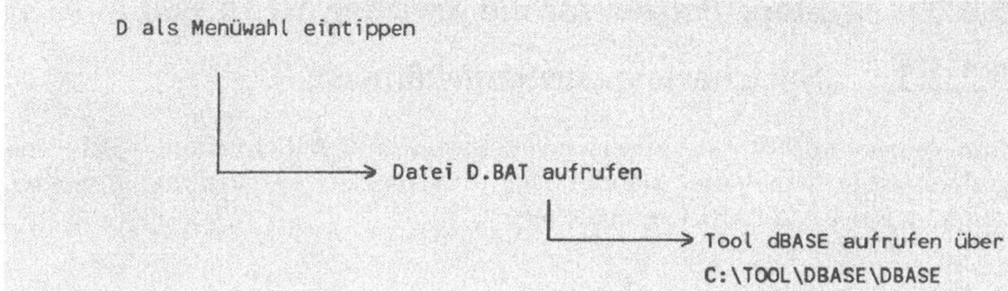

Beispiel: dbASE über Menüwahl D aufrufen

3.2.2.2 Stapeldatei MENU.BAT

Die Stapeldatei MENU.BAT ist - wie die anderen Stapeldateien auch - im Unterverzeichnis HILFE\STAPEL gespeichert.

- MENU.BAT wird - unabhängig vom aktuellen Laufwerk - immer gefunden, da C:\HILFE\STAPEL als Zugriffspfad in der Anpassungsdatei AUTOEXEC.BAT durch den PATH-Befehl angemeldet ist.
- CLS löscht den Bildschirm.
- C: wechselt ins Laufwerk C:. Dies ist wichtig, da der Dateiaufruf MENU.BAT z.B. auch A: als aktivem Laufwerk aus erfolgen kann.
- CD \ meldet das Stammverzeichnis als aktives Verzeichnis an (es könnte ja ein anderes Verzeichnis aktiv sein).
- TYPE MENU.TXT gibt den ASCII-Text der Datei MENU.TXT am Bildschirm aus: das Menü wird also angezeigt. MENU.TXT ist im Stammverzeichnis gespeichert.

```
@echo off
rem Name:  c:\hilfe\stapel\menu.bat
rem Zweck: Werkzeug beenden und Menü anzeigen
rem ---------------------------------------------
cls
c:
cd\
type menu.txt
```

Stapeldatei MENU.BAT steuert die Ausgabe des Menüs von Modell 2

3.2.3   Stapeldateien für die jeweilige Menüwahl

3.2.3.1   Speicherung der Stapeldateien

Für jeden der 14 im Menü genannten Wahlmöglichkeiten wird eine
gleichnamige Stapeldatei erstellt. Die 14 Stapeldateien sind im Unterverzeichnis HILFE\STAPEL gespeichert.

```
C:\>dir hilfe\stapel
 Datenträger in Laufwerk C ist FESTPLATTE1
 Datenträgernummer: 0004-3846
 Verzeichnis von C:\HILFE\STAPEL


 .             <DIR>      09.01.88    1.42
 ..            <DIR>      09.01.88    1.42
 B       BAT        152 04.01.87    0.17
 D       BAT        147 04.01.87    0.17
 F       BAT        147 04.01.87    0.33
 FORM    BAT        164 01.01.80    0.48
 H       BAT        184 04.01.87    1.26
 KOPIE   BAT        175 01.01.80    0.48
 M       BAT        147 04.01.87    0.17
 MENU    BAT        170 04.01.87    0.49
 P       BAT        158 07.01.87    2.58
 SK      BAT         27 28.04.87    0.36
 TP      BAT        156 04.01.87    0.21
 W       BAT        170 05.01.87    0.07
 WI      BAT        148 04.01.87    0.32
 WRAM    BAT        262 04.01.87    0.31
       17 Datei(en)       540371 Byte frei
```

14 Stapeldateien zur Steuerung der 14 Wahlmöglichkeiten
des Menüs von Modell 2

Die Stapel werden entweder über ein Textverarbeitungsprogramm oder
direkt über den Befehl

```
copy con Name.bat
   ...
Strg-Z
```

eingegeben und gespeichert. Nachfolgend sind die Stapeldateien in der
Reihenfolge im Menü wiedergegeben.

Programmiersprache BasicA über Befehl B starten:

```
echo off
rem Name:  c:\hilfe\stapel\b.bat
rem Zweck: BASICA starten
rem ---------------------------
b: _ _ _  _  _ _ _ _ _ _ _ _
c:\sprache\basica\basica
c:
cd\
menu
```


Programmiersprache HBASIC über Befehl H starten:

```
echo off
rem Name:  c:\hilfe\stapel\h.bat
rem Zweck: HBASIC grafikfähig starten
rem -------------------------------
c:
cd\sprache\hbasic
hgc full
hbasic
c:
cd\
menu
```

Programmiersprache Turbo Pascal über Befehl TP starten:

```
echo off
rem Name:  c:\hilfe\stapel\tp.bat
rem Zweck: Turbo Pascal starten
rem ---------------------------
b:
c:\sprache\turbo\turbo
c:
cd\
menu
```

Datenbanksystem dBASE über Befehl D starten:

```
echo off
rem Name:  c:\hilfe\stapel\d.bat
rem zweck: dBASE III starten
rem ---------------------------
cd\tool\dbase
dbase
c:
cd\
menu
```

Integriertes Paket Framework über Befehl F starten:

```
echo off
rem Name:  c:\hilfe\stapel\f.bat
rem Zweck: Framework III starten
rem ---------------------------
cd\tool\frame
fw
c:
cd\
menu
```

Tabellenverarbeitung Multiplan über Befehl M starten:

```
echo off
rem Name:  c:\hilfe\stapel\m.bat
rem Zweck: Multiplan starten
rem ---------------------------
cd\tool\multip
mp
c:
cd\
menu
```

Textverarbeitung Word über Befehl W starten:

```
echo off
rem Name:  c:\hilfe\stapel\w.bat
rem Zweck: Word 4.0 ohne Grafik starten
rem -----------------------------------
c:
cd\tool\word
word/C
c:
cd\
menu
```

Textverarbeitung Word mit RAM-Disk über Befehl WRAM starten:

```
echo off
rem Name:  c:\hilfe\stapel\wram
rem Zweck: Word auf RAM-Disk starten
rem --------------------------------
cd\tool\word
copy word.com d:
copy mw.pgm d:
copy mw.ini d:
copy *.dbs d:
d:
word/C
c:
copy d:mw.ini c:\tool\word\mw.ini
cd\
menu
```

Dienstprogramm PCToolsDeLuxe über Befehl P starten:

```
echo off
rem Name:  c:\hilfe\stapel\p.bat
rem Zweck: PC Tools starten
rem ---------------------------
c:
cd c:\hilfe\util
pctools
c:
cd \
menu
```

Dienstprogramm SideKick über Befehl SK starten:

```
echo off
rem name:  c:\hilfe\stapel\sk.bat
rem Zweck: SideKick starten
rem ----------------------------
c:\hilfe\util\sidekick\sk
```


Benutzeroberfläche Windows über Befehl WI starten:

```
echo off
rem Name:  c:\hilfe\stapel\wi.bat
rem Zweck: Windows starten
rem ----------------------------
cd\hilfe\windows
win
c:
cd\
menu
```

Diskette von A: nach B: über Befehl KOPIE kopieren:

```
echo off
rem Name:  c:\hilfe\stapel\kopie.bat
rem Zweck  Diskcopy-Befehl aufrufen
rem --------------------------------
c:
cd\hilfe\dosbef
diskcopy a: b:
cd\
menu
```


Diskette in B: über Befehl FORM formatieren:

```
echo off
rem Name:  c:\hilfe\stapel\form.bat
rem Zweck: Format-Befehl aufrufen
rem --------------------------------
c:
cd\hilfe\dosbef
format b: /v
cd\
menu
```

3.2.3.2 Starten eines Werkzeugs ohne RAM-Disk

Am Beispiel von W.BAT soll die Ausführung eines Menübefehls erläutert werden. W.BAT startet das Textverarbeitungswerkzeug Word. Wie bei anderen Werkzeugen auch wird wie folgt in drei Schritten vorgegangen:

1. **Eingabe W ruft W.BAT auf:** Der Benutzer tippt W ein, da er mit Word arbeiten möchte. Mit W wird die Stapeldatei W.BAT (vgl. Abschnitt 3.2.3.1) aufgerufen. W.BAT wird im Unterverzeichnis C:\HILFE\STAPEL gefunden, obwohl zum Zeitpunkt des Eintippens von W das Stammverzeichnis als aktiv gemeldet wurde. Grund: Im PATH-Befehl von AUTOEXEC.BAT wurde C:\HILFE\STAPEL als Zugriffspfad angegeben.

2. **Werkzeug Word starten:** Durch den CD-Befehl wird ins Verzeichnis TOOL\WORD gewechselt, um dann mit WORD/C das Textverarbeitungsprogramm WORD.COM zu starten (Parameter C steht für Color). Der Benutzer arbeitet nun unter der Regie von Word.

3. **Menü erneut anzeigen:** Nach dem Verlassen von Word durch Eingabe des Quitt-Befehls wird die Kontrolle wieder an das Betriebssystem zurückgegeben, d.h. an die Stapeldatei W.BAT. Mit C: wird die Festplatte zum aktiven Laufwerk und mit CD \ das Stammverzeichnis zum aktiven Verzeichnis erklärt. Nun kann durch Aufrufen des Stapels MENU.BAT erneut das Menü von Modell 2 am Bildschirm angezeigt werden.

3.2.3.3 Starten eines Werkzeugs mit RAM-Disk

Das Arbeiten mit der RAM-Disk hat den Vorteil, daß die Zugriffszeiten erheblich kürzer werden. Dabei ist zu unterscheiden, ob die Nutzdaten des Anwenders und/oder das Werkzeug selbst auf der RAM-Disk zwischengespeichert werden. Werden die Nutzdaten des Anwenders auf der RAM-Disk abgelegt, dann kann wie in Abschnitt 3.2.3.2 vorgegangen werden. Soll hingegen (auch) das Werkzeug selbst auf die RAM-Disk kopiert werden, dann muß das natürlich im Stapel berücksichtig werden.

Anhand der Stapeldatei WRAM.BAT (vgl. Abschnitt 3.2.3.1) soll dieses Vorgehen - wiederum am Beispiel von Word - erläutert werden.

1. **Eingabe W ruft WRAM.BAT auf:** Der Stapel übernimmt die Kontrolle.

2. **Word auf die RAM-Disk kopieren:** Die Dateien WORD.COM, MW.PGM und MW.INI werden auf die RAM-Disk ins Laufwerk D: kopiert. Ebenso alle benötigten Druckertreiber *.DBS.

3. **Werkzeug Word starten:** Nun wird D: zum aktiven Laufwerk erklärt und Word von der RAM-Disk aus gestartet. Der Benutzer kann mit Word arbeiten.

4. **Aktuelle Werkzeug-Daten sicherstellen:** Wie alle Werkzeuge speichert auch Word aktuelle und später ggf. wieder gebrauchte Daten in einer gesonderten Datei im aktiven Laufwerk ab. Bei Word heißt diese Datei MW.INI (INI für Initialisierung). Da die RAM-Disk als aktuelle Datei angemeldet ist, gehen diese Daten nach Abschalten des PCs verloren. Aus diesem Grunde müssen sie über einen COPY-Befehl ins Verzeichnis C:\TOOL\WORD auf die Festplatte kopiert werden.

5. **Menü erneut anzeigen** durch erneutes Aufrufen von MENU.BAT.

MS-DOS-Wegweiser Festplatten-Management Kompaktkurs

1	Festplatten-Management über die DOS-Shell	1
2	Festplatten-Management über die DOS-Befehlszeile	43
3	**Festplatten-Management über benutzerdefinierte Menü-Modelle**	**105**
3.1	Modell 1: Elementares System mit Unterverzeichnissen	105
3.2	Modell 2: Menüorientiertes System mit Stapeldateien	123
3.3	**Modell 3: Menüorientiertes System mit Assembler-Programm**	**137**
4	Stapelverarbeitung als Hilfsmittel	183
5	Patch-Kurs mit DEBUG	289

Modell 2 und Modell 3: Das in Abschnitt 3.2 dargestellte Modell 2 hat den Vorzug, nur aus Sprachelementen der Befehlssprache von MS-DOS zu bestehen. Ohne Zuhilfenahme betriebssystemfremder Programme ist es so möglich, schnell einen bedienerfreundlichen Zugang zu den Verzeichnissen und den dort verfügbaren Anwendungen zu erreichen. Dennoch weist dieses Modell auch Nachteile auf:

- Wir handeln uns mit dem Modell 2 bald eine Unzahl von Stapeldateien ein. Die Übersichtlichkeit leidet nicht nur im Stammverzeichnis, sondern auch in den Unterverzeichnissen, wenn dort wiederum Untermenüs angelegt wurden.
- Wenn Änderungen von Menüs anstehen, müssen zumeist mehrere Stapeldateien editiert und aufeinander abgestimmt werden. Man hat möglicherweise einige Mühe, bis alles wieder reibungslos läuft.

Modell 3 mit einer Menü-Stapeldatei: Um Abhilfe zu schaffen, ohne die Vorzüge des Modells 2 dabei aufs Spiel zu setzen, müßte eine einzige Menü-Stapeldatei entwickelt werden, die alle Menüpunkte abdeckt und leicht zu ändern ist.

Das würde aber einen interaktiven Stapelverarbeitungbefehl erfordern. Die höheren Programmiersprachen kennen interaktive Anweisungen wie etwa *inkeys$* (in BASIC), *getchar( )* (in C) oder *Read* (in PASCAL).

Gesucht ist also ein Befehl, der nach Ausgabe des Menütextes am Bildschirm den Ablauf der Stapeldatei anhält, die Eingabe des Benutzers abwartet und sie vorübergehend ablegt. Die Benutzerreaktion muß an einer Stelle zwischengespeichert werden, wo eine anschließende Stapelanweisung auf sie zugreifen kann.

Ein Blick ins MS-DOS-Handbuch nimmt uns jede diesbezügliche Hoffnung. Oder doch nicht? Immerhin finden wir dort zunächst den GOTO-Befehl, der die Möglichkeit bietet, denn Programmablauf bei einem Sprungziel an beliebiger Stelle des Stapelprogramms fortzusetzen. Wir stoßen auch auf den IF-Befehl. Mittels der Stapelanweisung IF können wir folgende Datenobjekte prüfen lassen:

- Eine auf dem Datenträger befindliche Datei.

    `IF EXIST Dateikennung`
- Eine Variable in der Systemumgebung.

    `IF %Variable%==Zeichenkette`
- Den Inhalt des Byte-Registers AL.

    `IF ERRORLEVEL Zahl`

Steuerung über den Befehl IF ERRORLEVEL: Untersuchen wir den Befehl IF ERRORLEVEL genauer, so stellt sich heraus, daß es sich bei ERRORLEVEL um eine Zahl handelt, die man über ein Programm in das

Datenregister AL des Prozessors legen kann, wobei AL nach dem Programmlauf erhalten bleibt (leider steht das bei den Stapelbefehlen nicht im DOS-Handbuch). Sinn und Zweck dieses Vorgangs ist es, Programmentwicklern Gelegenheit zu geben, durch ihre Programme eine Information über den Erfolg einer Verarbeitungssequenz speichern zu lassen, um durch weitere Stapelbefehle oder Programme richtig darauf reagieren zu können. Mit dieser Einrichtung des DOS kann man also bestimmte Parameter von Programm zu Programm weiterreichen.

Nun muß nur noch ein Programm her, das den Ablauf des Stapelprogramms stoppt und einen der Eingabe des Benutzers entspechenden Errorlevel erzeugt. Dann ist es möglich, mit dem Befehl IF ERRORLEVEL den Wunsch des Benutzers zu erforschen. Im folgenden Abschnitt 3.3.5.3 wird ein solches Programm (MENUKEYS.COM) dargestellt und beschrieben.

Diskette zum Buch: Das Demonstrationsbeispiel auf der Diskette veranschaulicht die Menüsteuerung. Rufen Sie AUTOEXEC auf, nachdem Sie die Diskette in Laufwerk A: eingelegt haben. Eventuelle anfängliche Fehlernachrichten können von Voreinstellungen herrühren, die bereits beim Systemstart getroffenen wurden. Achten Sie darauf, daß beim Systemstart ANSI.SYS in CONFIG.SYS aktiviert wurde.

3.3.1 Schritt 1: Bootfähige Festplatte einrichten

Wir gehen entsprechend dem Modell 1, Schritt 1 (Abschnitt 3.1.2.1) vor und setzen die Befehle FDISK und FORMAT ein:
- Falls Modell 1 bereits eingerichtet ist, entfällt Schritt 1. Nicht noch einmal formatieren, weil sonst alle Dateien gelöscht werden.
- Wenn Modell 1 noch nicht existiert, dann Schritt 1 ausführen.

3.3.2 Schritt 2: Unterverzeichnisse in den Ebenen 2 bis 4 anlegen

Es ist wie bei Schritt 2 von Modell 1 (Abschnitt 3.1.2.2) zu verfahren, wobei die Befehle CD, MD und RD benutzt werden. Die 14 Unterverzeichnisse sind in Modell 3 wie auch in Modell 1 auf vier Ebenen angeordnet:
- Wenn Modell 1 bereits installiert wurde, entfällt Schritt 2, alle Verzeichnisse sind zu übernehmen.
- Andernfalls muß Schritt 2 ausgeführt werden.

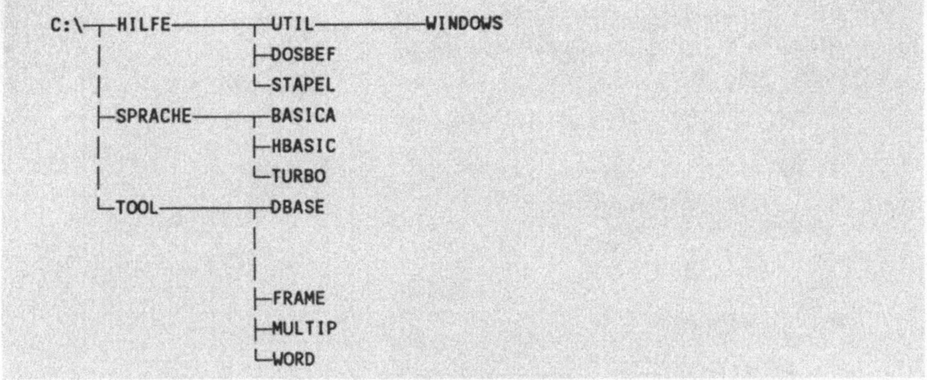

Modelle 1 und 3 und besitzen gleiche Verzeichnisstruktur

3.3.3 Schritt 3: Konfigurationsdatei CONFIG.SYS einrichten

Die Konfigurationsdatei CONFIG.SYS des Menümodells 3 entspricht derjenigen des Modells 2:
- Falls bereits für Modell 2 eingerichtet: keine Änderung notwendig.
- Falls noch nicht eingerichtet: Schritt 3.1.2.3 muß vollzogen werden.

3.3.4 Schritt 4: Anpassungsdatei AUTOEXEC.BAT einrichten

Falls das Modell 2 schon existiert, sind *alle Stapeldateien für die Ausführung der Menüpunkte zu lösch*en, die Datei AUTOEXEC.BAT ist also zu ändern.

Die Stapeldatei AUTOEXEC.BAT paßt den PC direkt nach dem Startvorgang an die persönlichen Bedürfnisse des Benutzers an. Sie wird unbedingt benötigt.
- Ist die AUTOEXEC.BAT bereits nach Maßgabe des Modells 2 eingerichtet: Änderung des PATH-Befehls und Einfügen eines weiteren Promptbefehls gemäß untenstehendem Listing notwendig.
- Andernfalls: Die AUTOEXEC.BAT muß gemäß dem folgenden Listing im Stammverzeichnis komplett neu erstellt werden.

```
@REM \autoexec.bat, Version für Modell 3
PROMPT $e[0;21;"c:\hilfe\stapel\menu";13p
PROMPT $p$g
@ECHO OFF
CLS
SET COMSPEC=c:\hilfe\dosbef\command.com
PATH c:\;c:\hilfe\dosbef;c:\hilfe\util
FASTOPEN c:=(128,256)
VER
DATE
\HILFE\STAPEL\MENU
```

Anpassungsdatei AUTOEXEC.BAT des Menü-Modells 3

Der zusätzliche PROMPT-Befehl hat die Aufgabe, dem Benutzer den
Aufruf von MENU.BAT von der DOS-Ebene aus zu erleichtern. Die Ta-
stenkombination *Alt+Y* ist nach dieser Anweisung mit dem Befehl
C:\HILFE\STAPEL\MENU belegt. Dieser PROMPT-Befehl muß im Mo-
dus ECHO ON, also <u>vor</u> dem Befehl ECHO OFF, ausgeführt werden. Zu
Verfahren der Tastenbelegung wird in Abschnitt 4.2.3 ausführlich einge-
gangen.
-   Der PATH-Befehl erhält Erweiterungen für das Verzeichnis
    C:\HILFE\UTIL, damit das System das Programm MENUKEYS.-
    COM dort findet, wenn es in einer Stapeldatei zum Aufruf
    kommt.
-   Der FASTOPEN-Befehl soll den Datendurchsatz durch Namen-
    Cache (128 = Pfade zu Dateien) und Extent-Cache (256 = Daten-
    blockadressen) verbessern. Diese für eine Datenzugriff notwendi-
    gen Angaben werden von einmal angesprochenen Dateien für eine
    Sitzung im RAM gespeichert. Das System braucht diese Angaben
    nicht mehr auf der Platte zu suchen.
-   Der Menuaufruf erfolgt direkt im Verzeichnis \HILFE\STAPEL.
-   Sonst entspricht die AUTOEXEC.BAT der des Menü-Modells 2.
    Eine ausführliche Beschreibung von MENUKEYS.COM folgt
    später.

3.3.5 Schritt 5: Menü bereitstellen

Das Menü-Modell 3 basiert auf den drei folgenden Dateien:
1. MENU.TXT
2. MENU.BAT
3. MENUKEYS.COM

Diese Dateien werden im folgenden detailliert beschrieben. Man kann die drei Dateien ins Stammverzeichnis aufnehmen. Hier sollen sie jedoch der Ordnung halber in verschiedenen Unterverzeichnissen untergebracht werden.

Wenn für das Menü-Modell 2 die im Verzeichnis C:\HILFE\STAPEL vorgesehenen Stapeldateien für die Steuerung der einzelnen Menüpunkte (Abschnitt 3.2.3) vorhanden sind, müssen sie wie folgt gelöscht werden. Falls sich in Verzeichnis C:\HILFE\STAPEL nur die Menüstapeldateien befinden: Löschen aller Dateien:

```
C:\HILFE\STAPEL>del *.*
```

Falls sich dort bereits andere Dateien befinden: Löschen der "Einbuchstaben"-Stapeldateien:

```
C:\HILFE\STAPEL>del ?.bat
```

Löschen der Stapeldateien WRAM.BAT und WI.BAT:

```
C:\HILFE\STAPEL>del w???.bat
```

Löschen von KOPIE.BAT und FORM.BAT

```
C:\HILFE\STAPEL>del ?o???.bat
```

Löschen von MENU.BAT, SK.BAT, TP.BAT

```
C:\HILFE\STAPEL>del menu.bat

C:\HILFE\STAPEL>del sk.bat

C:\HILFE\STAPEL>del tp.bat
```

3.3.5.1 Textdatei MENU.TXT

Auswahl über Funktionstasten: Die Datei MENU.TXT hat die Aufgabe, alle verfügbaren Menüpunkte anzuzeigen. Sie ähnelt hierin der gleichnamigen Datei aus Menümodell 2 (Abschnitt 3.2.2.1). Doch das Aussehen von MENU.TXT hat sich verändert. Zum Aufruf der Menüpunkte dienen nun die Funktionstasten F1 bis F10 und die Zifferntasten 1 bis 4. Die Tasten werden nur angetippt, der Druck auf die Return-Taste fällt weg. Nach der Ausgabe von MENU.TXT erscheint nicht das gewohnte Prompt, d.h. der Benutzer landet nicht auf der MS-DOS-Ebene. Er wird nur über den Menüpunkt 4 ins Stammverzeichnis, also auf die DOS-Ebene geführt. Alle anderen Menüpunkte leiten ihn nach erfolgter Durchführung der gewünschten Arbeit automatisch zum Hauptmenü zurück.
Besondere Menüpunkte stellen die Punkte F4 und F7 dar. Sowohl vor dem Aufruf von dBASE als auch von WORD erhält der Benutzer durch ein Untermenü Gelegenheit, das Verzeichnis einzustellen, in welchem er seine Datenbanken bzw. seine Texte ablegen will. So braucht er diese Einstellungen nicht über das dBASE- bzw. das WORD-Programm vorzunehmen. Auch der Menüpunkt Formatieren zeigt ein Untermenü an. Die Unter-

menütechnik unterscheidet sich jedoch von den Menüpunkten dBASE und WORD.

Eingabevorgang: MENU.TXT ist mit einem Editor ins Stammverzeichnis einzugeben. Die Umrahmung des Textes besteht aus Grafikzeichen mit den dezimalen ASCII-Nummern 219, 221 und 222. Das Menü kann in einer Breite von 79 Zeichen und in einer Höhe von 24 Zeilen angelegt sein, es harmoniert dann mit dem Prompt des Programms MENUKEYS.COM optisch am besten. Andere Abmessungen stören den reibungslosen Ablauf jedoch nicht.

Wichtige Hinweise: Das Programm MENUKEYS.COM ist so voreingestellt, daß *die Maus* den Menüpunkt F1 in der 11. Zeile der linken Bildhälfte und den Menüpunkt Ziffer 1 in der 11. Zeile der rechten Bildhälfte erwartet. Ebenso die Menüpunkte F10 in Zeile 20 links und Ziffer 0 in Zeile 20 rechts. Andere Einstellungen sind nur durch erneutes Assemblieren von MENUKEYS.ASM möglich. Hierzu gibt Abschnitt 3.3.5.3 nähere Auskünfte. Wird keine Maus eingesetzt, ist die Position der Menüpunkte beliebig.

Wenn die Datei MENU.TXT wie in unserem Beispiel 24 Zeilen besitzt,

```
                      H A U P T M E N Ü

  Service-Zentrum
  Schell-Haungs, Tel. 160


     TASTE                          TASTE


     F1     BasicA           1  Windows
     F2     HBasic           2  Diskcopy A: B:
     F3     Turbo Pascal     3  Formatieren
     F4     dBASE            4  Stammverzeichnis
     F5     Framework        5  -
     F6     Multiplan        6  -
     F7     Word 4.0         7  -
     F8     Word mit RAM-Disk   8  -
     F9     Utility-Menü     9  -
     F10    Sidekick         0  -
```

Menü von Modell 3 mit 14 Wahlmöglichkeiten

muß darauf geachtet werden, daß sie keine folgenden Carriage-Return-
und Linefeed-Zeichen aufweist. Diese Zeichenfolge entsteht beim Editieren durch das Betätigen der Return-Taste und wird i.d.R. nicht angezeigt.
Sie markiert in MS-DOS das Zeilenende in Textdateien. Man verhindert
sie am Textende, wenn man die letzte Zeile nicht durch die Return-Taste
abschließt, sondern bereits dann speichert, wenn der Cursor hinter dem
letzten Zeichen der letzten Zeile steht.
Enthält MENU.TXT nachfolgende Carriage-Return- und Linefeed-Zeichen, kann das Menübild unschöne Sprünge nach oben ausführen.

3.3.5.2 Stapeldatei MENU.BAT

In jedem Falle wird nun eine Stapeldatei namens MENU.BAT in das Verzeichnis C:\HILFE\STAPEL abgelegt. Diese Stapeldatei unterscheidet sich
ganz erheblich von der des Modells 2. Während im Modell 2 die Datei
MENU.BAT lediglich die Funktion hatte, ein Menübild bzw. einen Text
auszugeben, ist die MENU.BAT des Modells 3 für die Steuerung des Ver-
zeichniswechsels und den Aufruf der gewünschten Programme zuständig.
Ja, sie kann nach Bedarf sogar selbst wieder Untermenüs anzeigen oder
Untermenüs aufrufen.
Die folgende Beschreibung der Datei MENU.BAT berücksichtigt nur deren wesentliche Merkmale, deshalb geht sie nicht auf jede Anweisung des
Stapels ein. Einige Anweisungen wurden in vorangegangenen Abschnitten
schon besprochen.

-   CD \HILFE\STAPEL: Ausgangsverzeichnis für alle Operationen
    innerhalb der MENU.BAT ist immer deren "Heim"-Verzeichnis.

-   TYPE MENU.TXT gibt das Menü-Bild aus. Die Aufmachung des
    Bildes wurde etwas verfeinert.

-   MENUKEYS 14 ist der Aufruf des Programms MENUKEYS.COM
    für die Abfrage der für die Menü-Auswahl zugelassenen Tasten.
    Der Parameter 14 bedeutet, daß die 14 Tasten F1 bis F10 und 1
    bis 4 aktiviert sind. Alle anderen Tasten besitzen während der
    Steuerung unter MENUKEYS.COM keine Funktion. Maximal 20
    Tasten (F1 - F10 und 1 -0), die einer Menüauswahl von
    20 Punkten entsprechen, können aktiv sein. Ist am PC eine Maus
    angeschlossen und wurde diese aktiviert (siehe Handbuch zur
    Maussoftware), so entspricht die Mausposition im Augenblick des

"Klicks" den Tasten. Zur Arbeitsweise von MENUKEYS.COM siehe Abschnitt 3.3.5.3.

- IF NOT ERRORLEVEL 11 GOTO FTASTEN ist ein bedingter
  Sprung auf den Label :FTASTEN. Der Sprung erfolgt, wenn das
  Datenregister AL des Prozessors eine Zahl enthält, die nicht größer
  oder gleich 11 ist. Hat das Programm MENUKEYS.COM einen
  dem Tastendruck oder Mausklick des Benutzers entsprechenden
  Wert zwischen 1 und 10 in das Register AL abgelegt, so wird die
  Kontrolle an die erste Zeile übertragen, die dem Label :FTASTEN
  folgt.
  Diese Stapel-Anweisung bezweckt, die Menge der ERRORLE-
  VEL-Abfragen in Grenzen zu halten. Die Anweisung bewirkt, daß
  die Anzahl der Abfragen immer nur zwischen 2 und 11 liegen
  kann. Man könnte diese Anweisung und den Label :FTASTEN
  weglassen, ohne die Programmlogik zu zerstören. Dann würde die
  Anzahl der möglichen Abfragen zwischen 1 und 20 betragen. Die
  Ausführung des Menüpunktes 20 (entspricht der Eingabe der Zif-
  fer 0) würde sehr schnell gehen, die des Punktes 1 (entspricht der
  Taste F1) jedoch relativ langsam.
  Die Abfragereihenfolge "Punkt 20 zuerst und Punkt 1 zuletzt" mag
  ungewöhnlich erscheinen, sie macht aber Sinn angesichts der Ver-
  gleichsoperation, die IF ERRORLEVEL ausführt: Vergleich "ist
  AL größer oder gleich Zahl".
  Auf keinen Fall darf man die Reihenfolge der IF ERRORLE-
  VEL-Abfragen umkehren. Dann würde MENU.BAT nur noch den
  ersten Menüpunkt (F1) ausführen.

- :FTASTEN ist ein Label (Sprungmarke), ebenso wie :F1, :F2 usw.
  Eine Verzweigung zu den Sprungmarken hat zur Folge, daß das
  Programm mit dem nächstfolgenden Befehl fortfährt.

- :F1 bis %0 ist eine typische Befehlsfolge für den Aufruf eines in
  einem Unterverzeichnis befindlichen Programms (.COM, .EXE
  oder .BAT). Nach Betätigung der F1-Taste wird durch den Befehl
  \SPRACHE\BASICA\BASICA das Programm BASICA (der BA-
  SIC-Interpreter des PC-DOS) im Verzeichnis \SPRACHE\BASICA
  aufgerufen. Der Scheinparameter %0 steht für den Namen des Sta-
  pelprogrammes, in welchem er benutzt wird. In unserem Falle
  steht %0 also für die Stapeldatei MENU.BAT, was gleichbedeutend
  mit dem Aufruf MENU ist. MENU.BAT ruft sich demnach selbst
  auf und fängt von vorne an, also mit der Anzeige des Menübildes.
  Vorsicht: Die durch BASICA gebildeten Dateien legt das Programm - falls nichts anders vereinbart - im Verzeichnis \HILFE-
  \STAPEL ab. Anders verfährt :F2.

- :F2 als Aufruf von HBASIC unterscheidet sich wesentlich von :F1, obwohl der Benutzer beim Programmaufruf zunächst nichts davon bemerkt. Erst nach dem Wechsel in das Verzeichnis \SPRACHE-\HBASIC wird das Programm HBASIC aufgerufen. Das bewirkt, daß die in HBASIC erstellten Dateien ins Verzeichnis \SPRACHE-\HBASIC abgelegt werden, falls beim Speichern kein anderes Verzeichnis angegeben wird.

- :F3 bewirkt das gleiche wie :F1, nur übertragen auf das Programm TURBO-Pascal.

- :F4 ist der Aufruf des Datenbankprogramms dBASE im Verzeichnis \TOOL\DBASE (s.a. :F2).

- :F5 und :F6 sind Programmaufrufe wie :F1

- :F7 ist das Sprungziel zur Textverarbeitung WORD im Verzeichnis \TOOL\WORD (s.a. :F2).

- :F8 führt ebenfalls einen Aufruf von Word aus. Word startet allerdings erst, nachdem alle notwendigen Dateien auf die RAM-Disk kopiert wurden. Die Systemmeldung "1 Datei(en) kopiert" wird durch Umleitung auf den fiktiven Gerätetreiber NUL ("Müllschlucker" von MS-DOS) unterdrückt. Anschließend sichert ein weiterer COPY-Befehl nach dem Verlassen von Word die letzte in MW.INI gespeicherte Einstellung. Mit dem Starten von WORD auf der RAM-Disk erreicht man eine Beschleunigung der Verarbeitungsvorgänge.

- :F9 bis :Z2 sind charakteristische Programmaufrufe, zum Teil mit Parametern.

- :Z3 führt eine Reihe von Anweisungen an, die ein Beispiel dafür geben, wie man ein Untermenü innerhalb von MENU.BAT formulieren kann, ohne das Untermenü als weiteres separates Programm zu konzipieren, wie bei den Punkten F4 und F7. Zur Gestaltung des Rahmens des Menübildes siehe Abschnitt 3.3.5.1. Das Programm MENUKEYS.COM sorgt auch hier für die Tastaturabfrage.

- :Z4 bildet den Ausgang ins Stammverzeichnis durch Sprung zum Programmende.

- :Z5 bis :Z0 sind ungenutzte Labels; sie entsprechen den noch frei definierbaren Menüpunkten. Ein Menü von mehr als 20 Menüpunkten ist zu unübersichtlich, deshalb beschränkt sich das Programm MENUKEYS.COM auf diese Anzahl. Weitere Menüpunkte sollten in Untermenüs verwaltet werden.

- :ENDE ist der letzte Label des Programms. Er führt zur DOS-Ebene, nachdem der Benutzer einen Hinweis zum erneuten Aufruf von MENU.BAT erhalten hat.

Quelltext zu Stapeldatei MENU.BAT:

```
@echo off
rem c:\hilfe\stapel\menu.bat, Version Modell 3
cls
c:
cd \hilfe\stapel
type menu.txt
menukeys 14
if not errorlevel 11 goto ftasten
if errorlevel 20 goto z0
if errorlevel 19 goto z9
if errorlevel 18 goto z8
if errorlevel 17 goto z7
if errorlevel 16 goto z6
if errorlevel 15 goto z5
if errorlevel 14 goto z4
if errorlevel 13 goto z3
if errorlevel 12 goto z2
if errorlevel 11 goto z1
:ftasten
if errorlevel 10 goto f10
if errorlevel 9 goto f9
if errorlevel 8 goto f8
if errorlevel 7 goto f7
if errorlevel 6 goto f6
if errorlevel 5 goto f5
if errorlevel 4 goto f4
if errorlevel 3 goto f3
if errorlevel 2 goto f2
:f1
\sprache\basica\basica
%0
:f2
cd \sprache\hbasic
hbasic
```

```
c:\hilfe\stapel\menu
:f3
\sprache\turbo\turbo
%0
:f4
cd \tool\dbase
dbase
c:\hilfe\stapel\menu
:f5
\tool\frame\fw
%0
:f6
\tool\multip\mp
%0
:f7
cd \tool\word
word
c:\hilfe\stapel\menu
:f8
cd \tool\word
copy word.com d: > nul
copy mw.pgm d: > nul
copy mw.ini d: > nul
copy *.dbs d: > nul
d:
word /c
c:
copy d:mw.ini a:\tool\word\mw.ini
c:\hilfe\stapel\menu
:f9
\hilfe\util\pct
%0
:f10
\hilfe\util\sk
%0
:z1
\hilfe\util\windows\win
%0
:z2
\hilfe\dosbef\diskcopy a: b:
%0
:z3
cls
echo ████████████████     FORMATIEREN     ████████████████
echo █                                                   █
```

```
echo |
echo |
echo |              W a r n u n g ! ! !                      |
echo |          Formatieren löscht alle Dateien.            |
echo |                                                      |
echo |                                                      |
echo |                                                      |
echo |                                                      |
echo |      Laufwerk  A:  F1   Nutzdatendiskett             |
echo |      Laufwerk  A:  F2   Systemdikette                |
echo |      Laufwerk  B:  F3   Nutzdatendiskett             |
echo |      Laufwerk  B:  F4   Systemdiskette               |
echo |      Ende          F5   Zurück zum Hauptmenü         |
echo |                                                      |
echo |                                                      |
echo |                                                      |
echo

menukeys 5
cd \hilfe\dosbef
if errorlevel 5 goto form5
if errorlevel 4 goto form4
if errorlevel 3 goto form3
if errorlevel 2 goto form2
format a: /v
goto form5
:form2
format a: /s /v
goto form5
:form3
format b: /v
goto form5
:form4
format b: /s /v
goto form5
:form5
cd \hilfe\stapel
%0
:z4
goto ende
:z5
:z6
:z7
:z8
:z9
:z0
```

```
:ende
echo
echo  ┌─────────────────────────────────────────┐
echo  │ Die Tasten Alt + Y starten das Hauptmenü │
echo  └─────────────────────────────────────────┘
echo
echo
```

Datei MENU.BAT im Modell 3

3.3.5.3 Programm MENUKEYS.COM

Ablaufsteuerung über das Programm: Das Programm MENUKEYS.COM ergänzt die DOS-Stapelbefehle durch die Möglichkeit, innerhalb eines Stapelprogramms Eingaben über Funktions-, Ziffern- und Cursortasten oder mit der Maus zu machen, um den Ablauf des Stapelprogramms zu steuern.

- Das Programm gibt das *aktuelle Datum* und eine *digitale Uhr* aus.
- Der Einsatz von MENUKEYS.COM beschränkt sich nicht nur auf die Menütechnik zur Verwaltung von Festplatten.
- Es ist geeignet in beliebige Stapeldateien Auswahlabfragen einzubauen.

Funktionsweise mit Tasten: MENUKEYS.COM dient dazu, die Zahlen 1 bis 20 in das Prozessorregister AL abzulegen. Wenn die Arbeit von MENUKEYS.COM beendet ist, liegt im Register AL ein Wert zwischen 1 und 20. Welcher Wert dort gespeichert wurde, hängt vom Benutzer ab. Tippt der Benutzer nach Aufruf von MENUKEYS.COM die Taste F1, ist AL=1, drückt er F2 ist AL=2 usw. Die Tasten F1-F10 erzeugen die Zahlen 1-10 in AL, die Zifferntasten 1-0 die Zahlen 11-20. So können 20 Menüpunkte zur Abfrage kommen. Das Register AL kann anschließend mit dem Stapelbefehl IF ERRORLEVEL abgefragt werden (siehe Abschnitt 3.3.5.2).
Der MENUKEYS.COM-Anwender muß mittels eines Parameters die Zahl der zulässig wählbaren Menüpunkte angeben, eine Zahl also zwischen 1 und 20. Beispiel: Das Menü soll 11 Punkte umfassen.

```
MENUKEYS 11
```

In diesem Falle nimmt MENUKEYS.COM nur die Tasten F1 bis F11 an. Wird kein Parameter oder ein Parameter größer 20 angegeben, erfolgt die Ausgabe einer "Gebrauchsanweisung".

Funktionsweise mit Maus: Ist eine Maus in die Konfiguration einbezogen, reagiert MENUKEYS.COM auch auf die Maus. Voraussetzung: Die Datei CONFIG.SYS ruft einen Maustreiber auf, oder er wird in der Datei AU-

TOEXEC.BAT gestartet. Folgende Zeilen sind in die Dateien CONFIG.-
SYS bzw. AUTOEXEC.BAT aufzunehmen (vgl. Maussoftware-Handbuch):

```
In CONFIG.SYS  :      device=\hilfe\dosbef\mouse.sys
In AUTOEXEC.BAT:      \hilfe\dosbef\mouse.com
```

Hier wurde angenommen, daß sich die Dateien MOUSE.SYS und
MOUSE.COM im Verzeichnis C:\HILFE\DOSBEF befinden.

Reaktionen der Maus: MENUKEYS.COM nimmt den Klick der linken
Maustaste an. Ausgangspunkt des Mauszeigers ist Zeile 11, Spalte 7. Das
Programm beschränkt die Bewegung des Mauszeigers auf die Bildschirm-
zeilenzeilen 11 bis 20.
- Ein Klick in der linken Bildschirmhälfte erzeugt die Zahlen 1-10
  in AL, abhängig von der Mauszeigerposition. Klick in Zeile 11 =
  1, in Zeile 12 = 2 usw.
- In der rechten Bildschirmhälfte registriert MENUKEYS.COM
  Zahlen zwischen 11 und 20 je nach Mauszeigerposition.
- Nach Klick in Zeile 11 ist AL=11, Zeile 12 ergibt AL=12 usw.
- Als Bildschirmmitte wurde die Senkrechte zwischen den Spalten 39
  und 40 definiert.
- Der Mauszeiger kann nicht nur mit der Maus, sondern auch mit
  Cursortasten bewegt werden. Die Tasten Pfeil-Aufwärts und Pfeil-
  Abwärts dienen der Vertikalbewegung. Auf Druck der Tasten Ta-
  bulator, Pfeil-Rechts und Pfeil-Links wechselt der Mauszeiger die
  Bildschirmhälfe auf gleicher Zeile. Alternativ wählt man statt mit
  der Maustaste einen Menüpunkt auch mit der Return-Taste.

Parameter: MENUKEYS.COM wird durch maximal drei Parameter gesteuert. Der erste Parameter bestimmt die Anzahl der wählbaren Menüpunkte. Der zweite und der dritte Parameter geben die Vordergrund bzw.
die Hintergrundfarbe des Prompts an. Beispiel:
```
MENUKEYS 11 1 7
```
Das Prompt besitzt nun blaue Schrift auf weißem Grund. Werden die
Farbparameter weggelassen, so ist die Voreinstellung schwarze Schrift auf
weißem Grund. Die Parameter dürfen beliebig kommentiert werden.
Folgender Aufruf hat die gleiche Wirkung wie oben:
```
MENUKEYS Punkte=11 Vorderg. blau=1 Hinterg. weiß=7
```

Bildschirmattribute in Programm MENUKEYS.COM: Die im Anhang
wiedergegebene Übersicht faßt die Codierung der Bildschirmattribute zusammen.

Programmierung in Assembler: Das Programm MENUKEYS.COM wurde
in der Assemblersprache geschrieben. Dadurch bleibt sein Platzbedarf ge-

ring, nämlich unter 1400 Bytes; es belegt also nur die kleinstmögliche Speicherportion (ein Cluster) auf der Festplatte.

Leichte Anpassung des Programms: Das nachstehend dargestellte, vollständige Assembler-Listing ermöglicht es dem Benutzer, das Programm seinen Wünschen anzupassen. Das Programm ist modular aufgebaut. Das Listing wurde reichlich kommentiert, so daß schon geringe Assemblerkenntnisse genügen, um es zu modifizieren. Natürlich muß das Programm nach jeder Änderung neu assembliert und gelinkt werden - eine Angelegenheit von wenigen Minuten. Kein Problem, wenn ein Freund einen Makroassembler besitzt oder der PC-Händler das durchführt. Wenn nur Text geändert werden soll, ist es noch einfacher; das Programm wird auf der Platte/Diskette mit einem handelsüblichen Programm wie NORTON UTILITIES oder PCTOOLS gepatscht. Einen weiteren Weg weist der kleine Patchkurs im Abschnitt 6. Einige grundlegende Modifizierungsmöglichkeiten im Detail:

Konstanten in Programm MENUKEYS.COM:

- DATZLE, DATSPA, UHRZLE, UHRSPA sind die Koordinaten von Datums- und Uhranzeige. Durch Variieren dieser Werte verschiebt man Datum und Uhr beliebig im Bereich 0-24 für die Zeile und 0-79 für die Spalte.

- ZLEMIN, ZLEMAX, SPAMIN, SPAMAX enthalten die Angaben zur vertikalen (ZLEMIN, ZLEMAX) und horizontalen (SPAMIN, SPAMAX) Begrenzung der Mausbewegung. Wenn man die Zahlen durch 8 teilt, erhält man die Bildschirmposition in Spalten- und Zeilennummern. Beispiel: Unterste Zeilenposition der Maus (ZLEMAX) IST 152 (152:8 = 19). Da Bildschirmspalten und -zeilen ab 0 gezählt werden, bezeichnet 19 die 20. Zeile des Bildschirms. Durch Veränderung der Zahlen kann das "Mausfenster" verschoben werden. Die Anzahl der maximal wählbaren Menüpunkte hängt dann von der Fenstergröße ab und ist maximal 20. Durch Veränderung von BMITTE läßt sich die Trennlinie zwischen den Menüpunkten 1-10 und 11-20 ebenfalls verlegen. Von den Konstanten ZLEMIN und BMITTE hängt der Wert der gedrückten Taste ab. Die oberste für den Mauszeiger erreichbare Zeile zählt links von BMITTE immer 1, rechts davon immer 11.

- ZLEPOS, SPAPO1, SPAPO2 geben die Koordinaten der Anfangsposition des Mauszeigers an.

- PZEILE, PSPALT sind die Vorgabewerte für die Position der Promptzeile und PLAENG gibt deren Länge an.

Datensegment in Datei MENUKEYS.COM:

- OKMELD beinhaltet eine Reihe von Leerstellen, gefolgt vom Text D.Franz 02.89, insgesamt 79 Zeichen. Man kann die Einblendung des Autorennamens einfach durch einen anderen Text austauschen. Es bietet sich beispielsweise an, dort den Namen der Person mit Telefonnummer hineinzuschreiben, die im Betrieb Kontaktperson für PC-Angelegenheiten ist.

```
;  ┌──────────────────────────┐
;  │       MENUKEYS.ASM        │
;  └──────────────────────────┘
;*********************** KONSTANTEN **********************


CR      EQU     0DH                     ;RETURN
LF      EQU     0AH                     ;LINEFEED
BLANK   EQU     20H                     ;LEERSTELLE
PZEILE  EQU     23                      ;ZEILENPOSITION DES PROMPT
PSPALT  EQU     0                       ;SPALTENPOS. D. PROMPTBEGINN
PLAENG  EQU     79                      ;LÄNGE DES PROMPT
VORDER  EQU     0                       ;STANDARDVORDERGRUNDFARBE
HINTER  EQU     7                       ;STANDARDHINTERGRUNDFARBE
DATZLE  EQU     23                      ;ZEILENPOSITION  F. DATUM
DATSPA  EQU     0                       ;SPALTENPOSITION F. DATUM
UHRZLE  EQU     23                      ;ZEILENPOSITION  F. UHR
UHRSPA  EQU     34                      ;SPALTENPOSITION F. UHR
ZLEMIN  EQU     80                      ;MINIMALPOSITION ZEILE
ZLEMAX  EQU     152                     ;MAXIMALPOSITION ZEILE
SPAMIN  EQU     8                       ;MINIMALPOSITION SPALTE
SPAMAX  EQU     616                     ;MAXIMALPOSITION SPALTE
ZLEPOS  EQU     80                      ;STARTPOSITION (ZEILE)
SPAPO1  EQU     56                      ;STARTPOSITION SPALTE LINKS
SPAPO2  EQU     344                     ;STARTPOSITION SPALTE RECHTS
BMITTE  EQU     312                     ;SPALTENPOSITION BILDMITTE


;********************* SEGMENTGRUPPE ********************


CGROUP  GROUP  CODE_SEG,  DATA_SEG
        ASSUME CS:CGROUP, DS:CGROUP
```

```
;*********************** DATA-SEGMENT ********************

DATA_SEG  SEGMENT PUBLIC

EMELD    DB       'Programmaufruf: MENUKEYS m [v] [h]',CR,LF
         DB       'm = Menüpunkte max. 20, v = Vordergrund '
         DB       'max. 15, h = Hintergrund max. 15',CR,LF,'$'
OKMELD   DB       '                                          '
         DB       '               D.Franz  02.89 '
WOCHE    DB       'Sonntag,    Montag,      Dienstag,   Mittwoch,   '
         DB       'Donnerstag, Freitag,     Samstag, '
PARAM    DB       '?',VORDER,HINTER
ZEITX    DB       3 DUP('?')
DATEX    DB       4 DUP('?')
ZIFF     DB       '??'
DOPP     DB       ':'
PUNKT    DB       '.'
ATTR     DB       0
WERT     DW       0
LEER     DB       '   (c) Dietrich Franz,Schillerstr.23,69 Heidelberg 1'

DATA_SEG  ENDS


;*********************** CODE-SEGMENT ********************

CODE_SEG  SEGMENT PUBLIC
          ORG      100H


;*********************** HAUPTPROZEDUR *******************
HAUPT    PROC     FAR
         CALL     CURSOFF        ;CURSOR AUSSCHALTEN
         CALL     ARGLEN         ;ARGUMENT AUF ZULÄSSIGE LÄNGE PRÜFEN
         CALL     ARGWERT        ;1.PARAMETER KONVERT. U. SPEICHERN
         CALL     ATTRIB         ;1.+2.PARAM. KONVERT. U. SPEICHERN
         CALL     PROMPT         ;EINGABEAUFFORDERUNG AUSGEBEN
         CALL     WARTE          ;TASTEN U. MAUS ABFR.,EINGABE SPEICHERN
         CALL     SCREEN         ;BILDSCHIRM FÜR ABBRUCH VORBEREITEN
         CALL     CURSON
         CALL     ENDE           ;PROGRAMM BEENDEN
HAUPT    ENDP


;***************** PROZEDUREN ZWEITER EBENE*****************


CURSOFF PROC     NEAR           ;CURSOR AUSSCHALTEN
         MOV      AH,1
```

```
        MOV     CH,32
        MOV     CL,0
        INT     10H
        RET
CURSOFF ENDP


ARGLEN  PROC    NEAR            ;ARGUMENT AUS PROGRAMMAUFRUF PRÜFEN
        MOV     SI,80H          ;LÄNGE D. ARGUMENTS LADEN
        MOV     AL,[SI]
        CMP     AL,1            ;PRÜFEN AUF LÄNGE = 1
        JG      LENEND          ;WENN JA: OK
        CALL    FEHLER          ;SONST: PARAMETERFEHLER U. ABBRUCH
LENEND:
        RET
ARGLEN  ENDP


ARGWERT PROC    NEAR            ;ARGUMENTE KONVERTIEREN,SPEICHERN
        XOR     AX,AX
        XOR     BX,BX
        XOR     CX,CX
        MOV     CL,[SI]         ;ARGUMENTLÄNGE -->CL
        MOV     DI,0            ;0-->STRING-ZEIGER
        MOV     BP,1            ;1-->ARGUMENT-ZEIGER
ARGANF:
        MOV     BL,[SI+BP]      ;ZEICHEN DES ARGUMENTS LADEN
        INC     BP             ;ARGUMENT-ADRESS-DISTANZTEIL
        DEC     CX
ARGUMO:
        CMP     BL,30H          ;1.VERGLEICH AUF ZIFFERN
        JGE     ARGNO           ;WENN ZIFFER
        JCXZ    ARGCH1
        JMP     ARGANF          ;SONST SCHLEIFEN
ARGNO:  CMP     BL,39H          ;2.VERGLEICH AUF ZIFFERN
        JLE     ARGUM1
        JCXZ    ARGCH1
        JMP     ARGANF          ;WENN ÜNGÜLTIGES ZEICHEN
ARGUM1:
        PUSH    BX
        PUSH    DX
MULTIP:                         ;ZUVOR GELADENE ZIFFER MAL 10
        MOV     BX,10
        MUL     BX
        POP     DX
```

```
                POP       BX
                AND       BX,000FH        ;AUS ASCII-WERT ENTSPR. ZIFFER MACHEN
                ADD       AX,BX
                JCXZ      ARGABL
        ARGUM2:                           ;LESEN IN 2. SCHLEIFE
                MOV       BL,[SI+BP]      ;1 ZEICHEN DES ARGUMENTS LADEN
                INC       BP
                DEC       CX
                CMP       BX,BLANK        ;LEERSTELLE GELADEN?
                JE        ARGABL          ;JA,DANN WERT ABLEGEN
                JMP       ARGUMO
        ARGABL:
                MOV       PARAM[DI],AL    ;EINGABEWERTE IN DEN RAM
                INC       DI
                CMP       DI,3            ;PARAMETERANZAHL MAX. 4
                JE        ARGCH1
                XOR       AX,AX
                JCXZ      ARGCH1
                JMP       ARGANF
        ARGCH1:
                LEA       SI,PARAM        ;PARAMETER FÜR MENÜPUNKTE PRÜFEN
                MOV       AL,[SI]         ;MAX. 20
                CMP       AL,20
                JLE       ARGCH2
                CALL      FEHLER
        ARGCH2:
                MOV       CX,3
                MOV       BP,1
        ARGLOOP:
                MOV       AL,[SI+BP]      ;PARAMETER FÜR 15 FARBEN PRÜFEN
                CMP       AL,15           ;MAX. 15
                JLE       ARGEND
                CALL      FEHLER
        ARGEND:
                LOOP      ARGLOOP
                RET
        ARGWERT ENDP


        ATTRIB  PROC      NEAR
                PUSH      AX
                PUSH      BX
                PUSH      CX
                LEA       SI,PARAM        ;ADRESSE F.PARAM LADEN
                MOV       AX,[SI+2]       ;VORDERGRUND-FARBATTRIBUTBYTE HOLEN
                AND       AX,000FH        ;RECHTES HALBBYTE EXTRAHIEREN
```

```
                MOV     BX,[SI+1]       ;HINTERGRUND-FARBATTRIBUTBYTE HOLEN
                AND     BX,000FH        ;RECHTES HALBBYTE EXTRAHIEREN
                MOV     CL,4
                SHL     AX,CL           ;FÜR ADDITION 4 BIT LINKS VERSCHIEBEN
                ADD     AX,BX           ;ZEICHENATTRIBUT JETZT IN AL
                MOV     ATTR,AL         ;ZWISCHENSPEICHERN
                POP     CX
                POP     BX
                POP     AX
                RET
ATTRIB  ENDP


PROMPT  PROC    NEAR            ;EINGABEAUFFORDERUNG SCHREIBEN
                PUSH    DI
                XOR     AX,AX
                MOV     CX,BLANK
                LEA     DI,LEER
PROLAB1:
                MOV     BP,CX
                MOV     BL,[DI+BP]
                CMP     BL,55H
                JG      PROLAB2
                ADD     AX,BX
PROLAB2:
                LOOP    PROLAB1
                PUSH    AX
                LEA     DI,OKMELD
                MOV     DH,PZEILE
                MOV     DL,PSPALT
                MOV     CX,PLAENG
PROLAB3:
                CALL    DOS10_9         ;PROZEDUR F. ATTRIBUIERTE AUSGABE
                LOOP    PROLAB3
                POP     AX
                CMP     AX,1DAH
                JNE     PROLAB3
                POP     DI
                RET
PROMPT  ENDP


WARTE   PROC    NEAR
                CALL    SHOWCU          ;MAUSZEIGER ANZEIGEN
                CALL    LIMITS          ;BEWEGUNGSLIMITS F. MAUS
WARTLAB:
                CALL    DATUM           ;DATUM ZEIGEN
```

```
                CALL    ZEIT            ;ZEIT ZEIGEN
                CALL    KEYS            ;TASTEN ABFRAGEN
                MOV     AX,WERT         ;ERGEBNIS?
                CMP     AX,0
                JG      ENDWART         ;WENN JA, SCHLEIFENENDE
                CALL    GETBUT          ;MAUSTASTEN ABFRAGEN
                MOV     AX,WERT         ;ERGEBNIS?
                CMP     AX,0
                JLE     WARTLAB         ;WENN NEIN, WEITERSCHLEIFEN
        ENDWART:
                CALL    HIDECU          ;MAUSZEIGER VERBERGEN
                RET
        WARTE   ENDP


        SCREEN  PROC    NEAR            ;ABBRUCH VORBEREITEN
                CALL    CLEAR           ;BILDSCHIRM LÖSCHEN
                MOV     DH,0            ;CURSORPOSITION ZEILE  EINSTELLEN
                MOV     DL,0            ;           "         SPALTE       "
                XOR     BX,BX           ;SEITE 0
                MOV     AH,2            ;CURSOR SETZEN
                INT     10H             ;DITO
                RET
        SCREEN  ENDP


        CURSON  PROC    NEAR            ;CURSORANZEIGE WIEDERHERSTELLEN
                INT     11H             ;CONFIGURAT. MONO- O.COLOR PRÜFEN
                AND     AL,30H          ;BITS 4 U. 5 DES AL HERAUSFILTERN
                CMP     AL,30H          ;AL AUF 00110000 VERGLEICHEN
                JL      COLOR           ;FALLS AL < 00110000: COLOR
                MOV     AH,1            ;MONO-CURSOR WIEDERHERSTELLEN
                MOV     CH,OCH
                MOV     CL,ODH
                INT     10H
                JMP     CURSEND
        COLOR:
                MOV     AH,1            ;COLOR-CURSOR WIEDERHERSTELLEN
                MOV     CH,07H
                MOV     CL,08H
                INT     10H
        CURSEND:
                RET
        CURSON  ENDP


        ENDE    PROC    NEAR            ;PROGRAMM BEENDEN
                MOV     AX,WERT
```

```
              MOV     AH,4CH
              INT     21H
ENDE     ENDP


;***************** PROZEDUREN DRITTER EBENE*****************

FEHLER   PROC    NEAR            ;MELDUNG: RICHTIGE SYNTAX
              LEA     DX,EMELD        ;STRINGADRESSE ÜBERGEBEN
              MOV     AH,9            ;STRING "EMELD" AUSGEBEN
              INT     21H
              CALL    CURSON          ;CURSOR WIEDERHERSTELLEN
              CALL    ENDE            ;PROGRAMMENDE
              RET
FEHLER   ENDP


DOS10_9 PROC    NEAR            ;ATTRIBUIERTE AUSGABE:
              PUSH    AX              ;DL,DH=SPALTENPOSITION UND
              PUSH    BX              ;DI=STRINGADRESSE
              PUSH    CX
              MOV     AH,2            ;FUNTION: CURSOR SETZEN
              INT     10H
              INC     DL              ;CURSOR 1 SPALTE WEITER
              MOV     AL,[DI]         ;ZEICHEN LADEN
              MOV     BH,0            ;BILDSCHIRMSEITE 0
              MOV     BL,ATTR         ;ZEICHENATTRIBUT LADEN
              MOV     CX,1            ;1 ZEICHEN SCHREIBEN
              MOV     AH,9            ;FUNKTION: ATTRIBUIERTES SCHREIBEN
              INT     10H
              INC     DI              ;STRINGADRESSE ERHÖHEN
              POP     CX
              POP     BX
              POP     AX
              RET
DOS10_9 ENDP


SHOWCU   PROC    NEAR            ;MAUSZEIGER ANZEIGEN
              MOV     AX,1            ;FUNKTION 1: CURSOR ZEIGEN
              INT     33H
              MOV     CX,SPAPO1       ;STARTPOSITION SPALTE
              MOV     DX,ZLEPOS       ;DITO           ZEILE
              MOV     AX,4            ;FUNKTION 4: POSITIONIEREN
              INT     33H
              RET
SHOWCU   ENDP
```

```
LIMITS   PROC     NEAR          ;MAUSBEWEGUNGSLIMITS SETZEN
         MOV      CX,SPAMIN     ;CX = MINIMAL
         MOV      DX,SPAMAX     ;DX = MAXIMAL
         MOV      AX, 7         ;FUNKTION 7: HORIZONTALLIMIT
         INT      33H           ;MAUS-TREIBER-FUNKTION RUFEN
         MOV      CX,ZLEMIN     ;CX = MINIMAL
         MOV      DX,ZLEMAX     ;DX = MAXIMAL
         MOV      AX, 8         ;FUNKTION 8: VERTIKALLIMIT
         INT      33H           ;MAUS-TREIBER-FUNKTION RUFEN
         RET
LIMITS   ENDP

DATUM    PROC     NEAR          ;DATUM AUSGEBEN
         PUSH     DI
         PUSH     SI
         MOV      AH,2AH        ;DATUM HOLEN (HEX)
         INT      21H
         LEA      DI,DATEX      ;SPEICHERADRESSE FÜR DATUM
         MOV      [DI],DL       ;TAG
         MOV      [DI+1],DH     ;MONAT
         CMP      CX,2000       ;JAHR >= 2000
         JL       DATLAB
         SUB      CX,2000       ;WENN JA, -2000
         JMP      DATLAB0
DATLAB:
         SUB      CX,1900       ;WENN NEIN, -1900
DATLAB0:
         MOV      [DI+2],CL     ;JAHR
         MOV      [DI+3],AL     ;WOCHENTAG
         MOV      DH,DATZLE     ;CURSOR IN ZEILE SETZEN
         MOV      DL,DATSPA     ;SPALTENPOSITION
         MOV      CX,2
         LEA      DI,LEER
DATLAB01:
         CALL     DOS10_9
         LOOP     DATLAB01
         XOR      AX,AX
         XOR      BX,BX
         LEA      SI,DATEX
         MOV      AL,[SI+3]     ;WOCHENTAG INS AL
         MOV      BL,12         ;MAL 12 (=WOCHENTAGLÄNGE)
         MUL      BL
         MOV      CX,12         ;SCHLEIFENZÄHLER AUF 12
         LEA      SI,WOCHE
         ADD      AX,SI
```

```
            XCHG    DI,AX
DATLAB1:
            MOV     AL,[DI]         ;WOCHENTAG SCHREIBEN
            CMP     AL,BLANK        ;IST ZEICHEN EIN BLANK?
            JE      DATLAB11        ;WENN JA, SCHLEIFE VERLASSEN
            CALL    DOS10_9
            LOOP    DATLAB1
DATLAB11:
            LEA     DI,LEER
            CALL    DOS10_9
            MOV     CX,3            ;SCHLEIFENZÄHLER AUF 3
            LEA     SI,DATEX        ;SPEICHERADRESSE FÜR DATUM
DATLAB2:
            CALL    WRITDEC         ;1 HEX-ZAHL IN DEZIMALZIFFERN SCHREIBEN
            INC     SI
            CMP     CX,2            ;WENN CX < 2,
            JL      DATLAB3         ;KEIN PUNKT SCHREIBEN
            LEA     DI,PUNKT
            CALL    DOS10_9
DATLAB3:
            LOOP    DATLAB2
            MOV     CX,3
            LEA     DI,LEER
DATLAB4:                            ;3 LEERSTELLEN F. DIV.TAGLÄNGEN
            CALL    DOS10_9
            LOOP    DATLAB4
            POP     SI
            POP     DI
            RET
DATUM   ENDP


ZEIT    PROC    NEAR                ;TAGESZEIT AUSGEBEN
            PUSH    DI
            PUSH    SI
            MOV     AH,44           ;TAGESZEIT HOLEN (HEX)
            INT     21H
            LEA     SI,ZEITX        ;SPEICHERADRESSE FÜR ZEIT
            MOV     [SI],CH         ;STUNDEN
            MOV     [SI+1],CL       ;MINUTEN
            MOV     [SI+2],DH       ;SEKUNDEN
            MOV     DH,UHRZLE       ;ZEILENPOSITION
            MOV     DL,UHRSPA       ;SPALTENPOSITION
ZEITLAB0:
            LEA     DI,LEER         ;FÜHRENDE LEERSTELLE
            CALL    DOS10_9
```

```
                MOV     CX,3            ;SCHLEIFENZÄHLER AUF 3
ZEITLAB1:
                CALL    WRITDEC         ;1 HEX-ZAHL IN DEZIMAL SCHREIBEN
                INC     SI              ;ZEITADRESSE
                CMP     CX,2            ;WENN CX=1, DOPPELPUNKT AUSLASSEN
                JL      ZEITLAB2
                LEA     DI,DOPP
                CALL    DOS10_9
ZEITLAB2:
                LOOP    ZEITLAB1
ZEITLAB3:
                LEA     DI,LEER         ;FOLGENDE LEERSTELLE
                CALL    DOS10_9
                POP     SI
                POP     DI
                RET
ZEIT    ENDP


KEYS    PROC    NEAR                    ;TASTATURABFRAGE
                PUSH    DI
                PUSH    SI
                MOV     AH,11           ;PRÜFEN OB EINGABE ANLIEGT
                INT     21H
                CMP     AL,0            ;0 = KEINE EINGABE
                JE      ENDKEY
                MOV     AH,8            ;ZEICHEN VON TASTATUR HOLEN
                INT     21H             ;DITO
                CMP     AL,13           ;ENTER-TASTE GEDRÜCKT?
                JNE     KEYLAB0
                CALL    ENTERK          ;POSITION IN EINGABEWERT UMRECHNEN
                JMP     ENDKEY
KEYLAB0:
                CMP     AL,9            ;TABULATOR-TASTE GEDRÜCKT?
                JE      KEYLA11
                CMP     AL,0            ;ERWEIT. ASCII-CODE?
                JNE     WEITER1         ;FALLS NEIN:AUF ZIFFERNCODE PRÜFEN,
                INT     21H             ;JA:DANN ZWEITER AUFRUF NOTWENDIG
                CMP     AL,75           ;PFEIL NACH LINKS GEDRÜCKT?
                JE      KEYLA11
                CMP     AL,77           ;PFEIL NACH RECHTS GEDRÜCKT?
                JE      KEYLA11
                JMP     KEYLA12
KEYLA11:
                CALL    TABUL           ;CURSOR WECHSELT SEITE
                JMP     ENDKEY
```

```
KEYLA12:
        CMP     AL,72           ;PFEIL NACH OBEN GEDRÜCKT?
        JNE     KEYLAB2
        CALL    PFEILO          ;CURSOR NEU EINSTELLEN
        JMP     ENDKEY
KEYLAB2:
        CMP     AL,80           ;PFEIL NACH UNTEN GEDRÜCKT?
        JNE     KEYLAB3
        CALL    PFEILU          ;CURSOR NEU EINSTELLEN
        JMP     ENDKEY
KEYLAB3:
        CMP     AL,59           ;FALLS AL KLEINER ALS TASTE F1
        JL      ENDKEY          ;FALSCHE EINGABE: SCHLEIFEN
        SUB     AL,58           ;58 SUBTR.,DAMIT AL WERTE 1-10 ANNIMMT
        JMP     ENDCHK          ;ZUR ENDPRÜFUNG
WEITER1:
        CMP     AL,30H          ;AUF ZIFFERNTASTE 0 VERGLEICHEN:
        JL      ENDKEY          ;FALLS TASTENWERT <,BEENDEN
        JNE     WEITER2         ;FALLS      "      <>, SUBTRAH.
        MOV     AL,20           ;20 INS AL LADEN
        JMP     ENDCHK          ;ZUR ENDPRÜFUNG
WEITER2:
        SUB     AL,38           ;38 SUBTRAHIEREN, DAMIT WERTE V. 11-20
ENDCHK:
        AND     AX,00FFH        ;NIEDERWERTIGEN TEIL VON AX EXTRAHIEREN
        LEA     SI,PARAM
        MOV     BL,[SI]         ;PARAMETERWERT LADEN
        CMP     AL,BL           ;EINGABE MIT PARAMETER VERGLEICHEN,
        JG      ENDKEY          ;FALLS EINGABE GRÖSSER BEENDEN
        MOV     WERT,AX         ;AL FUERS PROGRAMMENDE RETTEN
ENDKEY:
        POP     SI
        POP     DI
        RET
KEYS    ENDP


GETBUT  PROC    NEAR            ;MAUS-STATUS ABFRAGEN
        PUSH    DI
        PUSH    SI
        MOV     BX,0            ;BX=TASTE
        MOV     AX,5            ;FUNKTION 5
        INT     33h             ;MAUS-TREIBER-FUNKTION RUFEN
        CMP     AL,1            ;LINKE MAUSTASTE GEDRÜCKT?
        JNE     ENDBUT          ;ZUM ENDE, WENN NEIN. ANDERNFALLS:
        CALL    POSCALC         ;MENÜPUNKT BERECHNEN, ZAHL -->AX
```

```
            LEA     SI,PARAM        ;PARAMETERADRESSE LADEN
            MOV     BL,[SI]         ;UND INHALT DER ADRESSE LADEN
            CMP     AL,BL           ;EINGABE MIT PARAMETER VERGLEICHEN,
            JG      ENDBUT          ;FALLS EINGABE GRÖSSER: PROC.ENDE
            MOV     WERT,AX         ;ÄQUIVALENT DER EINGABE ABLEGEN
ENDBUT:
            POP     SI
            POP     DI
            RET
GETBUT  ENDP


HIDECU  PROC    NEAR            ;MAUSZEIGER VERBERGEN
            MOV     AX, 2           ;FUNKTION 2
            INT     33H             ;MAUS-TREIBER-FUNKTION RUFEN
            RET
HIDECU  ENDP


CLEAR   PROC    NEAR            ;BILDSCHIRM LÖSCHEN
            XOR     AX,AX
            MOV     AH,6
            MOV     AL,0
            MOV     CH,0
            MOV     CL,0
            MOV     DH,24
            MOV     DL,79
            MOV     BH,7
            INT     10H
            RET
CLEAR   ENDP


;**************** PROZEDUREN VIERTER EBENE****************


POSCALC PROC    NEAR            ;BERECHNET DIE DEM GEWÄHLTEN
            PUSH    BX              ;MENÜPUNKT ENTSPRECHENDE ZAHL
            PUSH    CX              ;UND SPEICHERT SIE IN AX
            PUSH    DX
            MOV     BX,ZLEMIN       ;OBERSTE ZEILENGRENZE UM 1 ZEILE
            SUB     BX,8            ;VERMINDERN
            MOV     AX,DX           ;ZEILENPOSITION IN AKKU
            SUB     AX,BX           ;ABZÜGLICH OBERSTE ZEILE-1
            XOR     DX,DX
            MOV     BX,8            ;UND DURCH 8 DIVIDIEREN
            DIV     BX              ;ERGIBT ZAHL VON 1 - 10 IN AX
            CMP     CX,BMITTE       ;IST SPALTENPOSITION > 38(MAL 8)?
            JLE     PCLAB           ;WEITER, WENN JA. SONST:
```

```
        ADD     AX,10           ;10 ADDIEREN = ZAHL VON 11 - 20
PCLAB:
        POP     DX
        POP     CX
        POP     BX
        RET
POSCALC ENDP


ENTERK  PROC    NEAR
        PUSH    SI
        MOV     AX,3            ;MAUSFUNKTION 3:
        INT     33H             ;MAUSPOSITION BESTIMMEN
        CALL    POSCALC         ;MAUSPOS. IN MENÜPUNKT UMRECHNEN
        LEA     SI,PARAM
        MOV     BL,[SI]         ;PARAMETER LADEN
        CMP     AL,BL           ;WERT MIT PARAMETER VERGLEICHEN,
        JG      ENTEND          ;FALLS EINGABE GRÖSSER BEENDEN
        MOV     WERT,AX         ;AL FUERS PROGRAMMENDE RETTEN
ENTEND:
        POP     SI
        RET
ENTERK  ENDP


TABUL   PROC    NEAR
        MOV     AX,3            ;MAUSPOSITON ERMITTELN
        INT     33H
        CMP     CX,BMITTE       ;MAUSPOSITION RECHTS VON MITTE?
        JG      TABULAB
        MOV     CX,SPAPO2       ;WENN NEIN,MAUSZEIGER NACH RECHTS
        JMP     TABULE
TABULAB:
        MOV     CX,SPAPO1       ;WENN JA, MAUSZEIGER NACH LINKS
TABULE:
        MOV     AX,4
        INT     33H
        RET
TABUL   ENDP


PFEILO  PROC    NEAR
        MOV     AX,3            ;MAUSPOSITON ERMITTELN
        INT     33H
        CMP     DX,ZLEMIN       ;OBERSTE ZEILE ?
        JLE     PFEILO1
        SUB     DX,8            ;WENN NEIN, 1 ZEILE ZURÜCK
        MOV     AX,4
```

```
                INT     33H
                JMP     PFEILOE
PFEILO1:                            ;WENN JA,
                CMP     CX,BMITTE   ;MAUSZEIGER GRÖSSER BILDMITTE?
                JG      PFEILO2
                MOV     CX,SPAPO2   ;WENN NEIN,
                MOV     DX,ZLEMAX   ;IN 10.ZEILE NACH RECHTS SETZEN
                MOV     AX,4
                INT     33H
                JMP     PFEILOE
PFEILO2:
                MOV     CX,SPAPO1   ;WENN JA,
                MOV     DX,ZLEMAX   ;IN 10. ZEILE NACH LINKS SETZEN
                MOV     AX,4
                INT     33H
PFEILOE:
                RET
PFEILO  ENDP


PFEILU  PROC    NEAR
                MOV     AX,3        ;MAUSPOSITON ERMITTELN
                INT     33H
                CMP     DX,ZLEMAX   ;UNTERSTE ZEILE ?
                JGE     PFEILU1
                ADD     DX,8        ;WENN NEIN, 1 ZEILE WEITER
                MOV     AX,4
                INT     33H
                JMP     PFEILUE
PFEILU1:                            ;WENN JA,
                CMP     CX,BMITTE   ;MAUSZEIGER GRÖSSER BILDMITTE?
                JG      PFEILU2
                MOV     CX,SPAPO2   ;WENN NEIN,
                MOV     DX,ZLEMIN   ;IN 1.ZEILE NACH RECHTS SETZEN
                MOV     AX,4
                INT     33H
                JMP     PFEILUE
PFEILU2:
                MOV     CX,SPAPO1   ;WENN JA,
                MOV     DX,ZLEMIN   ;IN 1. ZEILE NACH LINKS SETZEN
                MOV     AX,4
                INT     33H
PFEILUE:
                RET
PFEILU  ENDP
```

```
WRITDEC PROC     NEAR            ;2-ZIFFRIGE HEXZAHL DEZIMAL AUSGEBEN
        PUSH     CX
        PUSH     DX
        XOR      AX,AX
        MOV      AL,[SI]         ;ADRESSE DER HEX-ZAHL MUSS IN SI SEIN
        CMP      AL,10           ;WENN ZAHL KLEINER 10
        JGE      WRITLB0         ;KEINE DIVISION
        XCHG     AH,AL           ;TAUSCHEN, DA KEIN DIVISIONSREST IN AH
        MOV      AL,'0'          ;ZEICHEN 0 LADEN
        JMP      WRITLB1
WRITLB0:
        MOV      BL,10           ;DURCH 10 DIVIDIEREN,REST INS AH
        DIV      BL              ;DIVISION, ERGEBNIS IN AX
        ADD      AL,'0'          ;ZIFFERNWERT + 30H = ZIFFERNZEICHEN
WRITLB1:
        ADD      AH,'0'          ;DITO FÜR DIVISIONSREST
        CMP      CX,3            ;LEERSTELLE AN 1.POSITION SETZEN, IM
        JNE      WRITLB2         ;1.SCHLEIFENDURCHLAUF UND
        CMP      AL,'0'          ;WENN DIESES ZEICHEN EINE 0 IST
        JNE      WRITLB2
        MOV      AL,' '          ;SONST AL=LEERSTELLE
WRITLB2:
        LEA      DI,ZIFF
        MOV      [DI],AL
        MOV      [DI+1],AH
        POP      DX
        MOV      CX,2            ;SCHLEIFE F. 2 ZEICHEN STELLEN
WRITLB3:
        CALL     DOS10_9
        LOOP     WRITLB3
        POP      CX
        RET
WRITDEC ENDP


CODE_SEG    ENDS
;*************************** PROGRAMMENDE *******************
        END    HAUPT
```

Assembler-Listing MENUKEYS.ASM von MENUKEYS.COM

Mausorientierte Programme sind meistens, aber nicht immer so programmiert, daß sie die Defaultwerte der Maus einstellen, bevor sie enden. Mit fremden Voreinstellungen kann MENUKEYS.COM jedoch verrückt spielen. Wenn dieser Fall einmal eintreten sollte, ist es sinnvoll, das nachstehende Programm SETMOUSE.COM unmittelbar hinter das fragliche Programm in die MENU.BAT einzubinden. SETMOUSE.COM initialisiert die Maus und setzt sie auf ihre Defaultwerte zurück, erzeugt aber keinen Output (siehe A:\HILFE\UTIL auf der Begleitdiskette).

```
;****************************** CODE-SEGMENT ********************************
;


CODE_SEG  SEGMENT PUBLIC
ASSUME   CS:CODE_SEG
         ORG      100H


;***************************** HAUPTPROGRAMM *******************************
HAUPT PROC     FAR
CALL RESET
CALL ENDE
HAUPT ENDP


;***************************** PROZEDUREN **********************************


RESET PROCNEAR                      ;MAUS INITIALISIEREN
MOV AX,0                            ;MAUSFUNKTION: RESET U. STATUS
INT 33H
RESET ENDP


ENDE    PROC     NEAR               ;PROGRAMM BEENDEN
        MOV      AH,4CH
        INT      21H
ENDE    ENDP


CODE_SEG    ENDS
;***************************** PROGRAMMENDE ********************************
;
    END    HAUPT
```

Assembler-Listing SETMOUSE.ASM von SETMOUSE.COM

3.3.6 Schritt 6: Einfügen von einfachen Untermenüs

In MS-DOS kann man - wie schon gezeigt - baumartige Verzeichnisstrukturen definieren. Aus dem Stammverzeichnis läßt man Äste (Unterverzeichnisse) wachsen, die sich wiederum verästeln können und schließlich in den Blättern (Dateien) enden. Um eine dieser Struktur angepaßte Menütechnik zu schaffen, braucht man auch Untermenüs. Die Untermenüs unterscheiden sich im Prinzip nicht vom Hauptmenü. Dennoch gibt es einige neue Aspekte zu beachten:

- Untermenü ins Unterverzeichnis: Untermenüs stehen i.d.R in Unterverzeichnissen.
- Aufruf vom Hauptmenü: In aller Regel ruft das Hauptmenü Untermenüs mittels CALL-Befehl - neu ab DOS Version 3.3. Das garantiert die Rückgabe der Steuerung an das Hauptmenü nach Beendigung des Untermenüs, d.h. das Hauptmenü wird nach Beendigung des Untermenüs automatisch neu aufgerufen.
- Ausgang zur Betriebssystem-Ebene: Oft ist es sinnvoll, im Untermenü auch einen Menüpunkt vorzusehen, der den Ausgang ins DOS anbietet. Für diesen Fall gibt es zwei Möglichkeiten: Entweder das Untermenu wird im Hauptmenü nicht durch CALL gestartet, oder im Untermenü gibt es einen Menüpunkt, der den Kommandointerpreter COMMAND.COM aufruft. Im zweiten Fall wird eine neue DOS-Befehlsebene aufgebaut, die man mit dem Befehl EXIT wieder verlassen kann.
  Von diesen Möglichkeiten wird im Menü-Modell 3 kein Gebrauch gemacht. Hier soll der Ausgang ins Stammverzeichnis im Hauptmenü genügen.

Zusätzliche Dateien ins Menü aufnehmen: Nehmen wir nun an, es sei zur Anschaffung weiterer Utilities gekommen: zum Programm PCTOOLS kommen noch die NORTON UTILITIES und das PatchProgramm SZAP hinzu. Wir hängen an das Verzeichnis HILFE\UTIL die Verzeichnisse NORTON, SZAP und PCTOOLS an.

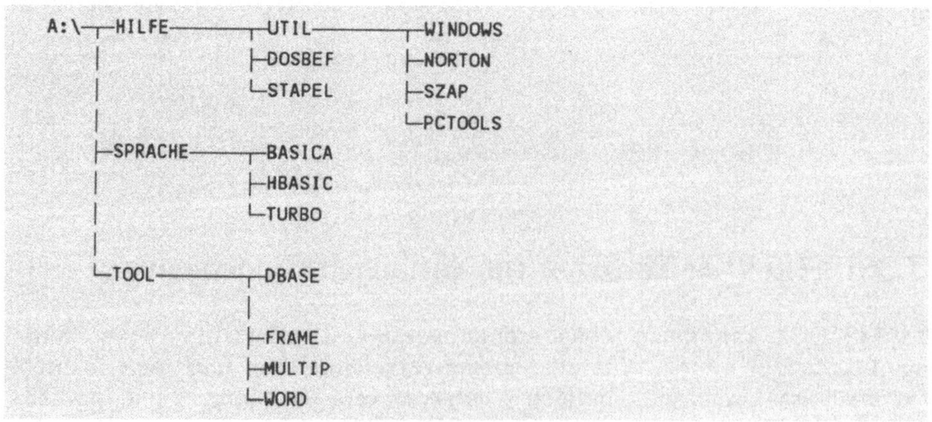

```
A:\┬─HILFE───────────┬─UTIL──────────────┬─WINDOWS
   │                 │                   ├─NORTON
   │                 ├─DOSBEF            ├─SZAP
   │                 └─STAPEL            └─PCTOOLS
   │
   ├─SPRACHE─────────┬─BASICA
   │                 ├─HBASIC
   │                 └─TURBO
   │
   │
   └─TOOL────────────┬─DBASE
                     │
                     │
                     ├─FRAME
                     ├─MULTIP
                     └─WORD
```

Erweiterte Verzeichnisstruktur mit neuen
Unterverzeichnissen

Die Datei MENU.TXT im Stammverzeichnis ändert sich im Punkt 9. Dort
steht jetzt statt
```
F9   PC Tools
```
der neue Text:
```
F9   Utility-Menü
```

Auch in der Datei MENU.BAT des Stammverzeichnisses wird die Zeile
unter dem Label :F9 ausgetauscht. Die bisherige Anweisung
```
:f9
\hilfe\util\pct
```
wird geändert zu:
```
:f9
call \hilfe\util\menu
```

Statt des Programms PCTOOLS wird nun im Verzeichnis HILFE\UTIL
das Untermenü MENU.BAT aufgerufen. Die Namen der Stapeldateien für
Hauptmenü und Untermenü sind gleich. Das führt nicht zu Störungen,
weil sich die Menüdateien in separaten Verzeichnissen befinden. Nur
wenn man Pfadangaben nicht korrekt einhält, kann es zu Überraschungen
kommen.

3.3.6.1 Datei MENU.TXT im Unterverzeichnis \HILFE\UTIL

Erweiterte DOS-Bildschirmsteuerung: Das Untermenü kann man nun genauso gestalten wie das Hauptmenü auch. Falls man aber ein wenig Spaß
an abwechslungsreicher Gestaltung hat, kann man die erweiterte Bildschirmsteuerung des DOS ausnutzen.
Voraussetzung ist die Aktivierung des Tastaturtreibers ANSI.SYS mittels
der Konfigurationsdatei CONFIG.SYS beim Systemstart. Bestimmte mit
einem Escape-Zeichen verbundene Zeichenketten beeinflussen die Dar-
stellungsattribute aller folgenden Zeichen am Bildschirm. Man kann solche
sogenannten Escape-Folgen bzw. Escape-Sequenzen zwischen andere Zeichen einfügen. Die damit erreichbaren optischen Effekte sind bei Farb-
bildschirmen besonders schön.

Eintippen von Escape: Wenn man als Editor EDLIN benutzt, muß das Es-
cape-Zeichen etwas mühselig eingegeben werden. Man teilt EDLIN durch
Drücken der Tasten Ctrl-V mit, daß man ein Steuerzeichen eingeben will.
Dann gibt man die "eckige Klammer auf" ein und hat somit ein Escape-
Zeichen erzeugt. Bei einige Editoren oder Textsystemen läßt sich Escape
bequemer, z. B. durch Festhalten der Alt-Taste und Tippen der Tasten 2

bzw. 7 des numerischen Tastenblocks erfassen. An zwei Beispielen sei die Vorgehensweise beschrieben:

1. Eingabe einer Escape-Sequenz anhand Beispiel BILD1:
Die Sequenz wird hier mit Hilfe von EDLIN.COM erstellt. Die genaue Eingabereihenfolge nach dem Aufruf des Editors lautet:
- Der EDLIN-Befehl I läßt hier EDLIN mit Zeile 1 beginnen.
- Ctrl-V Alt-91 erzeugt ein Escape-Zeichen, welches von EDLIN später in der Form   angezeigt wird (siehe Abbildung).
- Alt-91 1m ist die Steuerzeichenfolge für intensive Anzeige.
- Alt-219 Alt-219 bildet ein Quadrat aus zwei ASCII-Zeichen mit Nummer 219.
- Der Rest der Zeile wird ebenso eingegeben, wobei 1m und 0m (normale Anzeige) jeweils wechseln.
- Das Zeichen ^C bedeutet Ctrl-C: Ctrl-C beendet die Eingabe.
- Der Befehl 1 (eins) zeigt die Zeile 1 an. Die veränderte Schreibweise des Escape-Zeichens wird sichtbar.
- Der EDLIN-Befehl E speichert die Datei.

```
C:\HILFE\STAPEL>edlin bild1
Ende der Eingabedatei
*I

1:*^[[1m█^[[0m█^[[1m█^[[0m█^[[1m█^[[0m█^[[1m█^[[0m█^[[1m█
*
```

Eingabe der Datei BILD1 als Beispiel für die Eingabe
von Escape-Sequenzen mittels EDLIN.COM

Der Befehl
```
C:\>type bild1
```
zeigt nun intensive und normale Quadrate im Wechsel an.

2. Eingabe einer Escape-Sequenz anhand Beispiel BILD2:
Das folgende Beispiel soll kosmetische Möglichkeiten des erweiterten IBM-ASCII-Zeichensatzes in Verbindung mit Steuersequenzen zeigen (weitere Beispiele enthalten die Abschnitte 4.3 ff über Stapeldateien). Die Eingabe ist etwas komplizierter, weil die Umrahmung der Meldung mit fünf verschiedenen Zeichen (ASCII-Nummern 179, 191, 192, 217 und 218) erfolgt.
- Die Zeile 1 macht den Bildschirm leer (Esc 2J) und stellt das Anzeigeattribut auf invers (Esc 7m) um.

- Es folgen die Grafikzeichen und die Mitteilung. Alle Grafikzeichen sind über die Alt-Taste bei gleichzeitigem Tippen der entsprechenden ASCII-Nummer einzugeben.
- Die Zeile 9 schließt mit der Escapefolge für die normale Anzeige ab (Esc m oder Esc 0m).

```
C:\HILFE\STAPEL>edlin bild2
Ende der Eingabedatei
*l
        1:*^[[2J^[[7m
        2:  ⌐⌐⌐⌐⌐⌐⌐⌐⌐⌐⌐⌐⌐
        3: |∪∪∪∪∪∪∪∪∪∪∪∪∪|
        4:  ⌐                 ⌐
        5:  ⌐    W I C H T I G E     ⌐
        6:  ⌐   M I T T E I L U N G !  ⌐
        7:  ⌐                 ⌐
        8: |⌐⌐⌐⌐⌐⌐⌐⌐⌐⌐⌐⌐⌐|
        9: ∪∪∪∪∪∪∪∪∪∪∪∪∪^[[m

*
```

Datei BILD2 zeigt einen Rahmen aus 5 Zeichen

Für den Monochrom-Bildschirm sind sechs Zeichenattribut-Nummern vorgesehen:

Nr.	Wirkung
0	normal helle Zeichen auf dunklem Grund
1	intensiv leuchtende Zeichen
4	unterstrichene Zeichen
5	blinkende Zeichen
7	invers: dunkle Schrift auf hellem Grund
8	Zeichen bleiben unsichtbar bis ein anderes Attribut gewählt wird

Zeichenattribut-Nummern für Monochrom-Bildschirm

Zeichen "unsichtbar" machen: Die Nummer 8 kann in all den Fällen verwendet werden, in denen über die Tastatur eingegebene Zeichen nicht für jeden sichtbar sein sollen. Man fertigt sich beispielsweise eine Datei AUS und eine Datei EIN mit den Attributen 8 und 0 und kann damit die Anzeige nach Belieben aus- und einschalten.

Zeichenattribute mischen: Die Attribute können auch gemischt werden. Sie können auch wie andere Escape-Sequenzen mit dem ECHO-Befehl in einer Stapeldatei oder mit dem Befehl PROMPT an die Datei ANSI.SYS weitergeleitet werden

Der Farbbildschirm nimmt die Attribute 30 bis 37 für Vordergrundfarben und 40 bis 47 für Hintergrundfarben an.

Wie die Datei MENU.TXT für das Untermenü in \HILFE\UTIL aussehen soll, sei der Intuition des Lesers überlassen. Im Demobeispiel auf der Diskette wurde die gleiche Form wie im Hauptmenü gewählt. Abschnitt 4.2 erläutert den Umgang mit Escape-Sequenzen ausführlicher.

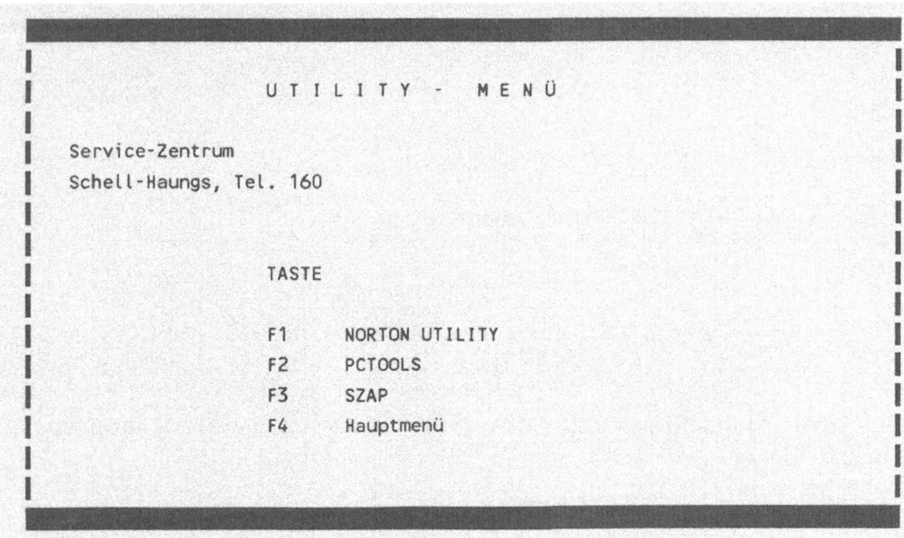

Das in der Datei \HILFE\UTIL\MENU.TEXT enthaltene Menübild

3.3.6.2 Datei MENU.BAT im Unterverzeichnis \HILFE\UTIL

Im Unterverzeichnis \HILFE\UTIL muß nun die Datei MENU.BAT zur Steuerung der Zugriffe auf Programme in weiteren Unterverzeichnisse eingerichtet werden. Dazu können wir uns MENU.BAT aus dem Stammverzeichnis nach \HILFE\UTIL kopieren und abändern oder die Datei nach untenstehendem Listing neu schreiben.

-    Weil nur vier Menüpunkte zu Auswahl stehen, setzen wir den Parameter von MENUKEYS.COM auf diesen Wert.

- Mehrere IF ERRORLEVEL-Abfragen können entfallen, falls man sie nicht für zu erwartende Ergänzungen des Menus stehen lassen möchte.
- :F1 ist der Label für den Aufruf der NORTON UTILITIES im Unterverzeichnis \HILFE\UTIL\NORTON. Hier wird das Programm ohne Verzeichniswechsel aufgerufen, d.h. die Verzeichniseinstellung \HILFE\UTIL bleibt erhalten. Alles was der Benutzer innerhalb des aufgerufenen Programms veranlaßt, geschieht - falls er keine andere Einstellung vornimmt - im Verzeichnis \HILFE-\UTIL.
  Soll das entsprechende Unterverzeichnis vor dem Programmaufruf eingestellt sein, sieht man statt des dargestellten Programmaufrufs die folgenden Befehle vor.

Befehle	Bedeutung
:F1	Label, Sprungziel
cd norton	Verzeichniswechsel
nu	Programmaufruf
cd ..	Verzeichniswechsel
goto ende	Ende von MENU.BAT

- :F2 und :F3 entspechen :F1.
- :F4 Rückkehr zum Aufrufen des Hauptmenüs.

```
rem c:\hilfe\util\menu.bat
@echo off
cls
type c:\hilfe\util\menu.txt
menukeys 4
if errorlevel 4 goto ende
if errorlevel 3 goto f3
if errorlevel 2 goto f2
:f1
\hilfe\util\norton\nu
goto ende
:f2
\hilfe\util\pctools\pct
goto ende
:f3
\hilfe\util\szap\sz
:ende
```

Datei MENU.BAT im Verzeichnis \HILFE\UTIL

3.3.7 Schritt 7: Einfügen von Untermenüs mit automatischen Voreinstellungen

Das in Abschnitt 3.3.6 behandelte Untermenü ist vorteilhaft für den Aufruf von Programmen, die entweder keine Nutzdateien erzeugen oder deren Nutzdateien im gleichen Verzeichnis liegen wie die Programme selbst. Bei Programmen, die Nutzdateien für völlig verschiedene Arbeitsgebiete produzieren können, ist eine verfeinerte Untermenütechnik vorzuziehen.

- Nehmen wir als Beispiel ein Textverarbeitungsprogramm. Mit ihm verfaßt man Privatpost, Geschäftsbriefe, Berichte, Veröffentlichungen, Ansprachen usw. Es wäre unsinnig, alle Dokumente in ein Verzeichnis, womöglich in das Textprogrammverzeichnis, zu stellen. Also legt man verschiedene Verzeichnisse für verschiedene Gelegenheiten an. Im Textprogramm selbst stellt man dann das gewünschte Verzeichnis ein und legt die verfertigten Dokumente dorthin ab.

- Und genau da beginnt das Problem. Häufig vergißt man die Verzeichniseinstellung und wundert sich anschließend darüber, wohin die Dokumente verschwunden sind. Sie stehen nicht im erwarteten Verzeichnis. Oder man erinnert sich nicht mehr an den Verzeichnisnamen. Schließlich muß auch das immer wieder neue Einstellen der Verzeichnisse erledigt werden. Das sind unnötige Ärgernisse, die mit dem folgenden Typ von Untermenü beseitigt werden. Alle Standardanwendungen, also auch Tabellenkalkulations-, Grafik-, Datenbankprogramme usw. kann man über derartige Untermenüs steuern.

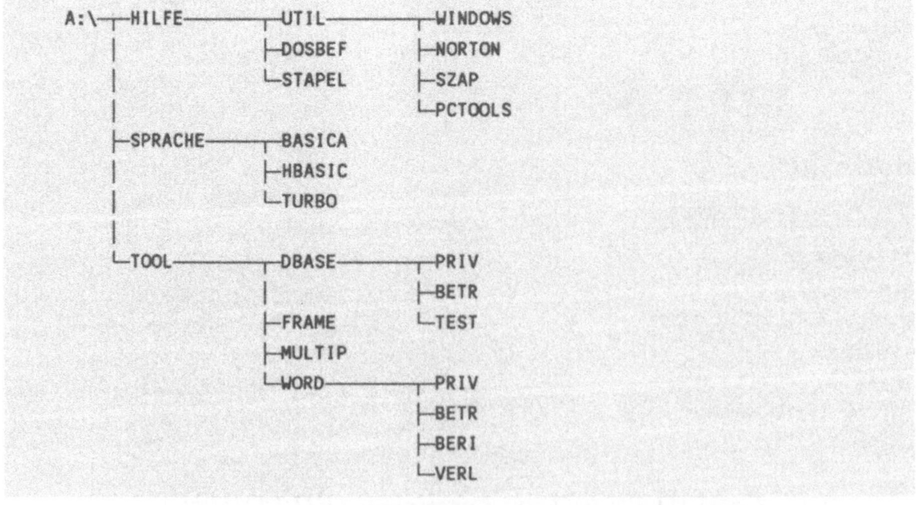

Erweiterte Verzeichnisstruktur mit neuen Unterverzeichnissen

Wir wollen in Zukunft die Programme dBASE und WORD so aufrufen, daß die für die Ablage der Nutzdateien richtigen Verzeichnisse direkt nach Programmstart bereits eingestellt sind. Im Verzeichnis \TOOL\DBASE werden die Unterverzeichnisse PRIV, BETR, und TEST, im Verzeichnis \TOOL\WORD die Unterverzeichnisse PRIV, BETR, BERI und VERL eingerichtet.

In der Datei MENU.TXT im Stammverzeichnis ändert sich nichts. Die Datei MENU.BAT des Stammverzeichnisses wird folgendermaßen abgewandelt:

Label :f4 bisher:
```
:f4
cd \tool\dbase
dbase
c:\hilfe\stapel\menu
```

Label :f4 jetzt:
```
:f4
call \tool\dbase\menu
%0
```

Label :f7 bisher:
```
:f7
cd \tool\word
word
c:\hilfe\stapel\menu
```

Label :f7 jetzt:
```
:f7
call \tool\word\menu
%0
```

Statt der Programme dBASE und WORD wird nun in den Verzeichnissen \TOOL\DBASE bzw. \TOOL\WORD das jeweilige Untermenü MENU.BAT aufgerufen. Die Namen der Stapeldateien für Hauptmenü und Untermenüs dürfen hier wiederum gleich sein, weil sie sich in separaten Verzeichnissen befinden.

3.3.7.1 Datei MENU.TXT in den Unterverzeichnis-
sen \TOOL\DBASE und \TOOL\WORD

Die Menübilder besitzen wieder die gewohnte Form. Für die richtige
Funktionsweise von MENUKEYS.COM mit der Maus ist es wichtig, daß
mit den Menüpunkten in Zeile 11 angefangen wird.

```
                     d B A S E  -   M E N Ü


Service-Zentrum
Schell-Haungs, Tel. 160



     TASTE


     F1      Private Datenbanken
     F2      Betriebliche Datenbanken
     F3      Testdateien und Programme
```

Das in der Datei \TOOL\DBASE\MENU.TEXT enthaltene Menübild

```
                     W O R D  -   M E N Ü


Service-Zentrum
Schell-Haungs, Tel. 160



     TASTE


     F1      Private Post
     F2      Betriebliche Post
     F3      Berichte
     F4      Skripte für Verlag
```

Das in der Datei \TOOL\WORD\MENU.TEXT enthaltene Menübild

3.3.7.2 Datei MENU.BAT in den Verzeichnissen \TOOL\DBASE und \TOOL\WORD

Im den Unterverzeichnissen \TOOL\DBASE und \TOOL\WORD müssen nun die MENU.BAT-Dateien eingerichtet werden, um die Steuerung der Zugriffe auf die Programme DBASE und WORD aus den untergeordneten Unterverzeichnisse heraus zu kontrollieren. Dazu können wir uns MENU.BAT aus dem Unterverzeichnis \HILFE\UTIL kopieren und abändern oder die Datei nach untenstehendem Listing neu schreiben.

- Die Parameterwerte von MENUKEYS.COM werden auf 3 bzw 4 Menüpunkte eingestellt.
- :F1 ist der Label für den Aufruf von dBASE aus dem Verzeichnis \TOOL\DBASE\PRIV heraus. Das gewünschte Verzeichnis wird eingestellt - es kann auch jedes beliebige andere Verzeichnis hier stehen - , dann verzweigt das Stapelprogramm zu Label :AUFRUF
- :F2 und die folgenden belegten Labels führen zu entsprechenden Befehlen für andere Verzeichnisse. Die ungenutzten Labels bleiben für spätere Verwendung stehen, sie könnten genausogut entfallen.
- :AUFRUF: Die von diesem Label eingeleiteten Befehle zeigen ein gutes Beispiel für die Verwendung von Umgebungsvariablen (Abschnitt 2.5.3). Die Befehle haben folgende Wirkung:

```
set P=%PATH%
```

Eine Umgebungsvariable P wird eingerichtet. Sie speichert die bisherige Pfadeinstellung.

```
path %P%;c:\tool\dbase
```

Die neue Pfadeinstellung umfaßt nun den bisherigen Pfad und das Verzeichnis \TOOL\DBASE. Dadurch ist zweierlei sichergestellt. 1. der folgende Aufruf von dBASE ist erfolgreich. 2. Falls man aus dem DOS-Fenster des dBASE heraus auf DOS-Befehle und Programme zugreifen möchte, die in den bisher im Pfad liegenden Verzeichnissen stehen, werden sie ebenfalls ausgeführt.

```
dbase
```

Aufruf von dBASE

```
path %P%
```

Nach Beendigung von dBASE wird die alte Pfadeinstellung wiederhergestellt.

```
set P=
```

Die Variable P ist gelöscht. Der entsprechende Platz im Umgebungsbereich wird frei.

```
@echo off
cls
rem c:\tool\dbase\menu.bat
rem Zweck: Menu anzeigen, nach Verzeichnis-
rem        sen wechseln und dBASE aufrufen
type c:\tool\dbase\menu.txt
menukeys 3
if errorlevel 10 goto f10
if errorlevel 9 goto f9
if errorlevel 8 goto f8
if errorlevel 7 goto f7
if errorlevel 6 goto f6
if errorlevel 5 goto f5
if errorlevel 4 goto f4
if errorlevel 3 goto f3
if errorlevel 2 goto f2
:f1
cd \tool\dbase\priv
goto aufruf
:f2
cd \tool\dbase\betr
goto aufruf
:f3
cd \tool\dbase\test
goto aufruf
:f4
:f5
:f6
:f7
:f8
:f9
:f10
:aufruf
set P=%PATH%
path %P%;c:\tool\dbase
dbase
path %P%
set P=
```

Datei MENU.BAT im Verzeichnis \TOOL\DBASE

Die dargestellte Untermenütechnik mag in wenigen, nicht absehbaren Fällen, versagen, weil das aufgerufene Programm bestimmte Datendateien braucht. Über die Umgebungsvariable PATH werden von DOS bekanntlich nur Programmdateien gefunden. Um Eventualitäten auszuschließen, kann man den APPEND-Befehl benutzen. Dann sollten APPEND-Befehle in der Datei AUTOEXEC.BAT anstelle oder zusätzlich zum PATH-Befehl benutzt werden. Beispiel:

```
APPEND /x /e
APPEND c:\;c:\hilfe\dosbef;c:\hilfe\util
```

Der Parameter /X sagt aus, daß der angegebene Pfad sowohl für Datendateien als auch für Programme gilt. /E weist an, der Pfad soll als Umgebungsvariable abgelegt werden. Verwendet man APPEND statt PATH, so sind die Befehle unter dem Label :AUFRUF entsprechend zu ändern, also ist APPEND an die Stelle von PATH zu setzen.

Die Datei MENU.BAT im Verzeichnis \TOOL\WORD besitzt die selben Merkmale wie die gerade besprochene Stapeldatei:

```
@echo off
cls
rem c:\tool\word\menu.bat
rem Zweck: Menu anzeigen, nach Verzeichnis-
rem        sen wechseln und WORD aufrufen
type c:\tool\word\menu.txt
menukeys 4
if errorlevel 10 goto f10
if errorlevel 9 goto f9
if errorlevel 8 goto f8
if errorlevel 7 goto f7
if errorlevel 6 goto f6
if errorlevel 5 goto f5
if errorlevel 4 goto f4
if errorlevel 3 goto f3
if errorlevel 2 goto f2
:f1
cd \tool\word\priv
goto aufruf
:f2
cd \tool\word\betr
goto aufruf
:f3
cd \tool\word\beri
goto aufruf
```

```
:f4
cd \tool\word\verl
goto aufruf
:f5
:f6
:f7
:f8
:f9
:f10
:aufruf
set P=%PATH%
path %P%;c:\tool\word
word
path %P%
set P=
```

Datei MENU.BAT im Verzeichnis \TOOL\WORD

Hinweis: Die Ablage von Umgebungsvariablen mit größerem Platzbedarf erfordert evtl. eine Erweiterung des Umgebungsbereichs des Betriebssystems (Vorgabe: 160 Byte). Der Umgebungsbereich wird durch die entsprechende Konfigurationsanweisung in der Datei CONFIG.SYS vergrößert. Beispiel:

```
SHELL=\hilfe\dosbef\command.com /e:512 /p
```

Diese Anweisung setzt den Umgebungsbereich auf 512 Byte, eine meist ausreichende Größe. Die Änderung der CONFIG.SYS wird erst nach dem nächsten Systemstart wirksam.

MS-DOS-Wegweiser Festplatten-Management Kompaktkurs

1	Festplatten-Management über die DOS-Shell	1
2	Festplatten-Management über die DOS-Befehlszeile	43
3	Festplatten-Management über benutzerdefinierte Menü-Modelle	105
3.1	Modell 1: Elementares System mit Unterverzeichnissen	105
3.2	Modell 2: Menüorientiertes System mit Stapeldateien	123
3.3	Modell 3: Menüorientiertes System mit Assembler-Programm	137
4	Stapelverarbeitung als Hilfsmittel	183
5	Patch-Kurs mit DEBUG	289

Von Stapelverarbeitung spricht man, wenn eine in einer Stapeldatei gespeicherte Befehlsfolge zu einem bestimmten Zeitpunkt - wie gestapelt -
ausgeführt wird. Eine Stapeldatei ist eine Textdatei, in der DOS-Befehle,
andere COM- und EXE-Dateien sowie spezielle Stapelbefehle stehen können.

- In Abschnitt 2.4 wurden die Befehle dargestellt, die MS-DOS spe-
  ziell für Stapeldateien (Stapelprogramme bzw. Batchprogramme)
  anbietet.
- In Abschnitt 3 wurden in drei Modellen einfache Stapeldateien zur
  Festplattenverwaltung eingesetzt.
- Im vorliegenden Abschnitt 4 wird auf fortgeschrittene Methoden
  und Techniken der Stapelprogrammierung eingegangen - natürlich
  stets im Hinblick auf die Organisation und Wartung der Festplatte.

4.1 Programmierung von Stapeldateien

4.1.1 Allgemeine Programmiertips

Die folgenden 20 Punkte geben - alphabetisch geordnet - einige wichtige
Tips zur Programmierung von Stapeldateien:

1) *Bedienerfreundlich* müssen Stapeldateien in jedem Fall sein: Der
   Benutzer muß Hinweise und Warnungen erhalten. Auf die richtige
   Syntax ist insbesondere beim unkorrekten Programmaufruf hinzuweisen. Eine Datei darf nur nach vorheriger Eingabeprüfung gelöscht werden.

2) *BREAK=ON:* Beim Testen von Stapeldateien ist es oftmals unum-
   gänglich, mit Ctrl-C oder Ctrl-Break einen Ablauf zu unterbrechen (z.B. bei Vorliegen einer Endlosschleife). Mit dem Befehl
   BREAK=ON erreichen Sie, daß MS-DOS die Tasten Strg-C auch
   immer abfragt. Geben Sie BREAK=ON von Hand ein oder setzen
   Sie den Befehl in eine der Dateien CONFIG.SYS bzw. AUTO-
   EXEC.BAT (vgl. Abschnitt 2.5.2).

3) *Buffergröße mit BUFFERS=... über CONFIG.SYS auf z.B. 20 erhöhen:* Stapeldateien laufen sehr langsam ab, wenn man sie von
   der Diskette startet. Stellt man beim Systemstart über CONFIG-
   .SYS (vgl. Abschnitt 2.5.2) mit BUFFERS=16 oder BUFFERS=24
   einen größeren Pufferspeicher ein, geht die Ausführung rascher
   vonstatten. Dies gilt auch für BAT-Dateien, die auf der Festplatte
   abgelegt sind.

4) *COPY C:\HILFE\STAPEL*.BAT A:* Vor dem Testen von Stapeldateien auf der Festplatte (z.B. im Verzeichnis C:\HILFE\STAPEL) sind diese zur Sicherheit in jedem Fall auf einen anderen Externspeicher (z.B. auf eine Diskette in Laufwerk A:) zu kopieren.

5) *@ECHO OFF:* So beginnt eine Stapeldatei in aller Regel. Der "Klammeraffe" ist ab DOS 3.3 verfügbar und verbirgt das Echo der Befehlsausführung vor den Augen des Benutzers.

6) *ECHO ON:* Will eine Stapeldatei einfach nicht laufen - ECHO ON protokolliert Ihnen die Ausführung jedes einzelnen Befehls am Bildschirm. Verwenden Sie dabei Strg-S als Start-/Stop-Schalter.

7) *Eingaben in Stapeldateien* lassen sich mit den Programmen MENUKEYS.COM (über Tastatur und Maus), KEYS.COM (siehe Abschnitt 6) oder mit im Handel befindlichen Programmen, zum Beispiel mit NORTON's ASK.COM (NORTON UTILITIES), vornehmen.

8) *Erstellen einer Stapeldatei S.BAT (als Beispiel) auf vier Arten:*

```
1. edlin s.bat (DOS-Editor aufrufen)
2. word s.bat, wordstar usw. (Textverarbeitung als Editor)
3. copy con s.bat .... Strg-Z
4. type con > s.bat .... Strg-Z
```

9) *FOR-Befehl außerhalb einer Stapeldatei:* Dabei muß die %%Variable als %Variable (also nur ein "%") geschrieben werden (siehe Abschnitt 2.4.2 und 4.1.2, Datei datsuch1.bat). Hinter "%%" bzw. "%" muß ein Buchstabe in Klein- oder Großschreibung folgen: z.B. %%a, %%I, %w.

10) *IF String1==String2* führt einen Stringvergleich durch und berücksichtigt dabei Groß-/Kleinschreibung (z.B. ".BAT" ungleich ".bat").

11) *Menü ruft Stapeldateien auf:* In Stapeldateien sind in der Regel relativ kurze Abläufe niedergeschrieben, d.h. sie belegen selten mehr als 1 KB. Da MS-DOS beim Speichern auf der Festplatte Sektoren stets gruppenweise vergibt (eine Gruppe von Sektoren bezeichnet man als *Cluster*), werden für eine Stapeldatei beim PC AT (20-MB-Platte) jeweils mindestens 2048 Bytes verbraucht. Um Platz zu sparen, empfiehlt es sich deshalb, viele kleine BAT-Da-

teien zu einer Datei zusammenzufassen, um sie über ein überge-
ordnetes Menü aufzurufen zu können.

12) *Labels als Sprungziele für GOTO:* Diese können länger als acht
Zeichen sein, wobei MS-DOS nur die ersten 8 Zeichen prüft.
GOTO ende (ohne ":") springt zur Zeile mit :ende (mit ":").

13) *Leerzeile ausgeben mittels ECHO:* Durch Verwendung von
```
ECHO.                    (ab DOS 3.3)
ECHO Leerstelle Alt-255   (vor DOS 3.3)
```
gibt der ECHO-Befehl bei der Ausführung eine Leerzeile aus.

14) *Parameter:* Beliebig viele Parameter können übergeben werden.
MS-DOS kann aber nur 10 Parameter %0, %1, %2 usw. gleichzeitig
verwalten. %0 enthält den Stapeldateinamen. SHIFT macht den jeweils nächsten Parameter verfügbar (siehe Abschnitt 2.4.2).

15) *Parameter-Stapeldateien stets mit IF-Abfrage beginnen:*
```
if "%1"=="" goto ...

if not "%1"=="string" goto ...
```
Damit wird vermieden, daß die Stapeldatei bei irrtümlichem Aufruf ohne Parameterwert(e) fehlerhaft ausgeführt wird (siehe Abschnitt 4.1.2, abfrage1.bat).

16) *RAM-Disk zur Beschleunigung:* Kopiert man alle oft benötigten
BAT-Dateien beim Systemstart auf eine RAM-Disk, werden die
gestapelten Befehle viel schneller ausgeführt.

17) *Schachteln von Stapeldateien durch CALL:* CALL ist seit DOS 3.3
verfügbar. In vorangegangenen DOS-Versionen muß stattdessen
COMMAND /C verwendet werden. Aufrufe einer Stapeldatei
durch sich selbst (rekursive Stapeldatei) sind erlaubt und oft
sinnvoll (siehe Abschnitt 4.3 mit Programm APRINT.BAT).

18) *Getrennte Speicherung von BAT-Dateien:* Stapeldateien möglichst
getrennt in einem gesonderten Unterverzeichnis wie z.B. STAPEL,
ablegen, nicht aber mit anderen Dateitypen wie PAS, COM, EXE,
PRG "in bunter Mischung".

19) *Trennungszeichen "," oder "Leerstelle":* s d1 d2 und s,d1,d2 sind
identisch: Stapeldatei s mit Parameterwerten d1 und d2 aufgerufen.

20) *Verkettung von Stapeldateien* durch Aufruf einer zweiten Stapeldatei am Ende der ersten (rufenden) Stapeldatei (siehe Abschnitt
4.1.2, Datei kette1.bat).

4.1.2   Ausgewählte Beispiele

4.1.2.1 Umgebungsvariablen ansprechen

Vom Betriebssystem her werden die drei Umgebungsvariablen PROMPT, PATH und COMSPEC gesetzt. Darüberhinaus kann der Benutzer eigene Umgebungsvariablen über den SET-Befehl definieren (siehe Abschnitt 2.5.3).

Programm BEREIT1.BAT prüft die PROMPT-Variable:
MS-DOS stellt in der PROMPT-Variablen normalerweise (d.h. standardmäßig) "ng" bereit; das Promptzeichen erscheint als "Laufwerkskennzeichen (n), gefolgt vom Größerzeichen (g)". BEREIT1.BAT zeigt an, ob dieses oder ein vom Benutzer eingestelltes Bereitschaftszeichen eingestellt wurde. Mittels %PROMPT% wird dabei die Umgebungsvariable im Stapel aufgerufen.

```
@echo off
rem Name: bereit1.bat
rem Zweck: PROMPT-Variable anzeigen
rem -------------------------------
echo Inhalt von PROMPT: %prompt%
if "%prompt%"=="" goto normal
if "%prompt%"=="$n$g" goto normal
echo Spezielles Bereitschaftszeichen
goto ende
:normal
echo Normales Bereitschaftszeichen
:ende
echo Ende von Stapel bereit1
```

```
B:\>bereit1
Inhalt von PROMPT: $p$g
Spezielles Bereitschaftszeichen
Ende von Stapel bereit1
B:\>

B:\>set prompt=$n$g
B:\>bereit1
Inhalt von PROMPT: $n$g
Normales Bereitschaftszeichen
Ende von Stapel bereit1
```

Programm PFADE1.BAT zeigt alle Pfade an, die gerade über die PATH-Variable eingestellt sind:
Durch die FOR-Schleife werden die Pfade nacheinander angezeigt. Gibt man den SET-Befehl ein, erscheinen die Pfade als Zuweisung zu PATH in einer Befehlszeile.

```
@echo off
rem Name: pfade1.bat
rem Zweck: Alle Suchpfade anzeigen
rem -------------------------------
```

```
B:\>pfade1
In PATH eingetragene Suchpfade:
C:\
C:\HILFE\DOSBEF
```

```
echo In PATH eingetragene Suchpfade:
for %%a in (%path%) do echo %%a
```

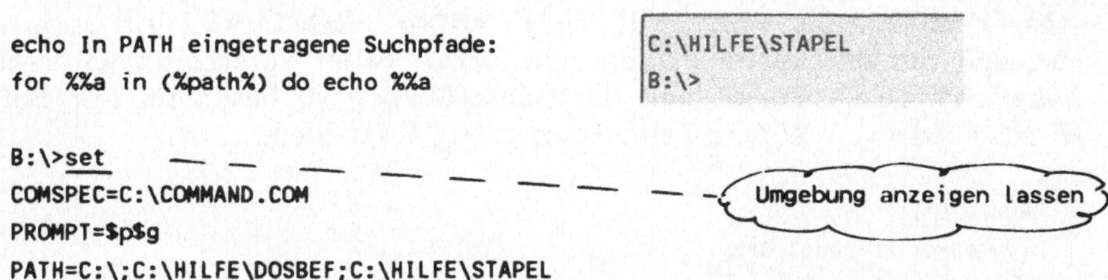


```
B:\>set
COMSPEC=C:\COMMAND.COM
PROMPT=$p$g
PATH=C:\;C:\HILFE\DOSBEF;C:\HILFE\STAPEL
```


Programm UMGEBUNG.BAT protokolliert die eingestellte Umgebung:
Mit SET werden alle Umgebungsvariablen angezeigt (System und Benutzer), mit ECHO hingegen nur die vom System eingestellten Variablen.

```
@echo off
rem Name: umgebung.bat
rem Zweck: Umgebungsvariablen anzeigen
rem ----------------------------------
echo Definierte Umgebungsvariablen:
set
echo Systemvariablen einzeln anzeigen:
echo comspec=%comspec%
echo prompt=%prompt%
echo path=%path%
```

```
B:\>umgebung
Definierte Umgebungsvariablen:
COMSPEC=C:\COMMAND.COM
PROMPT=$p$g
PATH=C:\;C:\HILFE\DOSBEF;C:\HILFE\STAPEL
BENUTZER=Kaier
TEXTE=C:\TOOL\WORD
Systemvariablen einzeln anzeigen:
comspec=C:\COMMAND.COM
prompt=$p$g
path=C:\;C:\HILFE\DOSBEF;C:\HILFE\STAPEL
```

4.1.2.2 Eingabe von Parametern abfragen

Programm ABFRAGE1.BAT überprüft erforderliche Parametereingabe:
Wird eine mit einem Parameterwert aufzurufende Stapeldatei aus Versehen parameterlos aufgerufen, dann wird die Datei nach Ausgabe von "Syntax Error" dennoch ausgeführt - mit möglicherweise verhängnisvollen

Auswirkungen. Die Abfrage IF NOT "%1"=="" GOTO WEITER sorgt dafür, daß nur der korrekte Programmaufruf weiter verarbeitet wird (nach Label :WEITER). Dabei sind die Gänsefüßchen zu beachten: Der Befehl IF NOT %1== .... könnte keinen Leerstring feststellen.

```
@echo off
rem Name: abfrage1.bat
rem Zweck: Parametereingabe-Fehler testen
rem -------------------------------------
if not "%1==" goto weiter
echo Bitte abfrage1 mit Parameter aufrufen
goto ende
:weiter
echo ... Befehle ...
:ende
echo Ende von Stapel abfrage1.bat
```

```
B:\>abfrage1
Bitte abfrage1 mit Parameter aufrufen
Ende von Stapel abfrage1.bat


B:\>abfrage1 klaus
... Befehle ...
Ende von Stapel abfrage1.bat
```

Programm ABFRAGE2.BAT unterscheidet zwei Parameter:
IF "%1"=="" IF "%2"=="" GOTO FEHLER1 beinhaltet eine logische Verknüpfung: Zum Label :FEHLER1 wird nur dann verzweigt, wenn die erste *und* die zweite Bedingung erfüllt sind; in diesem Falle, wenn mindestens 2 Parameter angegeben wurden. Mehrere hintereinander geschriebene IF-Befehle verknüpfen somit gemäß "logisch UND". Schreibt man IF-Befehle dagegen in Folgezeilen, wird gemäß "logisch ODER" verknüpft. Das Fehlen des zweiten Parameters wird von MS-DOS ignoriert. Wird nur ein einziger Parameter angegeben, dann wird dieser stets als 1. Parameter aufgefaßt.

```
@echo off                               B:\>abfrage2
rem Name: abfrage2.bat                  Fehler: beide Parameter fehlern
rem Zweck: Parametereingabe-Fehler testen   Ende von Stapel abfrage2.bat
rem -------------------------------------
if "%1==" if "%2==" goto fehler1        B:\>abfrage2 lena
if "%2==" goto fehler2                  Fehler: 2. Parameter fehlt
echo Parametereingabe: %1 %2            Ende von Stapel abfrage2.bat
goto ende
```

```
:fehler1
echo Fehler: beide Parameter fehlen
goto ende
:fehler2
echo Fehler: 2. Parameter fehlt
:ende
echo Ende von Stapel abfrage2.bat
```

```
B:\>abfrage2 lena tillmann
Parametereingabe: lena tillmann
Ende von Stapel abfrage2.bat
```

4.1.2.3 Parameter beim Stapelaufruf trennen

Programm KOPIERE1.BAT kopiert mit Angabe von drei Parametern:
Beim Stapelaufruf KOPIERE DAT1 B: DAT2 darf die Leerstelle zwischen
B: und DAT2 nicht vergessen werden. Nur dann wird B: nach %2 und
DAT2 nach %3 zugewiesen.

```
@echo off
rem Name: kopiere1.bat
rem Zweck: TXT-Dateien kopieren
rem --------------------------
copy %1.txt %2%3.txt
echo Nun angelegte TXT-Dateien:
dir *.txt/w
echo Ende von Stapel kopiere1.bat
```

```
B:\>kopiere dat1 b: dat2
     1 Datei(en) kopiert
Nun angelegte TXT-Dateien:
 Dskt/Platte in Laufwerk B
 Verzeichnis von B:\
DAT1     TXT    DAT2     TXT
     2 Datei(en)   347136 Byte frei
Ende von Stapel kopiere1.bat
```

Programm KOPIERE2.BAT mit " " und "," zum Trennen von Parametern:
Anstelle der Leerstelle kann auch das Komma zur Trennung von Parametern angegeben werden. Beim Aufruf KOPIERE2 B:DAT1.TXT A: wird
kein 3. Parameter eingegeben. MS-DOS ignoriert diesen: B:DAT1.TXT
wird nach %1 und A: nach %2 zugewiesen. Das bedeutet, daß DAT1.TXT
von B: nach A: kopiert und dort unter demselben Namen abgelegt wird.

```
@echo off
rem Name: kopiere2.bat
rem Zweck: Dateien kopieren
rem ---------------------
copy %1 %2%3
echo Ende von Stapel kopiere2.bat
```

```
B:\>kopiere2 b:dat1.txt b:,dat3.txt
     1 Datei(en) kopiert
Ende von Stapel kopiere2.bat


B:\>kopiere2 b:dat1.txt a:
     1 Datei(en) kopiert
Ende von Stapel kopiere2.bat
```

4.1.2.4 FOR innerhalb und außerhalb des Stapels

Die meisten Stapelverarbeitungsbefehle wie ECHO, GOTO und IF kommen sinnvollerweise nur innerhalb eines Stapelprogramms zum Einsatz. Der FOR-Befehl bildet hier eine Ausnahme und kann sinnvoll immer dann auch in der MS-DOS-Befehlsebene eingesetzt werden, wenn *schleifenförmig* Auskunft erteilt werden soll. Dabei ist die %%Variable als %Variable zu schreiben.

Programm ZEISUCH1.DAT durchsucht Dateien nach einer Zeichenkette: %1 gibt den Dateityp aller zu suchenden Dateien an und %2 den Suchstring. Der Parameter /N zeigt die Zeilennummer im jeweiligen Stapelprogramm an. Wird der FOR-Befehl unmittelbar am System-Prompt eingegeben, muß %%a durch %a ersetzt werden.

```
@echo off
rem Name: zeisuch1.bat
rem Zweck: Zeichen in Dateien suchen
rem --------------------------------
for %%a in (*.%1) do find /n "%2" %%a
echo Ende von Stapel zeisuch1.bat
```

```
B:\>zeisuch1 bat for
---------- BEREIT1.BAT
---------- PFADE1.BAT
[6]for %%a in (%path%) do echo %%a
---------- UMGEBUNG.BAT
---------- ABFRAGE1.BAT
---------- ABFRAGE2.BAT
[5]for %%a in (*.%1) do find /n "%2" %%a
Ende von Stapel zeisuch1.bat
```

Programm DATSUCH1.BAT zum Durchblättern aller Dateien eines bestimmten Dateityps:
"Durchblättern" bedeutet, daß der z.B. beim Aufruf von DATSUCH1 der Textinhalt aller Batch-Dateien im aktuellen Laufwerk Zeile für Zeile angezeigt wird, wobei der Benutzer mit Strg-S stoppen und weiterfahren kann. Zu beachten ist, daß der TYPE-Befehl dabei mit einem Joker-Zeichen aufgerufen wird, was in der Befehlsebene von MS-DOS sonst nicht möglich ist.

```
@echo off
rem Name: datsuch1.bat
rem Zweck: Dateiinhalte am Bildschirm anzeigen
rem -------------------------------------------
for %%a in (*.%1) do type %%a
echo Ende von Stapel datsuch1.bat
```

4.1.2.5 Stapeldateien verketten

In einer Stapeldatei kann eine weitere Stapeldatei (z.B. kette2) durch Hinschreiben des Dateinamens oder über *CALL Dateiname* (erst ab MS-DOS 3.3) aufgerufen werden.

```
B:\>kette2          kette2.bat ausführen und Kontrolle an DOS-Prompt
                    übergeben.
B:\>call kette2     kette2.bat ausführen und Kontrolle an die Folgezeile der
                    rufenden Datei übergeben.
```

Zwei Möglichkeiten des Unterprogrammaufrufs ab MS-DOS 3.3

Dateiaufruf durch Hinschreiben des Dateinamens: Da die Kontrolle nach dem Abarbeiten des Stapels direkt an die Befehlsebene von MS-DOS zurückgegeben wird, werden die dem Stapeldateiaufruf folgenden Befehle *nicht ausgeführt*. Aus diesem Grunde schreibt man den zu verkettenden Stapel ans Ende der rufenden Datei.

Programm KETTE1.BAT ruft Programm KETTE2.BAT auf:
Zu beachten ist, daß der letzte ECHO-Befehl der Stapels KETTE1.BAT niemals ausgeführt werden kann. Grund: Das zuvor gerufene Programm KETTE2.BAT gibt die Kontrolle an die MS-DOS-Befehlsebene zurück.

```
@echo off                                     B:\>kette1
rem Namen: kette1.bat                         Datei kette1.bat wird ausgeführt
rem Zweck: Verkettung von Stapeldateien       kette1.bat ruft kette2.bat
rem --------------------------------------    Datei kette2.bat wird ausgeführt
echo Datei kette1.bat wird ausgeführt.        Ende von Stapel kette2.bat.
echo kette1.bat ruft kette2.bat.
kette2
echo Diese Zeile wird nie ausgefuehrt.


@echo off
rem Namen: kette2.bat
rem Zweck: Verkettung von Stapeldateien
rem --------------------------------------
echo Datei kette2.bat wird ausgeführt.
echo Ende von Stapel kette2.bat.
```

Verkettung und Unterprogrammaufruf nicht verwechseln: Eine Stapeldatei kann auch wie ein Unterprogramm (Prozedur) aufgerufen werden, d.h. nach der Abarbeitung zum rufenden Stapel zurückkehren. Dazu jedoch muß der COMMAND-Befehl (siehe Abschnitt 4.1.3) oder der ab DOS 3.3 verfügbare CALL-Befehl verwendet werden.

```
@echo off
rem Namen: kette3.bat
rem Zweck: Stapel als Unterprogramm rufen
rem ---------------------------------
echo Datei kette3.bat wird ausgeführt.
echo kette3.bat ruft kette2.bat als Upro.
call kette2
echo Ende von Stapel Kette3.bat.
```

```
B:\>kette3
Datei kette3.bat wird ausgeführt
kette3.bat ruft kette2.bat
Datei kette2.bat wird ausgeführt
Ende von Stapel kette2.bat.
Ende von Stapel kette3.bat.
```

4.2 Escape-Sequenzen

Eine Reihe von interessanten Variationsmöglichkeiten für die Gestaltung des Bildschirms, die Cursorsteuerung und die effiziente Verwendung von Stapeldateien werden in den MS-DOS-Handbüchern entweder nur spärlich oder gar nicht dargestellt. So bleibt es oft der Phantasie des Anwenders überlassen, aus dem geringen Informationsangebot nach dem Prinzip "Trial and Error" Nutzen für die Anpassung seines PCs an die eigenen Bedürfnisse zu ziehen. Die Autoren kennen die Mühen dieses Weges aus eigener Erfahrung und unternehmen in den folgenden Abschnitten den Versuch, dem Leser Hilfestellung zu den meist vernachlässigten Thema "Escape-Sequenzen und BAT-Dateien" zu geben.

Escape-Sequenzen in den Handbüchern: In den IBM-Bediener-Handbüchern von IBM (ab Version 3.0) fehlt die Beschreibung von Escape-Sequenzen weitgehend. Das IBM-Bedienerhandbuch zu PC-DOS 4.00 verweist unter dem Stichwort ANSI.SYS auf das Referenzhandbuch DOS 4.00.

Wie bereits früher erwähnt, muß man beim Systemstart den Treiber für die erweiterte Tastatur- und Bildschirmsteuerung ANSI.SYS laden lassen; nur dann können Escape-Sequenzen verwendet werden. Die Datei CONFIG.SYS muß beim Systemstart den folgenden Befehl enthalten:

```
device=\hilfe\dosbef\ansi.sys
```

Hier wird vorausgesetzt, daß sich die Datei ANSI.SYS in Verzeichnis \HILFE\DOSBEF befindet

4.2.1 Systemanfragen erzeugen

Die beiden Stapeldateien P1.BAT und P2.BAT sollen dem Benutzer Anregung geben, seinen eigenen Systemprompt zu entwickeln. Sie zeigen, wie einfach der Benutzer eigene Systemanfragen am Bildschirm anzeigen lassen kann. Die Legende der dabei verwendeten PROMPT-Meta-Zeichen und Escape-Folgen ist in der Abbildung zusammengefaßt. Metazeichen und Escape-Folgen dürfen in einer PROMPT-Anweisung gemischt werden.

Meta-Zeichen:

$d	Anzeige des Datums
$e	Escape-Zeichen des ASCII-Codes
$g	Zeichen >
$h	Wie Backspace: Cursor zurück und 1 Zeichen löschen
$p	Anzeige des aktuellen Verzeichnisses
$t	Anzeige der Uhrzeit

Escape-Folgen:

#A	Cursor um # Zeilen nach oben bewegen
#C	Cursor um # Spalten nach rechts bewegen
#;#f	Cursor in die angegebene Position bringen, wobei #;# der Zeile und der Spalte des Bildschirms entsprechen
K	Zeile ab dem Cursor löschen
0m	Normales Zeichenattribut für nachfolgende Zeichen setzen
7m	Inverses Zeichenattribut für nachfolgende Zeichen setzen
s	Augenblickliche Cursorposition speichern
u	Cursor in gespeicherte Position bringen

Für die Beispiele verwendete Meta-Zeichen und Escape-Folgen

4.2.1.1 Systemanfrage links unten

Ausführung von Stapeldatei P1.BAT: Die Systemanforderung (Bereitschaftszeichen) hat nach Ausführung von P1.BAT dieses Aussehen:

```
C:\HILFE\STAPEL> _                        15.31 Uhr  Mo. 26.5.89
```

Die Systemanforderung steht immer in der linken, unteren Ecke des Bildschirms; Zeit und Datum sind in der rechten, unteren Ecke zu sehen. Dieses Prompt hat zwei Vorzüge.
- Das Auge braucht den Bildschirm nicht nach dem Cursor abzusuchen, er steht immer links unten.
- Die aktuelle Zeit und das Datum werden angezeigt, sobald man die Return-Taste antippt.

```
@rem p1.bat, Erzeugen eines Prompt mit Fußzeile
@echo off
prompt $e[24;1f$e[K$e[25;1f$p$g $e[s$e[25;55f$t$h$h$h$h$h$h Uhr  $d$e[u
```

Stapeldatei P1.BAT

Meta-Zeichen und Escape-Folgen von P1.BAT: Die im PROMPT-Befehl von Stapeldatei P1.BAT angegebenen Steuerzeichen führen folgende Schritte aus, wenn MS-DOS nach Beendigung eines Befehls oder Anwenderprogramms die Steuerung wieder übernimmt:
- $e[24;1f Cursor in Zeile 24, Spalte 1 bringen
- $e[K Zeile löschen
- $e[25;1f Cursor in Zeile 25, Spalte 1 stellen
- pg Aktuelles Verzeichnis und > anzeigen, Leerstelle ausgeben
- $e[s Momentane Cursorposition speichern
- $e[25;55f Cursor in Zeile 25, Spalte 55 bringen
- $t Zeit anzeigen
- hhhhhh 6 Rückschritte löschen Sekunden und 1/100 Sekunden
- Uhr Text "Uhr" ausgeben
- $d Datum ausgeben
- $e[u Cursor auf gespeicherte Position setzen

4.2.1.2 Systemanfrage rechts oben

Systemanfrage durch Stapeldatei P2.BAT erzeugen: Die Stapeldatei P2-.BAT erzeugt eine etwas andere Systemanfrage. Nach der Ausführung des dabei vorgesehenen PROMPT-Befehl steht die Systemanfrage immer in der obersten Zeile des Bildschirms; sie hat folgendes Aussehen (in inverser Zeichendarstellung):

```
Verzeichnis C:\HILFE\STAPEL  15.35 Uhr  Mo. 26.5.89 --> _
```

Der Cursor steht rechts vom Pfeil (-->). Nach jeder Eingabe bewegt sich
der Pfeil weiter nach unten und bleibt dann am unteren Rand, während
sich der Bildschirminhalt nach oben schiebt. Die Systemanfrage hingegen
bleibt unbewegt am Bildschirm erhalten. Das Prompt von P2.BAT erzeugt
folgende Schritte:

- $e[s Momentane Cursorposition speichern
- $e[24A Cursor an den obersten Bildrand bringen
- $e[K Ganze Zeile löschen
- $e[8C Cursor um 8 Spalten nach rechts versetzen
- $e[7m Anzeigeattribut auf invers einstellen
- Verzeichnis Text "Verzeichnis:" ausgeben
- $p Aktuelles Verzeichnis anzeigen
- ■Ascii-Zeichen Nr. 219 (wirkt invers wie Leerstelle)
- $t... Zeit und Datum ausgeben (wie P1.BAT)
- $e[0m Anzeigeattribut auf normal einstellen
- $e[u Cursor an gespeicherte Position stellen
- --$g Text "--" und > - Zeichen anzeigen


```
@rem p2.bat, Erzeugen eines Prompt mit Kopfzeile
@echo off
prompt $e[s$e[24A$e[K$e[8C$e[7m Verzeichnis $p ▌
           $t$h$h$h$h$h$h Uhr ▌ $d $e[0m$e[u--$g
```

Stapeldatei P2.BAT

Systemanfrage fest einbauen: Soll eine solche Systemanfrage fest installiert werden, dann ist die PROMPT-Anweisung in die Datei AUTO-
EXEC.BAT aufzunehmen.

4.2.2 Zeichenattribute setzen

Schon im Abschnitt 3.3.6.1 wurde erwähnt, wie man über Escape-Sequenzen Zeichenattribute setzt. Dabei galt es, die Gestaltung des Menüs zu variieren. Nun sollen weitere Anwendungsformen zusätzliche Anregung gegeben werden.

Vier Möglichkeiten, um Escape-Sequenzen an ANSI.SYS leiten: Zunächst
eine Zusammenstellung aller Möglichkeiten, um Escape-Sequenzen an die
Datei ANSI.SYS zu leiten. Die Aufstellung hat auch für den folgenden
Abschnitt zur Tastenbelegung Gültigkeit.

1. Möglichkeit: PROMPT-Befehl
Der PROMPT-Befehl eignet sich nur bedingt zur Übermittlung von Escape-Sequenzen an ANSI.SYS. Wendet man PROMPT in einer Stapeldatei an, werden die Escape-Sequenzen nicht wirksam, wenn der PROMPT-Befehl im ECHO-OFF-Modus ausgeführt wurde. Das bedeutet: es ist nicht möglich, mit PROMPT in Stapelprogrammen Zeichenattributsänderungen und Tastenbelegungen wirksam werden zu lassen, ohne daß der PROMPT-Befehl angezeigt wird. Außerdem muß dem Prompt mit Attribut- und Tastenbelegungsanweisungen ein zweites Prompt folgen, um die Systemanforderung wieder sichtbar zu machen. PROMPT sollte nur zur Modifizierung der Systemanfrage (Abschnitt 4.1.1) eingesetzt werden. Das System fügt das aktuelle Prompt dabei zur Systemumgebung hinzu. Diese ist mit dem Befehl SET (ohne Parameter) jederzeit abfragbar (siehe Umgebungsbefehle in Abschnitt 2.5.3).

2. Möglichkeit: TYPE-Befehl
Der TYPE-Befehl kann Dateien, die beliebige Escape-Sequenzen enthalten, an den Bildschirm senden. ANSI.SYS läßt korrekt formulierte Escape-Sequenzen nicht an den Bildschirm passieren. Sie stören Darstellungen am Bildschirm nicht. Mit TYPE abgeschickte ANSI-Treiberbefehle werden unmittelbar wirksam. Die Anwendung von TYPE empfiehlt sich, wenn man eine Reihe von Dateien mit den unterschiedlichsten Tastatur- und Bildschirmsteuerungsmöglichkeiten bilden möchte. Die Dateinamen können auf die jeweilige Funktion der enthaltenen Steuersequenzen hinweisen.

3. Möglichkeit: ECHO-Befehl
Der ECHO-Befehl vereinigt im Kontext mit Escape-Folgen die Vorzüge von TYPE mit einem weiteren Vorteil: Ohne zusätzliche Dateien einrichten zu müssen, kann man mit ECHO alle möglichen Escape-Folgen direkt an die Datei ANSI.SYS senden. Daran hindert auch der ECHO-OFF-Modus in Stapeldateien nicht. Im Abschnitt 3.3.6.2 wurde dazu bereits eine Anwendungsvariante aufgezeigt.

4. Möglichkeit: Programm-Dateien
Alle Escape-Folgen können auch in maschinensprachliche (.COM, .EXE) oder interpretierende Programme (.BAS, .PRG) eingebunden werden. Jeder Programmierer kann sich so der vollen Bildschirmsteuerung bedienen, ohne daß er auf die Routinen der ROM-BIOS-Ebene zurückgreifen muß. Ebenso gut kann er Tastaturmakros in seinen Programmen definieren. Al-

le Escape-Folgen lassen sich durch die DOS-Funktionsaufrufe (int 21h) 1,2,6 und 9 aktivieren (siehe Tabelle mit ANSI-Befehlen im Anhang).

4.2.2.1 DISKCOPY und FORMAT mit Warnung

Bekanntlich sind die DOS-Befehle FORMAT und DISKCOPY insofern gefährlich, als sie alle Dateien auf der Zieldiskette ohne Vorwarnung zerstören. Will man dem entgehen, benennt man die Dateien FORMAT.COM und DISKCOPY.COM beispielsweise in FORM.COM bzw. DISCOP.COM um und ruft sie nur noch innerhalb der Stapeldateien FORMAT.BAT bzw. DISKCOPY.BAT auf. Das Beispiel von DISKCOPY.BAT macht die Vorgehensweise deutlich.

Wie das Escape-Zeichen im Editor EDLIN erzeugt wird, steht in Abschnitt 3.3.6.1. Kurz sei es hier wiederholt:

- Das Zeichen hat die Erscheinungsform: ^[
- Um es zu schreiben, drückt man zuerst Ctrl-V (Strg-V) und sofort danach Alt-91 (Zeichen [).
- In komfortableren Editoren geht es einfacher; es sind die entsprechenden Handbücher zu Rate zu ziehen.

```
@echo off
cls
rem diskcopy.bat, Diskette kopieren
if not "%1"=="" if not "%2"=="" goto weiter
echo Syntax : DISKCOPY Quellaufwerk: Ziellaufwerk:
goto ende
:weiter
echo ^[[7;5m
echo ^[[8B^[[10C*            W A R N U N G !                    *
echo
echo ^[[B^[[10C^[[0mDISKCOPY löscht alle Dateien auf der Zieldiskette.
echo ^[[B^[[10CFalls Unterbrechung erwünscht, Ctrl + C drücken.^[[9B
pause
cls
discop %1 %2
:ende
```

Stapeldatei DISKCOPY.BAT

Programmbeschreibung zu DISKCOPY.BAT:
- Abfrage nach 2 Parametern mit logischer UND-Verknüpfung.
- Hinweis ausgeben, falls nicht 2 Parameter eingegeben und
- Programm beenden. Andernfalls: Anzeige ausschalten, Bildschirm löschen.
- Attribute invers und blinkend einstellen.
- Cursor 8 Zeilen tiefer, 10 Spalten nach rechts, WARNUNG.
- Cursor 1 Zeile tiefer, 10 Spalten nach rechts, Attribut auf normal stellen, Text ausgeben.
- Dasselbe nochmals und den Cursor 10 Zeilen tiefer stellen.
- Programm anhalten auf Tastendruck warten.
- Bildschirm löschen.
- Programm DISCOP.COM mit 2 Parametern aufrufen.

Die beiden Parameter %1 und %2 sind die Platzhalter für die Laufwerks-
angaben für Quelldiskette und Zieldiskette. Das Stapelprogramm muß wie
folgt aufgerufen werden. Beispiel:

```
C:\HILFE\STAPEL > diskcopy b: a:
```

4.2.2.2 Einfaches Passwortsystem

Um unkundige Spielernaturen an unkontrollierter Nutzung des Festplat-
ten-PCs oder gar der Zerstörung von Dateien zu hindern, kann man ein
einfaches Passwortsystem installieren. Das Passwortsystem läßt sich auch
dann einsetzen, wenn es sich bei den Benutzern des PCs um einen Perso-
nenkreis handelt, der keine oder nur geringe MS-DOS-Kenntnisse besitzt,
und wenn zudem der Zugriff ausschließlich menügesteuert erfolgt.

Zwei Zeichenattribute: Wichtigste Hilfsmittel sind die Zeichenattribute 8
zum Ausschalten und 0 zum Einschalten der Bildschirmanzeige. Die Zeichenattribute werden im Anhang zusammengefaßt.

Aufbau des Passwortsystems in fünf Schritten: Wir bauen das System in
fünf Schritten auf und erstellen dabei die vier Stapeldateien AUTO-
EXEC.BAT, NONAME.BAT, ADD.BAT und SUB.BAT.

Schritt 1: AUTOEXEC.BAT umbenennen
Zunächst wird im Stammverzeichnis die Datei AUTOEXEC.BAT in beispielsweise NONAME.BAT umbenannt.

```
rename autoexec.* noname.*
```

Schritt 2: Neue AUTOEXEC.BAT erstellen

Nun muß eine neue Stapeldatei erstellt werden. Die entscheidenden Anweisungen der Stapeldatei stehen in den beiden letzten Zeilen.

ECHO-Befehl in der vorletzten Zeile:

- Cursor auf dem Bildschirm in Zeile 20, Spalte 19 positionieren
- Text ausgeben
- Bildschirmanzeige unsichtbar schalten

PROMPT-Befehl in der letzten Zeile:

- "Leere" Systemanforderung auf die Position setzen, die dem ausgegebenen Text folgt.
- Damit wird der Cursor neu positioniert.

Die Textausgabe "Softcode" usw. soll dem Passwortsystem einen professionellen Anstrich geben. Wirklich notwendig sind nur die zweite und die beiden letzten Zeilen.

Geänderte Datei AUTOEXEC.BAT als erster Bestandteil des Passwortsystems

Schritt 3: NONAME.BAT zum Umschalten des Zeichenattributs ändern

In der oben gezeigten Form schaltet die Stapeldatei AUTOEXEC.BAT die nach dem auffordernden Text eingegebenen und ausgegebenen Zeichen unsichtbar. Der in MS-DOS ungeschulte Benutzer kann nun nichts mehr

mit dem PC anfangen, es sei denn er wüßte, daß er mit der Eingabe von
NONAME als Passwort weiterkommt. Die Stapeldatei NONAME.BAT
übernimmt die weitere Anpassung des Systems und stellt in der drittletz-
ten Zeile das Zeichenattribut über den ECHO-Befehl auf normal um.

```
@rem c:\noname.bat, Anpassungsdatei für Passwortsystem
prompt $e[0;21;"c:\hilfe\stapel\menu";13p
prompt $p$g
set comspec=c:\hilfe\dosbef\command.com
prompt $p$g
path c:\;c:\hilfe\dosbef;c:\hilfe\util
fastopen c:=(128,256)
ver
date
echo ^[[0m
@echo off
\hilfe\stapel\menu
```

Stapeldatei NONAME.BAT als zweiter Bestandteil des Passwortsystems

Schritt 4: ADD.BAT zum Hinzufügen von Passwörtern erstellen

Ein Passwortsystem muß auch verwaltet werden können. Dazu gehören
Programme zum Hinzufügen und zum Löschen von Passwörtern. NONA-
ME kann als Passwort für den Passwortverwalter gelten. Alle anderen gewünschten Passwörter fügt man mit dem Stapelprogramm ADD.BAT hinzu.

```
@echo off
rem c:\add.bat, Passwort hinzufügen
if not "%1"=="" goto weiter
echo Syntax: ADD Passwort
goto ende
:weiter
if exist %1.BAT echo Passwort bereits gebucht!
if exist %1.BAT goto ende
echo noname > %1.bat
:ende
```

Stapeldatei ADD.BAT als dritter Bestandteil des Passwortsystems

Zu Datei ADD.BAT: Der Scheinparameter %1 repräsentiert das jeweilige
Passwort. Das heißt, %1 wird immer durch das Passwort ersetzt. Die Programmzeilen 7 - 9 von ADD.BAT führen folgende Arbeitsschritte durch:

- Falls das Passwort schon vorhanden: Nachricht ausgeben und zum Programmende springen.
- Andernfalls: BAT-Datei anlegen, die den Programmaufruf NONA-ME enthält.
- Die vom ECHO-Befehl abgeschickte Meldung "noname" wird von MS-DOS durch ">" in die BAT-Datei umgeleitet.

Aufgabe von Datei FLICFLAC.BAT: Das "Passwort" ist der Name einer Stapeldatei. Hinter dem angenommenen Passwort FlicFlac verbirgt sich nach Ausführung des Befehls

```
add flicflac
```
die folgende Stapeldatei:

```
type flicflac.bat
noname
```

Das Programm FLICFLAC.BAT hat demnach nur die eine Aufgabe, die Datei NONAME.BAT aufzurufen.

Schritt 5: SUB.BAT zum Löschen von Passwörtern erstellen
Zum Löschen eines Passwortes oder auch einer beliebigen Stapeldatei dient das Programm SUB.BAT.

```
@echo off
rem c:\sub.bat, Passwort löschen
if not "%1"=="" goto weiter
echo Syntax: SUB Passwort
goto ende
:weiter
if not exist %1.BAT echo Passwort nicht vorhanden !
if exist %1.BAT del %1.BAT
:ende
```

Stapeldatei SUB.BAT als vierter Bestandteil des Passwortsystems

Das Paßwortsystem kann auch in die Menüstapeldateien (über MENU-.BAT) eingebaut werden. In diesem Falle ist es möglich, lediglich einzelne Programme oder Verzeichnisse gegen unerwünschte Zugriffe zu schützen. Man hat aber darauf zu achten, daß die Codewortstapeldatei wieder zu einer MENU.BAT zurückführt, d.h. diese aufruft.

4.2.3 Tastenbelegung vornehmen

Tasten mit Zeichenketten belegen: Der routinierte PC-Benutzer findet es
immer wieder mühsam, oft anfallende Befehle oder Befehlsfolgen wiederholt Zeichen für Zeichen einzutippen. MS-DOS kann diesbezüglich Er-
leichterung schaffen. Es bietet durch ANSI.SYS einen Weg, um Tasten
bzw. Kombinationen der Tasten Shift, Strg/Ctrl und Alt mit Zeichenketten (Strings) zu belegen.

Scancode ungleich ASCII-Code: Der Druck auf eine Taste bewirkt, daß
die Tastatur einen Abtastcode (Scancode) an die Zentraleinheit schickt.
Der Abtastcode ist nicht identisch mit dem ASCII-Code. Das ROM-BIOS
übernimmt den Abtastcode und übersetzt ihn in die für den Benutzer
sichtbare Bedeutung, also in ein Zeichen (ASCII-Code) oder in den Code
für eine Funktion.

Tastenbelegung ändern über ANSI.SYS: Bindet man nun beim Start des
PCs die Datei ANSI.SYS als Einheitentreiber mit ins Betriebssystem ein,
so kann man ANSI.SYS über Escape-Sequenzen mitteilen, daß eine Taste
eine von der Norm abweichende Bedeutung erhalten soll. Die ANSI-
Treiberroutinen wandeln daraufhin die Bedeutung der Tasten ab. Die
neue Funktion der Taste bleibt so lange erhalten, bis eine Neudefinition
oder ein Warmstart erfolgt bzw. der PC abgeschaltet wird.

ANSI.SYS arbeitet wie ein Filter: ANSI.SYS stellt man sich am besten als
einen Filter vor. Er prüft jeden von einer Taste stammenden Abtastcode
und vergleicht ihn mit einer Liste der Tastaturbelegungen. Die einer Taste
entsprechende Bedeutung, die dort abgelegt ist und gefunden wird, über-
mittelt ANSI.SYS schließlich dem System. Zwei Vorgänge sind es, die
man in diesem Zusammenhang trennen muß:
- ANSI.SYS registriert aufgrund einer mittels PROMPT, TYPE,
  ECHO oder einem COM- bzw. EXE-Programm gesendeten Escape-Sequenz die Neuzuordnung eines Abtastcodes.
- ANSI.SYS interpretiert von diesem Zeitpunkt an die zugeordnete
  Taste ihrer neuen Bedeutung entsprechend.

Tasten kann mit PROMPT, ECHO und TYPE eine neue Bedeutung zugeordnet werden. Auf diese Möglichkeiten ist nun an Beispielen einzugehen.

4.2.3.1 Belegung von Tasten mit PROMPT

Ordnet man Tasten mit PROMPT zu, verdienen folgende Punkte besondere Beachtung:
- Vor der Ausführung von PROMPT muß sich der PC im Anzeigestatus ECHO ON befinden.
- Die beiden Zeichen $e ersetzen (nur beim PROMPT-Befehl!) das Escape-Zeichen.
- Direkt nach $e[muß der ASCII-Code für die zu belegende Taste stehen. Der Code kann aus einem oder zwei dezimalen Zahlen bestehen. Sind es zwei Zahlen, so muß die erste eine Null sein und von der zweiten Zahl durch ein Semikolon getrennt werden. Siehe die Tabelle über den ASCII-Code und den erweiterten ASCII-Code im Anhang.
- Im Anschluß an den ASCII-Code der Taste folgen, jeweils durch Semikolon abgetrennt, beliebige Zeichenketten in Anführungszeichen oder einzelne Zeichen in Form von ASCII-Code-Nummern.
- Die ASCII-Nummer 13 ersetzt die Returntaste.
- Der Ausdruck muß mit dem Kleinbuchstaben p enden.
- Nach der Tastenzuordnung mit PROMPT muß die Systemanfrage wiederhergestellt werden, d.h. ein Prompt-Befehl zur Einstellung der Systemanfrage muß die Tastendefinition abschließen.

```
@echo off
rem t2.bat, Tastaturbelegung ändern
cls
if "%1"=="" goto fehler
if EIN==%1 goto ein
if ein==%1 goto ein
if AUS==%1 goto aus
if aus==%1 goto aus
:fehler
echo Syntax: T2 ein
echo oder:   T2 aus
goto ende
:ein
echo ˆ[[0;65;"copy "p
echo ˆ[[0;66;"dir/p";13p
echo ˆ[[0;67;"erase "p
echo ˆ[[0;68;"type "p
echo ˆ[[0;98;"t2 ein";13p
echo ˆ[[0;99;"t2 aus";13p
echo ˆ[[2Jˆ[[7m Tastenbelegung durchgeführt ˆ[[0m
goto ende
:aus
echo ˆ[[0;65;0;65p
echo ˆ[[0;66;0;66p
echo ˆ[[0;67;0;67p
```

```
echo on
prompt $e[0;65;0;65p
prompt $e[0;66;0;66p
prompt $e[0;67;0;67p
prompt $e[0;68;0;68p
@echo off
cls
:ende
prompt $p$g
```

*Stapeldatei T1.BAT zum Ändern der Tastenbelegung mit
dem PROMPT-Befehl*

Programmbeschreibung zu T1.BAT in Stichworten:
- Das Programm T1.BAT fordert die Eingabe eines der vier Parameter AN, an, AUS oder aus an. Zum Anschalten der Tastenbelegung gibt man z.B. ein:

  ```
  C:\> t1 an
  ```
- Die Zeilen 5 - 8 fragen diesen Parameter ab und verzweigen zu den Labels :an oder :aus. Der IF-Befehl unterscheidet Groß- und Kleinschreibung, deshalb die zweifache Abfrage.
- Die Zeilen 10 - 11 geben eine Fehlermeldung aus, wenn der Parameter vergessen wurde. Dann verzweigt Zeile 12 zum Label :ende.
- Unter Label :AN wird der ECHO-ON-Modus eingeschaltet, um die mit PROMPT gesendeten Escape-Sequenzen wirksam werden zu lassen. Dann erfolgt die Belegung der Tasten:

Tasten:	Codes:
F7-F10	0;65 - 0;68
Ctl-F5 und Ctrl-F6	0;98 und 0;99

- Hinter den Codes folgt die neue Bedeutung der Taste.
- Die Tasten Ctrl-F5 und Ctrl-F6 wurden mit den Befehlen T1 AN und T1 AUS belegt. Wurde das Stapelprogramm T1.BAT einmal ausgeführt, läßt sich die Belegung der Tasten F7 bis F10 mit diesen beiden Tastenkombinationen jederzeit aus- und einschalten. Sie rufen das Stapelprogramm auf. Die Tasten Ctrl-F5 und Ctrl-F6 bleiben jedoch zugeordnet.
- Die PROMPT-Befehle unter dem Label :AUS setzen die Tasten F7 bis F10 auf ihre ursprüngliche Bedeutung zurück.
- Die letzte Zeile von Programm T1.BAT setzt die Systemanforderung neu. Das ist nach jeder Tastenzuordnung mit PROMPT notwendig.

Es man so scheinen, als könne man mit Escape-Sequenzen dieser Art unter einer Taste eine Art von Stapeldatei speichern; dem ist keineswegs so. Man merkt dies, wenn man versucht, eine Taste so umzudefinieren, daß sie selbst wieder eine Escape-Sequenz erzeugt - etwa um die Bildschirmanzeige auszuschalten. Da die Datei ANSI.SYS alle Tastencodes filtert und die entsprechenden Neudefinitionen erzeugt, prüft das System folgerichtig nicht mehr die von ANSI.SYS selbst erzeugten Zeichenfolgen auf das Auftreten von Escape.

4.2.3.2 Belegung von Tasten mit ECHO

Die Zuordnung von Tastenbelegungen mit dem ECHO-Befehl bietet gegenüber der Zuordnung mit dem PROMPT-Befehl nur Vorteile:
- Kein ECHO ON-Modus notwendig.
- Keine Anzeige des Belegungsvorgangs.
- Wiederherstellung der Systemanfrage hinfällig.
- Weniger Befehle.

```
@echo off
rem t2.bat, Tastaturbelegung ändern
cls
if "%1"=="" goto fehler
if EIN==%1 goto ein
if ein==%1 goto ein
if AUS==%1 goto aus
if aus==%1 goto aus
:fehler
echo Syntax: T2 ein
echo oder:   T2 aus
goto ende
:ein
echo ^[[0;65;"copy "p
echo ^[[0;66;"dir/p";13p
echo ^[[0;67;"erase "p
echo ^[[0;68;"type "p
echo ^[[0;98;"t2 ein";13p
echo ^[[0;99;"t2 aus";13p
echo ^[[2J^[[7m Tastenbelegung durchgeführt ^[[0m
goto ende
:aus
echo ^[[0;65;0;65p
echo ^[[0;66;0;66p
echo ^[[0;67;0;67p
```

```
echo ˆ[[0;68;0;68p
echo ˆ[[2Jˆ[[7m Tastenbelegung aufgehoben ˆ[[0m
:ende
```

Stapeldatei T2.BAT zum Ändern der Tastenbelegung mit dem
ECHO-Befehl

Programmbeschreibung zu T2.BAT in Stichworten:
- Das Stapelprogramm T2.BAT weist fast den selben Algorithmus
  auf wie T1.BAT. Im wesentlichen sind nur die PROMPT-Befehle
  durch ECHO-Befehle ersetzt worden.
- Die Zeichenfolge ^[[(1 Escapezeichen und 1 öffnende eckige
  Klammer) ist z.B. mit dem Editor EDLIN.COM folgendermaßen
  zu erstellen. Die Tasten Ctrl-V drücken und dann 2 mal eckige
  Klammer, also die Tasten Alt-91, tippen.
- Die Nachrichten werden in inverser Anzeige (^[[7m) auf den
  leeren Bildschirm (^[[2J) ausgegeben.

4.2.3.3 Belegung von Tasten mit TYPE

Vorteil von TYPE: Wenn man mit TYPE Tasten umdefinieren möchte,
muß man sich dafür zwei Dateien schaffen; jeweils eine Datei für das
Ein- und Ausschalten der Tastenbelegung. Dafür jedoch erreicht man eine etwas höhere Verarbeitungsgeschwindigkeit als bei Stapeldateien.

Mnemotechnische Bezeichnungen: Wir wollen nun eine ganz neue Tastenbelegung erproben. Da man sich mnemotechnische Bezeichnungen für
Aktionen besser merken kann als Tastenbezeichnungen F1-F10, sollen uns
Buchstabentasten in Verbindung mit der Alt-Taste als Funktionstasten
dienen. Die Belegung soll folgender Liste entsprechen:

Taste:	*Bedeutung:*
Alt-C	Befehl COPY
Alt-D	Befehl DIR/P
Alt-E	Befehl ERASE
Alt-A	Befehl TYPE (A wie Anzeigen)
Alt-B	Verzeichnis seitenweise anzeigen (wie Baum)
Alt-N	Notizbuch aufschlagen
Alt-W	Textverarbeitung WORD direkt ansteuern

Datei TE für "Tastatur Ein": Die folgende Datei TE schaltet die Tastenbelegung ein.

```
´[[0;46;"copy "p
´[[0;32;"dir/p";13p
´[[0;18;"erase "p
´[[0;20;"type "p
´[[0;48;"tree ¦ more";13p
´[[0;49;"edlin notizen";13p
´[[0;17;"\tool\word\word/c/l";13;"\tool\dbase\dbase";13p
´[[2J´[[7m Tastenbelegung durchgeführt [[0m
```

Datei TE.BAT, um die Tastatur einzuschalten

Datei TE erweitert Tastendefinitionen: Die Belegungsbeispiele, die wir
bereits aus den vorangegangenen Stapeldateien kennen, werden um drei
weitere hilfreiche Tastendefinitionen erweitert.

- Das Ergebnis des TREE-Befehls wird bei etwas umfangreicherer
  Verzeichnisstruktur am besten durch MORE gefiltert (siehe Abschnitt 2.5.4). Man kann dann die Verzeichnisstruktur durchblättern.
- Mit dem Editor EDLIN.COM läßt sich ein elektronisches Notiz-
  buch namens NOTIZEN führen. Wie hier gezeigt, kann es mit einem Tastendruck aufgeschlagen werden.
- Die letzte Definitionszeile der Datei TE demonstriert, wieviel Ta-
  stenarbeit einzusparen ist, wenn die Tasten sinnvoll belegt sind. Es
  kommt oft vor, daß man hauptsächlich mit einer bestimmten Arbeit in irgendeinem Verzeichnis beschäftigt ist, hin und wieder
  aber schnell ein anderes Programm in einem anderen Verzeichnis
  zu Hilfe nehmen möchte.
  Unser Beispiel geht von dem Fall aus, daß jemand vorwiegend in
  dBASE im Verzeichnis \TOOL\DBASE programmiert. Ab und zu
  möchte er unter WORD an einem Skript weiterarbeiten, um dort
  seine Arbeitsergebnisse zu beschreiben. Die Tasten Alt-W rufen
  Word im Verzeichnis \TOOL\WORD auf, und zwar ohne den
  Umweg über ein Menü. Nach Beendigung von WORD wechselt das
  System zurück ins Ausgangsverzeichnis \TOOL\DBASE und startet
  dBASE. Falls DBASE.EXE Overlaydateien nicht findet, muß das
  dBASE-Verzeichnis (hier \TOOL\dDBASE) in den Pfad aufgenommen werden.

TA für "Tastatur Aus": Die Datei TA stellt das Gegenstück zur Datei TE
dar. Sie schaltet die Tastenbelegung wieder aus. Die Tasten sind wieder
wie ursprünglich belegt.

```
^[[0;46;0;46p
^[[0;32;0;32p
^[[0;18;0;18p
^[[0;20;0;20p
^[[0;48;0;48p
^[[0;49;0;49p
^[[0;17;0;17p
^[[2J^[[7m Tastenbelegung aufgehoben ^[[0m
```

Datei TA.BAT, um die Tastatur auszuschalten

Tastenbelegung ein- und ausschalten:
Nun fehlt noch eine elegante Methode, um die Tastenbelegung unkompli-
ziert ein- und auszuschalten. Wir wollen die Tasten F9 und F10 als Aus-
schalter und Einschalter definieren. Die Anpassungsdatei AUTOEXEC-
.BAT (oder falls das Passwortsystem benutzt wird: NONAME.BAT) soll
die Definition der beiden Tasten bei Systemstart ausführen.


```
@rem \autoexec.bat, Version für Modell 3
prompt $e[0;21;"c:\hilfe\stapel\menu";13p
prompt $p$g
@cls
@echo off
set comspec=c:\hilfe\dosbef\command.com
prompt $p$g
path c:\;c:\hilfe\dosbef;c:\hilfe\util
fastopen c:=(128,256)
ver
date
echo ^[[0;67;"type \hilfe\stapel\te";13p
echo ^[[0;68;"type \hilfe\stapel\ta";13p
\hilfe\stapel\menu
```

Datei AUTOEXEC.BAT mit Belegung der Tasten F9 und F10

Zwei wichtige ECHO-Befehle in AUTOEXEC.BAT: Die ECHO-Befehle
in den Zeilen vor dem Menüaufruf ordnen den Tasten F9 und F10
TYPE-Befehle zu, mit denen die Dateien TE und TA an den Bildschirm
gesendet werden. Wie aus den vorangegangenen Abschnitten schon bekannt ist, fängt ANSI.SYS alle in den beiden Dateien enthaltenen Escape-
Sequenzen, die mit "p" enden, ab. ANSI.SYS wandelt sie in Tastendefinitionen um.

4.3 Stapeldateien für Fortgeschrittene

Eine Reihe von Problemen der Festplattenverwaltung lassen sich oft nur unter trickreicher Ausnutzung aller Möglichkeiten lösen, welche die Stapelverarbeitungsbefehle bieten. Die Fülle dieser Möglichkeiten wird oftmals unterschätzt, und auch dieses Buch kann sie nicht vollständig beschreiben.

Der geübte MS-DOS-Benutzer wird keine Mühe haben, die folgenden Algorithmen nachzuvollziehen - vor allem dann, wenn er zusätzlich etwas Programmiererfahrung besitzt. Ihm werden die dargestellten Abläufe schnell weitere Ideen zur Vereinfachung seiner Arbeit einfallen lassen.

Escape-Sequenzen: In den folgenden Abschnitten wird intensiv Gebrauch von Escape-Sequenzen gemacht. Alle Listings der beschriebenen Stapeldateien besitzen das Erscheinungsbild, wie es EDLIN.COM anzeigt. Das bedeutet, die Steuerzeichen entsprechen in ihrer Darstellung nicht der Form, die die meisten anderen Editoren verwenden. Folgende Steuerzeichen werden verwendet:

Bedeutung	ASCII-Nr (dezimal)	Darstellung in EDLIN.COM
Warnton	7	^G
Vertikal Tab.	11	^K
Seitenvorschub	12	^L
Breitschrift	14	^N
Engschrift	15	^O
Normschrift	18	^R
Dateiende	26	^Z
Escape	27	^[

Übersicht der verwendeten Steuerzeichen

Im Editor EDLIN.COM wird ein Steuerzeichen erzeugt, indem man zunächst die Tastenkombination Ctrl-V drückt. Dadurch entsteht vorläufig ^V. Dann tippt man das dem Steuerzeichen entsprechende Zeichen ein. Beispiel:

```
Ctrl-V und [ ergibt ^[ (Escape)
```

Ob die Steuerzeichen richtig eingegeben wurden, läßt sich durch Auflisten (EDLIN-Befehl L) prüfen. Andere Editoren haben unterschiedliche Vorschriften für die Eingabe von Steuerzeichen.

- So läßt z.B. WORD zu, die Steuerzeichen über die geläufige Art
  mit Alt-Taste und ASCII-Nummer einzugeben.
- NORTON COMMANDER verlangt vor der Eingabe mittels Alt-
  Taste die Tastenkombination Ctrl-Q.

4.3.1 Mehr Komfort bei der Festplattenverwaltung

Wenn eine Festplatte in viele Verzeichnisse aufgeteilt wurde, die Verzeichnisstruktur also einen weit verzweigten Baum bildet, kann man leicht
den Überblick darüber verlieren, welche Datei sich nun in welchem Verzeichnis befindet. Obwohl man seine Verzeichnisse gewissenhaft sach-
oder personenbezogen geordnet hat, steht man eines Tages vor dem Problem: "...wo verbirgt sich die Datei XY?" Vielleicht möchte man auch
überflüssige Dateien löschen, wenn man den Verdacht hegt, eine Datei sei
mehrmals mit demselben Inhalt gespeichert.

4.3.1.1 Dateien aufspüren mit FUNDFILE.BAT

Problemstellung zu FINDFILE.BAT: Die folgende Stapeldatei namens
FINDFILE.BAT spürt jede gesuchte Datei auf und nennt sie mit der Ver-
zeichnisangabe, so oft sie auf der Platte vorkommt. Sie tut das auch, wenn
der Dateiname unvollständig angegeben wird (sog. generic search).

```
@echo off
rem findfile.bat, Dateien auf einer Platte/Diskette suchen
cls
if not "%1 == " goto find
echo Suchbegriff wurde nicht angegeben!
echo Syntax: findfile SUCHBEGRIFF [Laufwerk:]
echo (Suchbegriff in Großbuchstaben!)
goto end
:find
echo ^[[5mBitte Geduld. Das System arbeitet . . .^[[m^[[23B^[[80D
echo N | chkdsk %2/v | find "%1"
echo
echo Falls Suche erfolglos: SUCHBEGRIFF muß großgeschrieben sein,
echo                        Laufwerk: kann angegeben werden.
:end
```

Programm FINDFILE.BAT zum Aufspüren einer Datei

```
C:\>findfile MENU.BAT a:
Bitte Geduld. Das System arbeitet . . .


        A:\HILFE\UTIL\MENU.BAT
        A:\HILFE\STAPEL\MENU.BAT
        A:\TOOL\DBASE\MENU.BAT
        A:\TOOL\WORD\MENU.BAT
```

```
Falls Suche erfolglos: SUCHBEGRIFF muß großgeschrieben sein,
                       Laufwerk: kann angegeben werden.
```

Stringvergleich in Zeile 6 von FINDFILE.BAT: Mit IF NOT "%1 == " GOTO FIND wird das Vorhandensein eines vom Benutzer beim Programmaufruf eingegebenen Parameters abgefragt. Hat der Benutzer z.B. ADD.BAT eingegeben, so ersetzt der Stapelverarbeitungsprozessor der Datei COMMAND.COM den Scheinparameter %1 durch ADD.BAT und untersucht den folgenden Ausdruck:

```
        IF NOT "ADD.BAT == "
```

Die Zeichenketten links und rechts vom Gleichheitszeichen gleichen sich nicht, die Aussage NOT "ADD.BAT == " ist also wahr und der Befehl GOTO FIND wird durchgeführt. Läßt der Benutzer jeden Parameter weg, so wird der Ausdruck

```
        IF NOT " == "
```

geprüft. Es besteht Gleichheit der Strings, die Aussage NOT " == " ist falsch und der Befehl GOTO FIND kommt nicht zur Ausführung.

Zeichen " beim Stringvergleich nicht unbedingt erforderlich: Es kommt nicht darauf an, daß das Zeichen " benutzt wird. Jedes andere Zeichen tut den gleichen Dienst. Das verwendete Zeichen darf auch vor oder hinter oder auf beiden Seiten des Scheinparameters stehen, allerdings ohne Leerstelle dazwischen. Die folgenden Beispiele führen alle zum gleichen Ergebnis:

```
        IF NOT *%1 == *
        IF NOT %1* == *
        IF NOT /%1/ == //
        IF NOT PAR%1 == PAR
```

Worauf ist das zurückzuführen? Wenn kein zusätzliches Zeichen benutzt wird, also z.B.

```
        IF NOT %1 ==
```

findet der Stapelverarbeitungsprozessor rechts vom Gleichheitszeichen buchstäblich nichts vor (Leerzeichen sind hier nur Trennzeichen!) und antwortet mit der Nachricht "Syntaxfehler", weil die Konventionen für die richtige Schreibweise von Stapelbefehlen nicht eingehalten sind. Also

nicht vergessen: Unbedingt mindestens ein zusätzliches Zeichen in jeden
IF-Befehl aufnehmen, der zwei Strings vergleicht. Am einprägsamsten ist
vielleicht die Schreibweise:

```
IF NOT "%1"==""
```

Sie ähnelt der von Programmiersprachen. Und noch eine prinzipielle Be-
merkung: Jede Stapeldatei, die mit Parametern aufgerufen wird, sollte eine Abfrage wie oben beschrieben enthalten, damit im weiteren Programmablauf unkontrollierbare Verarbeitungsvorgänge vermieden werden.

Fehlermeldung in FINDFILE.BAT: Hat der Benutzer keinen Parameter
eingegeben, erhält er eine Fehlermeldung und Auskunft über den korrek-
ten Programmaufruf. Kein Benutzer kann alle Möglichkeiten aller Programmaufrufe im Kopf behalten. Wenn ein Stapelprogramm aber nach
dem fehlerhaften Aufruf die richtige Syntax anzeigt, ruft man es eben
ohne Parameter auf und erhält Auskunft. Daraus folgt ein weiteres Prinzip: Kein Stapelprogramm ohne Hilfestellung für den Benutzer.
Programmende in FINDFILE.BAT: Das Programm endet durch einen
Sprung zum Label :END.

Escape-Sequenz in FINDFILE.BAT: Der ECHO-Befehl sendet eine Nachricht an den Bildschirm, die den Benutzer davon abhalten soll, das Programm aufgrund seines zeitaufwendigen Ablaufs zu unterbrechen. So vergehen beispielsweise auf einem IBM PC AT, dessen Platte ca. 1000 Datei-
en enthält, bei einer Zugriffszeit von 90 ms etwa 1,5 Minuten. Das kann
ungeduldigen Benutzern schon zu lange werden.
Die Escape-Sequenz ^[[5m läßt die Nachricht blinken; ^[[m stellt auf normale Darstellung zurück.^[[23B setzt den Cursor soweit nach unten, daß
die blinkende Nachricht in dem Augenblick verschwindet, da am unteren
Bildschirmrand die nächste Information erscheint. ^[[80D stellt den Cursor
an den linken Rand.

Programmkern von FINDFILE.BAT: Bekanntlich liefert der Befehl
CHKDSK in Verbindung mit dem Parameter /V neben einer Aufstellung
zu Plattenkapazität, -belegung und Hauptspeicherauslastung auch eine
Liste der Dateien in den einzelnen Verzeichnissen mitsamt Pfadangabe.
Der Filter FIND untersucht Eingabedateien auf das Vorkommen von bestimmten Zeichenketten, die als Parameter von FIND, in Anführungszeichen gesetzt, angegeben werden. FIND gibt die Zeile der Datei aus, in
der die Zeichenkette steht.
Wenn man nun den Output von CHKDSK/V in eine Datei schreibt und
anschließend diese Datei von FIND prüfen läßt, findet FIND die in Anführungszeichen angegebenen Dateien mit ihrer Pfadangabe. Das Anlegen
einer Datei aus dem Output von CHKDSK übernimmt der Pipe-Operator ¦
(ASCII-Nr. 124). Die Datei wird vom System temporär angelegt und nach
Verarbeitung durch FIND automatisch wieder gelöscht. Auf diese Weise

lassen sich problemlos Datenmengen übertragen, die ein beliebiges Programm an den Bildschirm sendet, und zwar auf ein anderes Programm, das Daten von der Tastatur erwartet.

Scheinparameter in FINDFILE.BAT: Die Zeile 12 enthält die Scheinparameter %1 für den Suchbegriff (also die gesuchte Datei) und %2 für das abzusuchende Laufwerk. Läßt man bei Programmstart %2 weg, so erfolgt die Suche auf dem aktuellen Laufwerk, da CHKDSK ohne Laufwerksangabe bleibt.

Merkwürdig wird man vielleicht den Anfang der Zeile finden, der diese durch den ECHO-Befehl wie eine Ausgabezeile erscheinen läßt. CHKDSK stellt, falls vorhanden, verlorene Bereiche auf einer Platte fest und fragt in diesem Falle, ob sie wiederhergestellt werden sollen. Die Antwort kann J oder N sein. Da aber durch den 2. Pipe-Operator alle Texte, die CHKDSK zum Bildschirm schickt, zum FIND-Filter umgeleitet werden, würde der Benutzer beim Auffinden eines verlorenen Bereichs von der Systemanfrage nichts erfahren. Folge: Das Programm bleibt stecken, ohne daß der Benutzer von der Ursache Kenntnis erfährt.

Glücklicherweise erwartet CHKDSK die Antwort von der Tastatur. Wie schon erwähnt, kann man Output von Programmen, die diese an den Bildschirm senden, als Input in solche Programme verwenden, die normalerweise ihre Daten von der Tastatur erhalten. Der Befehl ECHO N zeigt den Buchstaben N am Bildschirm an. Wir leiten diese Ausgabe einfach an das Programm CHKDSK um. Der Erfolg: CHKDSK kann - falls notwendig - N als Eingabe benutzen oder es übergehen.

Hinweis auf Großschreibung des Suchbegriffs: In der Regel ist man es gewohnt, Dateinamen kleingeschrieben einzugeben. Tut man dies auch für den Suchbegriff, so wird die Suche erfolglos bleiben. Der FIND-Filter nimmt es da sehr genau. Das Inhaltsverzeichnis der Platte registriert alle Dateinamen in Großbuchstaben und so gibt sie der CHKDSK-Befehl auch an den FIND-Filter weiter. Deshalb wird der Benutzer daran erinnert, den Suchbegriff groß zu schreiben.

Suche nach Teilstrings ist vorteilhaft: Das Programm FINDFILE.BAT hat einen weiteren entscheidenden Vorzug. Suchbegriff muß nicht der vollständige Programmname sein, da FIND nach Zeichenfolgen in einer Textdatei sucht, nicht aber nach Dateinamen direkt in einem Inhaltsverzeichnis. So würde beispielweise die Suche nach "TXT" alle von WORD gespeicherten Textdateien oder etwa nach "RECH" alle erstellten Rechnungen zutage fördern. Hat man einen Dateinamen nur noch unvollständig in Erinnerung, unternimmt man eben einige Versuche mit Teilen des Namens.

Die Verwendung eines Suchbegriffs, der zu einem Verzeichnisnamen paßt, erzeugt eine Liste aller Dateien dieses Verzeichnisses. Wunderliche Ergebnisse kann es eigentlich nur geben, wenn als Suchbegriff etwa

"Byte", "datei" oder andere Texte verwendet werden, die in der Nachricht
von CHKDSK erscheinen. FIND prüft natürlich auch diese Nachricht ab.
Doch der Fall ist unwahrscheinlich.

4.3.1.2 Textstellen in Verzeichnissen suchen mit FINDTEXT.BAT

... eine Menge Texte wurde gespeichert, viele Seiten in vielen Dateien.
Und eines Tages sucht man eine Textstelle. Wo war das? In welcher Datei? Bestimmte zusammenhängende Satzteile oder Begriffe sind noch in
Erinnerung, nicht aber der Name der Datei, in der sie stehen. Soll man
nun jede Datei einzeln ins Textsystem laden und es mit der Suchfunktion
versuchen? Eine zu beschwerliche und zeitraubende Arbeit.
Eine Stapeldatei namens FINDTEXT.BAT hilft aus der Patsche. Sie sucht
jede Datei gewissenhaft ab. Eigentlich würde die richtige Kombination
des Stapelbefehls FOR .. IN .. DO und des FIND-Filters genügen. Aber
wer kann sich schon die komplizierte Syntax merken?

```
@echo off
rem findtext.bat, sucht Textstellen in Dateien
cls
if not "%1"=="" if not "%2"=="" goto go_on
echo Parameterangabe fehlt!
echo Syntax: findtext Suchbegriff Laufwerk:\Pfad\
echo         Pfad mit \ abschließen!
goto end
:go_on
for %%d in (%2*.*) do find "%1" %%d
:end
```

Programm FINDTEXT.BAT zum Suchen von Teststellen

Zwei Ausführungen zu Programm FINDTEXT.BAT:

```
C:\>findtext
Parameterangabe fehlt!
Syntax: findtext Suchbegriff Laufwerk:\Pfad\
        Pfad mit \ abschließen!


C:\>findtext path a:\
---------- a:\AUTOEXEC.BAT
path a:\;a:\hilfe\dosbef;a:\hilfe\util
---------- a:\CONFIG.SYS
```

Parameterabfrage in Zeile 4 von FINDTEXT.BAT: Das Programm beginnt mit der üblichen, bereits oben beschriebenen Abfrage nach fehlenden Parametern. Hier ist das Vorhandensein von zwei Parametern zu prüfen. Die verwendete doppelte IF-Abfrage gleicht einer logischen UND-Verknüpfung beider zu prüfender Bedingungen.

Wichtigste Anweisung FOR %%d IN (%2*.*) DO FIND "%1" %%d: Der FOR-Befehl gestattet es, einen bestimmten Befehl oder ein Programm mehrmals durchführen zu lassen, in diesem Falle das FIND-Filterprogramm.

- Ist FOR eine Zählerschleife oder nicht? Alte Programmierhasen sagen sich nun: Alles klar, eine typische Zählerschleife! Weit gefehlt. Eine Zählervariable gibt es für diesen Befehl nicht, insofern gibt es keine Parallele zu den FOR-Strukturbefehlen höherer Programmiersprachen. Das bedeutet: es ist nicht ohne weiteres möglich, die Wiederholung einer Arbeit, z.B. mehrmaliges Drucken desselben Textes, zahlenmäßig zu bestimmen.
- Genau besehen wäre das auch nicht sinnvoll. Denn mit welchem Befehl sollte man eine Zahl in ein Stapelprogramm eingeben? Und Parameter eines Stapelprogramms sind immer Zeichenketten, also alphanumerische Inhalte, ungeeignet für die numerische Kontrolle der Wiederholungen.
- Wie aber werden die Wiederholungen kontrolliert? Wie oft wiederholt sich die Verarbeitung? Genauso oft, wie sich Dateien in der in der Klammer definierten Menge von Dateien befinden. Mengenlehre? Nur ein wenig! Angenommen, die Dateiangabe *.BAT beschreibt eine Menge von 12 Stapeldateien eines Verzeichnisses und ein FOR-Befehl wird mit diesem Ausdruck in seiner Klammer gestartet: der Befehl, der dem DO folgt, wiederholt sich 12 mal. Steht in der Klammer ein bestimmter Dateiname, so definiert der Klammerinhalt eine Menge von nur einer Datei: die Arbeit wird nun einmal ausgeführt, was einer nicht gerade arbeitssparenden Verwendung des FOR-Befehls gleichkommt.
- FOR %%D IN (%2*.*) DO FIND "%1" %%D: In unserem Beispiel weist die Klammer die Menge %2*.* aus. Da der Scheinparameter %2 hier Laufwerk und Pfad repräsentiert, legt %2*.* die Menge aller Dateien im Verzeichnis %2 fest. Das heißt, der FOR-Befehl führt für alle Dateien des Verzeichnisses %2 den FIND-Filterbefehl je 1 mal aus.
- Was ist "%%d"? Das ist eine Variable. Die %%-Variable enthält jeweils den Namen der Datei, für welche der FOR-Befehl im Augenblick eine Wiederholung bzw. Verarbeitung einleitet. Nehmen wir an, in einem Verzeichnis befinden sich die drei Dateien ISOLDE.TXT, KLAUS.TXT und MARTINA.TXT. Der Befehl

```
FOR %%d IN (*.TXT) DO FIND "Rendezvous" %%d
```

wird dann drei mal den FIND-Filterbefehl zur Ausführung bringen, und dabei wird %%d jedesmal einen anderen der oben genannten Textdateinamen enthalten. Das heißt in jeder der drei Dateien wird nach einer Zeile mit dem Wort "Rendezvous" gesucht.
Die %%-Variable darf mit jedem beliebigen Zeichen gebildet werden, außer mit den Ziffern 0-9.

Keine Jokerzeichen im FIND-Befehl: Falls die Eingabe nicht über den
Pipe-Operator kommt, hat der FIND-Filterbefehl folgendes Eingabefor-
mat (vgl. auch Abschnitt 2.5.4):

```
FIND "Zeichenfolge" Dateiname (Dateiname) ...
```

Schlaue Köpfe können nun auf die naheliegende Idee kommen, den Dateinamen durch einen Jokerausdruck der Form *.TXT oder *.* zu ersetzen. Dann wäre das Programm FINDTEXT.BAT überflüssig. Geht aber
nicht! Joker sind beim FIND-Filter unzulässig.

Eine interessante Programmodifikation zu FINDTEXT.BAT: Statt des
Klammerinhalts %2*.* setzt man lediglich %2 ein. Der Benutzer kann nun
die Dateispezifikation auf bestimmte Dateien selbst eingrenzen, z.B. nur
auf Textdateien.

Strg-S als Start-/Stop-Schalter: In der praktischen Anwendung stellt
sich heraus, daß das Programm FINDTEXT.BAT ziemlich viel Output
hat, der dann über den Bildschirm flimmert und verschwindet. Jede
durchsuchte Datei wird schließlich angezeigt. Ratsam ist deshalb die Be-
nutzung der Tasten Strg-S als Start-/Stop-Schalter. Oder man schaltet die
Hardcopy-Einrichtung durch die Tasten Strg-PrtSc vor dem Programmstart an. Wenn man eine Spool-Einrichtung unterhält, verzögert das Ausdrucken die Arbeit mit der Stapeldatei nicht.

4.3.1.3 Dateien sichern mit BACK.BAT

Die Sicherung der Daten einer Festplatte ist ein sich periodisch wiederho-
lendes Geschäft, das man gerne mal hinausschiebt: einerseits, weil es zeit-
aufwendig ist, andererseits, weil man mal wieder wegen der verflixten
Syntax ins Handbuch schauen muß. ...wie war das gleich mit den Parametern von BACKUP.COM?

Das folgende Programm namens BACK.BAT geht davon aus, daß man auf dem Laufwerk C: in allen Verzeichnissen entweder alle oder nur die seit der letzten Sicherung bewegten Dateien sichern möchte. Das Programm nutzt die Tatsache, daß der Befehl BACKUP.COM nach seinem Ablauf einen ERRORLEVEL speichert, der abfragbar ist, um dem Benutzer dann eine entsprechende Mitteilung anzuzeigen.

```
@echo off
rem back.bat, Sicherung  aller Dateien
cls
echo ████████████████████████████████████████
echo █                                      █
echo █ Sie müssen für die Sicherung von 20 MB 17 Stück █
echo █ mit 1,2 MB formatierte oder 55 Stück mit 360 KB █
echo █ formatierte Disketten bereithalten. █
echo █                                      █
echo ████████████████████████████████████████
echo.
echo Programmabbrruch mit Ctrl-C, oder . .
pause
if 1 == %1 goto back1
if 2 == %1 goto back2
echo.
echo Syntax:
echo Vollständige Sicherung von C: in Laufwerk A: BACK 1
echo Sichern nur bewegter Dateien von C: nach  A: BACK 2
goto ende
:back1
backup c:\*.* a:/s
goto check
:back2
backup c:\*.* a:/s/m
:check
if errorlevel 1 goto err
echo.
echo Datensicherung fehlerfrei beendet.
goto ende
:err
echo ^G^G^G
echo ^[[7;5mDatensicherung nicht korrekt durchgeführt.^[[m
:ende
```

Programm BACK.BAT zur Datensicherung

Zeilen 4-10 von Programm BACK.BAT: Der Benutzer wird zunächst über den Bedarf an formatierten Disketten aufgeklärt.

Parameterabfrage IF ... == ...: Die Abfrage des Parameters sieht hier etwas ungewohnt aus. So funktioniert sie auch, selbst wenn beim Programmaufruf kein Parameter eingegeben wurde. Zwei verschiedene Parameterwerte können dem Aufruf angefügt werden: 1 für eine Vollsicherung und 2 für eine teilweise Sicherung.

Meldungen: Der Benutzer erhält eine Nachricht und Hilfen, wenn die Abfragen eine falsche Parametereingabe zeigten.

BACKUP-Befehl: Der BACKUP-Befehl in Programm BACK.BAT sichert alle Dateien des Laufwerks C:, und zwar vom Stammverzeichnis ausgehend für alle dort mündenden Verzeichnisse des Laufwerks. Obwohl die Pfadangabe C:*.* darauf hinzuweisen scheint, als würden nur die Dateien im Stammverzeichnis berücksichtigt, erweitert doch der Parameter /S die Sicherung auf alle am Stammverzeichnis angebundenen Verzeichnisse. Wichtig ist der Backslash (Schrägstrich rückwärts) in der Pfadangabe. Fehlt er, beginnt das System vom jeweils aktuellen Verzeichnis aus zu sichern - nicht aber unbedingt vom Stammverzeichnis. Das bedeutet, nur die Daten des aktuellen Verzeichnisses und der daran anschließenden Verzeichnisse gesichert würden. Ein womöglich fataler Irrtum.

Sicherung nach Laufwerk A: Das Ziel der Datensicherung ist hier das Laufwerk A:.

Datensicherung dokumentieren: Wer eine Liste aller gesicherten Dateien mitschreiben lassen möchte, hängt an die Zeilen mit den BACKUP-Befehlen einfach den Datenumleitungsoperator ">" und die Gerätebezeichnung PRN an, also:

```
BACKUP C:\*.* A:/S > PRN
BACKUP C:\*.* A:/S/M > PRN
```

Der Operator ">" führt Daten, die ein Befehl oder Programm normalerweise an den Bildschirm schickt, an diesem vorbei zu einem Ausgabegerät; oder er schreibt die Daten, falls kein geschützter Gerätename verwendet wird, in eine Datei. So wird beispielsweise der Befehl

```
ECHO X > DATEIX
```

eine Datei namens DATEIX erzeugen, die nur den einzigen Buchstaben "X" enthält.

BACKUP-Parameter /M: Der Parameter /M beschränkt die Datensicherung auf die seit der letzten Datensicherung bewegten Dateien.

**IF ERRORLEVEL 1 GOTO ERR prüft den ERRORLEVEL, den der Be-
fehl BACKUP.COM** nach seiner Ausführung im Prozessorregister AL gespeichert hat, auf größer oder gleich 1. Ein ERRORLEVEL größer oder
gleich 1 zeigt an, daß die Datensicherung nicht korrekt abgelaufen ist.
Der Benutzer muß in diesem Falle entsprechend informiert werden. Eine
Prüfung auf ERRORLEVEL 0 würde hier zum falschen Ergebnis führen,
obwohl eine fehlerfreie Datensicherung ERRORLEVEL 0 erzeugt. Grund:
die IF-ERRORLEVEL-Abfrage testet den ERRORLEVEL auf größer
oder gleich ab, darunter fallen eben auch Werte über 0.

Fehlernachricht: Die Fehlernachricht wird durch 3-maliges Piepsen ein-
geleitet. Die Pieptöne erzeugt der ECHO-Befehl dem 3 Zeichen mit der
ASCII-Nummer 7 (Alt-7) folgen.

Escape-Folgen: Der Benutzer bekommt eine Mitteilung in blinkender
Umkehranzeige (^[[7;5m). Die Escape-Folge ^[[m (oder ^[[0m) setzt auf
Normalanzeige zurück.

Leerzeilen: Die Leerzeilen werden mit ECHO. erzeugt. Sie sollen die Lesbarkeit der Nachrichten verbessern.

4.3.1.4 Dateien zurückspeichern mit REST.BAT

Das Programm REST.BAT dient dem Zurückspeicherung der gesicherten
Dateien und besitzt annähernd die gleiche Struktur wie das Programm
BACK.BAT.

```
@echo off
rem rest.bat, Gesicherte Dateien in alle
rem            Verzeichnisse zurückspeichern
cls
if 1 == %1 goto rest1
if 2 == %1 goto rest2
echo.
echo Syntax:
echo Rückspeichern aller Dateien von A: nach C: REST 1
echo Mit Rückfrage für veränderte/verborgene Dateien: REST 2
goto ende
:rest1
restore a: c:\*.* /s
goto check
:rest2
```

```
restore a: c:\*.* /s/p
:check
if errorlevel 1 goto err
echo.
echo Dateien korrekt zurückgespeichert.
goto ende
:err
echo ^G^G^G
echo ^[[7;5mRückspeicherung durch Fehler beendet.^[[m
:ende
```

Programm REST.BAT zum Zurückspeichern von Dateien

Parameter /P im RESTORE-Befehl von Programm REST.BACK: Das
Programm unterscheidet sich von BACK.BAT im wesentlichen durch den
Parameter /P des RESTORE-Befehls. Es kommt schon mal vor, daß Dateien zerstört werden und man sich gezwungen sieht, auf die letzte oder
vorletzte Datensicherung zurückzugehen. Inzwischen hat man aber bereits
Dateien verändert, deren Inhalt in Ordnung ist und die so bestehen bleiben sollen.
- Der Parameter /P, durch den Aufruf von REST 2 aktiviert, berücksichtigt diese Situation. Wird er aktiv, so fragt das System jedesmal den Benutzer, ob eine seit der letzten Datensicherung geänderte Datei beim Zurückschreiben überschrieben werden soll
  oder nicht.
- Hinweis: Das gleiche gilt für verborgene Dateien, die - falls es Systemdateien sind - nicht zurückgespeichert werden sollten.

4.3.1.5 Aufruf von Standardprogrammen von allen Laufwerken und Verzeichnissen

Es gibt vielfältige Standardsoftware (Editoren, Textverarbeitung, Tabellenkalkulation, Datenbankverwaltung, Debugger usw.), auf deren Unterstützung man in unterschiedlichen Verzeichnissen auf verschiedenen
Laufwerken angewiesen ist. Man kann wie folgt vorgehen, um in allen
Verzeichnissen alle Programme aufzurufen:
1. Man erweitert den PATH-Befehl in der AUTOEXEC.BAT, um
   alle infragekommenden Verzeichnisse.
2. Man erweitert den Pfad nur bei Bedarf.

Ein weiterer Punkt verdient Beachtung. Viele Standardprogramme brauchen Hilfsdateien. Werden diese Programme in Verzeichnissen aufgerufen,
wo entsprechende Hilfsdateien fehlen, so funktionieren sie nicht. Um in

diesen Fällen Abhilfe zu schaffen, muß man zusätzlich den APPEND-Befehl einsetzen und dort die gleichen Verzeichnisse wie im PATH-Befehl angeben. Mit einem durch APPEND vereinbarten Suchpfad ist das System in der Lage, auch Datendateien in fremden Verzeichnissen zu finden. Die ständige Erweiterung von PATH und APPEND, durch Nutzung von immer mehr Programmen, erzwingt jedoch leider eine permanente Vergrößerung des Umgebungsbereichs (environment).

Problemstellung zu Programm P.BAT: Ein Verfahren, bei konstantem Umgebungsbereich dennoch in allen Verzeichnissen problemlos an alle Programme heranzukommen, zeigt das folgende Stapelprogramm P.BAT, bei denen Umgebungsvariablen eingesetzt werden. Voraussetzungen:

1. Der PATH-Befehl wird in der AUTOEXEC.BAT ausgeführt. Der Suchpfad muß das Verzeichnis der Stapeldateien umfassen (im Menü-Modell 3 ist es C:\HILFE\STAPEL).
2. Zwei APPEND-Befehle stehen in der AUTOEXEC.BAT. Der erste muß lauten:

   append /e

   Der Parameter /E weist das System an, den durch APPEND vereinbarten Suchpfad als Umgebungsvariable (wie PATH!) abzulegen.

```
@rem \autoexec.bat
@echo off
path c:\hilfe\dosbef;c:\hilfe\stapel
append /e
append c:\hilfe\stapel
prompt $p$g

    .      .
```

Beispiel für eine AUTOEXEC.BAT mit PATH- und APPEND-Befehlen

Zur Ausführung von Program PE.BAT: Als Beispiel für ein Anwendungsprogramm, das ständig im Zugriff liegen sollte, dient im folgenden Fall der Personal Editor von IBM, also PE.EXE. Das Programm braucht eine Hilfsdatei namens PE.PRO für individuelle Tastenbelegungen. Beide Dateien sind im Verzeichnis \HILFE\UTIL abgelegt.

```
@rem p.bat, Aufruf von PE aus beliebigem Verzeichnis
@echo off
cls
set P=%PATH%
set A=%APPEND%
path %P%;c:\hilfe\util
```

```
append %A%;c:\hilfe\util
echo Der Aufruf von PE.EXE erfolgt aus Verzeichnis:
cd
PE %1
append %A%
path %P%
set A=
set P=
cls
echo Die Systemumgebung wurde wie folgt wiederhergestellt:
echo.
set
echo.
```

Programm P.BAT zum Aufruf von PE.EXE

Ausführung zu Programm P.BAT:

```
C:\TOOL\DBASE\TEST>p kunde.prg
Der Aufruf von PE.EXE erfolgt aus Verzeichnis:
C:\TOOL\DBASE\TEST


  ┌─────────────────────────────────────────┐
  | Hier gibt PE.EXE die Editiermaske aus    |
  | und zeigt die Datei KUNDE.PRG an         |
  └─────────────────────────────────────────┘


Die Systemumgebung wurde wie folgt wiederhergestellt:
COMSPEC=C:\HILFE\DOSBEF\COMMAND.COM
PROMPT=$p$g
APPEND=C:\HILFE\STAPEL
PATH=C:\HILFE\DOSBEF;C:\HILFE\STAPEL
```


Programmbeschreibung zu P.BAT:
- Zwei SET-Befehle speichern den aktuellen Stand der Umgebungsvariablen PATH und APPEND.
- Die Befehle PATH und APPEND verändern den Wert der entsprechenden Umgebungsvariablen. Sie speichern den aktuellen Stand,
  ergänzt um das Verzeichnis \HILFE\UTIL, in dem sich PE.EXE
  und PE.PRO befinden.
- Eine Nachricht informiert den Benutzer, aus welchem Verzeichnis
  der Programmaufruf erfolgt (die beiden Zeilen hierfür können
  entfallen!).

- Aufruf von PE.EXE: PE.EXE kann mit oder ohne Parameter aufgerufen werden. In der Regel gibt man die zu editierende Datei als Parameter an.
- Nach dem Aufruf wird der alte Zustand der Umgebungsvariablen PATH und APPEND wiederhergestellt.
- SET P= und SET A= löschen die vorübergehend benötigten Umgebungsvariablen P und A.
- Die alte Systemumgebung ist wiederhergestellt. Eine entsprechende Nachricht geht an den Bildschirm (diese fünf letzten Zeilen können auch entfallen).

Hinweis zum Umgebungsbereich: Das Verfahren kann mit allen Programmen erfolgreich eingesetzt werden. Für jedes Programm ist eine entsprechende Stapeldatei im Verzeichnis C:\HILFE\STAPEL anzulegen. Falls DOS mit der Nachricht "Kein Platz mehr im Umgebungsbereich" reagiert, ist der Umgebungsbereich zu klein gewählt worden. Den Umgebungsbereich vergrößert man in der CONFIG.SYS. Eine Größe von 256 Bytes dürfte im Normalfall reichen. Konfigurationsbefehl:

```
shell=\hilfe\dosbef\command.com /p /e:256
```

Es gibt Benutzeroberflächen wie z.B. NORTON COMMANDER, die keine Veränderung des Umgebungsbereichs zulassen. Stapelprogramme, die den Umgebungsbereich nutzen, können nicht problemlos von diesen Oberflächen aus gestartet werden.

4.3.2 Druckroutinen

Externer MS-DOS-Befehl PRINT.COM: Das Ausdrucken von Schrift-
stücken und Programmen ist ein täglich anfallendes Geschäft. Und die
Druckaufgaben sind vielfältig. Da ist der PRINT-Befehl oft nur der
Tropfen auf dem heißen Stein. Er druckt maximal 32 Dateien in der Warteschlange mit jeweils einem Seitenvorschub am Ende jeder Datei und hat
den Vorzug, daß er eine Art von Multitasking zuläßt: man kann während
des Druckvorganges am PC weiterarbeiten, sofern man dabei nicht den
Drucker ansprechen muß.
Hat man während des Druckens aber mal was Eiliges dazwischen zu
drucken, dann geht nichts. Will man beispielsweise den aktuellen Bildschirminhalt über die Hardcopy-Tasten schnell festhalten - keine Reak-
tion des Systems! Möchte man im MS-DOS oder in einem Anwendungsprogramm einen Druckauftrag erteilen - keine Chance! Stattdessen erhält
man die Meldung "Nicht bereit. Schreibfehler Einheit PRN" oder "Papier-
ende". Der Drucker hält an und wartet auf den Abbruch der Druckeran-
forderung.

Spooler-Programme: Es gibt eine Reihe guter und preiswerter Spooler-
Programme (to spool für spulen, abwickeln). Manche erhält man zusammen mit Speichererweiterungskarten im Preis inbegriffen. Solche Programme sind in der Lage, Druckaufträge - wie sie ankommen - im RAM
in einem Spoolbereich zu stapeln und nacheinander an den Drucker wei-
terzugeben (man spricht auch vom Spoolout-Betrieb, da Daten bei der
Datenausgabe zwischengespeichert werden). Dabei treten keinerlei Störungen der übrigen parallellaufenden Arbeiten auf. Ob Hardcopy oder Datei,
alles wird akzeptiert und immer oben auf den Stapel gelegt, bis der
Spoolbereich voll ist. Diesen Bereich kann man selbst beliebig groß definieren.

Spooler-Programme ersetzen PRINT.COM: Hat man einen Spooler, so benötigt man PRINT.COM nicht unbedingt, um neben dem Drucken weiterarbeiten zu können. Dann eignet sich auch jeder andere Ausgabebefehl
zum Drucken.

Die folgenden Abschnitte gehen auf die vielfältigen Möglichkeiten des
Druckens unter MS-DOS ein, auf die Gestaltung des Druckgutes und die
Druckersteuerung. Die darin vorgestellten Programmbeispiele führen ein
Stück tiefer in die Trickkiste von MS-DOS. Auch Druckersteuerzeichen
kommen zur Sprache. Die verwendeten Steuerzeichen sind mit den han-
delsüblichen Druckern kompatibel.

4.3.2.1 Mehrfachdruck von Text mit Verteiler mit VPRINT.BAT

Das Programm VPRINT.BAT druckt einen Text so oft aus, wie eine beim
Aufruf angegebene Liste entsprechende Namen enthält.

```
@rem vprint.bat
@rem Textdatei mit Verteiler mehrfach drucken
@echo off
cls
if not "%1"=="" if not "%2"=="" goto check
echo Syntax: VPRINT Dateiangabe Person1 Person2 . . .
goto end
:check
if exist %1 goto druck
echo Die Druckdatei wurde nicht gefunden.
goto end
:druck
rem Seitenlängen: H = 72 Zeilen, F = 70 Zeilen pro Seite
rem Für andere Seitenlängen --> PC-Zeichentabelle
echo ˆ[CF > prn
copy %1 # > nul
shift
:loop
echo ˆ[-1%1ˆ[-0 >prn
echo ˆY >prn
type # > prn
echo ˆL >prn
shift
if not "%1"=="" goto loop
del #
:end
echo.
```

Programm VPRINT.BAT zum Mehrfachdrucken

Erster IF-Befehl von Programm VPRINT.BAT: Dieser testet den formal
gültigen Programmaufruf mit mindestens zwei Parametern. Im Fehlerfalle
wird eine Hilfe angezeigt.

IF EXIST %1 GOTO DRUCK prüft die Existenz der vom Benutzer über
den ersten Parameter genannten Datei. Eine Mitteilung erfolgt bei feh-

lendem Dateieintrag im jeweils angegebenen bzw. im aktuellen Verzeichnis.

Druckvorgang starten: Der Befehl ECHO ^[CF > PRN leitet den Druckvorgang ein. Der Befehl sendet die Steuerzeichensequenz für Formularanfang und Formularlänge (hier 70 Zeilen) an den Drucker.

Druckersteuerzeichen je nach Handbuch einstellen: Die Druckersteuerzeichen sind dem jeweiligen Druckerhandbuch bzw. dem zum PC gelieferten Bedienerhandbuch zu entnehmen. Die Steuerzeichenfolgen beginnen - wie hier auch - zumeist mit dem Escape-Zeichen (ASCII-Nr. 27).
Die Zeichenfolge besteht aus dem Escape-Zeichen und den Großbuchstaben C und F. Die Zeichenfolge Escape-C teilt dem Drucker mit: das nächste Zeichen ist der Wert für die Seitenlänge! Der Großbuchstabe F hat den dezimalen Wert 70 auf der ASCII-Code-Tabelle. Andere Formularlängen stellt man ein, indem man statt des Großbuchstabens F Zeichen mit entsprechender ASCII-Nummer wählt. Beispiel: Setzt man 2 statt F ein, ist die Seitenlänge auf 50 Zeilen begrenzt. Zur Eingabemöglichkeit von Escape mit EDLIN.COM siehe Abschnitt 4.2.
Der ECHO-Befehl versucht die Zeichenfolge direkt an den Bildschirm zu leiten, aber der Operator ">" fängt die Steuerfolge auf und leitet sie zum Drucker (PRN) um.

Tip: Steuerzeichen vor jedem Drucken einstellen. Die beschriebene Steuerfolge sollte auch dann immer *vor* dem Druckbeginn den Drucker erreichen, wenn der Drucker hardwaremäßig, d.h. durch seine Dip-Schalter, für den deutschen Markt auf 70 Zeilen/Seite eingestellt ist. Der Drucker hat, solange er eingeschaltet bleibt, die Einstellung des Seitenanfangs im Gedächtnis. Beim Einschalten stellt sich sein internes Zählprogramm auf den Seitenanfang ein. Nun passiert es oft, daß man den Drucker per Hand verstellt. Bald steht der von uns per Hand eingestellte Seitenanfang nicht mehr im Einklang mit dem, was der Drucker gespeichert hat. Das kann zu unerwarteten Seitenvorschüben führen. Schickt man an den Drucker aber die oben erläuterte Steuerzeichenfolge ab, dann stellt er sich neu ein.

COPY %1 # > NUL: Dieser Befehl kopiert die angegebene Datei in eine Datei namens # und läßt darauf die Systemnachricht "1 Datei(en) kopiert" verschwinden. Dieser Kopiervorgang muß sein, denn nach dem nachfolgenden SHIFT-Befehl enthält %1 nicht mehr den Namen der Druckdatei. Die Datei # besteht nur temporär und wird am Ende des Programms gelöscht.

NUL als Systemeinheitenname in Programm VPRINT.BAT: NUL bezeichnet eine Einrichtung, die ursprünglich für Programmtestzwecke gedacht ist. Die Systemeinheit ist das "Nichts" oder der "Müllschlucker" im

Computer. Daten, die man ihr als Ausgabeeinheit anbietet, verschwinden spurlos. Will man von ihr als Eingabeeinheit Daten beziehen, so verschließt sie sich sofort, d.h. mehr als ein Dateiende erzeugt sie nicht. Das Experiment

```
type nul > test
```

endet damit, daß im Verzeichnis ein Dateieintrag ohne Platzbelegung vorgenommen wird.

SHIFT-Befehl: SHIFT ermöglicht es, durch eine Parameterverschiebung um 1 mehr als die zehn Parametern %0-%9 in Stapelprogrammen zu nutzen (siehe Abschnitt 2.4). Im Programm VPRINT.BAT wird er eingesetzt, um den Scheinparameter %1 auf die nächste Parameterposition zu versetzen, d.h. auf den zweiten angegebenen Parameter. Dazu folgendes Beispiel: Ein Benutzer gibt ein:

```
vprint text1 H.Klaus H.Tillmann
```

Einen Text für die Herren Klaus und Tillmann also. Vor dem SHIFT-Befehl ist text1=%1, H.Klaus=%2 und H.Tillmann=%3. Nach Ausführung des SHIFT-Befehls jedoch ist text1=%0, H.Klaus=%1 und H.Tillmann=%2. Auf diese Weise wird vor jedem Druckvorgang quasi ein "Zeiger" auf den Namen eingestellt, der als Verteiler mitgedruckt werden soll, denn in der Druckschleife wird weiter "geshiftet".

Verteiler mit Unterstreichung über VPRINT.BAT drucken: Im Befehl ECHO ^[-1%1^[-0 > PRN stehen vor und hinter dem Parameter %1 die Steuersequenzen für das Ein- und Ausschalten des unterstrichenen Drucks. Die Folge "Esc, Bindestrich, 1" schaltet die Unterstreichung ein und "Esc, Bindestrich, 0" hebt sie wieder auf.

Leerzeilen drucken: ECHO ^Y > PRN "druckt" eine Leerzeile mit ASCII-Zeichen 25 (Neue Zeile, Alt-25).

Textdatei # drucken: Nun bekommt der Drucker über den Befehl TYPE # > PRN die Textdatei, die den Namen # erhielt. Auch der TYPE-Befehl gibt am Bildschirm aus, auch seine Ausgabe läßt sich zum Drucker umleiten. Der Befehl

```
COPY # PRN > NUL
```

hätte hier den gleichen Dienst geleistet.

Zeilenvorschub: Der Befehl ECHO ^L > PRN schickt ein Seitenvorschubzeichen hinterher. Das Zeichen hat die ASCII-Nummer. 12 (Alt-12). Nochmal ein SHIFT vor dem nächsten Druckvorgang, um den nächsten Namen auf der Liste dem Scheinparameter %1 zuzuordnen.

Ist alles gedruckt? Der nachfolgende IF-Befehl untersucht, ob %1 nicht schon "leer" ist. Wurde %1 auf der Parameterliste nach rechts auf eine

Stelle geshiftet, wo kein Name mehr steht, bleibt %1 leer und der Sprung zum Label :LOOP unterbleibt.

Temporäre Datei löschen: Die nun überflüssige Datei # wird wieder entfernt.

Zusatzproblem zu VPRINT.BAT "Dokumente ohne Verteiler ausdrucken": Nun möchte man auch Dokumente ohne Verteiler drucken. Das scheint einfacher zu sein als mit Verteiler. Es gibt nun aber keine Namenliste mehr, die die Anzahl der zu druckenden Texte definiert. Was tun? Wir benutzen eine Pseudonamensliste und gehen wie folgt vor:

1. Wir kopieren das Programm VPRINT.BAT z.B. in ein Programm namens BPRINT.BAT um.
2. BPRINT.BAT muß nun geändert werden. Die Syntax-Nachricht schreiben wir um in:

   ```
   ECHO Syntax: BPRINT Dateiangabe # # # . . .
   ```

   Statt # können auch irgendwelche anderen Zeichen eingegeben werden. Es müssen nur soviele Zeichen eingegeben werden, wie Ausdrucke erwünscht sind.
3. Die beiden Programmzeilen (nach dem Label :LOOP) für die Ausgabe des Namens und der Leerzeile entfallen ganz und werden gelöscht.

4.3.2.2 Etikettendruck für jeden Bedarf mit EPRINT.BAT

Das folgende Programm EPRINT.BAT hat die Aufgabe, eine gewünschte Anzahl von Etiketten mit beliebiger Beschriftung zu drucken. Der für den Etikettendruck eingesetzte Drucker sollte in jedem Fall eine Traktorführung besitzen. Wer einmal den Drucker zerlegen mußte, um ein unter der Gummiwalze festgeklebtes Etikett zu enfernen, verliert sehr schnell den Spaß am Experimentieren mit Etiketten. Außerdem müssen Etiketten präzise geführt werden, um professionell auszusehen.

```
@rem  eprint.bat
@rem Bestimmte Anzahl Etiketten drucken
@echo off
cls
if not "%1"=="" goto file
echo Syntax: EPRINT # # # . . .(in entspr. Anzahl)
goto end
```

```
:file
echo          Tilli Severini > #
echo          Am Dreisam 7  >> #
echo. >> #
echo          7800 Freiburgt >> #
:loop
type # > prn
echo ^Y^Y^Y^Y^Y > prn
shift
if not "%1"=="" goto loop
del #
:end
echo.
```

Programm EPRINT.BAT zum Etikettendruck

Datei in Programm EPRINT.BAT öffnen: Der Befehl ECHO Text > # öffnet eine Datei namens # und speichert dort die erste Zeile Text für das Etikett. Der Operator ">" leitet die Bildschirmausgabe des ECHO-Befehls zur Datei # um.

Operator ">>" zum Anhängen von Text: Der Operator schreibt die zweite Textzeile. Wäre hier wieder der Operator ">" verwendet worden, so hätte dieser die Datei von neuem eröffnet und von Anfang an neu geschrieben, d.h. die erste Zeile gelöscht. Der Operator ">>" öffnet die Datei # zur Fortschreibung und hängt den Text an.

Eine Leerzeile schreibt man am bequemsten mit ECHO., also mit ECHO und einem unmittelbar folgendem Punkt.

Datei drucken: TYPE # > PRN druckt die aus vier Zeilen bestehende Datei namens #.

Leerzeilen drucken: ECHO ^Y^Y^Y^Y^Y > PRN gibt fünf Leerzeilen aus (Annahme: 8,5-zeiliges Etikett mit 0,5-zeiligem Abstand auf Trägerband ergibt 9 Zeilen pro Etikett). Das Zeichen mit der ASCII-Nummer 25 führt im Standardfalle einen einzeiligen Vorschub aus. Mit ECHO. wären fünf Ausgabebefehle zu programmieren.

Änderungen zu Programm EPRINT.BAT:
- Das Programm gestattet eine Reihe von Modifikationen. So kann man den Dateierstellungsteil herausnehmen und mit verschiedenen vorgefertigten Textdateien für Etiketten arbeiten. Dann muß man sich stärker an den Algorithmus von BPRINT.BAT halten (siehe vorhergehender Abschnitt).

- Weitere Änderungen können die Schriftart und den Zeilenabstand betreffen, um etwa erheblich mehr Text auf ein Etikett zu bringen, oder um Fett- bzw. Breitschrift zu schreiben. Dafür wären entsprechende Ausgabezeilen für die Druckersteuerung einzubeziehen. Beispiele zur Druckersteuerung zeigt das in Abschnitt 4.3.2.6 vorgestellte Programm SETPRN.BAT.

4.3.2.3 Dateigruppen drucken mit APRINT.BAT als "rekursivem" Programm

Es kommt immer wieder vor: Man möchte eine Reihe kurzer Texte, Stapel- oder Pascal-Programme (im Textformat) "in einem Aufwasch" mal schnell auflisten. Frage: Welchen Befehl verwenden? Da ist der PRINT-Befehl. PRINT.COM druckt zwar, kennzeichnet die gedruckten Dateien aber nicht mit ihren Namen. Nach dem Drucken vieler Dateien haben wir das Problem der Zuordnung: Welcher Dateiname gehört zu welchem Ausdruck? Außerdem führt PRINT.COM nach jeder Datei einen Seitenvorschub aus, bei kleinen Dateien eine ärgerliche Papierverschwendung.

... da hilft nur APRINT.BAT: Das Programm kennzeichnet jede gedruckte Datei groß und fett mit ihrem Namen. Es trennt die Dateien wahlweise durch Leerzeilen oder Seitenvorschub. Und wenn man will, druckt es auch noch das aktuelle Datum und die Tageszeit in den Kopfteil. Trotz all dieser Vorzüge ist das Programm erfreulich kurz.

Rekursion: Der Clou bei diesem Programm ist der Selbstaufruf des in sich verschachtelten Programms - eine Technik, die auch andere sonst nicht lösbare Probleme bewältigt. Ein Programm, das sich selbst aufruft, bezeichnet man als rekursives Programm (lat. recurrere für zurücklaufen).

```
@rem aprint.bat
@rem Ausgewählte Dateien und/oder Dateigruppen mit Dateibezeichnung
@rem als Kopf in Serie drucken
@echo off
cls
if "%1"=="@" goto lprint
if not "%1"=="" goto recurs
echo Syntax: APRINT Dateiangabe1 Dateiangabe2 . . .
echo oder Dateinamen durch Joker-Ausdrücke ersetzen.
goto end
:recurs
for %%d in (%1) do call aprint.bat @ %%d
shift
```

```
if "%1"=="" echo ^GArbeit beendet.
if "%1"=="" goto end
goto recurs
:lprint
echo Das System arbeitet . . .
if exist %2 goto go_on
echo Datei nicht gefunden !
goto end
:go_on
echo ^[-1^[E^NDatei: %2^[-0 ^[F ^Y > prn
copy %2 prn > nul
echo ^Y^Y > prn
:end
```

Rekursives Programm APRINT.BAT zum Ausdrucken einer Datei bzw.
Dateigruppe

Programm APRINT.BAT besteht algorithmisch aus zwei Teilen:

1. *Hauptprogramm:* Die Zeilen vor dem Label :LPRINT bilden den Teil, der die Verwaltung der Arbeit übernimmt. Er definiert den Beginn und das Ende für den Druck einer Datei oder Dateigruppe und das Ende der gesamten Druckarbeit. Man könnte diesen Teil mit Haupt- oder Treiberprogramm bezeichnen.
2. *Druckroutine:* Die dem Label :LPRINT folgenden Zeilen führen im wesentlichen die Druckarbeit aus. Sie werden immer dann aktiv, wenn das Hauptprogramm eine Arbeit ausgewählt hat. Wir bezeichnen diese Zeilen als Druckroutine.

Parametereingabe prüfen in Programm APRINT.BAT: Der IF-Befehl unternimmt eine Prüfung auf einen ersten Parameter mit dem Inhalt "@" (der Inhalt @ ist frei gewählt). Beim Programmaufruf wird kein solcher Parameter verlangt, es sei denn, eine Datei hieße "@" - was wir nicht annehmen wollen. Beim Programmaufruf durch den Benutzer findet demnach der Sprung nach Label :LPRINT nicht statt. Später kommen wir auf diese Zeile zurück.

Parametertest: Die nächste Zeile testet lediglich, ob überhaupt ein Parameter eingegeben wurde. Die Eingabe mindestens einer Datei oder Dateigruppe ist obligatorisch. Andernfalls erfolgt die Anzeige einer Benutzerhilfe und die Programmbeendigung.

FOR-Schleife: Hat der Benutzer einen Parameter eingegeben, geht es mit Label :RECURS weiter. Die FOR-Schleife kennen wir schon von vorangegangenen Abschnitten. Diese hier gibt Anweisung, daß für jede Datei, die sich in der Menge %1 befinden, die Schleife bzw. der rechts von DO stehende Befehl einmal durchgeführt werden soll. %1 kann ein Dateiname oder eine globale Dateibezeichnung sein.

CALL-Befehl in der FOR-Schleife: Rechts von DO steht der CALL-Befehl. Damit wird unsere Stapeldatei selbst erneut aufgerufen, und zwar mit den Parametern @ und %%d. Der Parameter %%d der FOR-Schleife enthält den gerade in Arbeit befindlichen Dateinamen mitsamt Pfadangabe.

Exkurs zum Befehl COMMAND: Vor DOS 3.3 gab es den CALL-Befehl noch nicht. Er konnte durch den Aufruf COMMAND /C ersetzt werden. Diese Anweisung baut eine neue DOS-Befehlsebene zur Ausführung eines einzigen (/C) Befehls auf.
- Ruft man COMMAND.COM wie einen Befehl auf, dann bildet MS-DOS eine ganz neue Betriebssystemebene. Das System legt sozusagen eine neue Ebene über die bisherige aktive Ebene. Der residente Teil der Betriebssystemdateien erhöht sich um ca. 3000 Bytes, d.h. der verfügbare Hauptspeicher wird kleiner. Man kann das leicht mit dem CHKDSK-Befehl nachprüfen. Dabei können laufende Anwendungsprogramme "eingefroren" werden.
- Wer das Textprogramm WORD besitzt, kann das ausprobieren, in dem er beim Menüpunkt "BIBLIOTHEK BETRIEBSSYSTEM" den COMMAND-Befehl eingibt. Daraufhin kann man andere Programme oder Befehle benutzen und dann später wieder nach WORD zurückkehren, das sich noch im alten Zustand befindet.
- Mit dem Sonderbefehl EXIT wird die neue Betriebssystemschicht wieder abgetragen.

APRINT ruft sich selbst auf: Was passiert nun, wenn APRINT.BAT mit dem Parameter @ und dem Dateinamen durch CALL aufgerufen wird? Wenden wir uns dazu wieder dem ersten IF-Befehl zu. Ist der 1. Parameter beim Auruf des Programmes @, dann erfolgt ein Sprung zum Label :LPRINT, also in die Druckroutine.
- :LPRINT-Label leitet die Druckprozedur mit einer Mitteilung für Ungeduldige ein.
- IF EXIST %2 GOTO GO_ON: Um gleich einem Irrtum vorzubeugen: Parameter %2 ist nicht der zweite vom Benutzer eingegebene Parameter! Das Programm arbeitet an dieser Stelle als das durch CALL aufgerufene Unterprogramm, und bei diesem Aufruf ist der zweite Parameter %%d. Das heißt: der Parameter %2 hat den Inhalt von %%d übernommen.
- **Druckprozedur:** Hat der Benutzer eine Datei vorgesehen, die gar nicht existiert, muß der Druckteil des Programms übergangen werden. Das heißt aber nicht, daß das Programm beendet wird, weil

es zum Label :END verzweigt. Es läuft ja im Augenblick noch als durch CALL gerufenes Unterprogramm! Wenn das Label :END erreicht ist, geht die Steuerung an das aufrufende Programm zurück und dieses muß nun prüfen, ob es noch weitere Druckaufräge zu vergeben hat.

Dateiname drucken: Der ECHO-Befehl sendet Druckersteuerzeichen, Text und den Parameter %2, den Dateinamen. Am besten nimmt man einmal das Druckerhandbuch oder das IBM-Bedienerhandbuch zur Hand.
- Die ersten drei Zeichen Escape, Bindstrich, 1 schalten die Unterstreichung ein.
- Es folgen Escape, E für Fettschrift.
- Das Zeichen ASCII-Nummer 14 wählt für eine Zeile doppelt breite Schrift. Der Text "Datei:" wird also doppelt breit, fett und unterstrichen gedruckt. Mit Leerzeichen dazwischen wird der Dateiname (Inhalt von %2) angefügt.
- Dann kommen: Escape, Bindestrich, 0 für's Ausschalten der Unterstreichung, Escape F für Fettschrift aus und ein Neue-Zeile-Zeichen (ASCII-Nummer 25) für eine Leerzeile.

COPY %2 PRN > NUL kopiert den Inhalt der Datei auf den Drucker und läßt die Systemmitteilung "1 Datei(en) kopiert" verschwinden.

Druckabstand: Die Ausgabe von 2 Neue-Zeile-Zeichen (Alt-25) bewirkt zwei Leerzeilen. Diese beiden Zeichen kann man auch durch ein Seitenvorschubzeichen (ASCII-Nummer 12) ersetzen.

Label :END: Programmende! ... und auch wieder nicht! Das Drucken der ersten Datei in der vom Benutzer angegebenen Liste von Dateinamen, nicht der gesamten Verarbeitung, ist erreicht. Die FOR-Schleife (Label :RECURS) läuft weiter, solange die Liste der Dateinamen (%1) nicht vollständig bearbeitet wurde.

Wechel der Programmebenen: Der zweite und rekursive Aufruf von APRINT.BAT durch CALL (bzw. bis DOS 3.3 durch COMMAND /C), wird beendet und die FOR-Schleife prüft erneut, ob in der Menge %1 noch weitere Dateien für die Bearbeitung anstehen. Ist dies der Fall, dann werden die gerade beschriebenen Vorgänge wiederholt. Andernfalls fährt das Programm mit dem SHIFT-Befehl in der nächsten Zeile fort.

SHIFT: Der SHIFT-Befehl verschiebt nun den Scheinparameter %1 auf der vom Benutzer eingegebenen Dateiliste um eine Position nach rechts auf die nächste Dateiangabe (zum SHIFT-Befehl siehe vorangegangene Programme).

Ende-Meldung: Der folgende IF-Befehl macht Meldung an den Benutzer, wenn der SHIFT-Befehl den Scheinparameter auf den ersten leeren Parameterplatz geschoben hat. Das Steuerzeichen vor dem Text hat die ASCII-Nummer 7 und erzeugt einen Warnton.

Tatsächliches Programmende von APRINT.BAT: Da der IF-Befehl nur einen einzigen Befehl zur Ausführung bringen kann, muß die gleiche Prüfung zweimal erfolgen, um gegebenenfalls die Verzweigung zum Programmende einzuleiten. Diesmal wird das Programmende auch tatsächlich erreicht.

Parameter von Programm APRINT.BAT:
Beim Programmaufruf sind als Parameter zur "Dateiangabe" die auch beim DOS-Befehl PRINT üblichen Dateispezifikationen möglich, wie z.B.:

```
APRINT *.BAT C:\MENU.TXT A:*.*  . . .
```

4.3.2.4 Dateien mit Tagesdatum und Uhrzeit drucken

Erweiterung des Programms APRINT.BAT: Es läßt sich durch zwei bis drei Zeilen so modifizieren, daß im Kopf jeder Druckdatei das aktuelle Tagesdatum und die Uhrzeit angezeigt werden. Dazu schieben wir nach der Zeile für die Ausgabe des Dateinamens folgende Zeilen ein:

```
type cr | date | find "datum" > prn
type cr | time | find "zeit" > prn
echo -----------------------------------^Y > prn
```

Datum aus DATE-Ausgabe filtern: Bekanntlich gibt der DATE-Befehl das Tagesdatum aus. Die Zeile filtert aus der Bildschirmausgabe des Befehls DATE die 1. Zeile heraus. Der Befehl DATE verlangt jedoch die Eingabe eines Datums oder das Tippen der Eingabetaste. Das muß im Stapelprogramm verhindert werden. Um dem Befehl DATE die Zeichen zuleiten zu können, die die Eingabetaste erzeugt, müssen wir sie zunächst in einer Datei speichern. Die Eingabetaste erzeugt die beiden ASCII-Zeichen Nummer 13 und 10.

- Die Datei "CR" (carriage return) soll die Zeichen aufnehmen. Das wird wie folgt gemacht:

```
copy con cr (Eingabetaste)
(Eingabetaste)
(Taste F6) ^Z (Eingabetaste)
```

Damit kopieren wir von der Console, in diesem Falle der Tastatur, beide Zeichen (carriage return und linefeed) in die Datei CR. CON ist eine geschützte Gerätebezeichnung und bezeichnet die Einheit von Bildschirm und Tastatur. Die Taste F6 stellt das Dateiendezeichen (ASCII-Nummer 26) zur Verfügung, das jede Datei abschließen muß.

- Das Drucken des Datums geht so: Der Befehl TYPE sendet den Inhalt von CR an den Bildschirm. Der Pipe-Operator ¦ (ASCII-Nummer 124) leitet den Dateiinhalt um, und zwar an den DATE-Befehl. Der wiederum sendet an den Bildschirm:

```
Systemdatum: Di. 17.05.1989
Neues Datum (tt.mm.jj) eingeben:
```

- Die Sendung wird wieder vom Pipe-Operator abgefangen und an den FIND-Filter weitergegeben. Der sucht nun die Zeile heraus, die den Text "datum" aufweist, um sie am Bildschirm auszugeben; worauf der Datenumleitungsoperator > die Zeile auf den Drucker (PRN) schickt.

Zeit drucken: Falls auch ein Zeitstempel auf das Dokument ausgegeben werden soll, wählt man die gleiche Prozedur für den TIME-Befehl.

Unterstreichen: Unter die Ausgabe kommt noch ein Strich. Außer dem Strich geht ein Zeichen ASCII-Nummer 25 mit an den Drucker ab, um eine Leerzeile zu erzeugen.

Das Ergebnis der Programmänderung wirkt sich folgendermaßen aus. Beispiel:

```
DATEI: APRINT.BAT


Systemdatum: Di. 17.05.1989
Systemzeit: 15.38.05,00
```

```
@rem Name : aprint.bat
@rem        Ausgewählte Dateien und/oder Dateigruppen
@rem        einer Directory mit Zeilenvorschub und
@rem        Dateibezeichnung als Kopf in Serie drucken
@echo off
cls
if "%1"=="@" goto lprint
```

Ergebnis der Programmerweiterung von APRINT.BAT: APRINT.BAT wird über APRINT.BAT gedruckt

4.3.2.5 Dateien mit Zeilennummern drucken mit ZPRINT.BAT

Programmlistings druckt man im allgemeinen mit Nummern vor jeder
Zeile. Mit einem tiefen Griff in die Trickkiste der DOS-Filter geht auch
das in einem Stapelprogramm. Man nimmt das Programm APRINT.BAT,
tauscht zwei Zeilen aus, schon ist ZPRINT.BAT fertig. Man könnte das
Programm APRINT.BAT auch so verändern, daß es abhängig von einem
eingegebenen Parameter entweder mit oder ohne Zeilennummern druckt.
Das bleibt dem Geschmack des Benutzers überlassen.

```
@rem   zprint.bat
@rem   Ausgewählte Dateien und/oder Dateigruppen
@rem   mit Dateibezeichnung und Zeilennummern drucken
@echo off
cls
if "%1"=="@" goto lprint
if not "%1"=="" goto recurs
echo Syntax: ZPRINT Dateiangabe1 Dateiangabe2 . . .
echo oder Dateinamen durch Joker-Ausdrücke ersetzen.
goto end
:recurs
for %%d in (%1) do call zprint.bat @ %%d
shift
if "%1"=="" echo ^GArbeit beendet.
if "%1"=="" goto end
goto recurs
:lprint
echo Das System arbeitet . . .
if exist %2 goto go_on
echo Datei nicht gefunden!
goto end
:go_on
find /v /n "@@@" %2 > prn
echo ^Y^Y > prn
:end
```


Programm ZPRINT.BAT zum Ausdrucken von Listings mit Zeilennummern

ZPRINT.BAT und APRINT.BAT: Das Programm ZPRINT.BAT besteht algorithmisch aus den gleichen Teilen wie APRINT.BAT. Es wurden lediglich die beiden Zeilen nach dem Label :GO_ON gegen eine neue Zeile ausgetauscht.

find /v /n "@@@" %2 > prn als Filter zur Ausgabe: Es scheint auf den ersten Blick der falsche Befehl zu sein. FIND ist ein Filter, der bestimmte Textstellen in Dateien auffindet und die entsprechenden Zeilen ausgibt. Hier ist ein Befehl gefragt, der Dateien druckt. Alle DOS-Filter, so auch FIND, senden ihre Ausgabe an den Bildschirm. Die Ausgabe kann auf den Drucker umgeleitet werden.

- *FIND erzeugt Zeilennummern:* FIND zeichnet sich dadurch aus, daß es in der Lage ist, die als zutreffend aufgefundenen Zeilen mit Zeilennummern zu versehen. Deshalb eignet sich der Befehl zum Drucken mit Zeilennummern.
- *FIND-Parameter /V und /N:* Das Drucken kompletter Dateien mit Zeilennummern wird durch die Parameter /V und /N möglich. Der Parameter /V veranlaßt FIND, alle Zeilen einer Datei zu suchen, welche die angegebene Zeichenkette nicht enthalten. Wenn man also eine Zeichenkette wählt, die mit großer Sicherheit nie vorkommen wird, so gibt FIND alle Zeilen der Datei aus. Der Parameter /N bewirkt die Nummerierung der ausgegebenen Zeilen.
- *FIND zeigt den Dateinamen an:* FIND hat noch einen Vorzug. Es zeigt die Dateikennung an, bevor es mit der Ausgabe des Dateiinhalts beginnt.

Ausführungsbeispiel zu Programm ZPRINT.BAT:

```
C:\>zprint *.bat


Das System arbeitet . . .


---------- add.bat
[1]@rem add.bat, Passwort hinzufügen
[2]@echo off
[3]if exist %1.bat echo Passwort bereits gebucht!
[4]    .        .        .        .
[5]    .        .        .        .
```

4.3.2.6 Druckkosmetik mit SETPRN.BAT

Gedehnte Schrift für eine Projektionsfolie oder für ein Skript, um einen Vortrag besser ablesen zu können - und das vielleicht fett; komprimierte

Schrift, um in der Horizontalen mehr aufs DIN-A4-Blatt zu bekommen;
vielleicht auch ganz kleine Schrift für ein Etikett. Und irgendwann
braucht man das alles. Doch: wie bringe ich es meinem Drucker bei? Nun
sind Druckerhandbücher manchmal etwas spröde. Bei einigen braucht man
Muße, um sich einzulesen, bei anderen hingegen ... Aber Zaudern hilft
nicht. Will man seinen Drucker richtig ausnutzen, muß man sich eben mit
dem Handbuch anfreunden, es neben den PC legen und einfach mal experimentieren.
Eine kleine Anleitung dazu soll das folgende Programm SETPRN.BAT
geben. Es dient dazu, den Drucker auf verschiedene Druckmodi einzustellen. Es verwendet nur Drucksteuerzeichen, die auf den üblichen Druckern
vorkommen. Das Programm bietet sicher einen nur kleinen Ausschnitt von
dem, was Drucker (auch die der unteren Preisklasse) wirklich können.
Aber schließlich soll das Programm SETPRN.BAT nur eine Anregung geben, um die Möglichkeiten des eigenen Druckers benutzerfreundlich an-
zusteuern.

```
arem setprn.bat
arem Drucker einstellen
aecho off
cls
echo ^[[10;20H^[[5m Bitte Drucker on-line schalten.^[[m^[[9B
pause
:loop
cls
echo  ┌─────────────────────────────────────────────────────────────┐
echo  |                                                               |
echo  |                                                               |
echo  |                     DRUCKER - MENUE                           |
echo  |                                                               |
echo  |                                                               |
echo  |                                                               |
echo  |                                                               |
echo  |             Taste        Wirkung                             |
echo  |                                                               |
echo  |             F1           Komprimierte Schrift                |
echo  |             F2           Gedehnte Schrift                    |
echo  |             F3           Fettschrift                         |
echo  |             F4           Indexschrift u. 1/2-zeilig          |
echo  |             F5           Zeilenabstand 1/8 Zoll              |
echo  |             F6           70 Zeilen/Seite u. Seitenanfang     |
echo  |             F7           72 Zeilen/Seite u. Seitenanfang     |
```

```
echo |          F8            Drucker normieren                    |
echo |          F9            Programm beenden                     |
echo |                                                             |
echo └──────────────────────────────────────────────────────────────
menukeys 9
if errorlevel 9 goto f9
if errorlevel 8 goto f8
if errorlevel 7 goto f7
if errorlevel 6 goto f6
if errorlevel 5 goto f5
if errorlevel 4 goto f4
if errorlevel 3 goto f3
if errorlevel 2 goto f2
:f1
mode lpt1: 132, > nul
echo ^O > prn
goto loop
:f2
echo ^[W1 > prn
goto loop
:f3
echo ^[E > prn
goto loop
:f4
echo ^[S1^[3? > prn
goto loop
:f5
echo ^[0 > prn
goto loop
:f6
echo ^[CF > prn
goto loop
:f7
echo ^[CH > prn
goto loop
:f8
mode lpt1: 80,6 >nul
echo ?^[W0^[F^[3$^[T > prn
goto loop
:f9
```

Programm SETPRN.BAT zum Einstellen des Druckers

Aufforderung "Drucker an" in Programm SETPRN.BAT: Der ECHO-Befehl fordert den Benutzer dazu auf, den Drucker bereit zu machen. Ist der nicht eingeschaltet, kommen die Steuerzeichen nicht bei ihm an. Die Zeile gibt folgende Steuerzeichen für die Bildschirmsteuerung und den Lautsprecher aus:

```
Bel                     Warnton
Esc[10;20H              Cursor an Bildschirmposition Zeile 10, Spalte 20
Esc[5m                  Blinkende Anzeige
Esc[m                   Normalanzeige
Esc[9B                  Cursor um 9 Zeilen abwärts
```

Das Zeichen Bel hat die ASCII-Nummer 7 (Eingabe: Alt-7) und Esc die ASCII-Nummer 27. Die Eingabe von Esc (Escape) und anderer Steuerzeichen mittels EDLIN.COM wird im Abschnitt 4.2 erläutert.

Menü von Programm SETPRN.BAT: Die Umrahmung bilden sechs Grafikzeichen des IBM-Zeichensatzes im Bereich der ASCII-Nummern 179 bis 218. Das schon früher (Menü-Modell 3, Abschnitt 3.3) dargestellte Programm MENUKEYS.COM wird aktiviert

Auswahlstruktur: Die IF ERRORLEVEL-Befehle sorgen dafür, daß entsprechend der Menüwahl zu den Labels der Steuersequenzen verzweigt wird.
- F1: Mit Hilfe des MODE-Befehls wird vorsorglich eine Schreibbreite von 132 Zeichen gewählt. Die von MODE erzeugte Nachricht wirft der Datenumleitungsoperator in den geräteinternen "Müllschlucker" NUL. Maximal 132 Zeichen in komprimierter Schrift füllen eine Zeile eines DIN-A4-Blatts im Hochformat. Anschließend wird das Zeichen für komprimierte Schrift, das ist die ASCII-Nummer 15, zum Drucker gesendet.
- F2: Gedehnte Schrift wird dauerhaft mit der Zeichenfolge "Esc,W,1" eingestellt. Das Zeichen ASCII-Nummer 14 bewirkt auch gedehnte Schrift, allerdings nur für die direkt anschließende Zeile (siehe APRINT.BAT in Abschnitt 4.3.2.3).
- F3: Fettschrift erzeugen die Zeichen "Esc,E".
- F4: Nach der Sequenz "Esc,S,1" schreibt der Drucker eine sehr kleine und kräftige sog. Indexschrift. Damit der mit ihr angedruckte Text hübsch aussieht, muß auch der Zeilenabstand verändert werden. Die Zeichenfolge "Esc,3,ASCII-Nr. 18 (Alt-18)" stellt den Zeilenabstand auf 18/216 Zoll um.
- F5: Der normale Zeilenabstand ist 1/6 Zoll. Um etwas mehr aufs Papier zu bekommen, kann man den Zeilenabstand mit den Zeichen "Esc,0" auf 1/8 Zoll verringern. Dann beträgt die Seitenlänge 96 Zeilen. Dennoch berührt dies den Seitenvorschub nicht.

- **F6:** Die Formularlänge wird auf 70 Normalzeilen eingestellt, die Formularlänge für Einzelblätter im DIN A4 Format. Was wichtiger ist: Die Steuerzeichenfolge stellt gleichzeitig den Formularanfang ein. Der interne Zähler des Druckers wird zurückgesetzt. Der Drucker betrachtet die augenblickliche Papierstellung nun als Seitenanfang. Die Steuerfolge besteht aus "Esc,C,F", wobei F (ASCII-Nr. 70) die Seitenlänge definiert. Jede andere Seitenlänge im Bereich von 1-127 ist durch Austausch von F gegen ein anderes Zeichen einstellbar.
- **F7:** Die Einstellung 72 Zeilen pro Seite (ASCII-Nr. 72 = H) besitzen die in die BRD gelieferten Drucker für Endlospapier normalerweise schon ab Werk (mittels Dip-Schalter eingestellt). Die meisten Drucker kann man durch Dip-Schalter auch auf 70 Zeilen einstellen.
- **F8:** Der ECHO-Befehl macht alle Einstellungen rückgängig. Die Steuerzeichenfolge ist:

ASCII-Nr. 18	Komprimierte Schrift ausschalten
Esc,W,0	Gedehnte Schrift ausschalten
Esc,F	Fettschrift ausschalten
Esc,3,$	Zeilenabstand 36/216 Zoll (normal)
Esc,T	Indexschrift ausschalten

Für das Normieren gibt es bei vielen Druckern eine einzige Escapefolge wie z.B. "Esc,@" bei Epson-Kompatiblen. Übrigens: Das Aus- und Einschalten normiert den Drucker auch.

Anmerkungen zu Programm SETPRN.BAT:
- Bei der Eingabe der Druckersteuerzeichen ist darauf zu achten, daß die Buchstaben in den Steuerfolgen großzuschreiben sind.
- Verschiedene Kombinationen der einzelnen Menüpunkte sind möglich. Man kann z.B. gedehnte Schrift fett drucken, indem man nacheinander die Menüpunkte F2 und F3 wählt. Der Drucker erhält dann beide Escape-Sequenzen nacheinander und stellt sich ein.
- Ein reizvoller Test: Man fügt nach dem Label :LOOP folgende Zeile ein:

```
ECHO Dies ist eine Schriftprobe! > PRN
```
Nach dem Programmstart wird der Text in Normalschrift gedruckt. Bei jedem Anwählen eines Menüpunktes, listet der Drucker die Zeile in der gewünschten Art neu auf. Man kann auch mehrere Zeilen einfügen, um die Zeilenabstände besser zu erkennen.

4.3.2.7 Platzsparender Druckprogrammaufruf mit Menüprogramm PR.BAT

Cluster als Zusammenfassung von Sektoren: Wer im Besitz einer Festplatte von 20, 30 oder mehr Megabyte Kapazität ist, wähnt sich zunächst aller künftigen Speichersorgen enthoben. Wenn aber schon nach ein paar Wochen die ersten 15 MB dahingeschmolzen sind, fragt man sich, wie das weitergehen soll. Eine Möglichkeit besteht darin: Dateien älteren Datums auf Diskette auslagern. Eine weitere Möglichkeit: von Anfang an etwas knausriger mit dem Speicherplatz umgehen. Bei jedem Anlegen einer Datei - und sei sie noch so klein - verwendet das System auf der Platte mindestens einen *Cluster*. Das sind bei der 20 MB-Platte 2048 Bytes bzw. 2 KB). Das bedeutet einerseits, daß das kleinste Programm bereits 2 KB auf der Festplatte beansprucht, und andererseits, daß es platzsparend sein kann, mehrere kleine Programme zu einem Menüprogramm zusammenzufassen.

Menüprogramm PR.BAT hilft Speicherplatz sparen: In den vorangehenden Abschnitten 4.3.2.1 bis 4.3.2.6 werden mehrere Druckprogramme erläutert, die jeweils zwischen 500 und 1600 Bytes groß sind. Zählt man den Speicherbedarf zusammen, kommt man auf unter 6 KB, also auf 3 Cluster. Doch in Wirklichkeit nehmen die sechs Stapeldateien sechs Cluster in Anspruch, das sind 12 KB. Durch Zusammenfassen aller Stapeldateien zu einem Menüprogramm namens PR.BAT kann viel Speicherplatz gespart werden. Darüberhinaus sind folgende Vorzüge zu nennen:
- Das Inhaltsverzeichnis wird übersichtlicher.
- Weniger Kopieraufwand beim Übertragen der Stapeldateien.
- Das vorgeschaltete Menü zeigt immer alle zur Verfügung stehenden Stapelverarbeitungsmöglichkeiten und die notwendigen Aufrufe.

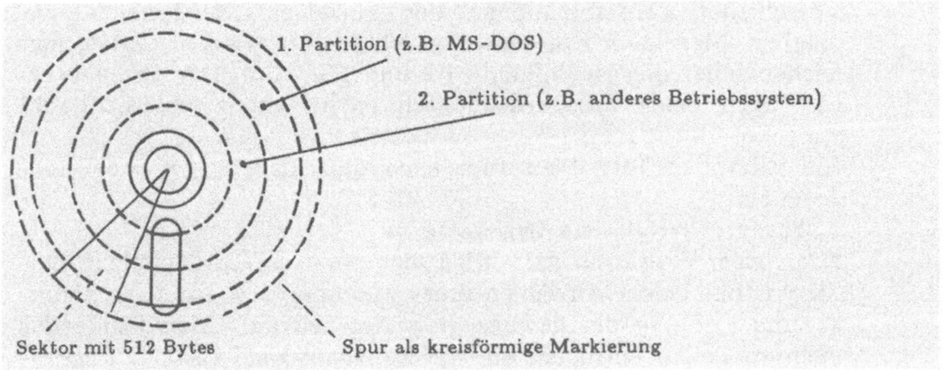

- *Zwei Strukturebenen der Festplatte:* 1. Aufteilen in Partitions und
  2. Organisation jeder einzelnen Partition (vgl. z.B. Abschnitt 2.2.1)
  unter dem jeweiligen Betriebssystem.
- 20 MB-Festplatte des AT mit einer DOS-Partition: 512 Bytes je
  Sektor, 17 Sektoren je Zylinder, vier Seiten je Zylinder, 615 Zylinder insgesamt bei einer Clusterlänge von 4 Sektoren.

*Clusterlänge am Beispiel der 20 MB-Festplatte: 4 Sektoren werden
zu einem Cluster mit 2048 Bytes zusammengefaßt*

Programm PR.BAT ruft Menü PMENU.BAT auf: Die Stapeldatei PME-
NU.BAT wird vom Benutzer nicht direkt aufgerufen. Sie dient als Orientierungshilfe für den Benutzer und wird vom Stapelprogramm PR.BAT
dann gestartet, wenn der Benutzer dieses Programm ohne Parameter in
Gang gesetzt hat oder ein Eingabefehler vorliegt. Der Benutzer muß also
nur den Programmaufruf "PR" kennen.


```
@rem pmenu.bat
@rem Auswahl druckbezogener Stapelprogramme
@echo off
cls
echo
echo  ┌──────────────────┤ DRUCK UND DRUCKEREINSTELLUNG ├──────────────────────┐
echo  │                                                                        │
echo  │                                                                        │
echo  │                                                                        │
echo  │    Druckprogramme:              Programmaufruf                          │
echo  │                                                                        │
echo  │    Verschiedene Dateien         PR 1 Dateiangabe1 Dateiangabe2 . . .    │
echo  │    1 Datei mehrfach             PR 2 Datei # # . . .                    │
echo  │    1 Datei mit Verteiler        PR 3 Datei Name1 Name2 . . . .          │
echo  │    Etiketten                    PR 4 Datei # # . . .                    │
echo  │    Dateien mit Zeilennummern    PR 5 Dateiangabe1 Dateiangabe2 . . .    │
echo  │                                                                        │
echo  │                                                                        │
echo  │    Druckereinstellung:          PR 6                                    │
echo  │    Programmende     :           PR 0                                    │
echo  │                                                                        │
echo  └────────────────────────────────────────────────────────────────────────┘
echo.
prompt Ihre Wahl :
```


Menüprogramm PMENU.BAT

PR.BAT und PMENU-BAT: Die Programme PR.BAT und PMENU.BAT sollten in einem Verzeichnis liegen, das in der AUTOEXEC.BAT im PATH-Befehl genannt wird. Beim Aufruf von PMENU.BAT wird das entsprechende Verzeichnis vorangestellt, z.B. \HILFE\STAPEL\PMENU. Auf diese Weise ist PR.BAT auch aus jedem anderen Verzeichnis heraus verfügbar. Das gilt im übrigen für alle Utilities und Stapeldateien, die man oft braucht.

Stapelprogramm PR.BAT:

```
@rem pr.bat
@rem Ausführen von Druckaufträgen
@echo off
cls
prompt $p$g
if not "%1"=="" goto go_on
:help
pmenu
echo Das Stapelprogramm PMENU.BAT fehlt.
echo Es beschreibt den korrekten Programmaufruf.
goto end
:go_on
if "%1"=="0" goto pr0
if "%1"=="1" goto pr1
if "%1"=="2" goto pr2
if "%1"=="3" goto pr3
if "%1"=="4" goto pr4
if "%1"=="5" goto pr5
if "%1"=="6" goto pr6
goto help
rem -------------------- PR 0 ---------------------
:pr0
goto end
rem -------------------- PR 1 ---------------------
:pr1
shift
if "%1"=="@" goto lprint1
if not "%1"=="" goto recurs1
echo Keine Druckdatei angegeben!
echo Dateinamen sind durch Joker-Ausdrücke ersetzbar.
pause
goto help
:recurs1
for %%d in (%1) do call pr.bat 1 @ %%d
shift
```

```
if "%1"=="" goto end
goto recurs1
:lprint1
if exist %2 goto go_on1
echo ^GDie Druckdatei ^[[1m%2^[[m wurde nicht gefunden !
pause
goto end
:go_on1
echo ^[-1
^NSatei: %2^[-0^[F ^Y > prn
copy %2 prn > nul
echo ^Y^Y > prn
goto end
rem -------------------- PR 2 ----------------------
:pr2
shift
if not "%1"=="" goto check2
echo Dateiname fehlt. Bitte folgende Anweisung beachten.
pause
goto help
:check2
if exist %1 goto druck2
echo ^GDie Druckdatei ^[[1m%2^[[m wurde nicht gefunden !
goto end
:druck2
echo ^[CH > prn
copy %1 # > nul
shift
:loop2
type # > prn
echo ^L >prn
shift
if not "%1"=="" goto loop2
del #
goto end
rem -------------------- PR 3 ----------------------
:pr3
shift
if not "%1"=="" if not "%2"=="" goto check3
echo Parameterfehler. Bitte folgende Anweisung beachten.
pause
goto help
:check3
if exist %1 goto druck3
echo ^GDie Druckdatei ^[[1m%2^[[m wurde nicht gefunden !
goto end
```

```
:druck3
echo ^[CH > prn
copy %1 # > nul
shift
:loop3
echo ^[-1%1^[-0 >prn
echo ^Y >prn
type # > prn
echo ^L >prn
shift
if not "%1"=="" goto loop3
del #
goto end
rem ------------------- PR 4 ---------------------
:pr4
shift
if not "%1"=="" goto check4
echo Dateiname fehlt. Bitte folgende Anweisung beachten.
pause
goto help
:check4
if exist %1 goto druck4
echo ^GDie Druckdatei ^[[1m%2^[[m wurde nicht gefunden !
goto end
:druck4
copy %1 # > nul
shift
:loop4
type # > prn
echo ^Y > prn
shift
if not "%1"=="" goto loop4
del #
goto end
rem ------------------- PR 5 ---------------------
:pr5
shift
if "%1"=="@" goto lprint5
if not "%1"=="" goto recurs5
echo Keine Druckdatei angegeben!
echo Dateinamen sind durch Joker-Ausdrücke ersetzbar.
pause
goto help
:recurs5
for %%d in (%1) do call pr.bat 5 @ %%d
```

```
shift
if "%1"=="" goto end
goto recurs5
:lprint5
if exist %2 goto go_on5
echo ˆGDie Druckdatei ˆ[[1m%2ˆ[[m wurde nicht gefunden !
pause
goto end
:go_on5
find /v /n "ð ð ð" %2 > prn
echo ˆY > prn
goto end
rem -------------------- PR 6 ---------------------
:pr6
echo ˆGˆ[[10;20H ˆ[[5m Bitte Drucker on-line schalten. ˆ[[m ˆ[[9B
pause
:loop6
cls
echo ┌──────────────────────────────────────────────────────┐
echo │                                                      │
echo │                                                      │
echo │                                                      │
echo │         MENÜ FÜR DIE DRUCKEREINSTELLUNG              │
echo │                                                      │
echo │                                                      │
echo │                                                      │
echo │         Taste           Wirkung                      │
echo │                                                      │
echo │         F1              Komprimierte Schrift         │
echo │         F2              Gedehnte Schrift             │
echo │         F3              Fettschrift                  │
echo │         F4              Indexschrift u. 1/2-zeilig   │
echo │         F5              Zeilenabstand 1/8 Zoll       │
echo │         F6              70 Zeilen/Seite u. Seitenanfang │
echo │         F7              72 Zeilen/Seite u. Seitenanfang │
echo │         F8              Drucker normieren            │
echo │         F9              Programm beenden             │
echo │                                                      │
echo └──────────────────────────────────────────────────────┘
menukeys 9
if errorlevel 9 goto f9
if errorlevel 8 goto f8
if errorlevel 7 goto f7
if errorlevel 6 goto f6
if errorlevel 5 goto f5
```

```
if errorlevel 4 goto f4
if errorlevel 3 goto f3
if errorlevel 2 goto f2
:f1
mode lpt1: 132, > nul
echo ^O > prn
goto loop6
:f2
echo ^[W1 > prn
goto loop6
:f3
echo ^[E > prn
goto loop6
:f4
echo ^[S1^[3t > prn
goto loop6
:f5
echo ^[O > prn
goto loop6
:f6
echo ^[CF > prn
goto loop6
:f7
echo ^[CH > prn
goto loop6
:f8
mode lpt1: 80,6 > nul
echo t^[WO^[F^[3$^[T > prn
goto loop6
:f9
:end
echo Arbeit beendet.
echo on
```

Programm PR.BAT zum Ausführen von Druckaufträgen

Parametereingabe testen in Programm PR.BAT: Der IF-Befehl testet die
Eingabe eines Parameters und verzweigt bei gültiger Eingabe zum Label
GO_ON.

Menü aufrufen in Programm PR.BAT: Wenn der Benutzer keinen Parameter eingegeben hat, ruft die Anweisung PMENU die Stapeldatei PME-
NU.BAT auf, um dem Benutzer die Übersicht über alle verfügbaren Ver-
arbeitungsmöglichkeiten und deren korrektem Aufruf anzuzeigen. Infolge

der Verkettung der Stapeldatei PR.BAT mit der Stapeldatei PMENU.BAT endet PR.BAT, denn PMENU.BAT übernimmt die Steuerung des weiteren Ablaufs. Nach dem Abarbeiten von PMENU.BAT wird die Steuerung an die MS-DOS-Betriebssystemebene übergeben; das Prompt "Ihre Wahl:" erscheint. Der gewohnte Systemprompt von DOS ist erst nach Aufruf von PR.BAT (z.B. PR 0) wiederhergestellt.

Fehlermeldung: Findet PR.BAT die Datei PMENU.BAT nicht, dann meldet das System "Falscher Befehl oder Dateiname", die Texte der folgenden beiden Zeilen werden angezeigt und das Programm endet durch Verzweigung zum Ende.

Label GO_ON: Hat der Benutzer einen Parameter angegeben, fährt das Programm hier fort.

Verzweigung entsprechend der Menüauswahl: Der Scheinparameter %1 darf nur Werte von 0 bis 6 annehmen. In diesen Fällen erfolgt eine Verzweigung zum entsprechenden Unterprogramm. Die Unterprogramme sind durch REM-Anweisungen kenntlich gemacht. Findet das System keinen Parameter im Bereich 0-6, sorgt die Anweisung GOTO HELP durch Rücksprung zum Label :HELP dafür, daß der Benutzer Hilfen bekommt. :PR0 ist der Label für die Programmbeendigung. :PR1 bis :PR6 sind Einsprungstellen in die Unterprogramme.

Den ersten Parameter "wegshiften" in den Zeilen der Labels :PR1 bis :PR5: Wir führen einen SHIFT-Befehl direkt nach Einsprung ins Unterprogramm durch. Das hat den Zweck, den ersten Parameter, also die Ziffern 1-5 der Menüwahl, auszublenden. Sie werden in den Unterprogrammen nicht mehr benötigt. Die vom Benutzer eingegebene Parameterliste rutscht dadurch um eine Stelle nach links.

Ausführung der Unterprogramme von PR.BAT: Alle Unterprogramme wurden in den Abschnitten 4.3.2.1 bis 4.3.2.6 ausführlich als Einzelprogramme besprochen. Im einzelnen entsprechen sich:

Unterprogramm in PR.BAT:	*Einzelprogramm:*
PR 1	4.3.2.3: aprint.bat
PR 2	(siehe 4.3.2.1)
PR 3	4.3.2.1: vprint.bat
PR 4	4.3.2.2: eprint.bat
PR 5	4.3.2.5: zprint.bat
PR 6	4.3.2.6: setprn.bat

Änderungen in den Unterprogrammen: Bei Übernahme der Einzelprogramme in das Menüprogramm PR.BAT wurden u.a. folgende Modifikationen vorgenommen:
- Die Labelbezeichnungen sind so geändert, daß jeder Label um die dem Unterprogrogramm entsprechende Ziffer ergänzt wird (z.B. wird LOOP zu LOOP2). Dadurch werden Doppelbenennungen unterbunden.
- Bis auf das letzte hören alle Unterprogramme mit dem Befehl GOTO END auf, und nicht mit dem Label :END.

Änderung beim Druck der Etiketten: Eine wesentliche Änderung ergibt sich für den Etikettendruck in PR4 gegenüber dem in Abschnitt 4.3.2.2. dargestellten Programm EPRINT.BAT: Es muß eine Textdatei mit dem Etiketteninhalt vorliegen. Diese kann jederzeit schnell z.B. unter dem Namen ETIKETT über einen der Befehle

```
word etikett
edlin etikett.txt
copy con etikett.txt
type con > etikett.txt
```

hergestellt werden. Der Name ist beliebig und muß als Parameter angegeben werden. Die Textdatei muß sieben Zeilen aufweisen. Eine 8. und 9. Zeile (Leerzeilen) macht das Programm selbst, wobei von einem 9-zeiligen Vorschub pro Etikett ausgegangen wird. Beispiel:

```
copy con etikett (Eingabetaste)
    !!! SCHULUNGSEXEMPLAR !!! (Eingabetaste)
    Mitnahme außerhalb dieses  (Eingabetaste)
    Raumes ist nicht gestattet.(Eingabetaste)
(Eingabetaste)
(Eingabetaste)
(Eingabetaste)
(Eingabetaste)
(Taste F6 für Ctrl-Z) (Eingabetaste)
    1 Datei(en) kopiert
```

Die Taste F6 erzeugt das Dateiendezeichen (ASCII-Nummer 26). Vor den einzelnen Textzeilen gibt man evtl. einige Leerzeichen ein, um einen linken Rand zu erzeugen.

4.3.3 RAM-Disk-Schalter für virtuelle Speicher

4.3.3.1 RAM-Disk einrichten mit RAMDISK1.BAT

Der RAM (Random Access Memory) ist das schnellste Speichermedium, zu dem der Benutzer Zugriff hat. Während der Arbeit mit dem PC befinden sich nur diejenigen Programme des Betriebssystems, Anwendungsprogramme und Daten im RAM, die für die Verarbeitung gerade gebraucht werden. Oft bleibt ein Teil des RAM frei und ungenutzt. Dies kommt insbesondere dann häufig vor, wenn man einen Personalcomputer mit voll ausgebautem 640 KB-Zentralspeicher oder gar mit Extended Memory bzw. Expanded Memory (Erweiterung über 640 KB) besitzt. MS-DOS 4.0 unterstützt RAM-Disks auch für diese beiden Speichererweiterungen.

Unverbrauchter Speicherplatz im RAM für eine RAM-Disk nutzen: Eine RAM-Disk ist ein scheinbares (virtuelles) Laufwerk, das sich im RAM befindet. Es wird wie ein anderes internes Laufwerk angesprochen; so z.B. unter der Bezeichnung D:, wenn bereits die drei realen Laufwerke A:, B: und C: existieren.

RAM-Disk als schneller, aber flüchtiger Speicher: Der Vorzug einer RAM-Disk ist die Zugriffsgeschwindigkeit zu den darauf abgelegten Daten. Kein Laufwerk reicht an dieses Tempo heran. Aus begreiflichen Gründen: Eine RAM-Disk besitzt keine Mechanik und ist vollelektronisch; ideal für einen Datenträger. Gerade dieser Umstand ist aber auch ihr Nachteil: Wird das Gerät abgeschaltet oder warm gestartet, so ist der bisherige Inhalt der RAM-Disk verloren: RAM-Disk wie RAM sind flüchtige Speicher. Bei der Arbeit mit einer RAM-Disk gilt also ein wichtiges Prinzip: Niemals abschalten oder neu starten, ohne zuvor den Inhalt der RAM-Disk auf ein reales Laufwerk umkopiert zu haben.

Programm oder Daten auf der RAM-Disk ablegen: Trotz dieses Handicaps erfreuen sich RAM-Disks großer Beliebtheit. Sei es, daß dort Programmsysteme hineingelegt werden, die immer wieder Zugriffe auf Hilfsdateien oder temporäre Dateien machen (z.B. WORD); sei es, daß man dort größere Datenmengen unterbringt, die oft durchsucht werden müssen (z.B. eine Datenbank). Im ersten Falle ist es nicht einmal gefährlich, ohne Sicherung abzuschalten. Das System ist ja noch auf Diskette vorhanden.

RAM-Disk-Installation: Für die Installation einer RAM-Disk braucht man den Einheitentreiber VDISK.SYS. Als solcher muß er wie andere Einheitentreiber (ANSI.SYS, DRIVER.SYS) in der Datei CONFIG.SYS genannt werden, damit gleich beim Start Platz reserviert und der Treiber resident gemacht wird. In der CONFIG.SYS muß mindestens der folgende

Befehl stehen, wobei die Pfadangabe \DOS für das Verzeichnis steht, in
dem sich der Gerätetreiber VDISK.SYS befindet:

```
device=\dos\vdisk.sys
```

Das System wählt für die RAM-Disk automatisch den nächsten freien
Laufwerksnamen, bei drei internen Laufwerken also D: (siehe auch
Abschnitt 2). In oben angenommenen Falle ist die virtuelle Diskette 64
KB (Vorgabewert) groß. Für die Speicherung aller ständig benutzten Sta-
pelprogramme einschließlich der Stapeldateien für die Menüsteuerung
würde das genügen. Möchte man jedoch die Arbeitsgeschwindigkeit eines
Text-, Grafik-, Tabellenkalkulationsprogramms o.ä. erhöhen, muß über
Parameter eine größere RAM-Disk definiert werden. Der Befehl

```
device=\dos\vdisk.sys 360 512 112
```

richtet eine RAM-Disk in der Größe einer 360 KB-Diskette ein. Der Parameter 360 definiert die RAM-Disk-Kapazität in Kilobyte. Dieser Wert
kann von 1 KB bis zur verfügbaren Hauptspeichergröße frei gewählt
werden. Die Parameter 512 und 112 legen die Sektorgröße (erlaubt: 128,
256, 512) und die Anzahl der möglichen Verzeichniseinträge (erlaubt: 2-
512) der RAM-Disk fest.

Extended oder Expanded Memory für die RAM-Disk ausnutzen: Bei An-
awendungen wie DTP (Desk Top Publishing) oder CAD (Computer Aided
Design) sollte man die Verwendung von RAM-Disks im Extended oder
Expanded Memory in Betracht ziehen. Extended und Expanded Memory
Adapter erlauben Disk-Kapazitäten bis zu 16 MB. Aber:
- *Extended Memory* ist nur auf PCs mit Prozessoren ab Modell
  80286 installierbar, denn es benötigt den *Protected Mode*, eine
  Speicherverwaltungsmethode für Zentralspeicherkapazitäten bis 16
  MB.
- *Expanded Memory* braucht außer dem Adapter einen Gerätetrei-
  ber. XMA2EMS.SYS als entsprechender Gerätetreiber von DOS 4.0
  funktioniert nur mit bestimmten Adapterkarten. Im Expanded Me-
  mory laufen auch alle Programme, die dem LIM-Standard (Lotus-
  Intel-Microsoft) entsprechen, z.B. neuere LOTUS-Produkte.

RAM-Disk konfigurieren: Es sind gewissenhafte Überlegungen hinsicht-
lich der Kompatibilität angebracht, bevor man sich für eine Speicherer-
weiterung entscheidet.
- Angenommen, eine RAM-Disk von 2 MB sei auf einem Gerät der
  AT-Klasse im Extended Memory zu installieren, so lautet der
  Konfigurationsbefehl (mit Parameter /E:Sektoren):
  ```
  device=\dos\vdisk.sys 2048 512 224 /e:8
  ```

- Soll eine RAM-Disk in den Expanded Memory, muß vor dem DEVICE-Befehl für die VDISK.SYS der Befehl für den Expanded-Memory-Treiber in die CONFIG.SYS aufgenommen werden. Hinzu kommt zwangsläufig die Zuordnung von Plattenpuffer im Expanded Memory (hier 100 Plattenpuffer und fünf Vorgriffspuffer = ca. 53 KB).
- Beispiel für eine 4MB-RAM-Disk im Expanded Memory (mit Parameter /X:Sektoren):

```
device=\dos\xma2ems.sys p0=d000 p254=c000 p255=c400
buffers=100,5 /x
device=\dos\vdisk.sys 4096 512 224 /x:8
```

Einheitentreiber für 80386-Prozessor-Benutzer: Besitzen Sie einen PC mit 80386-Prozessor, benötigt das System einen weiteren Einheitentreiber. Installationsbeispiel:

```
device=\dos\xmaem.sys
device=\dos\xma2ems.sys p0=d000 p254=c000 p255=c400
buffers=100,5 /x
device=\dos\vdisk.sys 4096 512 224 /x:8
```

Mehr als eine RAM-Disk einrichten: Die Definition mehrerer RAM-Disks ist möglich, wird sich in der Regel aber erst auszahlen, wenn eine Hauptspeichererweiterung wesentlich über die 640 KB hinausgeht. Da MS-DOS nur 640 KB für Anwendungen unterstützt und den Adressraum zwischen 640 KB und 1 MB für andere Zwecke wie Video-Speicher, EMS-Frame usw. benutzt, kann der darüber liegende Teil des RAM für RAM-Disks, Druckspooler, Disk-Cache usw. nutzbar gemacht werden. Richtet man mehrere RAM-Disks ein und überschreitet die Anzahl der Laufwerke (reale und virtuelle) einschließlich B: die Zahl 5, so muß der LASTDRIVE-Befehl in die Datei CONFIG.SYS aufgenommen werden. Beispiel für eine Konfiguration mit insgesamt acht Laufwerken (B: wird immer mitgezählt):

```
lastdrive=H
```

Das 8. Laufwerk heißt H:.

RAM-Disk bequem über Stapeldateien einrichten: Die anschließend besprochenen Programme RAMDISK1.BAT und RAMDISK2.BAT bieten die Möglichkeit, jederzeit bequem eine RAM-Disk einzurichten.

- Die Programme bereiten die Dateien CONFIG.SYS und AUTO-EXEC.BAT so vor, daß nach einem automatisch durchgeführten Warmstart eine RAM-Disk zur Verfügung steht.
- Falls gewünscht, wird der Inhalt der Diskette in Laufwerk A: selbsttätig auf die RAM-Disk kopiert. Dieser Kopiervorgang ist von jedem Benutzer an seine Bedürfnisse anzupassen. Es kann beispielsweise auch von einem oder mehreren Verzeichnissen des Laufwerks C: kopiert werden.
- Die Datensicherung nach Arbeitsende kann das Programm dem Benutzer nicht abnehmen.
- RAMDISK1.BAT verlangt vier Dateien und läuft etwa doppelt so schnell wie RAMDISK2.BAT.
- RAMDISK2.BAT kommt völlig ohne Zusatzdateien aus und benötigt auf einem IBM PC AT mit 20 MB Platte (65 ms) ungefähr 10 Sekunden bis zum erneuten Systemstart.
- Die beschriebenen Programme setzen DOS 4.0 voraus. Für die anderen DOS-Versionen sind Modifikationen erforderlich.

Programm RAMDISK1.BAT für Extended- und Expanded-Memory-User:
Das Programm richtet die RAM-Disk im Speicherbereich bis 640 KB ein. Der Extended- oder Expanded-Memory-Benutzer muß die Datei CONFIG.RM1 entsprechend ändern (siehe oben).

```
@rem ramdisk1.bat
@rem Eine virtuelle Platte ein- und ausschalten
@echo off
cls
if not "%1"=="" goto go_on
echo Parameter fehlt !
:help
echo Syntax:
echo Warmstart ohne Ramdisk         : RAMDISK1 0
echo Ramdisk von 360 KB einrichten : RAMDISK1 1
echo dito. u. A:\*.* hineinkopieren: RAMDISK1 2
goto end
:go_on
echo Das System arbeitet . . .
if "%1"=="0" goto rm0
if "%1"=="1" goto rm1
if "%1"=="2" goto rm2
echo Falscher Parameter!
goto help
:rm0
copy c:\hilfe\stapel\config.rm0 c:\*.sys > nul
copy c:\hilfe\stapel\autoexec.rm0 c:\*.bat > nul
goto boot
```

```
:rm1
copy c:\hilfe\stapel\config.rm1 c:\*.sys > nul
copy c:\hilfe\stapel\autoexec.rm0 c:\*.bat > nul
goto boot
:rm2
copy c:\hilfe\stapel\config.rm1 c:\*.sys > nul
copy c:\hilfe\stapel\autoexec.rm2 c:\*.bat > nul
:boot
c:\sprache\basica\basica c:\sprache\basica\boot.bas
:end
```

*Programm RAMDISK1.BAT zum Ein- und Ausschalten
einer virtuellen Platte (RAM-Disk) von 360KB*

Eingabeprüfung in Programm RAMDISK1.BAT: IF prüft die Eingabe eines Parameters. Ein Programmaufruf ohne Parameter erzeugt die Anzeige von Benutzerhilfen.

Verzweigung je nach Parametereingabe: Falls ein Parameter eingegeben wurde, fährt das Programm mit dem Label :GO_ON fort. Die drei gültigen Parameter 0, 1 und 2 werden abgefragt. Liegt keiner dieser Parameter vor, erhält der Benutzer eine entsprechende Meldung und Hilfen durch einen Rücksprung zum Label :HELP.

Parameter 0: Hat der Benutzer den Parameter 0 gewählt, so soll die existierende RAM-Disk entfernt werden. Die Datei CONFIG.SYS darf keine VDISK-Definition enthalten. Deshalb wird die Datei CONFIG.RM0 ins Stammverzeichnis so umkopiert, daß sie die Erweiterung .SYS erhält.

```
rem config.sys
break=on
files=16
rem 20 Puffer je 512B, 4 Sektoren in Folge f. sequent. Lesen:
buffers=20,4
country=049,,\hilfe\dosbef\country.sys
rem Systemumgebung auf 265B vergrößern:
shell=\hilfe\dosbef\command.com /p /e:265
rem ANSI-Treiber laden:
device=\hilfe\dosbef\ansi.sys
rem MOUSE-Treiber laden:
device=\hilfe\dosbef\mouse.sys
lastdrive=J
rem Tastaturanpassung installieren:
install=\hilfe\dosbef\keyb.com gr,,\hilfe\dosbef\keyboard.sys
```

Startdatei CONFIG.RM0

Der Inhalt einer Startdatei ist uns bereits von Modell 3 (in Abschnitt 3.3.)
bekannt. Die nächste Zeile führt denselben Vorgang für die Datei AUTO-
EXEC.RM0 bzw. AUTOEXEC.BAT aus.

```
@rem \autoexec.bat
prompt $e[0;21;"c:\hilfe\stapel\menu";13p
prompt $p$g
@cls
@echo off
set comspec=c:\hilfe\dosbef\command.com
prompt $p$g
path c:\;c:\hilfe\dosbef;c:\hilfe\util;c:\hilfe\stapel
append /e
append c:\hilfe\stapel
fastopen c:=(128,256)
ver
date
\hilfe\stapel\menu
```

Anpassungsdatei AUTOEXEC.RM0

GOTO BOOT in Programm RAMDISK1.BAT: Der Inhalt von AUTO-
EXEC.RM0 wird in Abschnitt 3.3 beschrieben. Nach den beiden Kopier-
vorgängen verzweigt das Programm zum Label BOOT, um einen Warmstart durchzuführen.

Parameter 1 in Programm RAMDISK1.BAT: Wenn der Benutzer den Parameter 1 eingibt, so hat er eine RAM-Disk gewählt. Die Datei CONFIG-
.RM1 wird nun in die Datei C:\CONFIG.SYS umkopiert.

```
rem config.sys
break=on
files=16
buffers=20,4
country=049,,\hilfe\dosbef\country.sys
shell=\hilfe\dosbef\command.com /p /e:265
device=\hilfe\dosbef\ansi.sys
device=\hilfe\dosbef\mouse.sys
device=\hilfe\dosbef\vdisk.sys 360 512 112
lastdrive=J
install=\hilfe\dosbef\keyb.com gr,,\hilfe\dosbef\keyboard.sys
```

Konfigurationsdatei CONFIG.RM1

Die Datei CONFIG.RM1 unterscheidet sich von CONFIG.RM0 durch die letzte Zeile: Mit DEVICE ... VDISK.SYS ... wird eine RAM-Disk definiert. Der zweite Kopiervorgang betrifft die AUTOEXEC.RM0.

Parameterwahl 2 in Programm RAMDISK1.BAT: Führt das Programm diesen Abschnitt aus, so hat der Benutzer den Parameter 2 gewählt. Das Programm soll eine RAM-Disk vorbereiten und die Diskette in Laufwerk A: komplett automatisch hineinkopieren. Der COPY-Befehl könnte genausogut ein Verzeichnis in die RAM-Disk kopieren. Auf diese Weise mag man z.B. zuerst das Textverarbeitungsprogramm und dann die notwendigen Texte auf die RAM-Disk bringen, um sehr schnell arbeiten zu können. Das Textprogramm ruft man wiederum mittels einer Stapeldatei auf, welche die bearbeiteten Texte nach getaner Arbeit automatisch in das richtige Verzeichnis zurückschreibt. Selbstverständlich ist es am bequemsten, die entsprechenden Befehlsfolgen in die Menüsteuerung (MENU-.BAT) aufzunehmen.

```
@rem \autoexec.bat3
prompt $e[0;21;"c:\hilfe\stapel\menu";13p
prompt $p$g
@cls
@echo off
set comspec=c:\hilfe\dosbef\command.com
prompt $p$g
path c:\;c:\hilfe\dosbef;c:\hilfe\util;c:\hilfe\stapel
append /e
append c:\hilfe\stapel
fastopen c:=(128,256)
ver
date
echo Bitte Laufwerk A: bereitmachen.
echo Alle Dateien von A: werden jetzt nach D: kopiert.
pause
copy a:*.* d:
\hilfe\stapel\menu
```

Anpassungsdatei AUTOEXEC.RM2

Unterschiede zwischen AUTOEXEC.RM2 und AUTOEXEC.RM0 in drei Zeilen:
- Eine Aufforderung an den Benutzer, das Laufwerk A: vorzubereiten.
- Der dann folgende Befehl PAUSE.
- Der Befehl für das Kopieren des gesamten Inhalts der Diskette in A: auf die RAM-Disk, die als Laufwerk D: angenommen wird. Welche Laufwerksbezeichnung das System automatisch wählt, hängt von der Anzahl der installierten Laufwerke ab.

Booten: Jeder korrekte Aufruf von RAMDISK1.BAT führt zum Label :BOOT. Die nächste Zeile leitet einen Systemstart ein. Zunächst wird der BASICA-Interpreter aufgerufen, der wiederum sofort das Basic-Programm BOOT.BAS ausführt. Das BASIC-Programm BOOT.BAS darf nicht im ASCII-Code, sondern muß im komprimiertem BASIC-Code gespeichert werden. Das heißt, der SAVE-Befehl im BASIC darf den Parameter ‚A nicht enthalten.

```
10 SUBRT%=&HFFF0:DEF SEG=&HF000:CALL SUBRT%
```

Programm BOOT.BAS

EXE- bzw. COM-Programme zum Starten: Es werden verschiedene Programme angeboten, die einen Systemstart bewirken. Wer ein solches EXE- oder COM-Programm besitzt, sollte es statt dem hier gezeigten Autostart mit BOOT.BAS verwenden. In Abschnitt 5.4.2.6 wird dargestellt, wie man ein Boot-Programm mit dem DOS-Debugger eines Stapelprogramms erzeugt. Es wird den Start schneller herbeiführen. Wer MS-DOS anstelle von IBM-DOS benutzt, ersetzt BASICA durch GWBASIC.

4.3.3.2 Automatische Programmgenerierung mit RAMDISK2.BAT

Vorteile von Programm RAMDISK2.BAT gegenüber RAMDISK1.BAT:
- Das Stapelprogramm RAMDISK1.BAT braucht vier zusätzliche Dateien: AUTOEXEC.RM0, AUTOEXEC.RM2, CONFIG.RM0 und CONFIG.RM1. Wer mitrechnet, weiß, daß damit schon wieder 10 KB beim PC AT an Speicherplatz beansprucht werden.
- Das folgende Programm RAMDISK2.BAT vermeidet diese Platzverschwendung, allerdings um den Preis einer etwas längeren Laufzeit (je nach Festplattengeschwindigkeit bis 10 Sekunden).

- RAMDISK2.BAT generiert die Dateien CONFIG.SYS und AUTO-
  EXEC.BAT immer von Grund auf neu. Das Programm ist ein Beispiel dafür, wie man *mittels Stapeldateien Dateien erzeugen* kann
  und wie die Startbedingungen für den PC durch Tastendruck beliebig neu definiert werden können; Grund: RAMDISK2.BAT läßt
  sich unter einer Menüsteuerung aufrufen (wie in Abschnitt 3.3.)
  oder als Aufruf über eine Taste definieren (siehe Abschnitt 4.2.3)

```
@rem ramdisk2.bat
@rem Eine virtuelle Platte ein- und ausschalten
@echo off
cls
if not "%1"=="" goto go_on
echo Parameter fehlt!
:help
echo Syntax:
echo Warmstart ohne Ramdisk        : RAMDISK2 0
echo Ramdisk von 360 KB einrichten : RAMDISK2 1
echo dito. u. A:\*.* hineinkopieren: RAMDISK2 2
goto end
:go_on
echo Das System arbeitet . . .
REM - ERÖFFNEN VON CONFIG.SYS UND AUTOEXEC.BAT: -
echo break=on > c:\config.$$$
echo @echo off > c:\autoexec.$$$
echo cls >> c:\autoexec.$$$
if "%1"=="0" goto rm0
if "%1"=="1" goto rm1
if "%1"=="2" goto rm2
echo Falscher Parameter!
del c:\*.$$$
goto help
REM - SPEZ. TEILE V. CONFIG.SYS U. AUTOEXEC.BAT: -
:rm0
goto boot
:rm1
echo device=\hilfe\dosbef\vdisk.sys 360 512 112 >> c:\config.$$$
goto boot
:rm2
echo device=c:\hilfe\dosbef\vdisk.sys 360 512 112 >> c:\config.$$$
echo echo Bitte Laufwerk A: bereitmachen. >> c:\autoexec.$$$
echo pause >> c:\autoexec.$$$
echo copy a:*.* d: >> c:\autoexec.$$$
:boot
```

```
REM - ALLGEM. TEIL VON CONFIG.SYS: -
echo files=16 >> c:\config.$$$
echo buffers=20,4 >> c:\config.$$$
echo lastdrive=J >> c:\config.$$$
echo country=049,,\hilfe\dosbef\country.sys >> c:\config.$$$
echo shell=\hilfe\dosbef\command.com /p /e:256 >> c:\config.$$$
echo device=\hilfe\dosbef\ansi.sys >> c:\config.$$$
echo device=\hilfe\dosbef\mouse.sys >> c:\config.$$$
echo install=\hilfe\dosbef\keyb.com gr,,\hilfe\dosbef\keyboard.sys >>
c:\config.$$$
REM -ALLGEM. TEIL VON AUTOEXEC.BAT: -
echo set comspec=c:\hilfe\dosbef\command.com >> c:\autoexec.$$$
echo path c:\;c:\hilfe\dosbef;c:\hilfe\stapel;c:\hilfe\util >> c:\autoexec.$$$
echo append /e >> c:\autoexec.$$$
echo append c:\hilfe\stapel >> c:\autoexec.$$$
echo fastopen c:=(128,256) >> c:\autoexec.$$$
echo ver >> c:\autoexec.$$$
echo date >> c:\autoexec.$$$
echo echo on >> c:\autoexec.$$$
echo prompt $e[0;21;"c:\hilfe\stapel\menu";13p >> c:\autoexec.$$$
echo prompt $p$g >> c:\autoexec.$$$
echo @cls >> c:\autoexec.$$$
echo @echo off >> c:\autoexec.$$$
echo \hilfe\stapel\menu >> c:\autoexec.$$$
REM - TEMPORÄRE DATEIEN UMKOPIEREN UND LÖSCHEN: -
copy c:\config.$$$ c:\config.sys >nul
copy c:\autoexec.$$$ c:\autoexec.bat >nul
del c:\*.$$$
REM - SYSTEM BOOTEN: -
c:\sprache\basica\basica c:\sprache\basica\boot.bas
:end
```

Programm RAMDISK2.BAT zum Definieren einer RAM-Disk

Die ersten Zeilen von Programm RAMDISK2.BAT sind weitgehend von
Programm RAMDISK1.BAT her bekannt. Dem Label :GO_ON folgen
drei ECHO-Befehle. Der erste eröffnet die temporäre Datei C:\CON-
FIG.$$$, indem er dort den ersten Konfigurationsbefehl (break=on) mit-
tels Datenumleitung (>) hineinschreibt. Der nächste Befehl tut das gleiche
für die Datei C:\AUTOEXEC.$$$ mit dem ersten Stapelbefehl (@echo
off).

Falscher Parameter: Wurde der falsche Parameter gewählt, erhält der Benutzer eine Nachricht, die temporären Dateien werden gelöscht und das
Programm erteilt eine Belehrung (Label :HELP).

Parameter 0: Die Wahl von Parameter 0 führt zum Label :BOOT, wo die Dateien CONFIG.$$$ und AUTOEXEC.$$$ ergänzt werden. Die ECHO-Befehle unter dem Label :BOOT hängen mit dem Datenumleitungsoperator ">>" weitere Zeilen an die temporären Dateien an.

Parameter 1: Hat der Benutzer Parameter 1 getippt, so erweitert der ECHO-Befehl unter Label :RM1 die Datei CONFIG.$$$ lediglich um den DEVICE-Befehl für die RAM-Disk vor dem Sprung zu :BOOT.

Parameter 2: Parameter 2 bewirkt zudem das Einfügen der Zeilen für das automatische Kopieren von A: auf die RAM-Disk in die Datei AUTO-EXEC.$$$.

Temporäre Dateien: Die temporären Dateien werden schließlich umkopiert. Dadurch entstehen die Dateien CONFIG.SYS und AUTOEXEC-.BAT. Der Umweg über die temporären Dateien ist notwendig, um sicherzustellen, daß die aktuellen Konfigurations- und Anpassungsdateien während des Ablaufs der Stapeldatei unberührt bleiben. Würde man in der Datei RAMDISK2.BAT sofort mit dem Neuanlegen dieser Dateien beginnen, so wäre nach einem Stromausfall ein erneutes Starten unmöglich. Die temporären Dateien werden zuletzt gelöscht.

Booten: Das Booten erfolgt genau wie in Datei RAMDISK1.BAT.

Modifikationen zu Programm RAMDISK2.BAT: Mehr Alternativen als hier gezeigt sind natürlich denkbar. Möchte man beispielsweise sein Textsystem schneller machen, so kann man einen weiteren Label :RM3 einfügen und analog der Befehlsfolge unter Label :RM2 das Kopieren des Verzeichnisses C:\TOOL\WORD auf die RAM-Disk veranlassen. Im Hauptmenü, das von AUTOEXEC.BAT gestartet wird (siehe z.B. MENU.BAT des Menümodells 3) muß unter dem entspechenden Programmabschnitt vor dem Textprogrammaufruf lediglich die Anweisung D: eingefügt werden, um ins virtuelle Laufwerk D: zu wechseln.

4.3.4   Bequemes Blättern und Löschen

4.3.4.1 In Dateien blättern mit TYPE1.BAT

MS-DOS kann es nicht? Wer hat es als Anfänger nicht schon probiert:
```
MORE < *.TXT
TYPE *.TXT ¦ MORE
```

Nichts als Fehlermeldungen. Erfolglos und enttäuscht blieb einem nichts anderes übrig, als jede Datei, in der man blättern wollte, einzeln einzugeben. Als DOS-Profi hat man es vielleicht nochmals so versucht:

```
FOR %F IN (*.TXT) DO MORE < %F
FOR %F IN (*.TXT) DO TYPE %F ¦ MORE
```

Und hat dann aufgegeben - überzeugt, daß MS-DOS das eben nicht kann.

MS-DOS kann es doch! Allerdings muß man etwas mehr Mühe aufwenden. Die folgende Stapeldatei TYPE1.BAT ähnelt im Algorithmus APRINT.BAT und ist in der Lage, einzelne Dateien und Dateigruppen bunt gewürfelt alle auf einmal zu akzeptieren und nacheinander zu bearbeiten.

```
@rem type1.bat, Dateien oder Dateigruppen
@rem              seitenweise anzeigen.
@echo off
cls
if "%1"== "@" goto pmore
if not "%1"=="" goto recurs
echo Keine Datei angegeben!
echo Syntax: TYPE1 Dateiangabe1 Dateiangabe2 . . .
echo Dateiangabe kann Joker-Ausdruck sein.
goto end
:recurs
for %%d in (%1) do call type1 @ %%d
shift
if "%1"=="" goto end
goto recurs
:pmore
if exist %2 goto go_on
echo Eine Datei nicht gefunden!
pause
goto end
:go_on
more < %2
pause
:end
```

Stapeldatei TYPE1.BAT zum Blättern in Dateien

Programmbeschreibung zu TYPE1.BAT:
Zur Beschreibung des prinzipiellen Programmaufbaus sei auf den Abschnitt 4.3.2.3 verwiesen. Dort wird der Selbstaufruf von Stapeldateien mit Hilfe des Befehls CALL anhand des Stapelprogramms APRINT.COM

ausführlich erklärt. Aus diesem Grunde wird TYPE1.BAT hier nur kurz beschrieben:

Parameter "@": Ist der Parameter %1 = @, liegt ein Selbstaufruf des Programms vor. Das Programm fährt dann mit der dem Label :PMORE folgenden Zeile fort. Hat der Parameter einen anderen Wert, wird in der nächsten Zeile verglichen, ob überhaupt ein Parameter eingegeben wurde. Beim Aufruf von TYPE1.BAT ohne Parameter wird ein Hinweis ausgegeben.

Label :RECURS: Für alle in der durch Parameter %1 beschriebenen Dateimenge enthaltenen Dateien wird der CALL-Befehl ausgeführt und die Datei TYPE1.BAT mit den Parametern %1=@ und %2=%%d aufgerufen. %%d steht für die gerade in Arbeit befindliche Datei.

SHIFT verschiebt die Parameterliste um eine Position nach links, d.h. %1 zeigt nach SHIFT auf den 2. vom Benutzer eingegebenen Parameter, nach dem nächsten SHIFT auf den 3. Parameter usw.

IF "%1"=="": Wurde so oft geshiftet, wie der Benutzer Parameter vorgesehen hat, so ist %1 leer und das Programm endet (Label :END). Andernfalls wird die FOR-Schleife erneut ausgeführt (Label :RECURS).

Rekursion: Nach dem Selbstaufruf von TYPE1.BAT mit CALL übernimmt das Programm auf einer zweiten Programmebene die Steuerung. Infolge des Parameters @ folgt der Programmablauf jetzt den Zeilen ab Label :PMORE, Parameter %2 enthält nun den Namen der gerade in Arbeit befindlichen Datei. Dieser Name wird von %%d an %2 übergeben. Falls die Datei nicht existiert, erfolgt eine Meldung und ein Programmstop.

:END: Trotz Sprung zum Label :END endet das Programm nicht. Es arbeitet bis zu dieser Zeile auf der niedrigeren Programmebene. Nach diese Zeile wird die Kontrolle nun zurückgegeben.

MORE: Der MORE-Filter segmentiert die in %2 benannte Datei in bildschirmgroße Teile und gibt sie einzeln aus. Nach der Ausgabe jeder Datei stoppt das Programm, bis der Benutzer eine Taste tippt.

4.3.4.2 Blättern bei Angabe des Dateinamens mit TYPE2.BAT

Sind mehrere Dateien nacheinander zu durchsuchen, vermißt man bei
Programm TYPE1.BAT bald einen Hinweis auf den Namen der gerade
angezeigten Datei. Man möchte schließlich wissen, welche Datei man
gerade auf dem Bildschirm hat. Man kann versuchen, den Namen der in
%2 angegebenen Datei mit dem ECHO-Befehl vor der Ausgabe des ersten
Bildschirms einzublenden. Etwa so:

```
:go_on
echo %2
more < %2
pause
:end
```

Das funktioniert aber nicht, weil der MORE-Filter 24 Zeilen an den
Bildschirm sendet und dadurch den mittels ECHO angezeigten Dateinamen über den oberen Bildschirmrand schiebt. Eine andere Methode verwendet das Programm TYPE2.BAT, das hier nur ausschnittweise aufge-
führt wird, weil sich gegenüber TYPE1.BAT nur die Anweisungen ab Label :GO_ON geändert haben.

```
...
...
:go_on
echo ^[[7m Datei : %2 ^[[m > #
type %2 >> #
more < #
del #
pause
:end
```

Stapeldatei TYPE2.BAT zum Blättern mit Namensangabe (Ausschnitt)

Programmbeschreibung zu TYPE2.BAT:

Die Zeilen Label :GO_ON bleiben wie in TYPE1.BAT. Eine Ausnahme
bildet die Zeile mit dem FOR-Befehl, wo "type1" gegen "type2" ausgetauscht wird.

Der ECHO-Befehl sendet den Text " Datei:" und den Dateinamen in Um-
kehrschrift (Escapefolge: ^[[7m) an den Bildschirm. Die Escapefolge ^[[m
setzt wieder zurück auf normale Anzeige. Der Umleitungsoperator > leitet
die Bildschirmausgabe in die temporäre Datei namens # um. Auf dem
Bildschirm wird also noch gar nichts angezeigt.

TYPE %2 gibt die Datei nicht auf den Bildschirm aus, sondern hängt sie an die Datei # an. Der Text " Datei:", der Dateiname und die auszugebende Datei sind nun in einer temporören Hilfsdatei # vereinigt.

MORE < # gibt die temporäre Datei # nun bildschirmweise aus.

Das Programm TYPE2.BAT braucht etwas mehr Zeit als TYPE1.BAT, weil die angezeigte Datei umgespeichert werden muß. Im aktuellen Verzeichnis muß für die temporäre Datei Platz sein. Auf Festplatten wird man mit diesem Problem kaum konfrontiert werden.

4.3.4.3 Verzeichnisse mit Inhalt durch einen Befehl löschen mit SCRATCH.BAT

Das Löschen von Verzeichnissen ist umständlich, wenn sich dort noch Dateien befinden: Man muß jeweils zwei Befehle (ERASE *.* und RD Pfad) angeben und auf die Frage "Sind Sie sicher (J/N)?" mit J antworten. Die Stapeldatei SCRATCH.BAT vereinfacht diesen Vorgang auf einen Befehl. Sie demonstriert auch den Einsatz des Programms WAIT.COM (Abschnitt 5.4). Das Programm DELAY.COM von Abschnitt 5.4.1.6 wäre hier auch einsetzbar.

```
@rem scratch.bat, Directory samt allen Dateien entfernen
@echo off
cls
if not "%1"=="" goto erase
echo Pfad wurde nicht angegeben!
echo Syntax: SCRATCH [Laufwerk:]\Pfad
goto end
:erase
echo ^[[7;5m^[[3;10H               ^[[m W A R N U N G ! ^[[7;5m
^[[m
echo ^G
echo ^[[10;10HSCRATCH löscht alle Dateien des Ziel-Directory:
echo ^[[1m^[[12;30H %1 ^[[m
echo ^[[14;10HFalls Unterbrechung erwünscht, Ctrl-C drücken.
echo ^[[1m^[[20;10H^[[10»»»------------► Noch 12 Sekunden ◄----------«««
wait 2
echo ^[[20;30H^[[10  6
wait 1
echo ^[[20;30H^[[10  3
echo ^[[m
wait 1
```

```
cls
echo J | del %1\*.* > nul
rd %1
:end
```

Stapeldatei SCRATCH.BAT zum Löschen von Verzeichnissen "mit Inhalt"

Programmbeschreibung zu SCRATCH.BAT:
Eine Beschreibung der ersten 14 Zeilen erübrigt sich. Die Möglichkeiten
der Bildschirmsteuerung unter ANSI.SYS werden im Abschnitt 4.2 und in
Anhang 4, 5 und 6 detailiiert erklärt.

WAIT.COM mit Parameter 2 (genaue Programmbeschreibung in Abschnitt
5.4) erzeugt eine Pause von ca. 2*3=6 Sekunden (IBM AT 6MHz). In der
nächsten Zeile wird die zuerst angezeigte Zahl 12 gegen die Zahl 6 aus-
gewechselt.

WAIT.COM mit Parameter 1 hält das Programm 3 Sekunden an. Dann
wird die Zahl 6 gegen die Zahl 3 getauscht.

WAIT 1, nach der Ausgabe der Zahl 3, verzögert die Programmausführung um weitere drei Sekunden.

Der DEL-Befehl löscht alle Dateien des Verzeichnisses %1. Um ein Anhalten des Programms durch die Anfrage "Sind Sie sicher (J/N)?" zu unterdrücken, erhält DEL durch ECHO über den Pipe-Operator das "J", und
die Meldung wird an die Pseudoeinheit NUL umgeleitet.

RD %1 entfernt das engegebene Verzeichnis.

Der dreimalige Aufruf von WAIT.COM stoppt das Programm insgesamt
12 Sekunden lang. Durch andere Parameter, z.B. 3, 4, usw. kann man die
Wartezeit in 3-Sekunden-Intervallen erhöhen. Dann ist aber auch die Anzeige der Wartezeiten zu ändern. Die Wartezeiten sind prozessorabhängig.

Das Stapelprogramm bleibt erfolglos, falls noch Unterverzeichnisse des zu
löschenden Verzeichnisses existieren, oder falls das Verzeichnis Dateien
mit dem Read-Only-Attribut beherbergt. Selbstverständlich ist es nur
möglich, Verzeichnisse der untersten Ebene auf einen Schlag zu löschen.

4.3.5   Weitere nützliche Stapel

4.3.5.1 Multifunktionaler Taschenrechner in DOS

Rechenfunktionen sollten ständig und überall nutzbar sein. Die meisten
Standardprogramme bieten Rechenfunktionen integriert an. Aber auch auf
der Oberfläche von DOS kann man mit einem Stapelprogramm weit mehr
als die üblichen Taschenrechnerfunktionen erreichen. Das folgende Programm kann neben den Grundrechenarten auch Potenzieren, Wurzelzie-
hen, hexadezimale in dezimale Zahlen umrechnen und umgekehrt. Es ver-
kraftet natürlich auch Klammerausdrücke.

Das Stapelprogramm bedient sich zur Verarbeitung der Rechenausdrücke
des Basic-Interpreters BASICA (oder GWBASIC). Der Basic-Interpreter ist
in der Regel auf jeder Festplatte vorhanden.

```
@rem #.bat, Rechenfunktionen ausführen
@echo off
if not "%1"=="" goto go_on
cls
echo
echo  ________________________[ BASIC-Rechner ]________________________
echo
echo  BASICA.COM muß im aktuellen Verzeichnis oder in einem der definierten
echo  Pfade liegen.
echo.
echo  Befehlsformat: ^[[7m#^[[m ^[[7mAusdruck^[[m
echo.
echo  Als ^[[7mAusdruck^[[m kann jeder BASIC-Rechenausdruck eingegeben werden.
echo.
echo  Beispiele:   23.56*0.14     Multiplikation
echo               7/13#          Division mit doppelter Genauigkeit
echo               2^10           Potenzierung
echo               SQR(x)         Quadratwurzel aus x
echo               ASC("x")       ASCII-Nummer des Zeichens x
echo               CHR$(x)        Zeichen mit der ASCII-Nummer x
echo               HEX$(x)        Hexadezimalwert des Dezimalwertes x
echo               &Hx            Dezimalwert des Hexadezimalwertes x
echo               1 XOR 1        Logische Operation
echo.
echo  Der Rechenausdruck darf beliebig komplex sein und maximal 8 Leerstellen
echo  enthalten. Vergleiche wie "<", ">=", "<>" usw. werden nicht ausgeführt.
echo  ________________________________________________________________
echo.
goto end
:go_on
```

```
cls
echo ^[[5mDas System arbeitet . . .^[[m
echo PRINT "Errechnet wurde : ";%1 %2 %3 %4 %5 %6 %7 %8 %9 | basica | find/v
"PRINT"
echo aus dem Ausdruck:  %1 %2 %3 %4 %5 %6 %7 %8 %9
:end
```

Stapelprogramm #.bat

Die Anwendung von #.BAT ist einfach: Beispielsweise soll der hexadezimale Wert der Dezimalzahl 256 berechnet werden.

```
C:\># hex$(256)
________________

Errechnet wurde : 100
aus dem Ausdruck: hex$(256)
```

Programmbeschreibung zu #.BAT:

Parameterabfrage: Ergibt die Parameterabfrage IF NOT "%1"=="", daß kein Parameter eingegeben wurde, wird dem Benutzer ein Hilfe-Panel dargeboten.

:GO_ON leitet die wichtigsten Anweisungen des Programms ein. Nach der Meldung "Das System arbeitet . . ." an den Benutzer folgt das Herzstück des Programms.

ECHO PRINT "Errechnet wurde : ";%1 . . : Diese umfangreiche Anweisung erledigt folgende Arbeiten. Über den Pipe-Operator des DOS (¦) erhält BASICA.COM eine PRINT-Anweisung. Die PRINT-Anweisung besteht aus einer Zeichenkette "Errechnet..." und den vom Benutzer eingegebenen Parametern %1 %2 %3 usw. Als Folge der Nutzung aller 9 möglichen Parameter ist dem Benutzer auch die Eingabe von Leerstellen erlaubt, ohne daß deshalb Fehler auftreten. BASICA.COM verarbeitet die Zeichenkette wie das folgende Beispiel zeigt. Probieren Sie aus:

```
C:\>echo PRINT "Errechnet wurde :";hex&(256) ¦ BASICA
_____________________________________________________
OK
PRINT "Errechnet wurde : ";hex&(256)
Errechnet wurde : 100
C:\>
```

Filter FIND.EXE wird anschließend dazu verwendet, nur das von BA-
SICA.COM gelieferte Ergebnis herauszufiltern. Das ist die Zeile "Errechnet wurde : 100". Der Parameter /V des FIND-Befehls bewirkt, daß nur
die Zeilen ausgegeben werden, die die angegebene Zeichenkette (hier
"PRINT") nicht enthalten. Danach zeigt das Programm dem Benutzer den
ursprünglich von ihm eingegebenen Ausdruck, weil dieser im Verlauf des
Programms vom Bildschirm gelöscht wurde.

Zu GWBASIC: Wer nicht BASICA, sondern GWBASIC benutzt, weil er
nicht das von IBM gelieferte PC-DOS besitzt, der setzt in der entsprechenden Programmzeile statt BASICA eben GWBASIC ein.

Hinweis: Der Basic-Interpreter muß in einem dem System durch die
Pfad-Vereinbarung bekanntgemachten Verzeichnis liegen. Eine andere
Möglichkeit: Mann schreibt zum BASIC-Aufruf die Pfadangabe dazu, z.B.
\SPRACHE\BASIC\BASICA.

4.3.5.2 Assembler- und Maschinenprogramme
mittels Stapeln erstellen

In vielen Fachzeitschriften werden Monat für Monat nützliche Assembler-
und Maschinenprogramme beschrieben und aufgelistet. Die Autoren stellen ihre Ideen in Assemblersprache oder in hexadezimaler Schreibweise
vor. Die in hexadezimalen Zahlen ausgedrückten Maschinenbefehle müssen auf irgendeine Weise unter einem Dateinamen (.COM-Datei) auf den
Datenträger Platte oder Diskette gebracht werden, bevor sie startklar sind.
Die meisten Autoren verwenden für diese Prozedur BASIC-, PASCAL-
oder C-Programme. Ein BASIC-Interpreter befindet sich auf der DOS
Diskette, PASCAL- oder C-Compiler muß man dazukaufen. In jedem
Falle spart man Tipparbeit, wenn man die Folge von Maschinenbefehlen
nach der im folgenden beschriebenen Methode mit einem Stapelprogramm
speichert.

Programme JANEIN1.BAT und JANEIN2.BAT: Das Programm JA-
NEIN1.BAT ist ein Beispiel für die Speicherung eines Maschinenprogram-
mes mittels einer Stapeldatei. Das anschließend dargestellte Programm
JANEIN2.BAT speichert das gleiche Maschinenprogramm, übersetzt es jedoch zuvor aus Assemblerquellcode in Maschinencode.

Eingabe von Maschinenprogrammen:
Zunächst eine kurze Erläuterung des Begriffs Maschinenprogramm. Ein
Maschinenprogramm ist eine Datei, die aus einer Reihe von Anweisungen

für den Prozessor besteht. Startet man ein Maschinenprogramm, so wird es von DOS in den RAM geladen. DOS übergibt daraufhin dem Maschinenprogramm die Steuerung des Prozessors, d.h. die Folge der Maschinenbefehle des Programms teilt nun dem Prozessor mit, was er zu tun hat. Nach dem Laden des Programms bzw. vor seiner Ausführung findet kein Übersetzungsvorgang statt wie etwa bei interpretierten BASIC- oder dBASE-Programmen. Das bedeutet, das Programm muß ausschließlich aus Anweisungen bestehen, die der Prozessor versteht, also aus Maschinenbefehlen.

Maschinenbefehle sind für den Menschen unlesbare Bitfolgen. Deshalb stellt man diese Bitfolgen byteweise hexadezimal dar. Das verbessert die Lesbarkeit etwas für den Programmierer, nicht jedoch für den Normalanwender. Dennoch - wenn man Maschinenprogramme ohne den Umweg über Übersetzungsprogramme (Assembler, Interpreter, Compiler) auf den Datenträger bringen will, muß man dies in Form von hexadezimalen Zahlen tun.

Auf dem Datenträger Platte/Diskette stehen die Bytes, die Maschinenbefehle enthalten, der Reihe nach, wie jede andere Datei auch, in den Sektoren. Sie werden für den Start von dort unverändert in den RAM geladen.

Zwei Verfahren zur Eingabe von Maschinenprogrammen: Grundsätzlich gibt es zwei Verfahren, um Maschinenprogramme auf den Datenträger zu schreiben.
- Entweder man verwendet den Compiler einer höheren Programmiersprache (BASIC,PASCAL,C), welches das Maschinenprogramm als Datei auf dem Datenträger absetzt.
- Oder man nutzt einem Maschinenprogrammeditor (Debugger). Ein Debugger kann ein Maschinenprogramm in den RAM schreiben. Von dort kann man es auf den Datenträger übertragen lassen.

Das folgende Stapelprogramm folgt der zweiten Methode. Die Kenntnis der in Abschnitt 5.1 bis 5.4 besprochenen Thematik wird dabei vorausgesetzt.

Das Programm DEBUG.COM ist der Debugger des DOS: Er wird hier benutzt, um ein kleines Programm zur Tastenabfrage zu speichern. Das Maschinenprogramm soll den Namen JANEIN.COM erhalten. Das Programm nimmt nur die Tasten J, j, N und n an. Für J und j erzeugt es einen Errorlevel von 1, für N und n einen von 0. Mit dem Programm JANEIN.COM kann man in Stapeldateien die Antwort auf eine Frage an den Benutzer prüfen, die mit Ja oder mit Nein zu beantworten ist.

```
@echo off
echo e 100 B4 07 CD 21 3C 4A 74 0E 3C 6A 74 0A 3C 4E 74 0B >$
echo e 110 3C 6E 74 07 EB EA B0 01 EB 03 90 B0 00 B4 4C CD >>$
echo e 120 21 >>$
echo. >>$
echo r cx >>$
echo 21 >>$
echo n janein.com >>$
echo w >>$
echo q >>$
debug < $
del $
```

Stapelprogramm JANEIN1.BAT zum Speichern des Maschinenprogramms

Programmbeschreibung zu Programm JANEIN1.BAT:
Das Programm besteht im wesentlichen aus zwei Teilen. Im ersten Teil
(ECHO-Befehle) entsteht eine temporäre Datei namens $. Diese Datei
enthält alle Befehle, die der anschließend aufgerufene Debugger (DE-
BUG.COM) zu verarbeiten hat. Der zweite Programmteil ruft DEBUG
auf und löscht die temporäre Datei $.

ECHO E 100 . . . >$: Die erste signifikante Zeile des Programms eröffnet
die Datei namens $. In diese Datei wird eine Zeile geschrieben, die mit
dem DEBUG-Befehl E (Enter, Eingabe) beginnt (nähere Erläuterung zu
DEBUG in Kapitel 5). Mit dem Befehl E hat man die Möglichkeit, direkt
in den RAM zu schreiben. Dazu sind die RAM-Adresse sowie die zu
schreibenden Werte in hexadezimaler Schreibweise anzugeben.
Die RAM-Adresse besteht aus zwei Teilen, aus der Segment- und der
Offsetadresse (siehe Abschnitt 5.1.2). Um die richtige Segmentadresse
brauchen wir uns nicht zu kümmern, DEBUG benutzt sie automatisch.
Die Offsetdresse müssen wir selbst angeben. Man beginnt immer bei hexadezimal 100 (= dezimal 265). 100 ist also die Offset-Adresse, ab der die
Befehle des Maschinenprogramms stehen soll.
Nach der Adresse folgen die Maschinenbefehle, hexadezimal geschrieben
(im Beispiel fett hervorgehoben). Jeweils ein Zahl- bzw. Buchstabenpaar
beschreibt ein Byte (siehe ASCII-Code-Tabelle im Anhang).

Paragraphen: Es ist sinnvoll maximal 16 Byte pro Zeile zu schreiben.
Diese Menge füllt einen sog. "Paragraphen" des RAM. Die Zahl 16 entspricht hexadezimal 10. Durch Schreiben von jeweils 16 Byte vereinfacht
man die Adressierung der nächsten zu schreibenden Maschinenbefehle.
Die nächsten 16 zu schreibenden Byte beginnen demnach auf der Adresse
110 (100 + 10 = 110). Bei größeren Programmen gibt es entsprechend

mehr Zeilen und man muß aufpassen, daß man richtig hexadezimal (nicht dezimal!) weiterzählt, also ...180, 190, 1A0, 1B0, 1C0, 1D0, 1E0, 1F0, 200, 210 ... usw.

ECHO E 110 . . . >>$. Diese Zeile hängt den zweiten Befehl für DEBUG an die Datei $ an. Die RAM-Adresse wurde um einen Paragraphen auf 110 erhöht.

ECHO E 120 . . . >>$. Der in dieser Zeile enthaltene DEBUG-Befehl soll das letzte bzw. 33. Byte des Maschinenprogramms schreiben.

ECHO. >>$ erzeugt eine Leerzeile als Abschluß der Speichereingabe.

ECHO R CX >>$. Der DEBUG-Befehl R (Register) vermag Register anzuzeigen und zu verändern. Bevor das Programm auf den Datenträger geschrieben werden kann, muß das Register CX auf die Anzahl der zu schreibenden Byte gesetzt werden. Nur so kann DEBUG erkennen, wieviele Byte es übertragen soll.

ECHO 21 >>$. Durch die Eingabe von hexadezimal 21 (dezimal 33) wird das Register CX auf 33 gesetzt.

ECHO N JANEIN.COM >>$. DEBUG-Befehl N vergibt der zu schreibenden Datei einen Namen, hier JANEIN.COM.

ECHO W >>$ schreibt den WRITE-Befehl des DEBUG in die Datei $. DEBUG wird dadurch angewiesen, die Datei in Länge der in CX enthaltenen Anzahl von Byte auf den Datenträger zu schreiben.

ECHO Q >>$. Q (Quitt) ist der Befehl, der DEBUG beendet.

```
C:\HILFE\STAPEL>janein1
-e 100 B4 07 CD 21 3C 4A 74 0E 3C 6A 74 0A 3C 4E 74 0B
-e 110 3C 6E 74 07 EB EA B0 01 EB 03 90 B0 00 B4 4C CD
-e 120 21
-
-r cx
CX 0000
:21
-n janein.com
-w
Schreiben von 0021 Byte
-q
```

Ausführungsbeispiel Stapelprogramm JANEIN1.BAT

DEBUG < $. Nun wird DEBUG gestartet und alle in der Datei $ gespeicherten Befehle von DEBUG kommen nunmehr zur Ausführung. Der Umleitungsoperator < wirkt so, daß DEBUG alle in der Datei $ gespeicherten Befehle so akzeptiert, als kämen sie von der Tastatur.

DEL $ löscht schließlich die temporäre Datei $.

Natürlich könnte man auch anstelle der Aufrufs von Stapelprogramm JA-NEIN1.BAT das Programm DEBUG aufrufen und die DEBUG-Befehle einzeln eingeben (siehe Abschnitt 5.4.2). Hat man aber einen Tippfehler gemacht, so muß alles neu eingegeben werden. Dagegen muß nur die Stapeldatei korrigiert werden, wenn man ein Stapelprogramm geschrieben hat.

Eine andere Methode zur Eingabe von Maschinenprogramm JANEIN-.COM besteht darin, daß man eine Textdatei verfaßt, die alle DEBUG-Befehle enthält und diese dann als Eingabe in das Programm DEBUG umleitet. Angenommen eine Datei namens $$.TXT beinhaltet alle notwendigen DEBUG-Befehle:

```
e 100 B4 07 CD 21 3C 4A 74 0E 3C 6A 74 0A 3C 4E 74 0B
e 110 3C 6E 74 07 EB EA B0 01 EB 03 90 B0 00 B4 4C CD
e 120 21

r cx
21
n janein.com
w
q
```

Datei $$.TXT mit DEBUG-Befehlen

Nachdem die Datei erstellt ist, gibt man auf DOS-Ebene den folgenden Befehl ein:

```
DEBUG < $$.TXT
```

Auf diese Weise wird der gleiche Vorgang, den das Stapelprogramm JA-NEIN1.BAT automatisch durchführt, auf manuelle Art vollzogen.

Zur Eingabe von Assemblerprogrammen:

Mit dem anschließend gezeigten Verfahren lassen sich nur kleinere Programme in Form von Assembler-Mnemocodes mit absoluten Adressen übersetzen und speichern. Solche Programme werden ab und an auch ver-

öffentlicht. Im allgemeinen benutzen die Verfasser jedoch in assembler-
sprachlichen Programmen symbolische Adressen für Daten und Sprungmarken, sowie sogenannte *Pseudobefehle*, die den Vorgang des Assemblie-
rens steuern. Solche Angaben können beim Assemblieren mit DEBUG
nicht gemacht werden. In DEBUG werden alle Adressen hexadezimal angegeben, Pseudobefehle versteht DEBUG nicht.

Zur Übersetzung von umfangreichen Assemblerprogramme in Maschinencode braucht man einen Assemblierer, z.B. den Macro-Assembler von Microsoft.
Das folgende Stapelprogramm JANEIN2.BAT assembliert ein im 8088-
/8086-Mnemocode geschriebenes Programm, schreibt es im Maschinencode in den RAM und speichert es von dort auf den Datenträger. Das Ergebnis ist ein Maschinenprogramm JANEIN.COM, das mit dem bereits
beschriebenen Programm gleichen Namens identisch ist.

```
@rem janein2.bat, Eingeben, assemblieren und spei-
@rem               chern eines Assemblerprogramms
@echo off
echo a 100         >$
echo mov ah,07     >>$
echo int 21        >>$
echo cmp al,4a     >>$
echo jz 0116       >>$
echo cmp al,6a     >>$
echo jz 0116       >>$
echo cmp al,4e     >>$
echo jz 011b       >>$
echo cmp al,6e     >>$
echo jz 011b       >>$
echo jmp 0100      >>$
echo mov al,01     >>$
echo jmp 011d      >>$
echo nop           >>$
echo mov al,00     >>$
echo mov ah,4c     >>$
echo int 21        >>$
echo.              >>$
echo r cx          >>$
echo 21            >>$
echo n janein.com >>$
echo w             >>$
echo q             >>$
debug < $
del $
```

Stapelprogramm JANEIN2.BAT zum Eingeben eines Assemblerprogramms

Programmbeschreibung zu Programm JANEIN1.BAT:
Wie Programm JANEIN1.BAT besteht auch JANEIN2.BAT aus einem 1.
Teil, der eine Textdatei aufbaut und einem 2. Teil, der das Programm
DEBUG.COM ausführen läßt und die temporäre Datei $ löscht.

ECHO A 100 >$ schreibt den DEBUG-Befehl A 100 in die temporäre
Datei $. Der DEBUG-Befehl veranlaßt DEBUG die nachfolgend eingege-
benen Mnemocodes zu assemblieren und die entsprechenden Maschinen-
codes ab der Offsetadresse 100 in den RAM zu schreiben.

ECHO MOV AH,07 >>$. MOV AH,07 ist der erste Assemblerbefehl des
Programms JANEIN.COM. Er soll wie die nachfolgenden Assemblerbefehle über die Datei $ an DEBUG weitergeleitet werden.

ECHO. >>$. Eine Leerzeile schließt die Eingabe der Assemblerbefehle ab.
Danach kommt die gleiche Befehlsfolge wie im Stapelprogramm JA-
NEIN1.BAT.

```
C:\HILFE\STAPEL>janein2
-a 100
2DC1:0100 mov ah,07
2DC1:0102 int 21
2DC1:0104 cmp al,4a
2DC1:0106 jz 0116
2DC1:0108 cmp al,6a
2DC1:010A jz 0116
2DC1:010C cmp al,4e
2DC1:010E jz 011b
2DC1:0110 cmp al,6e
2DC1:0112 jz 011b
2DC1:0114 jmp 0100
2DC1:0116 mov al,01
2DC1:0118 jmp 011d
2DC1:011A nop
2DC1:011B mov al,00
2DC1:011D mov ah,4c
2DC1:011F int 21
2DC1:0121
-r cx
:21
-n janein.com
-w
Schreiben von 0021 Byte
-q
```

Ausführungsbeispiel Stapelprogramm JANEIN2.BAT

Auch für JANEIN2.BAT gilt das entsprechende wie für JANEIN1.BAT:
Anstatt die DEBUG-Befehle über die Stapeldatei in einer temporären Datei zu speichern, kann man eine entsprechende Datei mit einem Editor anlegen. Die folgende Datei $$$.TXT enthält nur die notwendigen DEBUG-Befehle.

```
a 100
mov ah,07
int 21
cmp al,4a
jz 0116
cmp al,6a
jz 0116
cmp al,4e
jz 011b
cmp al,6e
jz 011b
jmp 0100
mov al,01
jmp 011d
nop
mov al,00
mov ah,4c
int 21

r cx
21
n janein.com
w
q
```

Datei $$$.TXT mit DEBUG-Befehlen

Leitet man diese Datei wie folgt in den Debugger um
```
DEBUG < $$$.TXT
```
so entsteht dieselbe Datei JANEIN.COM wie durch JANEIN2.BAT und JANEIN1.BAT.

4.3.5.3 Computer-Animation mit Stapeldateien

Bewegung auf dem Bildschirm fesselt das Auge. Besonders attraktiv wirken farbige bewegte Motive oder auch Schrift, die von Geisterhand geschrieben wird. Man wird kaum vermuten, daß sich so etwas mit Stapelprogrammen realisieren läßt. Doch es funktioniert. Die mit Stapeldateien erzeugten Bilder ordnet man der sogenannten "Zeichengrafik" zu. In Stapeldateien kann man nur den Textmodus nutzen, nicht den Grafikmodus, deshalb muß man Grafiken aus den Zeichen des PC-Zeichensatzes bilden. Die Ansteuerung einzelner Bildpunkte des Bildschirmes, sog. Pixel, gelingt nicht. Das ist nur im Grafikmodus möglich. Dennoch - auch Zeichengrafik macht Spaß und viele professionelle Programme nutzen die Zeichengrafik, sei es zur Darstellung von Diagrammen, sei es um das Firmenlogo oder ein Eröffnungbild zu gestalten.

Möchte man selbst eine Zeichengrafik entwerfen, so bietet es sich an, zwei DIN A4-Blätter rautierten Papiers mit der hohen Kante zusammenzukleben. Die Rauten entsprechen etwa dem Größenverhältnis eines Zeichens. Wer im Umgang mit Editoren oder Textprogrammen versiert ist, kommt schneller zum Ergebnis, wenn er sich eine Textdatei schafft, die seitlich eine Zeilennummerierung und oben einen Spaltennummerierung besitzt. Dazu ein Beispiel (Auschnitt):

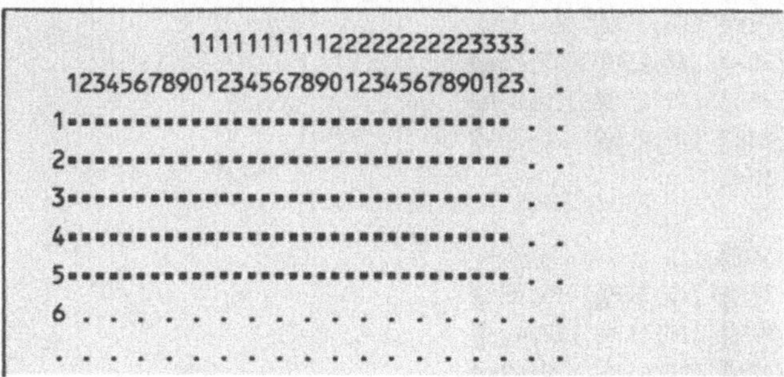

Nun kann man auf dem Bildschirm "malen", indem man die vorgegebenen Zeichen (▪) mit Leerstellen oder anderen Zeichen überschreibt. Dann druckt man den Entwurf und liest die Positionen der notwendigen Zeichen ab.

Das unten abgebildete Stapelprogramm schreibt einen Schriftzug in wechselnden Farben und schließt ihn in einen Rahmen ein. Dann bewegt sich eine Art Wurfgeschoß über den Bildschirm und läßt aus diesem einen Roboter wachsen, der mit einem Auge zwinkert.

```
@rem vieweg_c.bat, Computeranimation
@rem               mit Zeichengrafik
@echo off
echo ^[[;44m
cls
rem Schriftzug
echo ^[[31;44m
echo ^[[3;5H█^[[3;6H█^[[4;6H█^[[4;7H█
echo ^[[5;7H█^[[5;8H█^[[6;8H█^[[6;9H█
echo ^[[7;9H█^[[7;10H█^[[8;10H█^[[8;11H█
echo ^[[9;11H█^[[9;12H█^[[8;12H█^[[8;13H█
echo ^[[7;13H█^[[7;14H█^[[6;14H█^[[6;15H█
echo ^[[5;15H█^[[5;16H█^[[4;16H█^[[4;17H█
echo ^[[3;17H█^[[3;18H█
echo ^[[36;44m
echo ^[[3;21H█^[[3;22H█
echo ^[[4;21H█^[[4;22H█^[[5;21H█^[[5;22H█
echo ^[[6;21H█^[[6;22H█^[[7;21H█^[[7;22H█
echo ^[[8;21H█^[[8;22H█^[[9;21H█^[[9;22H█
echo ^[[30;44m
echo ^[[3;32H█^[[3;31H█^[[3;30H█^[[3;29H█
echo ^[[3;28H█^[[3;27H█^[[3;26H█^[[3;25H█
echo ^[[4;25H█^[[4;26H█^[[5;25H█^[[5;26H█
echo ^[[6;25H█^[[6;26H█^[[6;27H█^[[6;28H█
echo ^[[6;29H█^[[6;30H█^[[7;25H█^[[7;26H█
echo ^[[8;25H█^[[8;26H█^[[9;25H█^[[9;26H█
echo ^[[9;27H█^[[9;28H█^[[9;29H█^[[9;30H█
echo ^[[9;31H█^[[9;32H█
echo ^[[32;44m
echo ^[[3;35H█^[[3;36H█
echo ^[[4;36H█^[[4;37H█^[[5;37H█^[[5;38H█
echo ^[[6;38H█^[[6;39H█^[[7;39H█^[[7;40H█
echo ^[[8;40H█^[[8;41H█^[[9;41H█^[[9;42H█
echo ^[[8;42H█^[[8;43H█^[[7;43H█^[[7;44H█
echo ^[[6;44H█^[[6;45H█^[[7;45H█^[[7;46H█
echo ^[[8;46H█^[[8;47H█^[[9;47H█^[[9;48H█
echo ^[[8;48H█^[[8;49H█^[[7;49H█^[[7;50H█
echo ^[[6;50H█^[[6;51H█^[[5;51H█^[[5;52H█
echo ^[[4;52H█^[[4;53H█^[[3;53H█^[[3;54H█
echo ^[[37;44m
echo ^[[3;64H█^[[3;63H█^[[3;62H█^[[3;61H█
echo ^[[3;60H█^[[3;59H█^[[3;58H█^[[3;57H█
echo ^[[4;57H█^[[4;58H█^[[5;57H█^[[5;58H█
echo ^[[6;57H█^[[6;58H█^[[6;59H█^[[6;60H█
echo ^[[6;61H█^[[6;62H█^[[7;57H█^[[7;58H█
echo ^[[8;57H█^[[8;58H█^[[9;57H█^[[9;58H█
```

```
echo ^[[9;59H█^[[9;60H█^[[9;61H█^[[9;62H█
echo ^[[9;63H█^[[9;64H█
echo ^[[33;44m
echo ^[[4;74H█^[[4;75H█
echo ^[[3;75H█^[[3;74H█^[[3;73H█^[[3;72H█
echo ^[[3;71H█^[[3;70H█^[[3;69H█^[[3;68H█
echo ^[[3;67H█^[[4;67H█^[[4;68H█^[[5;67H█
echo ^[[5;68H█^[[6;67H█^[[6;68H█^[[7;67H█
echo ^[[7;68H█^[[8;67H█^[[8;68H█^[[9;67H█
echo ^[[9;68H█^[[9;69H█^[[9;70H█^[[9;71H█
echo ^[[9;72H█^[[9;73H█^[[9;74H█^[[9;75H█
echo ^[[8;74H█^[[8;75H█^[[7;75H█^[[7;74H█
echo ^[[7;73H█
rem Rahmen oben u. links
echo ^[[36;44m
echo ^[[1;1H█^[[1;2H█^[[1;3H█^[[1;4H█
echo ^[[2;1H█^[[1;5H█^[[1;6H█^[[1;7H█
echo ^[[3;1H█^[[1;8H█^[[1;9H█^[[1;10H█
echo ^[[4;1H█^[[1;11H█^[[1;12H█^[[1;13H█
echo ^[[5;1H█^[[1;14H█^[[1;15H█^[[1;16H█
echo ^[[6;1H█^[[1;17H█^[[1;18H█^[[1;19H█
echo ^[[7;1H█^[[1;20H█^[[1;21H█^[[1;22H█
echo ^[[8;1H█^[[1;23H█^[[1;24H█^[[1;25H█
echo ^[[9;1H█^[[1;26H█^[[1;27H█^[[1;28H█
echo ^[[10;1H█^[[1;29H█^[[1;30H█^[[1;31H█
echo ^[[11;1H█^[[1;32H█^[[1;33H█^[[1;34H█
echo ^[[12;1H█^[[1;35H█^[[1;36H█^[[1;37H█
echo ^[[13;1H█^[[1;38H█^[[1;39H█^[[1;40H█
echo ^[[14;1H█^[[1;41H█^[[1;42H█^[[1;43H█
echo ^[[15;1H█^[[1;44H█^[[1;45H█^[[1;46H█
echo ^[[16;1H█^[[1;47H█^[[1;48H█^[[1;49H█
echo ^[[17;1H█^[[1;50H█^[[1;51H█^[[1;52H█
echo ^[[18;1H█^[[1;53H█^[[1;54H█^[[1;55H█
echo ^[[19;1H█^[[1;56H█^[[1;57H█^[[1;58H█
echo ^[[20;1H█^[[1;59H█^[[1;60H█^[[1;61H█
echo ^[[21;1H█^[[1;62H█^[[1;63H█^[[1;64H█
echo ^[[22;1H█^[[1;65H█^[[1;66H█^[[1;67H█
echo ^[[23;1H█^[[1;68H█^[[1;69H█^[[1;70H█
echo ^[[24;1H█^[[1;71H█^[[1;72H█^[[1;73H█
echo ^[[1;74H█^[[1;75H█^[[1;76H█^[[1;77H█
echo ^[[1;78H█^[[1;79H█
rem Rahmen unten u. rechts
echo ^[[2;79H█^[[24;2H█^[[24;3H█^[[24;4H█
echo ^[[3;79H█^[[24;5H█^[[24;6H█^[[24;7H█
echo ^[[4;79H█^[[24;8H█^[[24;9H█^[[24;10H█
```

```
echo ^[[5;79H█^[[24;11H█^[[24;12H█^[[24;13H█
echo ^[[6;79H█^[[24;14H█^[[24;15H█^[[24;16H█
echo ^[[7;79H█^[[24;17H█^[[24;18H█^[[24;19H█
echo ^[[8;79H█^[[24;20H█^[[24;21H█^[[24;22H█
echo ^[[9;79H█^[[24;23H█^[[24;24H█^[[24;25H█
echo ^[[10;79H█^[[24;26H█^[[24;27H█^[[24;28H█
echo ^[[11;79H█^[[24;29H█^[[24;30H█^[[24;31H█
echo ^[[12;79H█^[[24;32H█^[[24;33H█^[[24;34H█
echo ^[[13;79H█^[[24;35H█^[[24;36H█^[[24;37H█
echo ^[[14;79H█^[[24;38H█^[[24;39H█^[[24;40H█
echo ^[[15;79H█^[[24;41H█^[[24;42H█^[[24;43H█
echo ^[[16;79H█^[[24;44H█^[[24;45H█^[[24;46H█
echo ^[[17;79H█^[[24;47H█^[[24;48H█^[[24;49H█
echo ^[[18;79H█^[[24;50H█^[[24;51H█^[[24;52H█
echo ^[[19;79H█^[[24;53H█^[[24;54H█^[[24;55H█
echo ^[[20;79H█^[[24;56H█^[[24;57H█^[[24;58H█
echo ^[[21;79H█^[[24;59H█^[[24;60H█^[[24;61H█
echo ^[[24;62H█^[[24;63H█^[[24;64H█^[[24;65H█
echo ^[[22;79H█^[[24;66H█^[[24;67H█^[[24;68H█
echo ^[[24;69H█^[[24;70H█^[[24;71H█^[[24;72H█
echo ^[[23;79H█^[[24;73H█^[[24;74H█^[[24;75H█
echo ^[[24;76H█^[[24;77H█^[[24;78H█^[[24;79H█
rem Geschoß
echo ^[[24;78H█^[[23;76H█^[[22;74H█^[[23;76H
echo ^[[21;72H█^[[22;74H ^[[20;69H█^[[21;72H
echo ^[[19;66H█^[[20;69H ^[[18;64H█^[[19;66H
echo ^[[17;61H█^[[18;64H ^[[16;58H█^[[17;61H
echo ^[[15;54H█^[[16;58H ^[[14;50H█^[[15;54H
echo ^[[13;46H█^[[14;50H ^[[12;41H█^[[13;46H
echo ^[[12;39H█^[[12;41H ^[[12;37H█^[[12;39H
echo ^[[13;32H█^[[12;37H ^[[14;28H█^[[13;32H
echo ^[[15;24H█^[[14;28H ^[[16;21H█^[[15;24H
echo ^[[17;19H█^[[16;21H ^[[18;17H█^[[17;19H
echo ^[[19;16H█^[[18;17H ^[[20;15H█^[[19;16H
echo ^[[21;14H█^[[20;15H ^[[22;13H█^[[21;14H
echo ^[[23;13H█^[[22;13H
rem Roboter
echo ^[[23;12H█^[[23;15H█^[[23;11H█^[[23;16H█
echo ^[[23;10H█^[[23;17H█^[[23;9H█^[[23;18H█
echo ^[[23;8H█^[[23;19H█^[[23;13H ^[[23;14H
echo ^[[22;10H█^[[22;17H█^[[21;11H█^[[21;16H█
echo ^[[21;10H█^[[21;17H█^[[21;9H█^[[21;18H█
echo ^[[20;11H█^[[20;16H█^[[20;10H█^[[20;17H█
echo ^[[20;9H█^[[20;18H█^[[19;13H█^[[19;14H█
echo ^[[19;12H█^[[19;15H█^[[19;11H█^[[19;16H█
```

```
echo ^[[19;10H█^[[19;17H█^[[19;9H█^[[19;18H█
echo ^[[19;8H█^[[19;19H█^[[18;13H█^[[18;14H█
echo ^[[18;12H█^[[18;15H█^[[18;11H█^[[18;16H█
echo ^[[18;10H█^[[18;17H█^[[18;9H█^[[18;18H█
echo ^[[18;8H█^[[18;19H█^[[17;13H█^[[17;14H█
echo ^[[17;12H█^[[17;15H█^[[17;11H█^[[17;16H█
echo ^[[17;10H█^[[17;17H█^[[17;9H█^[[17;18H█
echo ^[[17;8H█^[[17;19H█^[[16;13H█^[[16;14H█
echo ^[[16;12H█^[[16;15H█^[[16;11H█^[[16;16H█
echo ^[[16;10H█^[[16;17H█^[[16;9H█^[[16;18H█
echo ^[[16;8H█^[[16;19H█^[[15;13H█^[[15;14H█
echo ^[[15;12H█^[[15;15H█^[[14;13H█^[[14;14H█
echo ^[[14;12H█^[[14;15H█^[[14;11H█^[[14;16H█
echo ^[[14;10H█^[[14;17H█^[[14;9H█^[[14;18H█
echo ^[[13;13H█^[[13;14H█^[[13;12H█^[[13;15H█
echo ^[[13;11H█^[[13;16H█^[[13;10H█^[[13;17H█
echo ^[[13;9H█^[[13;18H█^[[12;13H█^[[12;14H█
echo ^[[12;12H█^[[12;15H█^[[12;11H█^[[12;16H█
echo ^[[12;10H█^[[12;17H█^[[12;9H█^[[12;18H█
echo ^[[11;13H█^[[11;14H█^[[11;12H█^[[11;15H█
echo ^[[11;11H█^[[11;16H█^[[11;10H█^[[11;17H█
echo ^[[11;9H█^[[11;18H█^[[12;8H█^[[12;19H█
echo ^[[13;8H█^[[13;19H█^[[16;7H█^[[16;20H█
echo ^[[16;6H█^[[16;21H█^[[16;5H█^[[16;22H█
echo ^^[[17;6H█^[[17;21H█^[[17;5H█^[[17;22H█
echo ^[[18;6H█^[[18;21H█^[[19;6H█^[[19;21H█
echo ^[[19;5H█^[[19;22H█^[[14;13H█^[[14;14H█
echo ^[[14;12H█^[[14;15H█^[[14;11H█^[[14;16H█
echo ^[[31;46m
echo ^[[12;11H█^[[12;16H█^[[12;16H█^[[12;16H█
echo ^[[12;16H█^[[12;16H█^[[12;16H█^[[12;16H█
echo ^[[12;16H█^[[12;16H█^[[12;16H█^[[12;16H█
echo ^[[12;16H█^[[12;16H█^[[12;16H█^[[12;16H█
echo ^[[12;16H█^[[12;16H█^[[12;16H█^[[12;16H█
echo ^[[36;46m
echo ^[[12;16H█^[[12;16H█^[[12;16H█^[[12;16H█
echo ^[[12;16H█^[[12;16H█^[[12;16H█^[[12;16H█
echo ^[[12;16H█^[[12;16H█^[[12;16H█^[[12;16H█
echo ^[[12;16H█^[[12;16H█^[[12;16H█^[[12;16H█
echo ^[[12;16H█^[[12;16H█^[[12;16H█^[[12;16H█
echo ^[[12;16H█^[[12;16H█^[[12;16H█^[[12;16H█
echo ^[[12;16H█^[[12;16H█^[[12;16H█^[[12;16H█
echo ^[[31;46m
echo ^[[12;16H█^[[12;16H█^[[12;16H█^[[12;16H█
echo ^[[12;16H█^[[12;16H█^[[12;16H█^[[12;16H█
```

```
echo ^[[12;16H█ ^[[12;16H█ ^[[12;16H█ ^[[12;16H█
echo ^[[12;16H█ ^[[12;16H█ ^[[12;16H█ ^[[12;16H█
echo ^[[12;16H█ ^[[12;16H█ ^[[12;16H█ ^[[12;16H█
echo ^[[36;46m
echo ^[[12;16H█ ^[[12;16H█ ^[[12;16H█ ^[[12;16H█
echo ^[[12;16H█ ^[[12;16H█ ^[[12;16H█ ^[[12;16H█
echo ^[[12;16H█ ^[[12;16H█ ^[[12;16H█ ^[[12;16H█
echo ^[[12;16H█ ^[[12;16H█ ^[[12;16H█ ^[[12;16H█
echo ^[[12;16H█ ^[[12;16H█ ^[[12;16H█ ^[[12;16H█
echo ^[[12;16H█ ^[[12;16H█ ^[[12;16H█ ^[[12;16H█
echo ^[[12;16H█ ^[[12;16H█ ^[[12;16H█ ^[[12;16H█
echo ^[[31;46m
echo ^[[12;16H█
echo ^[[m
```

Stapelprogramm VIEWEG_C.BAT zur Demonstration
von Computeranimation mit Zeichengrafik

Programmbeschreibung zu VIEWEG_C.BAT:

Das Stapelprogramm nutzt die Möglichkeiten des erweiterten Tastatur-
und Bildschirmtreibers ANSI.SYS. Das bedeutet auch, die Datei ANSI.SYS
muß beim Systemstart durch CONFIG.SYS geladen werden (siehe dazu
auch Abschnitt 4.2).
Die Plazierung der Zeichen, vorwiegend des Zeichens ASCII-Nr. 219, geschieht ausschließlich mit der ANSI-Anweisung H (Großbuchstabe H), einer Escape-Sequenz zur Cursorsteuerung. Will man einen kontinuierlichen
Bewegungsablauf bewirken, so muß jedes angezeigte Zeichen mit dieser
Anweisung positioniert werden. Die allgemeine Form der Anweisung H:

```
^[[Zeilenposition;SpaltenpositionH
```

Der Anweisung H folgt unmittelbar das anzuzeigende Zeichen. Die Farben werden mit der ANSI-Anweisung m (Kleinbuchstabe m) gesteuert. Die
Anweisung m hat die folgende Form:

```
^[[Vordergrundfarbe;Hintergrundfarbemasdfgü
```

Die von ANSI.SYS akzeptierten Farbcodes entnehmen Sie dem Anhang.
Benutzt man einen Monochrombildschirm, läßt man einfach alle Befehle
zur Farbsteuerung weg (Programm VIEWEG_M.BAT auf der Diskette).

ECHO ^[[;44m stellt einen blauen Hintergrund ein. Der nachfolgende
CLS-Befehl überzieht den Bildschirm dann in blauer Farbe.

REM Schriftzug: Der diesem REM-Befehl folgende Programmabschnitt zeichnet den Schriftzug VIEWEG. Die Buchstaben haben eine Höhe von 7 Zeilen - von Zeile 3 bis Zeile 9. Die m-Anweisungen stellen für jeden Buchstaben eine andere Vordergrundfarbe ein.

REM Geschoß: Im Gegensatz zu den anderen Teilen der Grafik ist das "Wurfgeschoß" eine Figur, die sich von der Stelle bewegt. Sie wird folgendermaßen erzeugt. Je zwei Zeichen (ASCII-Nr. 219) werden pro Position geschrieben. Nachdem die nächsten beiden Zeichen angezeigt wurden, löschen zwei Leerzeichen die Zeichen auf den jeweils vorletzten Positionen.

REM Roboter: Der Roboter baut sich von unten nach oben und von innen nach außen auf. Am Ende zwinkert er zwei mal mit dem linken Auge. Um das Zwinkern nicht zu schnell ablaufen zu lassen, muß durch mehrfaches Anzeigen des gleichen Zeichen (auf Position 12;16) eine Verzögerung erreicht werden.

ECHO ^[[m stellt die Farbe wieder auf normal zurück.

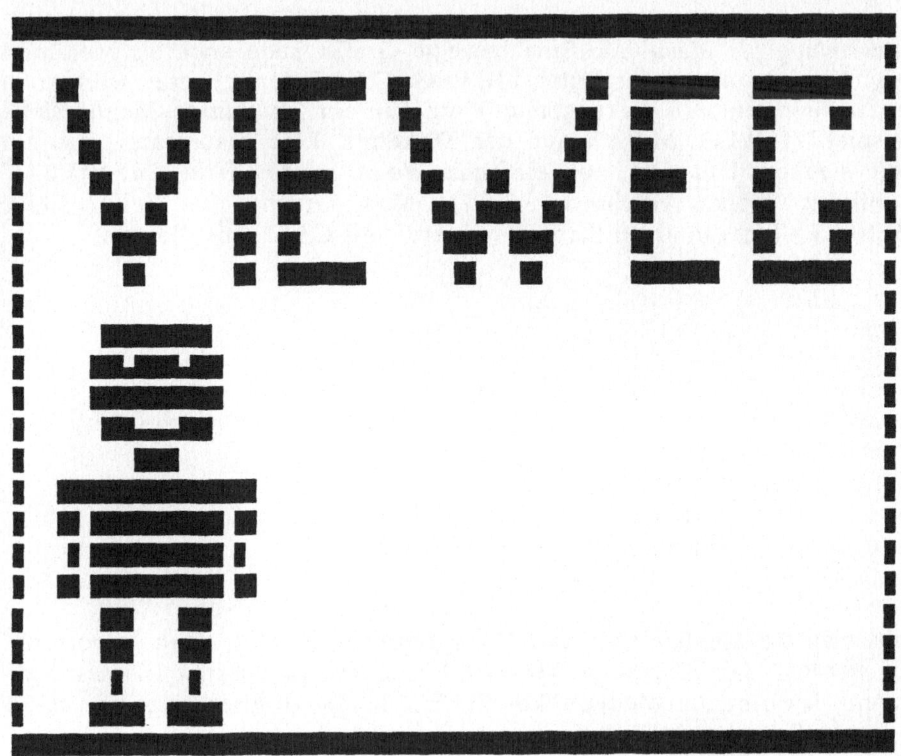

Bildschirm nach Ablauf von VIEWEG_C.BAT

Ausführungsbeispiel zu VIEWEG_C.BAT:
Das hier dargestellte Ausführungsbeispiel zeigt weder Bewegungsablauf
noch Farben, sondern lediglich ein monochromes Bild nach Programmende.

Einige Tips zu Programm VIEWEG_C.BAT:
Verzögerungfreier Ablauf: Um das Programm verzögerungsfrei ablaufen
zu lassen, empfiehlt es sich, es von einer virtuellen Diskette (RAM-Disk)
zu starten. Dann entfällt das Nachladen von der Platte.

Beschleunigung der Bewegung: Die Zeichengrafik bewegt sich ca. dreimal
schneller, wenn die ANSI-Anweisungen nicht durch ECHO-Befehle in einer Stapeldatei an ANSI.SYS übergeben werden. Man stellt die ANSI-Befehle direkt in eine Textdatei und läßt die Textdatei mit dem DOS-Befehl
TYPE anzeigen (siehe Beispiel VIEWEG_M.TXT auf der verfügbaren
Diskette). Um dies auszuprobieren, entfernt man in der vorliegenden Datei alle ECHO- und REM-Befehle (nebst den auf die Befehle folgende
Leerzeichen) und läßt nur die ANSI-Anweisungen stehen (Vorsicht: vorher Originaldatei sichern!).

Verwendung als Menubild: Eine bewegte Grafik kann auch als Menübild
reizvoll sein. Im von der Datei VIEWEG_C.BAT gezeichneten Bild ist in
der rechten unteren Ecke genug Platz für ein 20 Punkte-Menü (siehe
Beispiel VIEWEG_M.BAT auf der Diskette). Eine Stapeldatei, die ein
Bild erzeugt, läßt sich auf einfache Weise in die Datei MENU.BAT
einbinden (siehe Abschnitt 3.3.5.2). Man tauscht die Zeile TYPE
MENU.TXT gegen einen Stapeldateiaufruf mit CALL aus. Beispiel:

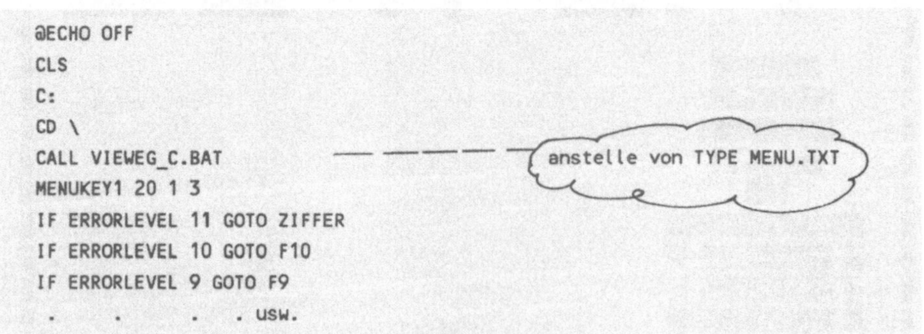


```
@ECHO OFF
CLS
C:
CD \
CALL VIEWEG_C.BAT
MENUKEY1 20 1 3
IF ERRORLEVEL 11 GOTO ZIFFER
IF ERRORLEVEL 10 GOTO F10
IF ERRORLEVEL 9 GOTO F9
    .    .    .  usw.
```

Falls man die Menüauswahl mit Maus durchführen will, kann es notwendig werden, das Programm MENUKEYS.COM anzupassen. Dieses Programm erwartet die Menüpunkte F1-F10 in den Bildschirmzeilen 11-20

der linken Bildhälfte und 1-0 in den gleichen Zeilen der rechten Bildhälfte. Verschiebt man die Menüpunkte an andere Stelle, muß man auch
den Bewegungs- und Abtastbereich der Maus verlagern. Für die Benut-
zung ohne Maus, sondern nur über Tasten, ist das nicht nötig.

Um MENUKEYS.COM für den Maus-Benutzer entsprechend anzupassen,
muß das Assembler-Quellprogramm bezüglich sieben Konstanten verändert und neu assembliert werden (siehe auch Abschnitt 3.3.5.3). Das ist
schnell getan, wenn man einen Macro-Assembler (z.B. von Microsoft oder
Borland) besitzt. Zunächst sollte man die Datei MENUKEYS.ASM in eine
Datei anderen Namens kopieren, z.B. MENUKEY1.ASM, bevor man mit
den Veränderungen beginnt. Im Beispiel auf der beiliegenden Diskette
(siehe MENUKEY1.ASM und MENUKEY1.COM) wurden folgende Konstanten verändert:

Konstante	MENUKEY.ASM	MENUKEY1.ASM
ZLEMIN	80	96
ZLEMAX	152	168
SPAMIN	8	256
ZLEPOS	80	96
SPAPO1	56	272
SPAPO2	344	472
BMITTE	312	464

Wenn Sie sich ein Bild davon machen wollen, wie ein Menü mit grafi-
scher Gestaltung aussehen kann, starten Sie das Programm VIEWEG.BAT
auf der Begleitdiskette. Kopieren Sie die Dateien VIEWEG.BAT, VIE-
WEG_M.BAT und MENUKEY1.COM vorher auf die Festplatte oder
besser auf die RAM-Disk. Wenn Sie eine Maus angeschlossen haben und
der Maustreiber aktiviert wurde, werden Sie feststellen, daß das Programm wie gewohnt auf den Mausklick reagiert, obwohl die Menüpunkte
hier gegenüber Menü-Modell 3 (Abschnitt 3.3) verlagert wurden.

MS-DOS-Wegweiser Festplatten-Management Kompaktkurs

1	Festplatten-Management über die DOS-Shell	1
2	Festplatten-Management über die DOS-Befehlszeile	43
3	Festplatten-Management über benutzerdefinierte Menü-Modelle	105
3.1	Modell 1: Elementares System mit Unterverzeichnissen	105
3.2	Modell 2: Menüorientiertes System mit Stapeldateien	123
3.3	Modell 3: Menüorientiertes System mit Assembler-Programm	137
4	Stapelverarbeitung als Hilfsmittel	183
5	**Patch-Kurs mit DEBUG**	289

5.1 DEBUG.COM als Testhilfeprogramm

Patches: Der Begriff "Patchwork" ist im deutschen Sprachgebrauch einge-
führt. Man versteht darunter das Gestalten von dekorativem "Flickwerk"
aus Textilien. Auch in der Datenverarbeitung wird "gepatcht", also ge-
flickt. Hier hat sich das Verb "to patch" für das Einsetzen bzw. Austauschen von Programmteilen eingebürgert. Es gibt Patches, d.h. Anlei-
tungen für die Veränderung von Programmabläufen, Befehlsfolgen bzw.
Texten in Programmen. Einige Softwarefirmen liefern Patches für ihre
eigenen Programme, damit der Kunde selbst nachträglich das Programm
von Fehlern befreien kann. Von Bastlern werden Patches angeboten, die
gängige Programme auf die eine oder andere Weise vorteilhaft verändern.

> *Patchen bezeichnet das Ändern von Programmen direkt an*
> *bestimmte Speicherstellen im RAM oder auf einem Datenträger*

DEBUG.COM zum Patchen: Das von Microsoft mitgelieferte Testhilfeprogramm DEBUG.COM macht das Patchen für jeden interessierten Anwender möglich. Für die folgenden Übungen ist es sinnvoll, DEBUG-
.COM in das Verzeichnis zu kopieren, das auch die anderen DOS-Befehle
enthält, und das innerhalb der AUTOEXEC.BAT im PATH-Befehl genannt wird (z.B. Verzeichnis C:\HILFE\DOSBEF in einem der Menü-Modelle von Abschnitt 3). Oder man kopiert DEBUG.COM in das Verzeichnis, in dem das zu patchende Programm steht.

DEBUG.COM als Werkzeug für den Programmierer ermöglicht die
Durchführung der folgenden Aufgaben:

- *Interaktives Testen von Programmen.*
- *Schrittweises Verfolgen von Programmabläufen.*
- *Aufdeckung von Fehlern in maschinensprachlichen Programmen.*
- *Editieren maschinensprachlicher Programme.*

Wir gehen insbesondere auf die letzte Aufgabe ein, d.h. auf das Editieren:
DEBUG.COM kann man auch ähnlich wie einen Editor (z.B. EDLIN-
.COM) einsetzen. Warum überhaupt verwendet man DEBUG.COM anstelle
von EDLIN.COM? Maschinensprachliche Programme lassen sich mit ED-
LIN.COM schon aus dem einfachen Grund nicht editieren, da EDLIN-
.COM eine maximale Zeilenlänge von nur 253 Zeichen erlaubt. Der Rest
wird beim Einlesen abgeschnitten. Maschinensprachliche Programme sind
meist länger als 253 Bytes. Für solche Programme verwendet man DE-
BUG.COM als Editor. Es gibt noch eine Reihe weiterer Gründe, die gegen EDLIN.COM als Editor für maschinensprachliche Programme spre-
chen; z.B. den, daß EDLIN.COM nicht alle ASCII-Zeichen anzeigen kann.

5.1.1 Befehle zum Patchen

Ein-Buchstaben-Befehle von DEBUG.COM: Das Testhilfeprogramm DE-
BUG.COM wird im Patch-Kurs dieses Buches vor allem dazu eingesetzt,
um Texte in Programmdateien, wie z.B. in MENUKEYS.COM, zu verän-
dern. Das Testhilfeprogramm stellt dazu - ähnlich wie EDLIN.COM -
Ein-Buchstaben-Befehle bereit. Im diesem Kurs werden die Befehle A,
D, E, H, N, Q, R, S U und W verwendet.

A *Format: A (Adresse)*
   Assemble, Eingabe von Assemblerbefehlen und
   Übersetzung in Maschinencode.

D *Format: D (Adresse) oder D (Bereich)*
   Dump; Hauptspeicherauszug (engl. Dump) anzeigen.

E *Format: E Adresse (Zeichenkette)*
   oder : E Adresse (Liste von Hexadezimalwerten)
   Enter; Eingabe von Zeichen in den Hauptspeicher.

H *Format: H Wert Wert*
   Hex-Arithmetik; Hexadezimalzahlen addieren/subtrahieren.

N *Format: N (Laufwerk:)(Pfad)Dateibenennung*
   Name; Datei benennen und Dateisteuerblock einrichten.

Q *Format: Q*
   Quit; DEBUG.COM beenden.

R *Format: R (Registername)*
   Register; Registerinhalte anzeigen und ändern.

S *Format: S Bereich (Zeichenkette)*
   oder : S Bereich (Liste von Hexadezimalwerten)
   Search; Adresse von Daten im Hauptspeicher suchen.

U *Format: U (Adresse) oder U (Bereich)*
   Unassemble; Rückübersetzung (Disassemblieren) des
   Hauptspeicherinhalts in Assembleranweisungen.

W *Format: W*
   Write; Datei vom Hauptspeicher auf die Platte schreiben.

Grundlegende Ein-Buchstaben-Befehle von DEBUG.COM

Die hier angegebenen Befehlsformate beziehen sich auf den Gebrauch der
DEBUG-Befehle in diesem Abschnitt. Andere Formate sind möglich.

Für die Befehlsformate von DEBUG.COM gilt:
1) Die Angaben in eckigen Klammern sind optional.
2) Parameter ohne Klammern sind zwingend zu setzen.
3) Die Angabe "Adresse" kann eine vollständige Hauptspeicheradresse
   der Form *Segmentadresse:Offsetadresse* oder nur die Offsetadresse
   sein.
4) Die Angabe "Bereich" kann in zweifacher Weise formuliert werden:

```
1. Alternative:      Anfangsadresse      Endadresse
2. Alternative:      Anfangsadresse  L  Distanz
```

Anfangsadresse ist die Adresse, an der der gewünschte Hauptspeicherbereich beginnt. Mit Endadresse hört dieser Bereich auf.
Die 2. Alternative erfordert die Angabe von "L" (Länge) und dahinter eine Distanz bzw. Längenangabe in Bytes.

5.1.2 Unterscheidung von Segment- und Offsetadresse

Byte als kleinste adressierbare Informationseinheit im Hauptspeicher:
Auf kleinere Informationselemente als das Byte kann man nicht direkt
zugreifen. Ein Byte wird durch acht binäre Speicherstellen gebildet. Die
binären Speicherstellen, Bits genannt, können nur die Werte 0 oder 1 annehmen. Genau betrachtet wird ein Zeichen durch acht binäre Speicherstellen in unterschiedlichen Kombinationen verschlüsselt. Ein Byte kann
256 (2 hoch 8) verschiedene Zeichen darstellen. In Anhang ist der gesamte
verfügbare Zeichensatz als Klartext, als Bitmuster, in hexadezimaler
Schreibweise und mit seinem dezimalen Wert wiedergegeben.

Hexadezimale Zahlen sind Zahlen eines Zahlensystems mit der Basis 16:
Wir rechnen täglich mit Dezimalzahlen, also Zahlen zur Basis 10 und benutzen dazu die Ziffern 0-9. Das hexadezimale System benutzt die Ziffern 0, 1, 2, 3, 4, 5, 6, 7, 8, 9, A, B, C, D, E und F, das sind 16 Ziffern.
Da eine Hexadezimal-Ziffer vier Bits zu ihrer Verschlüsselung braucht,
läßt sich ein Byte in zwei Hexadezimal-Ziffern darstellen. Man verwendet
hexadezimale Zahlen nur, um zu einer verkürzten und daher lesbareren
Darstellung von Zeichen und Hauptspeicheradressen zu kommen. Statt de-

zimal 10 schreibt man A, statt binär 0001 1010 (ein Byte mit acht Bits) schreibt man 1A.

Halbbyte binär dargestellt:	Hexadezimale Darstellungsform:	Dezimaler Wert:
0000	0	0
0001	1	1
0010	2	2
0011	3	3
0100	4	4
0101	5	5
0110	6	6
0111	7	7
1000	8	8
1001	9	9
1010	A	10
1011	B	11
1100	C	12
1101	D	13
1110	E	14
1111	F	15

16 Hexadezimal-Werte von 0 bis F

Das Rechnen mit hexadezimalen Zahlen erfordert etwas Übung. Aber man entdeckt schnell, daß die Rechenregeln dieselben sind wie im Dezimalsystem - nur mit dem Stellenwert 16 (161) anstelle von 10(101), 256 (162) anstelle von 100 (102) usw. Nehmen wir die Dezimalzahl 23; die beiden Zeichen 2 und 3 hintereinandergereiht sagen aus:

```
2 mal 10 plus 3  (= dezimal dreiundzwanzig)
```

Im Hexadezimalsystem bedeuten dieselben Zeichen 23:

```
2 mal 16 plus 3  (= dezimal fünfunddreißig)
```

Zur Unterscheidung schreibt man auch 23h (23 hexadezimal) für die Dezimalzahl 35.

Hexadezimal-Darstellung als Lesehilfe: Der Computer rechnet und speichert nicht hexadezimal. Die hexadezimale Darstellungsweise von Zeichen darf nur als Leseerleichterung für den Programmierer verstanden werden. Sie ist eine Kurzschreibweise für Binärzahlen. Der Computer zeigt Zei-

chen auf diese Weise an, obwohl er selbst immer nur binär rechnet und
speichert. Der Anhang bietet Tabellen zum Umwandeln von hexadezimalen Zahlen in ihre binäre Verschlüsselung bzw. in die entsprechenden
ASCII-Zeichen.

Adressen als "Hausnummern": Der Hauptspeicher ist Speicherplatz für
Speicherplatz durchnumeriert. Jedem Speicherplatz (Zusammenfassung von
8 Bits) ist eine bestimmte Adresse vom System zugeordnet. Der erste
Speicherplatz hat die Adresse 0, der zweite Adresse 1, der dritte Adresse
2 usw. Diese Adressen werden hexadezimal benannt, also:

```
 0,  1,  2,  3,  4,  5,  6,  7,  8,  9,  A,  B,  C,  D,  E,  F,
10, 11, 12, 13, 14, 15, 16, 17, 18, 19, 1A, 1B, 1C, 1D, 1E, 1F,
20, 21, ... usw.
```

Dies ist der Grund, weshalb man das Hexadezimalsystem kennen muß, um
den Inhalt des Hauptspeichers betrachten zu können.

Segmentadresse als "Telefon-Vorwahlnummer": Nun gibt es konstruktiv
bedingte Gründe dafür, daß man nicht alle Speicherplätze einfach von 1
bis n durchnumeriert, sondern bereichsweise adressiert. Man kann dieses
Adressierungsverfahren mit unserem Telefonnummernsystem vergleichen.
Mit der Vorwahlnummer gelangt man in einen Bereich und mit der Telefonnummer direkt an den Anschluß. Eine typische Adresse des RAM ist
z.B. die Adresse 1B09:0400.

> *Adresse 1B09:0400 als Hauptspeicheradresse:*
> *Den 1. Adreßteil bezeichnet man als Segmentadresse (1B09h gleich*
> *6921 dezimal) und den 2. Teil als Offsetadresse (0400h gleich*
> *1024 dezimal)*

Für unseren kleinen Patch-Kurs brauchen wir fast immer nur die Offsetadresse. Ihre vier hexadezimalen Stellen können bis zu 65536 Speicherplätze adressieren, also 64 KB - mehr als genug für unsere Beispiele. Auf
welche Segmentadressen das System die Dateien automatisch im Hauptspeicher plaziert, ist für unsere Betrachtung ohne Belang. Wie die Abbildung zeigt, können gleiche Offsetadressen natürlich verschiedenen Segmentadressen zugeordnet sein.

Register als kleine schnelle Speicher: Register sind dem Prozessor unmittelbar zugeordnet. Beim PC XT und AT sind die Register 16 Bits bzw.
zwei Bytes groß. Jedes Register erfüllt eine bestimmte Aufgabe. Der PC
hat 14 Register; davon brauchen wir für unser Vorhaben nur wenige.

Telefonnummer mit Vorwahl und Anschluß:

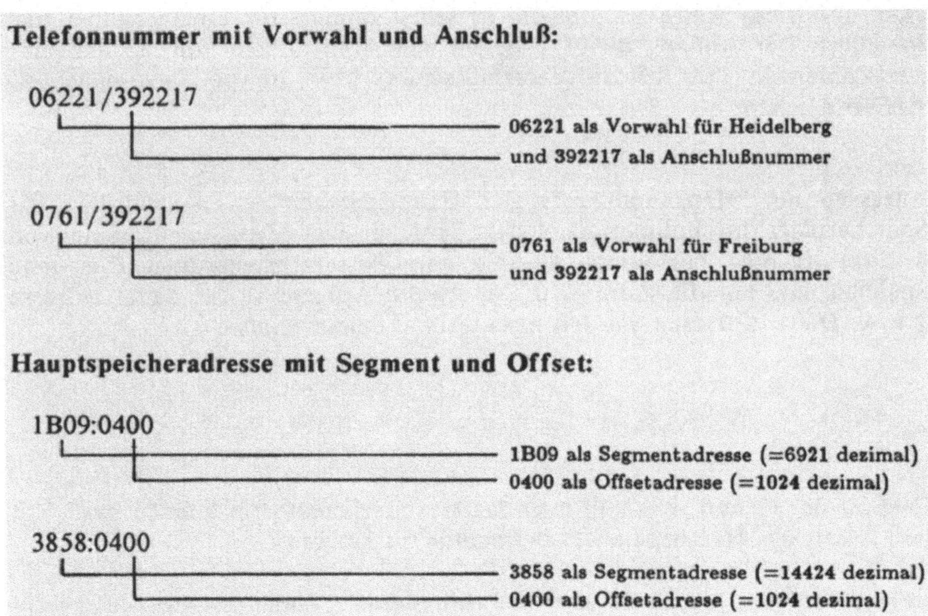

Hauptspeicheradresse mit Segment und Offset:

Gegenüberstellung von Telefonnummer (Vorwahl / Anschluß)
und Hauptspeicheradresse (Segment:Offset)

5.2   Erster Patchversuch in sechs Schritten

5.2.1 Schritt 1: DEBUG.COM starten

Mit CONFIG.RM0 experimentieren: Am besten kopieren wir uns eine
kleine Textdatei auf eine leere oder unwichtige Diskette. Erstens laufen
wir dann nicht Gefahr, eine Datei auf der Platte unwiederbringlich zu
zerstören; und zweitens erkennen wir besser, wann das System einen
Schreibvorgang auslöst. Zum Experimentieren nehmen wird die Datei
CONFIG.RM0, die für das Stapelprogramm RAMDISK1.BAT gebraucht
wurde (siehe Abschnitt 4.3.3.1). Anschließend kopieren wird das Testhilfeprogramm DEBUG.COM ins gleiche Verzeichnis wie CONFIG.RM0,
z.B. in B:\HILFE\STAPEL.

DEBUG.COM mit CONFIG.RM0 starten: Das Testhilfeprogramm DE-
BUG.COM wie auch die zu untersuchende Batchdatei CONFIG.RM0 be-

finden sich beide auf derselben Diskette in Verzeichnis B:\HILFE-
\STAPEL. Nun starten wir DEBUG.COM mit dem Aufruf:

```
B:\HILFE\STAPEL>debug config.rm0
```

Dieser Aufruf veranlaßt DEBUG.COM, sich sogleich die Datei CONFIG-
.RM0 vorzunehmen; diese Datei wird nach dem Laden von DEBUG.COM
direkt dahinter auf die nächsten Speicherplätze gelegt. DEBUG.COM
meldet sich dann mit dem Gedankenstrich "-" als Eingabeaufforderung
(engl. Prompt). "-" ist das Bereitschafts- bzw. Promptzeichen von DE-
BUG.COM.

5.2.2 Schritt 2: Register anzeigen mit Befehl R

Jetzt geben wir den Befehl R zum Anzeigen der Register ein. Am Bildschirm erscheinen drei Zeilen, gefolgt vom "-" als DEBUG-Prompt:

```
-r
AX=0000  BX=0000  CX=01E8  DX=0000  SP=FFEE  BP=0000  SI=0000  DI=0000
DS=2E65  ES=2E65  SS=2E65  CS=2E65  IP=0100    NV UP EI PL NZ NA PO NC
2E65:0100 7265        JB      0167
-
```

Registeranzeige mit dem DEBUG-Befehl R

Dateigröße in Register CX: Die Daten-Register sind mit AX, BX, usw.
gekennzeichnet. Im Register CX steht die hexadezimale Zahl 01E8.
Schauen wir in die Umrechnungstabelle im Anhang 7. Die Umrechnung
von hexadezimal 01 in eine Dezimalzahl ergibt laut Tabelle (untere Zeile)
die Zahl 256, hexadezimal E8 ergibt dezimal 232 (obere Zeile). Addieren
wir 256 und 232, erhalten wir exakt die Größe der Datei CONFIG.RM0
in Bytes, nämlich 488. Wir merken uns: Nach dem Laden enthält das Register CX die Ausdehnung der geladenen Datei.

Segmentadresse des Dateianfangs in Register CS: Das Register CS (Code-
Segment-Register) weist (wie auch DS, ES und SS) die Segmentadresse
aus. Sie ist unter anderem davon abhängig, welche residenten Programme
bereits vor Aufruf von DEBUG.COM gestartet wurden, wie z.B. KEYB-
.COM, PRINT.COM o.ä. In unserem Fall lautet die Segmentadresse 2E65h
(das kleine "h" steht für hexadezimal). Bei Ihrem Computer hat die Segmentadresse sicher einen ganz anderen Wert.

Offsetadresse des Dateianfangs in Register IP: Das Register IP (Instuction Pointer) enthält den Wert 0100h (dezimal 256). Beide Register CS und IP zusammen bezeichnen den exakten Dateianfang von CONFIG.RM0. Im folgenden wird statt der effektiven Segmentadresse, die i.d.R. nicht voraussagbar ist, der Name des Registers CS benutzt. Also CS:0100 statt 2E65:0100. DEBUG.COM nimmt diese Registerbezeichnung statt einer Adresse aus Ziffern an.

5.2.3 Schritt 3: Dump erzeugen mit Befehl D

Als nächstes geben wir den Dump-Befehl D am DEBUG-Prompt ein. In acht Zeilen werden die ersten 128 Byte (8 mal 16) von CONFIG.RM0 in hexadezimaler Form angezeigt:

```
-d
2E65:0100   72 65 6D 20 63 6F 6E 66-69 67 2E 73 79 73 2C 20    rem config.sys,
2E65:0110   56 65 72 73 69 6F 6E 20-66 81 72 20 4D 6F 64 65    Version f.r Mode
2E65:0120   6C 6C 20 33 0D 0A 62 72-65 61 6B 3D 6F 6E 0D 0A    ll 3..break=on..
2E65:0130   66 69 6C 65 73 3D 31 36-0D 0A 72 65 6D 20 32 30    files=16..rem 20
2E65:0140   20 50 75 66 66 65 72 20-6A 65 20 35 31 32 42 2C     Puffer je 512B,
2E65:0150   20 34 20 53 65 6B 74 6F-72 65 6E 20 69 6E 20 46     4 Sektoren in F
2E65:0160   6F 6C 67 65 20 66 2E 20-73 65 71 75 65 6E 74 2E    olge f. sequent.
2E65:0170   20 4C 65 73 65 6E 3A 0D-0A 62 75 66 66 65 72 73     Lesen:..buffers
-
```

Dump der Datei CONFIG.RM0 mit Befehl D

DUMP mit drei Teilen: Am Bildschirm steht ein Hauptspeicherauszug (engl. dump) von der Speicherstelle CS:0100 bis zur Speicherstelle CS:0170. Der Dump besteht aus drei Teilen bzw. Spalten:
1) In der linken Spalte werden die Anfangsadressen der jeweils 16 Byte großen Datengruppen bzw. Zeilen angegeben.
2) Die mittlere Spalte beschreibt die gespeicherten Daten des Dumps hexadezimal.
3) Die rechte Spalte zeigt die gleichen Daten wie die mittlere Spalte; aber in Klarschrift und nur soweit, als die Daten überhaupt in lesbare (Schrift-)Zeichen umgesetzt werden können. Daten, die nicht als Buchstaben, Ziffern oder Sonderzeichen darstellbar sind, erscheinen nur als **Punkte**.

Vergleichen wir die mittlere und die rechte Spalte der ersten Zeile, um ein wenig zu lernen. Das erste Zeichen ist "r" und entspricht 72h (h=hexadezimal), das ist dezimal 114 (7 mal 16 + 2). Vergleichen wir das mit der ASCII-Tabelle in Anhang 1: Das kleine "r" hat die ASCII-Ordnungszahl 114.

Punkte, die keine sind: Nach dem Text "break=on" kommen 2 Punkte, die keine sind. Ein Blick in die mittlere Spalte belehrt uns: es sind die Zeichen 0Dh und 0Ah, dezimal 13 und 10. Sie heißen "Carriage Return" (CR, Wagenrücklauf) und "Line Feed" (LF, Zeilenvorschub). Im ASCII-Code (siehe Anhang) stehen die Abkürzungen CR und LF. Diese Steuerzeichen werden von der Eingabetaste erzeugt und bilden in DOS den Abschluß jeder Textzeile. Beide Zeichen kommen in der Datei CONFIG-.RM0 nach jeder Textzeile vor. Am Schluß der Datei gibt es noch das Zeichen 1Ah. Dieses Steuerzeichen markiert das Dateiende (engl. end of file marker). Jede Datei hört damit auf. Die Datei CONFIG.RM0 können Sie bis zu ihrem Ende weiter "dumpen", wenn Sie erneut den Befehl D tippen.

5.2.4 Schritt 4: Daten direkt eingeben mit Befehl E

Jetzt wollen wir die Datei ändern, und zwar so, daß in der vierten Zeile "files=16" durch "files=20" ersetzt wird. Wir benutzen dafür den Enter-Befehl von DEBUG.COM. Dem Enter-Befehl sind zwei Argumente mitzugeben:

1. *Zunächst die Offsetadresse:* Die zu ändernden Daten - hexadezimal 31 und 36 - beginnen bei Offsetadresse 0136, das ist das 7. Byte in Zeile 4 (von 0130 bis 0136 sind es 7 Byte).

2. *Außerdem die Daten:* Die Daten sind hier die Zeichen 20; sie müssen in Anführungszeichen gesetzt werden.

```
-e 0136 "20"
```

Das Ergebnis schauen wir uns sofort mit dem DUMP-Befehl an, diesmal mit Adressangabe:

```
-d 0100
2E65:0100  72 65 6D 20 63 6F 6E 66-69 67 2E 73 79 73 2C 20   rem config.sys,
2E65:0110  56 65 72 73 69 6F 6E 20-66 81 72 20 4D 6F 64 65   Version f.r Mode
2E65:0120  6C 6C 20 33 0D 0A 62 72-65 61 6B 3D 6F 6E 0D 0A   ll 3..break=on..
2E65:0130  66 69 6C 65 73 3D 32 30-0D 0A 72 65 6D 20 32 30   files=20..rem 20
2E65:0140  20 50 75 66 66 65 72 20-6A 65 20 35 31 32 42 2C    Puffer je 512B,
```

```
2E65:0150  20 34 20 53 65 6B 74 6F-72 65 6E 20 69 6E 20 46   4 Sektoren in F
2E65:0160  6F 6C 67 65 20 66 2E 20-73 65 71 75 65 6E 74 2E   olge f. sequent.
2E65:0170  20 4C 65 73 65 6E 3A 0D-0A 62 75 66 66 65 72 73   Lesen:..buffers
```

Zuerst den Befehl E (Enter) und dann zur Kontrolle
den Befehl D (Dump) eingeben

Als Dump-Anfangsadresse muß man mit 0100 nur den 2. Teil der Adresse, also die Offsetadresse, angeben. Läßt man die Segmentadresse weg, holt sich DEBUG.COM diese selbst aus dem Register CS. Der Enter-Befehl überschreibt alle Byte von der eingegebenen Adresse an in der Länge der angegebenen Zeichenkette "20". Der Dump zeigt dies. Dabei ist zu beachten:
- D 0100 beginnt mit der Anzeige ab Offset 0100.
- D fährt mit der Anzeige bei der Adresse fort, bei der die letzte DUMP-Anzeige aufgehört hat.

Alternativbefehl -E 0130 "files=20": Dieser Befehl setzt schon beim 1. Byte (Offset: 0130) auf und ersetzt 8 Zeichen. Der Effekt ist der gleiche wie bei Befehl -E 0136 "20".

Kleine Änderung - große Wirkung: Wir ändern den Text "break=on" nun in "break=off" ab und geben dazu den Befehl E 012C "off" ein. Anschließend dumpen wird mit dem Befehl D 0100.
Was ist passiert? Anscheinend nicht viel, da nur ein kleiner Punkt verschwunden ist. Das Zeichen 0Dh (carriage return) auf Adresse 012E fehlt. Das System wird nun das Zeilenende nicht mehr erkennen. Das Line-Feed-Zeichen alleine tut es nicht. Die Datei CONFIG.RM0 kann nicht mehr ausgeführt werden. Eine Fehlermeldung erscheint, falls wir diese Datei als CONFIG.SYS verwenden. Durch die Befehlsfolgen

```
-e 012C 6F 6E 0D
     oder:
-e 012C "on"
-e 012E 0D
```

reparieren wir den Schaden wieder. Hier benutzen wir für Eingabedaten auch die hexadezimale Schreibweise, wie sonst sollte man das Zeichen für Carriage Return (0D) eingeben? Prüfen Sie das Ergebnis unbedingt mit dem DUMP-Befehl.

```
-e 012C "off"
-d 0100
2E65:0100   72 65 6D 20 63 6F 6E 66-69 67 2E 73 79 73 2C 20    rem config.sys,
2E65:0110   56 65 72 73 69 6F 6E 20-66 81 72 20 4D 6F 64 65    Version f.r Mode
2E65:0120   6C 6C 20 33 0D 0A 62 72-65 61 6B 3D 6F 66 66 0A    ll 3..break=off.
2E65:0130   66 69 6C 65 73 3D 31 36-0D 0A 72 65 6D 20 32 30    files=16..rem 20
2E65:0140   20 50 75 66 66 65 72 20-6A 65 20 35 31 32 42 2C     Puffer je 512B,
2E65:0150   20 34 20 53 65 6B 74 6F-72 65 6E 20 69 6E 20 46     4 Sektoren in F
2E65:0160   6F 6C 67 65 20 66 2E 20-73 65 71 75 65 6E 74 2E    olge f. sequent.
2E65:0170   20 4C 65 73 65 6E 3A 0D-0A 62 75 66 66 65 72 73     Lesen:..buffers


-e 012C "on"
-e 012E 0D
-d 0100
2E65:0100   72 65 6D 20 63 6F 6E 66-69 67 2E 73 79 73 2C 20    rem config.sys,
2E65:0110   56 65 72 73 69 6F 6E 20-66 81 72 20 4D 6F 64 65    Version f.r Mode
2E65:0120   6C 6C 20 33 0D 0A 62 72-65 61 6B 3D 6F 6E 0D 0A    ll 3..break=on..
2E65:0130   66 69 6C 65 73 3D 31 36-0D 0A 72 65 6D 20 32 30    files=16..rem 20
2E65:0140   20 50 75 66 66 65 72 20-6A 65 20 35 31 32 42 2C     Puffer je 512B,
2E65:0150   20 34 20 53 65 6B 74 6F-72 65 6E 20 69 6E 20 46     4 Sektoren in F
2E65:0160   6F 6C 67 65 20 66 2E 20-73 65 71 75 65 6E 74 2E    olge f. sequent.
2E65:0170   20 4C 65 73 65 6E 3A 0D-0A 62 75 66 66 65 72 73     Lesen:..buffers
-
```

Steuerzeichen CR löschen und anschließend wieder speichern

Erfahrung: Aus der gemachten Erfahrung leiten wir eine wichtige Regel fürs Patchen ab: Man hat peinlich genau darauf zu achten, daß beim Patchen keine für das System wichtigen Informationen oder gar Maschinenbefehle überschrieben werden. Das gilt insbesondere für das Austauschen von Texten in Programmen.

Nur bei genauer Kenntnis der Funktionen von Assembler-Anweisungen sollte man sich ans Patchen von Maschinencode wagen. Allerdings, eine reizvolle Spielwiese ist das schon. Es gibt dabei viel über den PC und die Arbeitsweise von Programmen zu lernen.

Ein weiterer Punkt verdient Beachtung: Der Umgang mit DEBUG.COM ist nicht so einfach wie der mit einem Texteditor. DEBUG.COM greift direkt auf Hauptspeicherplätze zu, deren Inhalte man nicht ohne weiteres verschieben kann. Es gibt auch einen MOVE-Befehl, der das Verlagern von Daten im Hauptspeicher zuläßt. Doch dabei kann man allzu leicht Daten überschreiben, die vom System noch gebraucht werden. Ein "Systemabsturz" kann die Folge sein.

5.2.5 Schritt 5: Datei schreiben mit Befehl W

Ist eine Datei gepatcht, wird sie mit dem Befehl W zurück auf die Diskette bzw. Festplatte geschrieben. Bei umfangreicheren Vorhaben ist es sinnvoll, zwischendurch öfter einmal die Datei zu sichern.

5.2.6 Schritt 6: DEBUG.COM verlassen mit Befehl Q

Abschließend verlassen wir das Testhilfeprogramm DEBUG.COM mit dem Quit-Befehl. Die Kontrolle wird wieder an die Betriebssystemebene zurückgegeben. Mit dem TYPE-Befehl kann man sich die Datei CONFIG.RM0 nun nochmals anschauen.

```
-w
Schreiben von 01E8 Byte
-q


C:\HILFE\STAPEL> type config.rm0
rem config.sys, Version für Modell 3
break=on
files=20
buffers=20,4

    .    .    .

    .    .    .
```

Datei auf den Datenträger schreiben mit Befehl W. DEBUG.COM verlassen
mit Befehl Q und Datei prüfen mit Befehl TYPE

5.3   Zweiter Patchversuch mit einem ausführbaren Programm

5.3.1 Schritt 1: COM-Datei untersuchen

Das nächstes Experiment bezieht sich auf eine Programmdatei. Wir kopieren die Datei MENUKEYS.COM (vom Menümodell 3 in Abschnitt 3.3 bekannt) aus Sicherheitsgründen auf die Diskette in Laufwerk B:. Dann rufen wir DEBUG.COM mit MENUKEYS.COM auf und geben den Register-Befehl:

```
C:\HILFE\STAPEL> debug b:menukeys.com
-r
AX=0000  BX=0000  CX=0554  DX=0000  SP=FFFE  BP=0000  SI=0000  DI=0000
DS=2E82  ES=2E82  SS=2E82  CS=2E82  IP=0100   NV UP EI PL NZ NA PO NC
2E82:0100 E81800        CALL     011B
```

*DEBUG.COM mit Programm MENUEKEYS.COM starten
und Register anzeigen mit Befehl R*

Programmsegment-Register mit gleichen Werten bei COM-Datei: DE-BUG.COM hat die Erweiterung COM erkannt und beim Laden von ME-NUKEYS.COM das Programm gleich für den Start vorbereitet. Die Datenregister AX, BX, CX, DX haben wir schon kennengelernt. CX enthält die Dateilänge (nicht bei einer EXE-Datei!) von 1364 Byte (hex. 0554). Die Register DS, ES, SS, CS zeigen die Anfangsadressen der Programmsegmente an:

```
- DS (Datensegment)        2E82
- ES (Extrasegment)        2E82
- SS (Stapelsegment)       2E82
- CS (Codesegment)         2E82
```

Alle Adressen der Programmsegmente (Programmsegmente als Teile eines Assemblerprogramms) sind gleich, d.h. DOS sieht eine COM-Datei als einen homogenen Programmblock an, obwohl in diesem Block neben Maschinenbefehlen auch Daten eingebettet sein können. Wie wir bald sehen, ist dies bei MENUKEYS.COM der Fall.

Ein weiteres interessantes Register ist IP, der instruction pointer. Dieses Register zeigt immer auf die Adresse des nächsten auszuführenden Befehls, dies ist gerade die Offsetadresse 0100. Zusammen mit der Segmentadresse im Register CS erhalten wir die Hauptspeicheradresse:

```
2E82:0100
```

Das ist genau die Adresse des ersten Maschinenbefehls, die der Registerbefehl zuerst anzeigt, nämlich:

```
CALL 011B
```

Wenn wir nun den Trace-Befehl T (Ausführung in Einzelschritten) eingeben, beginnt DEBUG das Programm in Einzelschritten auszuführen und IP verändert sich entsprechend, indem es immer auf die nächste Instruktion zeigt.

DEBUG.COM ist eben ein Testprogramm, mit dem man Programme während ihres Ablaufs testen kann. Das wollen wir aber nicht tun. Uns geht es zunächst nur darum, Texte in MENUKEYS.COM und später in anderen Programmen zu verändern.

5.3.2 Schritt 2: Texte in Programmen ändern

Text in Datei MENUKEYS.COM ändern mit den Befehlen S und E: Nun soll der Name des Autors "D.Franz 02.89", den MENUKEYS.COM auf der rechten Seite anzeigt, geändert werden. Es ist sinnvoll dort den Namen, dessen einzutragen, der das Menü auf dem entsprechenden PC eingerichtet hat. Ab jetzt soll "R.Mattes Tel.2379 " erscheinen. Dazu müssen wir zuerst einmal wissen, auf welcher Hauptspeicheradresse die Zeichenkette "D.Franz" beginnt. Zur Suche verwendet man den DEBUG-Befehl S (search):

```
-S 0100 L 0554 "D.Franz"
2E82:05AE

-
```

S

0100

Befehlswort

Beginnadresse zum Suchen. Man braucht nur die Offsetadresse anzugeben, dann wird die Segmentadresse verwendet, die CS zeigt. Die Adresse 0100 deshalb, weil die 256 Bytes vor dieser Adresse für den sog. Programmsegmentvorsatz reserviert sind. Dort befindet sich in der Regel kein Programmcode.

L

Teil des Search-Befehls, der darauf hinweist, daß danach eine Bereichsangabe folgt.

0554

Bereichsangabe. Sie weist den Search-Befehl an, den der Adresse folgenden Bereich von 0554h Bytes (=1364 Bytes) abzusuchen.

" "

Gesuchter String. Zwischen Anführungszeichen steht die gesuchte Zeichenkette. Man darf sie auch hexadezimal (dann aber ohne Anführungszeichen) angeben.

Suchbefehl S 0100 L 0554 "D.Franz" als Beispiel

Adresse 05AE als Suchergebnis: Die Suche war erfolgreich, denn das System antwortet mit einer Hauptspeicheradresse, nämlich mit 05AE. Der Segmentteil der Adresse wurde hier weggelassen, weil er, wie bereits erwähnt, von verschiedenen Faktoren abhängt: z.B. von der DOS-Version oder den zuvor geladenen residenten Programmen.

```
-S 0100 L 0554 "D.Franz"
2E82:05AE

-d 05A0
2E82:05A0   20 20 20 20 20 20 20 20-20 20 20 20 20 20 44 2E              D.
2E82:05B0   46 72 61 6E 7A 20 20 30-32 2E 38 39 20 20 53 6F   Franz 02.89 So
2E82:05C0   6E 6E 74 61 67 2C 20 20-20 20 4D 6F 6E 74 61 67   nntag,    Montag
2E82:05D0   2C 20 20 20 20 20 44 69-65 6E 73 74 61 67 2C 20   ,      Dienstag,
2E82:05E0   20 20 4D 69 74 74 77 6F-63 68 2C 20 20 20 44 6F     Mittwoch,  Do
2E82:05F0   6E 6E 65 72 73 74 61 67-2C 20 46 72 65 69 74 61   nnerstag, Freita
2E82:0600   67 2C 20 20 20 20 53 61-6D 73 74 61 67 2C 20 3F   g,    Samstag, ?
2E82:0610   00 07 3F 3F 3F 3F 3F 3F-3F 3F 3F 3A 2E 00 00 00   ..?????????:....
-
```

Über Suchbefehl S die Offsetadresse 05AE anzeigen lassen
und mit Befehl D ab Adresse 05A0 dumpen

Paragraph: Die Offsetadresse der gesuchten Hauptspeicherstelle ist 05EBh.
Wir lassen uns jetzt den Inhalt des Paragraphs, in der die gesuchte Hauptspeicherstelle steht, sowie die folgenden Paragraphen mit dem DUMP-Befehl D 05A0 anzeigen. Ein Paragraph ist ein Hauptspeicherabschnitt von
16 Byte Länge. Paragraphen-Adressen haben auf der letzten Stelle immer
eine 0. Der Namenszug "D.Franz" und weitere Daten werden nun am
Bildschirm sichtbar. Wir benutzen den Enter-Befehl, um den Namenszug
zu überschreiben:

```
-E 05AB "R.Mattes Tel.2379"
```

Dem Enter-Befehl E müssen Adressangabe und Zeichenkette in Anführ-
rungszeichen (bzw. Zeichen in hexadezimaler Schreibweise) folgen. In unserem Falle ist die Zeichenkette "R.Mattes Tel.2379" um 3 Zeichen länger
als "D.Franz 02.89". Das bedeutet, die Beginnadresse der neuen Zeichen-

```
-E 05AB "R.Mattes Tel.2379
-d 05A0
2E82:05A0   20 20 20 20 20 20 20 20-20 20 20 52 2E 4D 61 74           R.Mat
2E82:05B0   74 65 73 20 54 65 6C 2E-32 33 37 39 20 20 53 6F   tes Tel.2379 So
2E82:05C0   6E 6E 74 61 67 2C 20 20-20 20 4D 6F 6E 74 61 67   nntag,    Montag
2E82:05D0   2C 20 20 20 20 20 44 69-65 6E 73 74 61 67 2C 20   ,      Dienstag,
2E82:05E0   20 20 4D 69 74 74 77 6F-63 68 2C 20 20 20 44 6F     Mittwoch,  Do
2E82:05F0   6E 6E 65 72 73 74 61 67-2C 20 46 72 65 69 74 61   nnerstag, Freita
2E82:0600   67 2C 20 20 20 20 53 61-6D 73 74 61 67 2C 20 3F   g,    Samstag, ?
2E82:0610   00 07 3F 3F 3F 3F 3F 3F-3F 3F 3F 3A 2E 00 00 00   ..?????????:....
-
```

Text "R.Mattes Tel.2379" einfügen mit Befehl E und dumpen

kette muß um 3 Stellen nach links versetzt werden. Das geht, weil dort, wie der Dump zeigt Leerstellen (hex. 20) stehen. Die Adresse muß demnach 05AB lauten, das sind 3 Bytes weniger als 05AE. Wir geben dann wieder den Dump-Befehl, um das Ergebnis zu überprüfen.

5.3.3 Schritt 3: Geändertes Programm zurückschreiben

Bis zum Programmtest sind nun noch folgende Befehle einzugeben:

-   **Befehl W:** Das Programm muß aus dem Hauptspeicher auf die Diskette zurückgeschrieben werden. DEBUG.COM hat sich den Dateinamen und das Laufwerk gemerkt. Wir geben den Write-Befehl W ein.

-   **Befehl Q:** Dann verlassen wird DEBUG.COM mit dem Befehl Q.

-   **MENUKEYS 20:** Das Programm kann sofort durch den Aufruf von z.B. MENUKEYS 20 getestet werden. Am unteren Bildschirmrand rechts erscheint nun "R.Mattes Tel.2379".

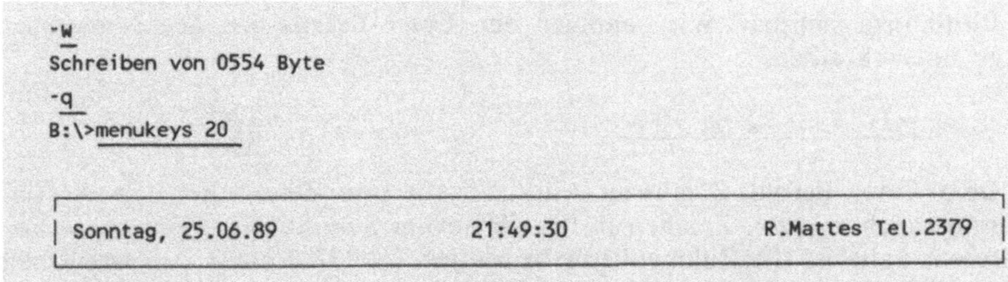

Befehlseingaben W, Q und MENUKEYS

Die Angabe eines Parameters zwischen 1 und 20 ist für MENUKEYS-.COM obligatorisch. Hier wird MENUKEYS 20 eingegeben. Wen das Ergebnis nicht zufrieden stellt, der kann das Experiment wiederholen. Natürlich muß man jetzt nach dem Namen "R. Mattes" suchen.

5.4 Eingabe von Programmen

... wenn das kleine Maschinenprogramm auf meinem PC laufen würde: In Zeitschriften werden oftmals relativ kleine, aber sehr nützliche Programme in Assembler oder öfter noch in Maschinensprache (hexadezimal) veröffentlicht. Wer den Debugger DEBUG.COM nicht so recht kennt und deshalb diese Programme nicht einsetzen kann, geht an wertvollen Gelegenheiten vorbei. Dabei ist es gar nicht schwierig, ein Programm in Maschinensprache in den Hauptspeicher und auf die Platte zu bringen. Sprachkenntnisse in Assembler sind nicht erforderlich (aber: wenn man einmal auf den Geschmack gekommen ist, ...), man muß nur den Debugger korrekt bedienen. Und dies werden wir jetzt tun.

5.4.1 Eingabe von Assemblerprogrammen

In diesem Abschnitt soll zunächst die Eingabe, Assemblierung und Speicherung von Programmen in 8088-Assemblercode mittels DEBUG.COM beschrieben werden. Im folgenden Abschnitt (5.4.2) wird dann gezeigt, wie man die gleichen Programme in hexadezimal codierter Maschinensprache eingibt und speichert. Beide Verfahren sollte man kennen, da einige Autoren ihre Programme als Assemblercode andere als Maschinencode an die Öffentlichkeit bringen. Maschinensprachliche Programme sind kürzer und schneller umgesetzt als Assemblerprogramme. Deshalb gewinnt diese Publikationsform (Abschnitt 5.4.2) in letzter Zeit zunehmend mehr Freunde.

WAIT.COM als kleines Beispielprogramm von 28 Bytes: WAIT.COM soll als Beispiel für die Eingabe und Assemblierung eines maschinensprachlichen Programms dienen. Das Programm kann eine Stapeldatei für eine bestimmte Zeit anhalten und wird sinnvoll dort angewandt, wo ein Stapelprogramm dem Benutzer einen Text eine Zeit lang präsentieren soll, um dann automatisch fortzufahren. Das Programm wurde absichtlich klein gehalten, deshalb besitzt es keine Syntaxprüfung und verarbeitet nur Parameter von 1 - 9. Es läßt sich in Intervallen von ca. 3 Sekunden von 3 bis 27 Sekunden einstellen. Diese Zeiten gelten für den IBM PC AT mit 6 Mhz. Die Verzögerungszeiten sind vom jeweiligen PC-Typ bzw. von dessen Arbeitsgeschwindigkeit abhängig (Anwendungsbeispoiel siehe in Abschnitt 4.3.4.3).

Hinweis: Die nachstehend beschriebenen Eingabetechniken für Assembler- und Maschinenprogramme werden auch in den Stapeldateien JANEIN1.BAT und JANEIN2.BAT (Abschnitt 4.3.5.2) verwendet. Nach dem dort gezeigten Muster kann man sowohl Maschinen- als auch kleine Assemblerprogramme sehr bequem verarbeiten und speichern.

5.4.1.1 Schritt 1: Assembler-Anweisungen eingeben mit Befehl A

Diesmal wird DEBUG.COM ohne Parameterangabe aufgerufen und dann der Assemble-Befehl A mit Adresse 100 (hexadezimal, das ist dezimal 256) für den Codeanfang gegeben:

```
C:\HILFE\DOSBEF>debug
-a 100
3858:0100
```

DEBUG.COM antwortet auf den Assemble-Befehl mit einer Adresse, deren Offsetteil 100h ist (führende Nullen sind überflüssig, d.h. 0100 = 100). Im vorangehenden Abschnitt 5.3 wurde schon darauf hingewiesen, daß vor dem eigentlichen Programmcode 256 Bytes für den *Programmsegmentvorsatz* frei bleiben müssen. Deshalb wird der Programmanfang auf die Offsetadresse 100h gelegt.

Zeile für Zeile exakten Code eingeben: Der Cursor bleibt mit einer Leerstelle Abstand hinter der Adresse 0100 stehen und DEBUG.COM wartet auf die Eingabe der ersten Codezeile. Die nun folgende Programmeingabe bleibt übersichtlich, wenn man nach den Assembleranweisungen (MOV, AND usw.) jeweils die Tabulatortaste tippt. Jede Zeile muß mit der Eingabetaste abgeschlossen werden. Dann erscheint sofort die nächste Adresse. Man muß exakt eintippen: So weist der Debugger z.B. "a1" (A1) anstelle von "al" (AL) ab. Noch etwas: Die Segmentadresse 3858 lautet bei Ihrem PC wahrscheinlich ganz anders; die Offsetadressen 0100, 0103,. . . hingegen erscheinen auch bei Ihnen - sie wurden schließlich mit dem Befehlsaufruf A **100** festgelegt. In den folgenden Beispielen sind die Benutzereingaben durch Unterstreichung hervorgehoben.

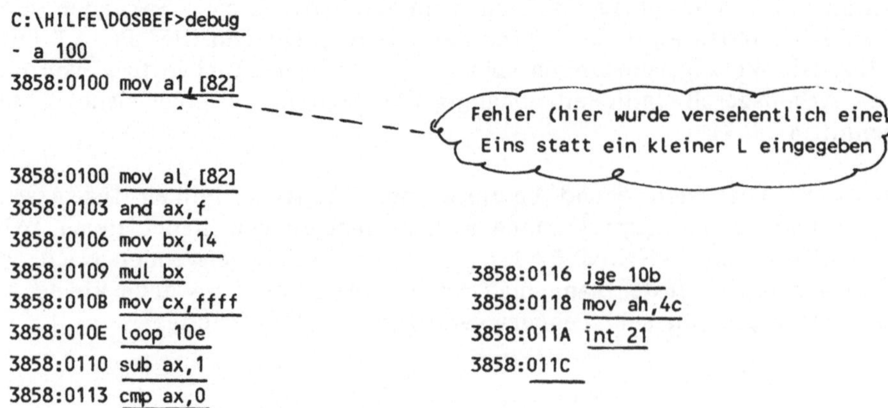

Assembler-Anweisungen eingeben mit Befehl A

Leerzeile am Programmende vorsehen: Nach der Eingabe der letzten Programmzeile (INT 21) zeigt DEBUG.COM eine weitere Zeile. Diese lassen wir leer, d.h. wir tippen nur nochmals auf die Eingabetaste. DEBUG-.COM weiß dann, daß die Programmeingabe abgeschlossen ist und zeigt den Prompt "-".

Das war schon fast alles. Das Programm liegt startbereit im Hauptspeicher. Vor der Erprobung soll es aber noch auf die Platte gebracht werden; andernfalls ist es weg, wenn DEBUG.COM seine Arbeit beendet.

5.4.1.2 Schritt 2: Programmlänge ermitteln mit Befehl H

Die letzte leere Zeile ist wichtig zur Berechnung der Programmlänge. Die Adresse der letzten leergelassenen Zeile abzüglich der Anfangsadresse 0100 ergibt die Anzahl der vom Programm belegten Bytes. In unserem Falle ist es nicht schwierig, dies zu berechnen: 11C-100=1C. Bei längeren Programmen aber wird man dafür den Rechenbefehl H des Debuggers nutzen.

Zum Rechnen gibt man den Befehl H ein, schreibt dahinter die größere Zahl (im Beispiel: 11C) und nach einer Leerstelle die kleinere Zahl (hier: 100). DEBUG.COM gibt zuerst die Summe (021C) dann die Differenz (001C) aus.

Die Differenz brauchen wir. Der Debugger verwendet sie, um das Programm in der richtigen Länge im Hauptspeicher abzugreifen und extern zu speichern. Er muß die Längenangabe im Register CX vorfinden. Deshalb wird anschließend der Registerbefehl, diesmal mit Parameter CX gegeben. Der Debugger zeigt den Registerinhalt (0000) und wartet auf eine Eingabe indem er den Doppelpunkt zeigt. Nach Eingabe von 1C erfahren wir über den R-Befehl, daß im Register CX nun 1C als korrekte Dateilänge vermerkt ist.

```
-h 11c 100
021C 001C
-

-r
AX=0000  BX=0000  CX=0000  DX=0000  SP=FFEE  BP=0000  SI=0000  DI=0000
DS=3858  ES=3858  SS=3858  CS=3858  IP=0100   NV UP EI PL NZ NA PO NC
3858:0100 A08200        MOV     AL,[0082]                         DS:0082=6D
-r cx
CX 0000
:1c
-

-r
AX=0000  BX=0000  CX=001C  DX=0000  SP=FFEE  BP=0000  SI=0000  DI=0000
DS=3858  ES=3858  SS=3858  CS=3858  IP=0100   NV UP EI PL NZ NA PO NC
3858:0100 A08200        MOV     AL,[0082]                         DS:0082=6D
```

Dateilänge ermittelm mit Befehl H, Register beschreiben mit Befehl R CX
und Registerbelegung anzeigen lassen mit Befehl R

5.4.1.3 Schritt 3: Programm sicherstellen mit Befehlen N und W

Zum Sicherstellen des Maschinenprogramms gehen wir in drei Schritten
vor:
1. Das Programm muß noch einen Namen erhalten. Wir geben dazu
   den Namen WAIT.COM mit dem Name-Befehl N ein.
2. Anschließend wird der so definierte Hauptspeicherbereich über
   den Debugger-Befehl W auf sichergestellt. Darauf antwortet DE-

```
-n wait.com
-w
Schreiben von 001C Byte
-q


C:\HILFE\DOSBEF>dir wait.com


 Dskt/Platte in Laufwerk C: ist VIEWEG
 Verzeichnis von C:\HILFE\DOSBEF


WAIT     COM        28  25.06.89   8.03
        1 Datei(en)      16384 Byte frei
```

Befehle N zum Benennen, W zum Speichern und Q zum Verlassen
des Debuggers

BUG.COM mit einer Erfolgsmeldung.

3. Wir verlassen den Debugger mit Q. Zur Kontrolle lassen wir uns
    über den Befehl DIR WAIT.COM anzeigen, daß 28 KB unter die-
    sem Namen auf der Platte abgelegt worden sind.

5.4.1.4 Schritt 4: Kontrolle über Unassemble-Befehl U

Wir wollen uns noch ein weiteres Mal vergewissern, ob das Programm
auch wirklich richtig eingegeben wurde. Das können wir mit dem Unas--
semble-Befehl U tun.

```
C:\HILFE\DOSBEF>debug wait.com

-r
AX=0000  BX=0000  CX=001C  DX=0000  SP=FFFE  BP=0000  SI=0000  DI=0000
DS=2E82  ES=2E82  SS=2E82  CS=2E82  IP=0100   NV UP EI PL NZ NA PO NC
2E82:0100 A08200        MOV     AL,[0082]                        DS:0082=77

-

-u
2E82:0100 A08200        MOV     AL,[0082]
2E82:0103 250F00        AND     AX,000F
2E82:0106 BB1400        MOV     BX,0014
2E82:0109 F7E3          MUL     BX
2E82:010B B9FFFF        MOV     CX,FFFF
2E82:010E E2FE          LOOP    010E
2E82:0110 2D0100        SUB     AX,0001
2E82:0113 3D0000        CMP     AX,0000
2E82:0116 7DF3          JGE     010B
2E82:0118 B44C          MOV     AH,4C
2E82:011A CD21          INT     21
2E82:011C AE            SCASB
2E82:011D 7504          JNZ     0123
2E82:011F 8BDF          MOV     BX,DI
-q
C:\HILFE\DOSBEF>
```


Anwendung des Unassemble-Befehls U

Der Befehl U zeigt, DEBUG.COM hat das Programm etwas verändert, es
hat alle 1- bis 3-stelligen Zahlen durch Auffüllen mit Nullen vierstellig
gemacht.

Listing drucken: Um das Assemblerlisting zu drucken, kann man entweder die Protokolleinrichtung des PC einschalten (Tasten Ctrl+Prtsc) und dann den folgenden DEBUG-Befehl eingeben:

```
- U 100 L 1C
```

Der Unassemble-Befehl zeigt dann den Hauptspeicher von Offsetadresse 100 in der Länge 1C als Assemblerprogramm und druckt die Liste aus. Ein anderer Weg: Man erstellt sich eine Datei - z.B. mit dem Namen IN-PUT - mit den notwendigen DEBUG-Befehlen und leitet ihren Inhalt in das Programm DEBUG ein, die Ausgabe wird wiederum zum Drucker umgeleitet. Beispiel:

```
C:\HILFEE\DOSBEF>copy con input
U 100 L 1C
Q
^Z        (Taste F6 = Dateiendezeichen)
          1 Datei(en) kopiert


C:\HILFEE\DOSBEF>debug wait.com < input > prn
```

Datei INPUT erstellen, Debugger mit WAIT.COM aufrufen, Datei INPUT einleiten und Ausgabe auf Drucker umleiten

5.4.1.5 Schritt 5: Programm testen und korrigieren

Wir verlassen den Debugger mit Q und testen das Programm durch Eingabe von:

```
C:\HILFE\DOSBEF>WAIT 4
```

Unser neuer Befehl wird mit einem Parameter aufgerufen, der einer Leerstelle folgt. Der Parameter bestimmt die Verzögerungsdauer in Intervallen von ca. 3 Sekunden. Das Beispiel erzeugt eine Pause von 4*3=12 Sekunden auf dem IBM PC AT.

Falls Ihnen ein Fehler unterlaufen ist: Geben Sie das Programm ab dem fehlerhaften Befehl neu ein. Die Segmentadresse wurde beim folgenden Beispiel durch XXXX ersetzt, weil sie unbestimmt ist. Nehmen wir an, Sie haben statt

```
XXXX:0118   MOV     AH,4C
```

den Befehl

```
XXXX:0118  MOV     AH,4B
```

eingegeben. Falls Sie das fehlerhafte Programm bereits gespeichert und
DEBUG verlassen haben, rufen Sie DEBUG mit dem Programm wieder
auf, z.B. mit:

```
C:\HILFE\DOSBEF>debug wait.com
```

Nach dem DEBUG-Prompt geben Sie ein

```
- a 118
XXXX:0118  mov     ah,4c
XXXX:011A
usw.
```

In Fällen, in denen der richtige Befehl die selbe Menge Byte belegt wie
der fehlerhafte, braucht man nur einen Befehl auf diese Weise zu korrigieren. Falls die Korrektur aber zu Veränderungen der Programmlänge
führt, sollten alle weiteren Befehle neu eingegeben werden. Lassen Sie
sich nach jeder Korrektur das Programm noch einmal mit U (Unassemble,
siehe oben) auflisten und vergleichen Sie mit dem Original.

5.4.1.6 Schritt 6: Programmeingabe üben mit DELAY.COM

... und noch ein wenig Training: Ein etwas komfortableres Programm ist
DELAY.COM. Es erzeugt Pausen von ca. 1-99 sec. unabhängig vom verwendeten System und umfaßt 85 Byte. Vielleicht möchten Sie ihre neu
erworbenen Kenntnisse testen und das Programm mit DEBUG eingeben.

```
XXXX:0100  BE8200        MOV SI,82
XXXX:0103  8B04          MOV AX,[SI]
XXXX:0105  250F00        AND AX,F
XXXX:0108  BE8000        MOV SI,80
XXXX:010B  8A1C          MOV BL,[SI]
XXXX:010D  80FB02        CMP BL,2
XXXX:0110  7C3F          JL  151
XXXX:0112  740E          JZ  122
XXXX:0114  BB0A00        MOV BX,A
XXXX:0117  F7E3          MUL BX
```

```
XXXX:0119 BE8300        MOV SI,83
XXXX:011C 8B1C          MOV BX,[SI]
XXXX:011E 81E30F00      AND BX,F
XXXX:0122 01D8          ADD AX,BX
XXXX:0124 89C7          MOV DI,AX
XXXX:0126 31F6          XOR SI,SI
XXXX:0128 B42C          MOV AH,2C
XXXX:012A CD21          INT 21
XXXX:012C 31C0          XOR AX,AX
XXXX:012E 01C8          ADD AX,CX
XXXX:0130 25FF00        AND AX,FF
XXXX:0133 BB3C00        MOV BX,3C
XXXX:0136 52            PUSH DX
XXXX:0137 F7E3          MUL BX
XXXX:0139 B108          MOV CL,8
XXXX:013B 5A            POP DX
XXXX:013C D3EA          SHR DX,CL
XXXX:013E 01D0          ADD AX,DX
XXXX:0140 83FE00        CMP SI,0
XXXX:0143 7406          JZ  14B
XXXX:0145 39C6          CMP SI,AX
XXXX:0147 7E08          JLE 151
XXXX:0149 EBDD          JMP 128
XXXX:014B 01F8          ADD AX,DI
XXXX:014D 89C6          MOV SI,AX
XXXX:014F EBD7          JMP 128
XXXX:0151 B44C          MOV AH,4C
XXXX:0153 CD21          INT 21
XXXX:0155
```

Assembler-Programm DELAY.COM

Sie testen das Programm durch Angabe eines Parameters von 1–99 dem
eine Leerstelle vorangeht (keine Syntax-Prüfung!), zum Beispiel:

```
C:\HILFE\DOSBEF>DELAY 10
```

Bei diesem Beispiel antwortet das System nach zehn Sekunden mit dem
Systemprompt.

5.4.2 Eingabe von Maschinenprogrammen

Wie bereits erwähnt, wird die Veröffentlichung von Programmen in hexadezimal codierter Form immer populärer. Allerdings kann man Maschinenprogramme selbst nicht interpretieren, sie sind für den Menschen
schlicht unverständlich. Deshalb veröffentlichen die Autoren in der Regel
das Assemblerpromm dazu und zwar so, wie es nur der Assemblierer (z.B.
MACRO-ASSEMBLER) übersetzen kann.
Alternativ zu Vorgehensweise in diesem Abschnitt sei auf Abschnitt
4.3.5.2 verwiesen, wo die gleiche Programmeingabetechnik innerhalb eines
Stapelprogramms verwendet wird. Im Hinblick auf etwa notwendig wer-
dende Korrekturen, kann die Eingeabe mittels Stapelprogramm rationeller
sein.

Als Beispiel verwenden wir nun das Programm DELAY.COM aus dem
vorigen Abschnitt.

5.4.2.1 Schritt 1: Maschinen-Anweisungen
eingeben mit Befehl E

DEBUG wird wieder ohne Parameter aufgerufen. Den DEBUG-Befehl E
kennen wird schon vom Patchen. Er dient dazu, in den Hauptspeicher zu
schreiben. Man muß dem Befehl eine Offset-Adresse mitgeben und das
was man in den Speicher schreiben will (zur Syntax siehe Abschnitt 5.1.1).
Letzteres kann man als Zeichenkette in Anführungszeichen (siehe Abschnitte 5.2 und 5.3) oder hexadezimal formulieren.

Regel: Texte gibt man als Zeichenkette, Programme in hexadezimaler
Schreibweise ein. Der Grund: Programmcode enthält auch Zeichen, die
nicht über die Tastatur eingegeben werden können.

Eingabe in 16-Byte-Portionen: Geben Sie das Maschinenprogramm in
Portionen von je 16 Byte ein. Sie beginnen mit der Adresse 100 (wegen
des Programmsegmentvorsatz!) und fahren in 10-er Schritten fort. Das
sind natürlich keine dezimalen Zehnerschritte, wir sind im hexadezimalen
System, dezimal sind es 16-er Schritte. Die letzte Eingabezeile ist nur 5
Byte lang, weil DELAY.COM 85 Byte groß ist, also 5 Byte mehr hat als 5
mal 16.

Hinweis: Wer nicht gewohnt ist, hexadezimal zu rechnen, läßt sich leicht
verleiten, die Adressen auch bei größeren Programmen wie folgt einzugeben: ... 180, 190, 200, 210... Das ist falsch. Die richtige Reihe lautet: ...
180, 190, 1A0, 1B0, 1C0, 1D0, 1E0, 1F0, 200, 210 ..., denn das
hexadezimale Zahlensystem besitzt 6 Ziffern mehr als das dezimale.

```
C:\HILFE\DOSBEF>debug
-e 100 be 82 00 8b 04 25 0f 00 be 80 00 8a 1c 80 fb 02
-e 110 7c 3f 74 0e bb 0a 00 f7 e3 be 83 00 8b 1c 81 e3
-e 120 0f 00 01 d8 89 c7 31 f6 b4 2c cd 21 31 c0 01 c8
-e 130 25 ff 00 bb 3c 00 52 f7 e3 b1 08 5a d3 ea 01 d0
-e 140 83 fe 00 74 06 39 c6 7e 08 eb dd 01 f8 89 c6 eb
-e 150 d7 b4 4c cd 21
-
```

Maschinencode eingeben mit Befehl E

5.4.2.2 Schritt 2: Programmlänge ermitteln

Programmlänge abzählen: Die Programmlänge braucht DEBUG zum
Ablegen des Programms auf dem Datenträger. Das ist uns bereits aus dem
vorangegangenen Abschnitt bekannt. Hier bietet sich an, die Anzahl der
Byte einfach abzuzählen: Anzahl eingegebener vollständiger Zeilen mal 16
plus Anzahl Byte in der letzten Zeile.

Eine andere Methode: Unmittelbar nach der Eingabe benutzt man den
DEBUG-Befehl U (unassemble) und läßt DEBUG die Länge berechnen.
Der Befehl U wird so oft getippt, bis das Programmende sichtbar ist.
Dann verwendet man den DEBUG-Befehl H, um die Länge zu berechnen.

Wichtig: Der Minuend (155) ist die dem letzten Byte des Programms folgende Adresse. Die Methode wurde im vorangegangenen Abschitt schon
benutzt.

```
-u
2DD9:0100 BE8200          MOV SI,0082
2DD9:0103 8B04            MOV AX,[SI]
2DD9:0105 250F00          AND AX,000F
2DD9:0108 BE8000          MOV SI,0080
2DD9:010B 8A1C            MOV BL,[SI]
2DD9:010D 80FB02          CMP BL,02
2DD9:0110 7C3F            JL  0151
2DD9:0112 740E            JZ  0122
2DD9:0114 BB0A00          MOV BX,000A
2DD9:0117 F7E3            MUL BX
2DD9:0119 BE8300          MOV SI,0083
2DD9:011C 8B1C            MOV BX,[SI]
2DD9:011E 81E30F00        AND BX,000F
-u
```

```
2DD9:0122 01D8          ADD  AX,BX
  .    .    .             .  .  .

  .    .    .             .  .  .

  .    .    .             .  .  .
2DD9:014B 01F8          ADD  AX,DI
2DD9:014D 89C6          MOV  SI,AX
2DD9:014F EBD7          JMP  0128
2DD9:0151 B44C          MOV  AH,4C
2DD9:0153 CD21          INT  21
2DD9:0155 0000          ADD  [BX+SI],AL
2DD9:0157 0000          ADD  [BX+SI],AL
2DD9:0159 0000          ADD  [BX+SI],AL
-
- h 155 100
255  0055
-
```

Programm im Assemblercode mit U anzeigen
und Programmlänge mit H ermitteln

Problem: Anfänglich mag die Tatsache verwirren, daß DEBUG am Ende
auch Hauptspeicherinhalte zeigt, die nicht mehr zum Programm gehören.
Woher weiß man denn, welches der letzte Befehl des Programms ist? Entweder man schaut ins Assembler-Listing oder - falls man keines hat -
vergleicht man, wo die letzten hexadezimalen Byte des Programms stehen.
In unserem Falle:

```
B44C
CD21
```

5.4.2.3 Schritt 3: Programm sicherstellen mit
Befehlen R, N und W

Das Programm wird so abgelegt, wie im vorangegangenen Abschitt bereits
erläutert. Register CX mit Programmlänge laden (R), Programmname vergeben (N) und auf den Datenträger schreiben (W).

```
-r cx
CX 0000
:55
-n delay.com
-w
Schreiben von 0055 Byte
-
```

Programm auf dem Datenträger sichern und DEBUG verlassen

5.4.2.4 Schritt 4: Kontrolle durch Dump-Befehl D

Mit dem Dump-Befehl D erhält man das hexadezimale Speicherabbild des
Programms. Es ist ratsam, die Eingabevorlage damit zu vergleichen. Wie
im nächsten Abschnitt gezeigt wird, sind Tippfehler bei der Eingabe
leicht zu korrigieren.
Die beiden letzten Zeilen des Dump und die 11 letzten Byte der drittletz-
ten Zeilen gehören nicht mehr zum Programm. Sie enthalten zufällige
Speicherinhalte.

```
C:\HILFE\DOSBEF>debug delay.com
-d 100
620D:0100  BE 82 00 8B 04 25 0F 00-BE 80 00 8A 1C 80 FB 02   .....%..........
620D:0110  7C 3F 74 0E BB 0A 00 F7-E3 BE 83 00 8B 1C 81 E3   |?t.............
620D:0120  0F 00 01 D8 89 C7 31 F6-B4 2C CD 21 31 C0 01 C8   .......1..,.!1...
620D:0130  25 FF 00 BB 3C 00 52 F7-E3 B1 08 5A D3 EA 01 D0   %...<.R....Z....
620D:0140  83 FE 00 74 06 39 C6 7E-08 EB DD 01 F8 89 C6 EB   ...t.9.~........
620D:0150  D7 B4 4C CD 21 27 3B 0D-0A 4E 65 75 65 73 20 44   ..L.!';..Neues D
620D:0160  61 74 75 6D 20 20 00 37-3B 28 6D 6D 2D 74 74 2D   atum  .7;(mm-tt-
620D:0170  6A 6A 29 3A 20 00 49 3B-28 74 74 2E 6D 6D 2E 6A   jj): .I;(tt.mm.j
```

Kontrolle mit dem Befehl D

Dump drucken: Um den Dump zu drucken, kann man entweder die Protokolleinrichtung des PC einschalten (Tasten Ctrl-Prtsc) und dann den
folgenden DEBUG-Befehl eingeben:

```
D 100 L 55
```

Der Dump-Befehl zeigt dann den Hauptspeicher von Offsetadresse 100 in
der Länge 55 und druckt die Liste aus.
Ein anderer Weg: Man erstellt sich eine Datei - z.B. mit dem Namen IN-
PUT - mit den notwendigen DEBUG-Befehlen und leitet ihren Inhalt in
das Programm DEBUG ein, die Ausgabe wird wiederum zum Drucker
umgeleitet. Beispiel:

```
C:\HILFEE\DOSBEF>copy con input
D 100 L 55
Q
^Z        (Taste F6 = Dateiendezeichen)
          1 Datei(en) kopiert


C:\HILFEE\DOSBEF>debug delay.com < input > prn
```

Datei INPUT erstellen, Debugger mit DELAY.COM aufrufen, Datei
INPUT einleiten und Ausgabe auf Drucker umleiten

5.4.2.5 Schritt 5: Programm testen und korrigieren

Wir können DEBUG jetzt mit dem Befehl Q verlassen und das Programm
DELAY.COM austesten:

```
C:\HILFE\DOSBEF>delay 10
```

Falls dann nach 10 Sekunden der DOS-Prompt wieder sichtbar wird, läuft
das Programm einwandfrei. Wurde das Programm fehlerhaft eingegeben,
kann das System "abstürzen". Danach müssen Sie ihm mit einem Warmstart
wieder auf die Beine helfen.

Einfache Korrektur: Wenn Sie das falsch eingegebene Byte bereits vor
dem Test festgestellt haben, tippen Sie die entsprechende Zeile einfach
nochmals ein. Nehmen wir an, in der folgenden Zeile wurden auf Adresse
132 die Großbuchstaben DD statt die Ziffern 00 eingegeben:

```
-e 130 25 ff DD bb 3c 00 52 f7 e3 b1 08 5a d3 ea 01 d0
```

Sie schreiben die Zeile nochmal richtig und zwar bis zum falschen Byte
einschließlich, also:

```
-e 130 25 ff 00
```

Oder Sie verbessern nur das unrichtige Byte, dann müssen Sie die Adresse
des Byte - hier 132 - vorher berechnen:

```
-e 132 00
```

Wenn Sie den Programmfehler erst nach dem Test finden, rufen Sie DE-
BUG mit dem Programm als Parameter auf und verfahren Sie wie eben
beschrieben, z.B.:

```
C:\HILFE\DOSBEF>debug delay.com
-e 132 00
-
```

Prüfen Sie in jedem Falle das Ergebnis mit dem Dump-Befehl.

5.4.2.6 Schritt 6: Programmeingabe mit BOOT.COM

Ein nützliches Programm ist BOOT.COM. Es führt einen Warmstart aus.
Das Programm ersetzt den Aufruf von BASICA mit BOOT.BAS in der
Stapeldatei zur Einrichtung einer RAM-Disk (Abschnitt 4.3.3). Es besitzt
nur 16 Byte, ist also schnell getippt. Erproben Sie Ihre neu erworbenen
Kenntnisse. Hier ist das Listing von BOOT.COM in hexadezimaler
Schreibweise:

```
B8 40 00 8E D8 B8 34 12 A3 72 00 EA 5B E0 00 F0
```

Einzeiler-Maschinenprogramm BOOT.COM

Ausführungstest zu Programm BOOT.COM:

```
C:\HILFE\DOSBEF>boot
```

Anhang 1: ASCII - Code

1. 128 Zeichen mit den Nummern 0 bis 127 (8. Bit als 0 gesetzt)

Beispiele: "z" als 122 (ASCII-Nr), 01111010 (binär) bzw. 7A (hexadezimal)
Beispiele: "%" als 037 (ASCII-Nr), 00100101 (binär) bzw. 25 (hexadezimal)

Higher bits bit-Nummer →	Lower-bits 4321	Hex-Code	000 (765) / 0	001 (765) / 1	010 (765) / 2	011 (765) / 3	100 (765) / 4	101 (765) / 5	110 (765) / 6	111 (765) / 7
	0000	0	NUL [00]	DLE [16]	SP [32]	0 [48]	@ [64]	P [80]	\ ◊ [96]	p [112]
	0001	1	SOH [01]	DC1 [17]	! [33]	1 [49]	A [65]	Q [81]	a [97]	q [113]
	0010	2	STX [02]	DC2 [18]	" [34]	2 [50]	B [66]	R [82]	b [98]	r [114]
	0011	3	EXT [03]	DC3 [19]	# [35]	3 [51]	C [67]	S [83]	c [99]	s [115]
	0100	4	EOT [04]	DC4 [20]	$ [36]	4 [52]	D [68]	T [84]	d [100]	t [116]
	0101	5	ENQ [05]	NAK [21]	% [37]	5 [53]	E [69]	U [85]	e [101]	u [117]
	0110	6	ACK [06]	SYN [22]	& [38]	6 [54]	F [70]	V [86]	f [102]	v [118]
	0111	7	BEL [07]	ETB [23]	' [39]	7 [55]	G [71]	W [87]	g [103]	w [119]
	1000	8	BS [08]	CAN [24]	([40]	8 [56]	H [72]	X [88]	h [104]	x [120]
	1001	9	HT [09]	EM [25]	) [41]	9 [57]	I [73]	Y [89]	i [105]	y [121]
0AAA	1010	A	LF [10]	SUB [26]	* [42]	: [58]	J [74]	Z [90]	j [106]	z [122]
	1011	B	VT [11]	ESC [27]	+ [43]	; [59]	K [75]	[/ Ä [91]	k [107]	¦ / ä [123]
	1100	C	FF [12]	FS [28]	, [44]	< [60]	L [76]	\ / Ö [92]	l [108]	¦ / ö [124]
	1101	D	CR [13]	GS [29]	- [45]	= [61]	M [77]	] / Ü [93]	m [109]	¦ / ü [125]
	1110	E	SO [14]	RS [30]	. [46]	> [62]	N [78]	^ / ß [94]	n [110]	~ / — [126]
	1111	F	SI [15]	US [31]	/ [47]	? [63]	O [79]	_ [95]	o [111]	DEL [127]

2. Bedeutung der Steuerzeichen

F=Formatsteuerungs-, I=Informations- und Ü=Übertragungszeichen

NUL		NULL (Füllzeichen)	
SOH	(ü)	Start of Heading / Anfang des Kopfs	
STX	(ü)	Start of Text / Anfang des Textes	
ETX	(ü)	End of Text / Ende des Textes	
EOT		End of Transmission / Ende der Übertragung	
ENQ	(ü)	Enquiry / Stationsaufforderung	
ACK	(ü)	Acknowledge / Positive Rückmeldung	
BEL		Bell / Klingel (Piepser)	
BS	(F)	Backspace / Rückwärtsschritt	
HT	(F)	Horizontal-Tabulation / Waagrecht-Tabulator	
LF	(F)	Linefeed / Zeilenvorschub	
VT	(F)	Vertical-Tabulation / Senkrecht-Tabulator	
FF	(F)	Formfeed (= TOF, Top of Form) / Seitenvorschub	
CR	(F)	Carriage Return / Wagenrücklauf	
SO		Shift Out / Dauerumschaltung	
SI		Shift In / Rückschaltung	
DLE		Data Link Escape / Datenübertragungsumschaltung	

DC1		Device Control 1 / Gerätesteuerung 1 (X-ON)
DC2		Device Control 2 / Gerätesteuerung 2
DC3		Device Control 3 / Gerätesteuerung 3 (X-OFF)
DC4		Device Control 4 / Gerätesteuerung 4
NAK	(ü)	Negative Acknowledge / Negative Rückmeldung
SYN	(ü)	Synchronous Idle / Synchronisierung
ETB	(ü)	End of Transmissionblock / Ende des Datenblocks
CAN		Cancel / ungültig
EM		End of Medium / Ende der Aufzeichnung
SUB		Substitute / Ersatz
ESC		Escape / Umschaltung
FS	(I)	File Separator / Hauptgruppentrennung
GS	(I)	Group Separator / Gruppentrennung
RS	(I)	Record Separator / Untergruppentrennung
US	(I)	Unit Separator / Teilgruppentrennung
DEL		Delete / Löschen
SP		Space (Blank) / Zwischenraum, Leerzeichen

3. ASCII-Codes 0 bis 127 in sechs Darstellungen: Grafikzeichen, Dezimal (D), Strg (^) bzw. Text (' '), Oktal (O), Hexadezimal (H), Binär (B)

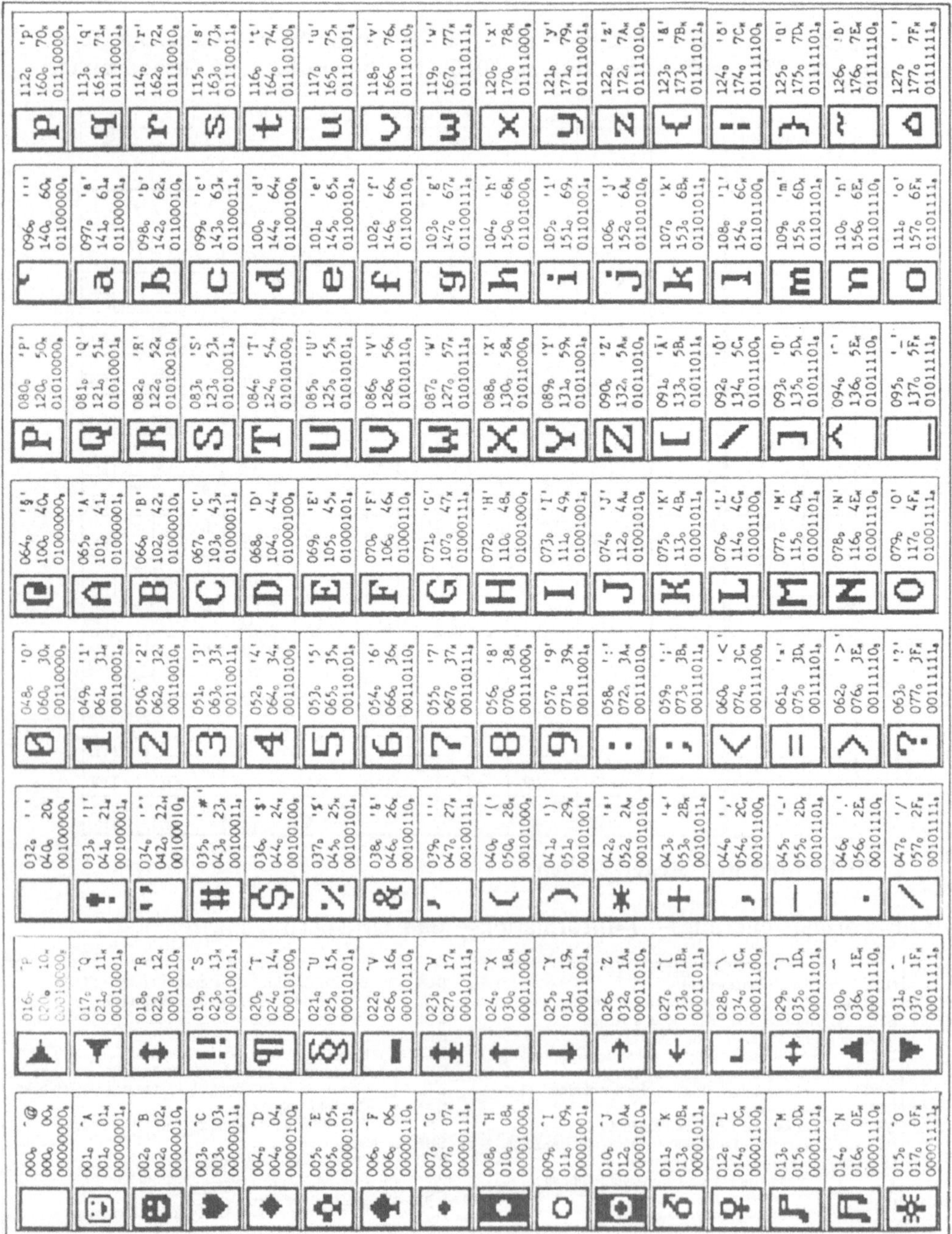

4. ASCII-Codes 128 bis 255 in sechs Darstellungen: Grafik, Dezimal (D), Strg (^) bzw. Textzeichen (' '), Oktal (O), Hexadezimal (H), Binär (B))

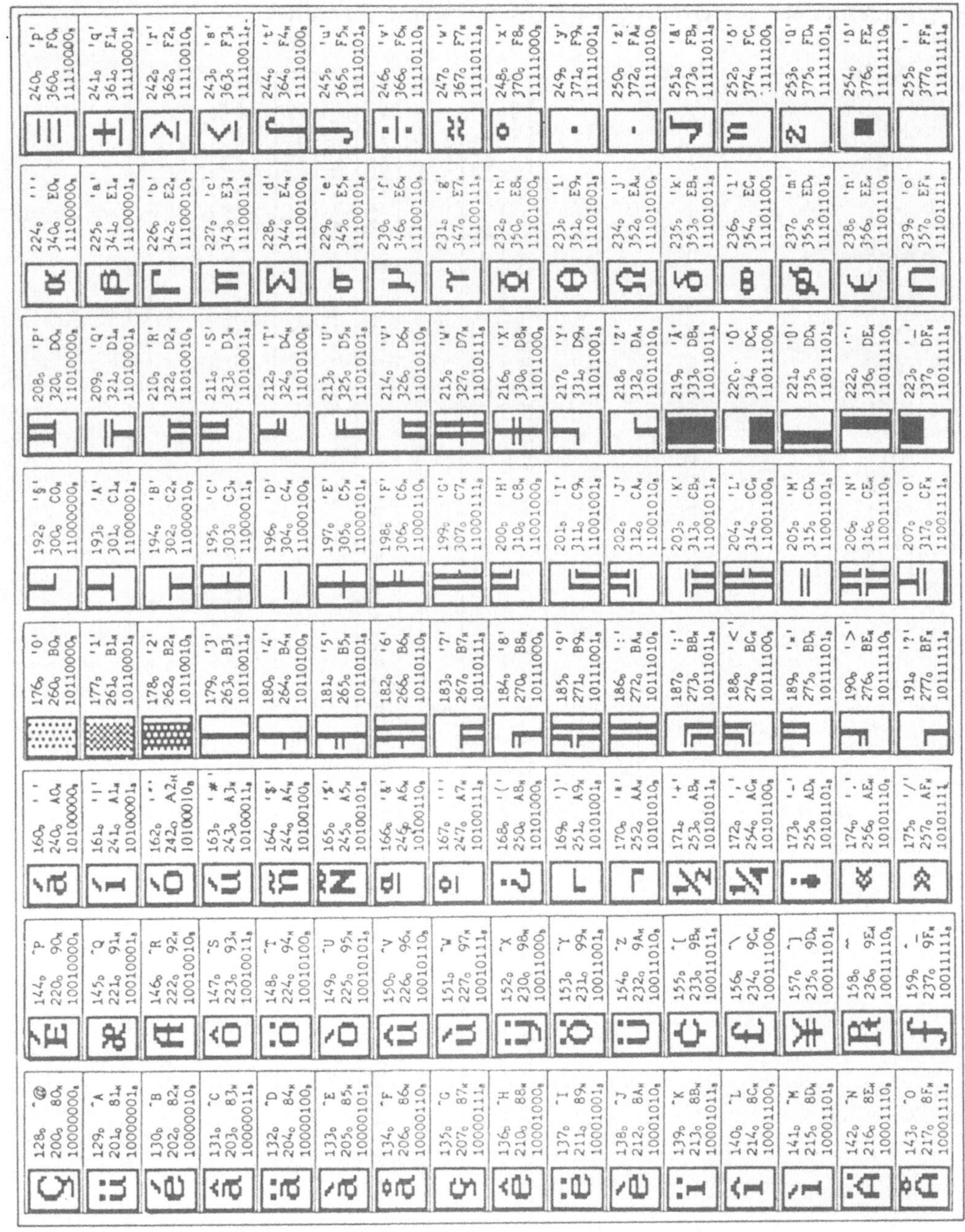

Quelle: ASCII-Code in Anlehnung an PC-Magazin

Anhang 2: Gegenüberstellung von ASCII und EBCDIC

Der EBCDIC (Extended Binary Coded Decimal Interchange Code) ist insbesondere auf Großrechnern (Mainframes) verbreitet.

Binär:	Hex:
0000	0
0001	1
0010	2
0011	3
0100	4
0101	5
0110	6
0111	7
1000	8
1001	9
1010	A
1011	B
1100	C
1101	D
1110	E
1111	F

Hexadezimale Darstellung	ASCII (7 bit)	EBCDIC (8 bit)
·		
·		
·		
21	blank	
22	"	
23	#	
24	$	
25	%	
26	&	
27	'	
28	(	
29	)	
2A	*	
2B	+	
2C	,	
2D	-	
2E	.	
2F	/	
30	0	
31	1	
32	2	
33	3	
34	4	
35	5	
36	6	
37	7	
38	8	
39	9	
3A	:	
3B	;	
3C	<	
3D	=	
3E	>	
3F	?	
40	@	blank
41	A	
42	B	
43	C	
44	D	
45	E	
46	F	
47	G	
48	H	
49	I	
4A	J		
4B	K	.
4C	L	(
4D	M	)
4E	N	+
4F	O		
50	P	&
51	Q	
52	R	
53	S	
54	T	
55	U	
56	V	
57	W	
58	X	
59	Y	
5A	Z	!
5B	[	$
5C	\	*
5D	]	)
5E		;
5F		¬
60		
61	a	
62	b	
63	c	
64	d	
65	e	
66	f	
67	g	
68	h	
69	i	
6A	j	
6B	k	
6C	l	%
6D	m	_
6E	n	>
6F	o	?
70	p	
71	q	
72	r	
73	s	
74	t	
75	u	
76	v	
77	w	
78	x	
79	y	
7A	z	
7B		#
7C		@
7D		'
7E		=
7F		"
80		
81		a
82		b
83		c
84		d
85		e
86		f
87		g
88		h
89		i
8A		
8B		
8C		
8D		
8E		
8F		
90		
91		j
92		k
93		l
94		m
95		n
96		o
97		p
98		q
99		r
9A		
9B		
9C		
9D		
9E		
9F		
A0		
A1		
A2		
A3		s
A4		t
A5		u
A6		v
A7		w
A8		x
A9		y
AA		z
·		
·		
C0		
C1		A
C2		B
C3		C
C4		D
C5		E
C6		F
C7		G
C8		H
C9		I
CA		
CB		
CC		
CD		
CE		
CF		
D0		
D1		J
D2		K
D3		L
D4		M
D5		N
D6		O
D7		P
D8		Q
D9		R
DA		
DB		
DC		
DD		
DE		
DF		
E0		
E1		
E2		S
E3		T
E4		U
E5		V
E6		W
E7		X
E8		Y
E9		Z
EA		
EB		
EC		
ED		
EE		
EF		
F0		0
F1		1
F2		2
F3		3
F4		4
F5		5
F6		6
F7		7
F8		8
F9		9
·		
·		
·		

Anhang 3: Erweiterter Zeichensatz

Zeichen	Dez	Hex	Zeichen	Dez	Hex	Zeichen	Dez	Hex	Zeichen	Dez	Hex
	0	00	<space>	32	20	@	64	40	`	96	60
☺	1	01	!	33	21	A	65	41	a	97	61
●	2	02	"	34	22	B	66	42	b	98	62
♥	3	03	#	35	23	C	67	43	c	99	63
♦	4	04	$	36	24	D	68	44	d	100	64
♣	5	05	%	37	25	E	69	45	e	101	65
♠	6	06	&	38	26	F	70	46	f	102	66
•	7	07	'	39	27	G	71	47	g	103	67
▫	8	08	(	40	28	H	72	48	h	104	68
○	9	09	)	41	29	I	73	49	i	105	69
◙	10	0A	*	42	2A	J	74	4A	j	106	6A
♂	11	0B	+	43	2B	K	75	4B	k	107	6B
♀	12	0C	,	44	2C	L	76	4C	l	108	6C
♪	13	0D	-	45	2D	M	77	4D	m	109	6D
♫	14	0E	.	46	2E	N	78	4E	n	110	6E
☼	15	0F	/	47	2F	O	79	4F	o	111	6F
►	16	10	0	48	30	P	80	50	p	112	70
◄	17	11	1	49	31	Q	81	51	q	113	71
↕	18	12	2	50	32	R	82	52	r	114	72
‼	19	13	3	51	33	S	83	53	s	115	73
¶	20	14	4	52	34	T	84	54	t	116	74
§	21	15	5	53	35	U	85	55	u	117	75
▬	22	16	6	54	36	V	86	56	v	118	76
↨	23	17	7	55	37	W	87	57	w	119	77
↑	24	18	8	56	38	X	88	58	x	120	78
↓	25	19	9	57	39	Y	89	59	y	121	79
→	26	1A	:	58	3A	Z	90	5A	z	122	7A
←	27	1B	;	59	3B	[	91	5B	{	123	7B
∟	28	1C	<	60	3C	\	92	5C	|	124	7C
↔	29	1D	=	61	3D	]	93	5D	}	125	7D
▲	30	1E	>	62	3E	^	94	5E	~	126	7E
▼	31	1F	?	63	3F	_	95	5F	⌂	127	7F

Zeichen	Dez	Hex	Zeichen	Dez	Hex	Zeichen	Dez	Hex	Zeichen	Dez	Hex
Ç	128	80	á	160	A0	└	192	C0	α	224	E0
ü	129	81	í	161	A1	┴	193	C1	β	225	E1
é	130	82	ó	162	A2	┬	194	C2	Γ	226	E2
â	131	83	ú	163	A3	├	195	C3	π	227	E3
ä	132	84	ñ	164	A4	─	196	C4	Σ	228	E4
à	133	85	Ñ	165	A5	┼	197	C5	σ	229	E5
å	134	86	ª	166	A6	╞	198	C6	µ	230	E6
ç	135	87	º	167	A7	╟	199	C7	τ	231	E7
ê	136	88	¿	168	A8	╚	200	C8	Φ	232	E8
ë	137	89	⌐	169	A9	╔	201	C9	Θ	233	E9
è	138	8A	¬	170	AA	╩	202	CA	Ω	234	EA
ï	139	8B	½	171	AB	╦	203	CB	δ	235	EB
î	140	8C	¼	172	AC	╠	204	CC	∞	236	EC
ì	141	8D	¡	173	AD	═	205	CD	φ	237	ED
Ä	142	8E	«	174	AE	╬	206	CE	ε	238	EE
Å	143	8F	»	175	AF	╧	207	CF	∩	239	EF
É	144	90	░	176	B0	╨	208	D0	≡	240	F0
æ	145	91	▒	177	B1	╤	209	D1	±	241	F1
Æ	146	92	▓	178	B2	╥	210	D2	≥	242	F2
ô	147	93	│	179	B3	╙	211	D3	≤	243	F3
ö	148	94	┤	180	B4	╘	212	D4	⌠	244	F4
ò	149	95	╡	181	B5	╒	213	D5	⌡	245	F5
û	150	96	╢	182	B6	╓	214	D6	÷	246	F6
ù	151	97	╖	183	B7	╫	215	D7	≈	247	F7
ÿ	152	98	╕	184	B8	╪	216	D8	°	248	F8
Ö	153	99	╣	185	B9	┘	217	D9	∙	249	F9
Ü	154	9A	║	186	BA	┌	218	DA	·	250	FA
¢	155	9B	╗	187	BB	█	219	DB	√	251	FB
£	156	9C	╝	188	BC	▄	220	DC	η	252	FC
¥	157	9D	╜	189	BD	▌	221	DD	°	253	FD
₧	158	9E	╛	190	BE	▐	222	DE	∙	254	FE
ƒ	159	9F	┐	191	BF	▀	223	DF		255	FF

Darstellung:
Links: ASCII
Mitte: Dez
Rechts: Hex

Tastatur-Umschaltung:

Ctrl-Alt-F1
US-Tastatur

Ctrl-Alt-F2
Deutsche Tast.

Beispiele:
^G Alt-7
!   Alt-33
z   Alt-122
ß   Alt-255

US:	D:	Nr.:
@	§	64
[	Ä	91
\	Ö	92
]	Ü	93
{	ä	123
|	ö	124
}	ü	125
~	ß	126

Backslash:
\ Alt-92

Pipe:
\| Alt-124

Anhang 4: ANSI.SYS-Befehle für den Bildschirm

1. Merkmale des Bildschirms einstellen

Befehlszweck:
Zeichenmerkmale des Bildschirms entsprechend der unten wiedergegebenen Merkmalsliste einstellen. Jede Einstellung gilt bis zu ihrer Neueinstellung.

Befehlsformat allgemein: Esc[<Merkmalsliste>m

Befehlsbeispiele:

Esc[34;47m	Vordergrund blau und Hintergrund weiß
Esc[1m	Zeichen in Fettdruck
Esc[1;5m	Zeichen fett und dabei blinken
Esc[0m oder Esc[m	Alle Merkmale abschalten
Esc[0;7;3]m	Zuerst alle Merkmale abschalten,
	dann rote Zeichen in Negativeinstellung

Liste der möglichen Merkmale (Attributes):

00	Merkmale abgeschaltet (weiß auf schwarz)
01	Fett ein
04	Unterstreichen ein
05	Blinken ein
07	Negative (reverse) Einstellung ein
08	Unsichtbare (invisible) Einstellung ein

Liste der möglichen Farben (Colors):

	Vordergrund	Hintergrund:
Schwarz	30	40
Rot	31	41
Grün	32	42
Gelb	33	43
Blau	34	44
Purpur	35	45
Cyan	36	46
Weiß	37	47

Anmerkungen zu den ANSI.SYS-Befehlen:
- In CONFIG.SYS muß DEVICE=ANSI.SYS eingetragen sein.
- Beispiel zur Übermittlung von Esc[34;47m (blaue Zeichen auf weißem Hintergrund) in BASIC:
```
print chr$(27) + chr$(91) + "34;47m"
```
- Beispiel zur Übermittlung des gleichen Befehls in Pascal:
```
write(chr(7) + chr(91) + '34;47m');
```

Anhang 4: ANSI.SYS-Befehle für den Bildschirm

2. Bildschirm-Modus einstellen

Befehlszweck:
Breite des Bildschirms zusammen mit Farbkombinationen einstellen.

Befehlsformat allgemein: Esc[<Modus>h

Befehlsbeispiele:

```
Esc[=5h          Bildschirm schwarz-weiß bei einer
                 Auflösung von 320 mal 200 Punkten.
Esc[=7h          Zeile länger als 80 Zeichen.
```

Liste der möglichen Farbkombinationen:

Wert:	Modus:
0	40 Spalten * 25 Spalten, schwarz/weiß
1	40*25, Farbe
2	80*25, schwarz/weiß
3	80*25, Farbe
4	320*200 Pixel, Farbe
5	320*200 Pixel, schwarz/weiß
6	640*200, schwarz/weiß
7	Lange Zeile mit Zeilenschaltung am Ende

3. Bildschirm-Modus zurückstellen

Befehlszweck:
Gegenstück zum obigen 2. Befehl. Parameter analog.

Befehlsformat allgemein: Esc[<Modus>I

Befehlsbeispiel:

```
Esc[=7I          Lange Zeile nach 80 Zeichen trennen.
```

4. Bildschirm löschen

Befehlszweck:
Bildschirminhalt löschen und Cusor

Befehlsformat allgemein: Esc[2J

5. Zeile löschen

Befehlszweck:
Bildschirmzeile von aktueller Cursor-position bis zum Zeilenende löschen.

Befehlsformat allgemein: Esc[K

Anhang 5: ANSI.SYS-Befehle zur Cursorsteuerung

1. Cursor nach oben bewegen

Befehlszweck:
Cursor zwischen 1 und 24 Zeilen nach oben bewegen. Voreingestellt ist
eine Zeile. Eine zu große Zeilenangabe wird ignoriert (Cursor steht dann
oben). Die aktuelle Spaltenposition bleibt erhalten.

Befehlsformat allgemein: Esc[<Zeilenanzahl hoch>A

Befehlsbeispiele:
```
Esc[9A                 Cursor um 9 Zeilen nach oben bewegen.
Esc[A                  Cursor um 1 Zeile nach oben.
```

2. Cursor nach unten bewegen

Befehlszweck:
Cursor um 1 bis 24 Zeilen nach unten bewegen bei 1 als Voreinstellung.

Befehlsformat allgemein: Esc[<Zeilenanzahl runter>B

Befehlsbeispiele:
```
Esc[19B                Cursor um 19 Zeilen nach unten.
Esc[B                  Cursor um eine Zeile nach unten.
```

3. Cursor nach rechts bewegen

Befehlszweck:
Cursor um 1 bis 79 Spalten nach rechts bewegen. Dabei wird die Zeilenposition beibehalten. Voreinstellung: 1 Zeile nach rechts.

Befehlsformat allgemein: Esc[<Spaltenanzahl rechts>C

Befehlsbeispiele:
```
Esc[60C                Cursor um 60 Spalten nach rechts.
Esc[C                  Cursor um 1 Spalte nach rechts.
```

4. Cursor nach links bewegen

Befehlszweck:
Cursor um 1 bis 79 Spalten nach links bewegen. Dabei wird die Zeilenposition beibehalten. Voreingestellt ist 1 Spalte.

Anhang 5: ANSI.SYS-Befehle zur Cursorsteuerung

Befehlsformat allgemein: Esc[<Spaltenanzahl links>D

Befehlsbeispiele:

```
Esc[23D              Cursor um 23 Spalten nach links.
Esc[D                Cursor um 1 Zeile nach links.
```

5. Cursor direkt positionieren

Befehlszweck:
Cursor zu den angegebenen Koordinaten bewegen. Zuerst die waagerechte Zeile (Zeilen 1-25), dann die senkrechte Spalte (Spalten 1-80) angeben. Voreingestellt ist jeweils 1.

Befehlsformate: Esc[<Zeile>;<Spalte>H oder Esc[<Zeile>;<Spalte>f

Befehlsbeispiele:

```
Esc[12;40H           Cursor in Zeile 12 und Spalte 40.
Esc[12;H             Cursor in Zeile 12 und erste Spalte.
Esc[H                Cursor in Home-Position.
```

6. Cursorposition sicherstellen

Befehlszweck:
Die aktuelle Zeilen- und Spaltenposition des Cursors wird gespeichert, um später bei Bedarf über den Befehl 7 wiederhergestellt zu werden.

Befehlsformat allgemein: Esc[s

7. Cursorposition wiederherstellen

Befehlszweck:
Der Cursor wird an die Position bewegt, die zuvor mit Befehl 6 sichergestellt worden ist.

Befehlsformat allgemein: Esc[u

Anhang 6: ANSI.SYS-Befehle zur Tastaturbelegung

Befehlszweck:
Beliebige Tasten der Tastatur mit einem oder mehreren Zeichen belegen.
Der erste Wert (= Tastaturcode) bezeichnet die zu belegende Taste und
der zweite Wert die Belegung selbst (= Belegung).
- **Tastaturcode** entweder eine Zahl (ASCII-Code für eine Taste) oder
  erweiterter ASCII-Code gemäß untenstehender Tabelle (0;...).
- **Belegung** entweder ein ASCII-Code oder ein String in " ".

Befehlsformat allgemein: Esc[<Tastaturcode>;<Belegung>p

Befehlsbeispiele:

Esc[75;107p	K-Taste (75 für "K") mit "a" belegen.
Esc[0;67;107p	Funktionstaste F9 (0;67 aus Tabelle unten) mit "a" belegen.
Esc[0;59;"\"p	Funktionstaste F1 mit Backslash belegen.
Esc[0;60;"|"p	Funktionstaste F2 mit Pipe belegen.

1. Funktionstasten: Erweiterte ASCII-Codes für Shift-, Strg-, Alt-Tasten

Funktion:	Shift	Ctrl	Alt	Taste
F1	0;84	0;94	0;104	0;59
F2	0;85	0;95	0;105	0;60
F3	0;86	0;96	0;106	0;61
F4	0;87	0;97	0;107	0;62
F5	0;88	0;98	0;108	0;63
F6	0;89	0;99	0;109	0;64
F7	0;90	0;100	0;110	0;65
F8	0;91	0;101	0;111	0;66
F9	0;92	0;102	0;112	0;67
F10	0;93	0;103	0;113	0;68
Home	55	0;119	—	0;71
Cursor Up	56	—	—	0;72
Pg Up	57	0;132	—	0;73
Cursor Left	52	0;115	—	0;75
Cursor Right	54	0;116	—	0;77
End	49	0;117	—	0;79
Cursor Down	50	—	—	0;80
Pg Dn	51	0;118	—	0;81
Ins	48	—	—	0;82
Del	46	—	—	0;83
PrtSc	—	0;114	—	

Anhang 6: ANSI.SYS-Befehle zur Tastaturbelegung

2. Buchstaben/Ziffern: Erweiterte ASCII-Codes für Shift-, Strg- und Alt-Tasten

- **Zeichen**-Spalte: Bedeutung der entsprechenden Taste.
- **Shift**-Spalte: Erzeugter Code für Shift-Taste und Taste in Zeichen-Spalte (z.B. Shift-K für 75, Shift-Tab für erweiterten Code 0;15).
- **Ctrl**-Spalte: Erzeugter Code für Strg-Taste und Taste in Zeichen-Spalte (z.B. Strg-K für 11).
- **Alt**-Spalte: Erzeugter Code für Alt-Spalte und Taste in Zeichen-Spalte (z.B. Alt-K für 0;37, d.h. erweiterter ASCII-Code ab Nr. 0).
- **Taste**-Spalte: Erzeugter Code, wenn nur diese Taste gedrückt wird (z.B. K für Code 107).

Zeichen:	Shift	Ctrl	Alt	Taste
A	65	1	0;30	97
B	66	2	0;48	98
C	67	3	0;46	99
D	68	4	0;32	100
E	69	5	0;18	101
F	70	6	0;33	102
G	71	7	0;34	103
H	72	8	0;35	104
I	73	9	0;23	105
J	74	10	0;36	106
K	75	11	0;37	107
L	76	12	0;38	108
M	77	13	0;50	109
N	78	14	0;49	110
O	79	15	0;24	111
P	80	16	0;25	112
Q	81	17	0;16	113
R	82	18	0;19	114
S	83	19	0;31	115
T	84	20	0;20	116
U	85	21	0;22	117
V	86	22	0;47	118
W	87	23	0;17	119
X	88	24	0;45	120
Y	89	25	0;21	121
Z	90	26	0;44	122
1	33	—	0;120	49
2	64	—	0;121	50
3	35	—	0;122	51
4	36	—	0;123	52
5	37	—	0;124	53
6	94	—	0;125	54
7	38	—	0;126	55
8	42	—	0;127	56
9	40	—	0;128	57
0	41	—	0;129	48
–	95	—	0;130	45
=	43	—	0;131	61
Tab	0;15	—	—	9

Anhang 7: Umwandlung von hexadezimal in dezimal

1. Umwandlung von Werten bis Hex FFFF bzw. Dez 65535

2. Hex-Paar = unterer Dez-Wert und 2. Hex-Paar = oberer Dez-Wert

1. Beispiel: Hex FF69 ergibt Dez 65385:
Hex FF = Dez 65280 (unten), Hex 69 = Dez 105 (oben), 65280+105 = 65385.

2. Beispiel: Hex 800 ergibt Dez 2048:
Hex 08 = Dez 2048 (unten), Hex 00 = Dez 0 (oben), 2048+0 = 2048.

Hex	0	1	2	3	4	5	6	7	8	9	A	B	C	D	E	F
0	0	1	2	3	4	5	6	7	8	9	10	11	12	13	14	15
	0	256	512	768	1024	1280	1536	1792	2048	2304	2560	2816	3072	3328	3584	3840
1	16	17	18	19	20	21	22	23	24	25	26	27	28	29	30	31
	4096	4352	4608	4864	5120	5376	5632	5888	6144	6400	6656	6912	7168	7424	7680	7936
2	32	33	34	35	36	37	38	39	40	41	42	43	44	45	46	47
	8192	8448	8704	8960	9216	9472	9728	9984	10240	10496	10752	11008	11264	11520	11776	12032
3	48	49	50	51	52	53	54	55	56	57	58	59	60	61	62	63
	12288	12544	12800	13056	13312	13568	13824	14080	14336	14592	14848	15104	15360	15616	15872	16128
4	64	65	66	67	68	69	70	71	72	73	74	75	76	77	78	79
	16384	16640	16896	17152	17408	17664	17920	18176	18432	18688	18944	19200	19456	19712	19968	20224
5	80	81	82	83	84	85	86	87	88	89	90	91	92	93	94	95
	20480	20736	20992	21248	21504	21760	22016	22272	22528	22784	23040	23296	23552	23808	24064	24320
6	96	97	98	99	100	101	102	103	104	105	106	107	108	109	110	111
	24576	24832	25088	25344	25600	25856	26112	26368	26624	26880	27136	27392	27648	27904	28160	28416
7	112	113	114	115	116	117	118	119	120	121	122	123	124	125	126	127
	28672	28928	29184	29440	29696	29952	30208	30464	30720	30976	31232	31488	31744	32000	32256	32512
8	128	129	130	131	132	133	134	135	136	137	138	139	140	141	142	143
	32768	33024	33280	33536	33792	34048	34304	34560	34816	35072	35328	35584	35840	36096	36352	36608
9	144	145	146	147	148	149	150	151	152	153	154	155	156	157	158	159
	36864	37120	37376	37632	37888	38144	38400	38656	38912	39168	39424	39680	39936	40192	40448	40704
A	160	161	162	163	164	165	166	167	168	169	170	171	172	173	174	175
	40960	41216	41472	41728	41984	42240	42496	42752	43008	43264	43520	43776	44032	44288	44544	44800
B	176	177	178	179	180	181	182	183	184	185	186	187	188	189	190	191
	45056	45312	45568	45824	46080	46336	46592	46848	47104	47360	47616	47872	48128	48384	48640	48896
C	192	193	194	195	196	197	198	199	200	201	202	203	204	205	206	207
	49152	49408	49664	49920	50176	50432	50688	50944	51200	51456	51712	51968	52224	52480	52736	52992
D	208	209	210	211	212	213	214	215	216	217	218	219	220	221	222	223
	53248	53504	53760	54016	54272	54528	54784	55040	55296	55552	55806	56064	56320	56576	56832	57088
E	224	225	226	227	228	229	230	231	232	233	234	235	236	237	238	239
	57344	57600	57856	58112	58368	58624	58880	59136	59392	59648	59904	60160	60416	60672	60928	61184
F	240	241	242	243	244	245	246	247	248	249	250	251	252	253	254	255
	61440	61696	61952	62208	62464	62720	62976	63232	63488	63744	64000	64256	64512	64768	65024	65280

Anhang 7: Umwandlung von hexadezimal in dezimal

2. Umwandlung von Werten über Hex FFFF bzw. Dez 65535

64-KB-Grenze oben: Die Tabelle auf der vorangehenden Seite ermöglicht nur Umwandlungen bis Hex FFFF bzw. Dez 65535 (64 KB).

32-MB-Grenze unten: Die folgende Tabelle erweitert die Umwandlungen von Hex 10000 bzw. Dez 65536 auf Hex 2000000 bzw. Dez 33554432 (32 MB).

Hexadezimal:	Dezimal:	Hexadezimal:	Dezimal:
000 1000	00.004.096	002 0000	00.131.072
000 2000	00.008.192	003 0000	00.196.608
000 3000	00.012.288	004 0000	00.262.144
000 4000	00.016.384	005 0000	00.327.680
000 5000	00.020.480	006 0000	00.393.216
000 6000	00.024.576	007 0000	00.458.752
000 7000	00.028.672	008 0000	00.524.288
000 8000	00.032.768	009 0000	00.589.824
000 9000	00.036.864	00A 0000	00.655.360
000 A000	00.040.960	00B 0000	00.720.896
000 B000	00.045.056	00C 0000	00.786.432
000 C000	00.049.152	00D 0000	00.851.968
000 D000	00.053.248	00E 0000	00.917.504
000 E000	00.057.344	00F 0000	00.983.040
000 F000	00.061.440		
		010 0000	01.048.576
001 0000	00.065.536	020 0000	02.097.152
001 1000	00.069.632	030 0000	03.145.728
001 2000	00.073.728	040 0000	04.194.304
001 3000	00.077.824	050 0000	05.242.880
001 4000	00.081.920	060 0000	06.291.456
001 5000	00.086.016	070 0000	07.340.032
001 6000	00.090.112	080 0000	08.388.608
001 7000	00.094.208	090 0000	09.437.184
001 8000	00.098.304	0A0 0000	10.485.760
001 9000	00.102.400	0B0 0000	11.534.336
001 A000	00.106.496	0C0 0000	12.582.912
001 B000	00.110.592	0D0 0000	13.631.488
001 C000	00.114.688	0E0 0000	14.680.064
001 D000	00.118.784	0F0 0000	15.728.640
001 E000	00.122.880		
001 F000	00.126.976	100 0000	16.777.216
		200 0000	33.554.432

Anhang 8: Dual-, Hexadezimal- und Dezimalsystem

Hochzahlen von 2:

2^n	n
256	8
512	9
1 024	10
2 048	11
4 096	12
8 192	13
16 384	14
32 768	15
65 536	16
131 072	17
262 144	18
524 288	19
1 048 576	20
2 097 152	21
4 194 304	22
8 388 608	23
16 777 216	24

$$2^0 = 16^0$$
$$2^4 = 16^1$$
$$2^8 = 16^2$$
$$2^{12} = 16^3$$
$$2^{16} = 16^4$$
$$2^{20} = 16^5$$
$$2^{24} = 16^6$$
$$2^{28} = 16^7$$
$$2^{32} = 16^8$$
$$2^{36} = 16^9$$
$$2^{40} = 16^{10}$$
$$2^{44} = 16^{11}$$
$$2^{48} = 16^{12}$$
$$2^{52} = 16^{13}$$
$$2^{56} = 16^{14}$$
$$2^{60} = 16^{15}$$

Hochzahlen von 16:

16^n	n
1	0
16	1
256	2
4 096	3
65 536	4
1 048 576	5
16 777 216	6
268 435 456	7
4 294 967 296	8
68 719 476 736	9
1 099 511 627 776	10
17 592 186 044 416	11
281 474 976 710 656	12
4 503 599 627 370 496	13
72 057 594 037 927 936	14
1 152 921 504 606 846 976	15

Umrechnung hexadezimal - dezimal bis zu 6 Stellen

1. Umrechnung von Hex nach Dez:

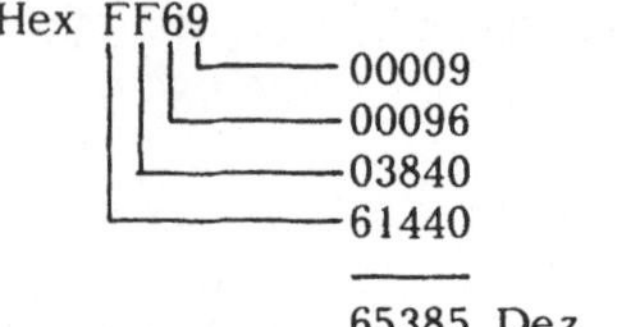

2. Umrechnung von Dez nach Hex:

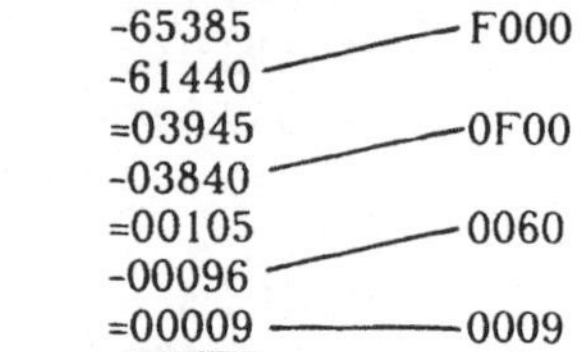

0	0	0	0	0	0	0	0	0	0	0	0
1	1,048,576	1	65,536	1	4,096	1	256	1	16	1	1
2	2,097,152	2	131,072	2	8,192	2	512	2	32	2	2
3	3,145,728	3	196,608	3	12,288	3	768	3	48	3	3
4	4,194,304	4	262,144	4	16,384	4	1,024	4	64	4	4
5	5,242,880	5	327,680	5	20,480	5	1,280	5	80	5	5
6	6,291,456	6	393.216	6	24,576	6	1,536	6	96	6	6
7	7,340,032	7	458,752	7	28,672	7	1,792	7	112	7	7
8	8,388,608	8	524,288	8	32,768	8	2,048	8	128	8	8
9	9.437,184	9	589,824	9	36,864	9	2,304	9	144	9	9
A	10,485,760	A	655,360	A	40,960	A	2,560	A	160	A	10
B	11,534,336	B	720,896	B	45,056	B	2,816	B	176	B	11
C	12,582,912	C	786,432	C	49,152	C	3,072	C	192	C	12
D	13,631,488	D	851,968	D	53,248	D	3,328	D	208	D	13
E	14,680,064	E	917,504	E	57,344	E	3,584	E	224	E	14
F	15,728,640	F	983,040	F	61,440	F	3,840	F	240	F	15

Anhang 9: DEBUG.COM-Befehle

a   assemble; Assemblerbefehle in Maschinencode übersetzen:
a (Adresse)

a 200	8088/8086-Mnemonics ab Offset 200 eingeben (Retun = Ende).
a	Code ab CS:0100 bzw. ab letzter Assemble-Adresse ablegen.

c   compare; zwei Speicherbereiche gleicher Länge vergleichen:
c Bereich Adresse

c 100 l10 300	16-Bytes-Bereich ab DS:100 mit Bereich ab DS:300 vergl.

debug   Debugger DEBUG.COM in den RAM laden und starten:
Prompt "-" erscheint, DEBUG.COM übernimmt die Kontrolle bis zur Beendigung mittels Quit-Befehl Q.

debug d1.bat DEBUG.COM mit einer Datei starten:

	Mit dem Debugger wird auch d1.bat in den RAM geladen.

d   dump; Dateninhalte von Hauptspeicherstellen anzeigen.
d (Adresse) oder d (Bereich)

d	Hauptspeicherauszug der nächsten 128 (8*16) Speicherstellen.
d 0100	Auszug der 128 Adressen ab Speicherstelle 100 (256 dez).
d cs:0100	Wie oben; Inhalt von Register CS als Segmentadresse.
d 1b09:0100	Wie oben; 1b09 (6921 dez) als Segmentadresse.
d 0100 l 20	Wie oben; statt 128 Adressen nur 32 (20h) Adressen zeigen.

e   enter; Zeichen in den RAM eingeben bzw. ändern:
e Adresse (Liste)

e 3eb "Klaus"	5-Bytes-String "Klaus" ab Adresse 03EB abspeichern.
e 3eb "K"4F	Drei Bytes ("K" und 4F hex) in Adressen 3eb bis 3ed setzen.
e 3eb	Inhalt von Adresse 3eb zeigen und auf Hex-Eingabe warten.

f   fill; Speicherplätze mit Werten einer Liste auffüllen:
f Bereich Liste

f 1b09:0200 l5 "Klaus"	Adressen 1b09:200 bis 1b09:204 mit "Klaus" füllen.

g   go; das zu testende Programm ausführen:
g (=Adresse)(Adresse(Adresse...))

g	Programm ohne Teststops ausführen gemäß CS:IP-Register.

h   hexarithmetic; Hexadezimalwerte addieren bzw. subtrahieren:
h Wert1 Wert2

h 11c 100	Summe 021c und Differenz 001c der Hex-Werte 1 und 2.

i   input; Byte von genannter Port-Adresse eingeben/anzeigen:
i Port-Adresse

l   load; Datei/absolute Diskettensektoren in den RAM laden:
l (Adresse(Laufwerk Sektor Sektor))
```
    l                 Mit Name-Befehl genannte Datei ab Adresse 0100 laden.
    l 400             Wie oben, aber ab Startadresse 0400 beginnen.
```

m   move; Speicherbereich zu einer Startadresse verschieben:
m Bereich Adresse
```
    m cs:100 115 400  22 Bytes (CS:100-CS115) zu Adresse DS:400 verschieben.
```

n   name; Datei benennen und Dateisteuerblock einrichten:
n (d:)(Pfad)Dateiname(.erw)
```
    n b:d1.bat        Name d1.bat eintragen.
```

o   output; angegebenes Byte an Ausgabe-Port senden:
o Port-Adresse Byte

p   proceed; Unterprogrammausführung bei Befehl anhalten:
p (=Adresse)(Wert)

q   quit; Testhilfeprogramm DEBUG.COM beenden.
```
    q                 Kontrolle wird an MS-DOS zurückgegeben.
```

r   register; Registerinhalte anzeigen bzw. ändern:
r (Registername)
```
    r                 Hex-Inhalte aller Register und Kennzeichen anzeigen.
    r cx              Inhalt von Register CX anzeigen und ggf. neu beschreiben.
    r f               Alle Kennzeichen anzeigen.
```

s   search; im Adreßbereich nach Zeichen der Liste suchen:
s Bereich Zeichenketten-Liste
```
    s 100 l 680 "Kl"  Ab Offset 100 in der Länge 680 nach "Kl" suchen.
    s 100 120 "Kl"    Ab Offset 100 bis Offset 120 nach "Kl" suchen.
```

t   trace; Register/Kennzeichen nach jedem Befehl anzeigen:
t (=Adresse)(Wert)
```
    t15               Genau 21 Befehle ab CS:IP mit Registeranzeige ausführen.
```

u   unassemble; RAM-Inhalte in Assemblerbefehle übersetzen:
u (Adresse) oder u (Bereich)
```
    u 100             32 Bytes ab Adresse 0100 in Assembler-Befehle umwandeln.
```

w   write; Speicherbereich auf Platte schreiben/sicherstellen:

Anhang 10: Farbnummerntabelle für MENUKEYS.COM

Die Codierung der Bildschirmattribute im Programm MENUKEYS.COM (ab Abschnitt 3.3.5.3) wird wie folgt vorgenommen:

	Attributcodes für	
Monochromadapter:	*Vordergrund*	*Hintergrund*
Keine Anzeige	0	0
Normale Anzeige	0	1
Inverse Anzeige	0	7
Invers blinkende Anzeige	0	15
Unterstrichene Anzeige	1	0
Blinkend unterstriche A.	1	8

Farbgrafikadapter:	*Farbstellung*	*Code*
(Standardfarbpalette)		
Normale Vorder- und Hintergrundfarben:	Schwarz	0
	Blau	1
	Grün	2
	Türkis	3
	Rot	4
	Violett	5
	Braun	6
	Weiß	7
Intensive Vordergrundfarben:	Grau	8
	Hellblau	9
	Hellgrün	10
	Helltürkis	11
	Hellrot	12
	Hellviolett	13
	Gelb	14
	Intensiv weiß	15

Normaler Hintergrund mit blinkendem Vordergrund:

Schwarz	8		Rot	12
Blau	9		Violett	13
Grün	10		Braun	14
Türkis	11		Weiß	15

Programmverzeichnis

#.BAT 269
$$$.TXT 278
$$.TXT 275

Abfrage1.BAT 190
Abfrage2.BAT 190
Add.BAT 202
APrint.BAT 232
Autoexec.BAT (elementar) 97
Autoexec.BAT (F9) 210
Autoexec.BAT (Modell 1) 116
Autoexec.BAT (Modell 2) 126
Autoexec.BAT (Modell 3) 142
Autoexec.BAT (Passwort) 201
Autoexec.RM0 258
Autoexec.RM2 259

B.BAT 131
Back.BAT 219
Bereit1.BAT 188
Bild1 172
Bild2 173
BOOT.BAS 260
Boot.COM 320

Config.RM0 257 298
Config.RM1 258
Config.SYS (elementar) 95
Config.SYS (Modell 1) 116
Config.SYS (Modell 2) 126

D.BAT 132
DatSuch1.BAT 192
Delay.COM 314
DemoCALL.BAT 84
DemoCLS.BAT 83
DemoEcho.BAT 82
DemoFOR1.BAT 88
DemoFOR2.BAT 88
DemoFOR3.BAT 89
DemoGOT1.BAT 87
DemoGOT2.BAT 88
DemoIF1.BAT 83
DemoIF2.BAT 84
DemoIf3.BAT 85
DemoIF4.BAT 85
DemoIF5.BAT 86
DemoIF6.BAT 86
DemoIF7.BAT 87
DemoPaus.BAT 83
DemoPro1.BAT 99
DemoRem1.BAT 82
DemoSHI1.BAT 89
DiskCopy.BAT 199

EPrint.BAT 230
Etikett 252

F.BAT 132
FindFile.BAT 212
FindText.BAT 216
Form.BAT 134

H.BAT 131

JaNein1.BAT 273
JaNein2.BAT 276

Kette1.BAT 193
Kette2.BAT 193
Kette3.BAT 194
Kopiere1.BAT 191
Kopiere2.BAT 191

M.BAT 132
Menu.BAT (in DBASE) 180
Menu.BAT (in UTIL) 175
Menu.BAT (in WORD) 182
Menu.BAT (Modell 1) 129
Menu.BAT (Modell 3) 148
Menu.TXT 178
MenuKeys.ASM 154 304

NoName.BAT 202

P.BAT 133 223
P1.BAT 196
P2.BAT 197
Pfade1.BAT 188
PMenu.BAT 245
PR.BAT 246

RAMDisk1.BAT 256
RAMDisk2.BAT 261
Rest.BAT 221

Scratch.BAT 267
SetMouse.ASM 169
SetPrn.BAT 240
SK.BAT 134
Sub.BAT 203

T1.BAT 206
T2.BAT 207
TA.BAT 210
TE.BAT 209
TP.BAT 131
Type1.BAT 264
Type2.BAT 266

Umgebung.BAT 189

Vieweg_C.BAT 280
VPrint.BAT 227

W.BAT 133
Wait.COM 310
Wi.BAT 134
WRAM.BAT 133

ZeiSuch1.BAT 192
ZPrint.BAT 238

Sachwortverzeichnis

" (Stringvergleich) 213
$ (Prompt) 98
% (Umgebungsvar.) 99
%%Variable 186
%1 (Stapelparameter) 84
& (Zeilenumbruch) 41
* (Joker) 45
, (Trennung) 187
- (DEBUG-Prompt) 297
. (Daten im Dump) 298
.. (Verzeichnis) 110
/ParameterVonSHELLC 20
/s (Formatieren) 107
/s (XCOPY) 77
; (Pfade trennen) 75
< (Umleitung) 100
<DIR> 109
== (Stapel) 186 213
>> (Umleitung) 102
>> 231
? (Joker) 45
@ECHO (Stapel) 84
[Programmstartkommando] 24
\ (Trennung) 74
\ (Wurzel) 69 108
^[(Escape) 211
| (Datenübergabe) 100

A (Assemble) 292 308
Absoluter Pfad 71
Abtastcode 204
Adresse 273 295
Aktiver Pfad 92
Aktives Laufwerk 91
Aktives Verzeichnis 74
AL (Register) 140 151
ANSI.SYS (Escape) 197
ANSI.SYS (Filter) 204
ANSI.SYS 49 326
APPEND 50 181
Arbeitsbereich 91
ASCII 321
Assembler 271 275
ASSIGN 50

ATTRIB 50
Ausgabeumleitung 101
AUTOEXEC.BAT 51 96 116
AX-Register 297

B: (Laufwerk) 91
Backslash 108
BACKUP 30 51
BAT-Datei 81 187
Batch 81 115
Baum (Verzeichnis) 70
Befehlstypen 48
Befehlsverzeichnis 49
Befehlszeilen-Oberfläche 15
Bereitschaftszeichen 188
Betriebssystem 15
Betriebssystemebene 234
Bezeichner 45
Bildschirm-Attribute 173 337
Binärzahl 294
Bit 294
Booten 93 320
BREAK 51
BREAK=OFF 95
BREAK=ON 185
BUFFERS 24 51 95
Byte 293

CALL (Stapel) 84
CALL 39 51 193
CD 52 72 110
CHCP 52
CHDIR 52 110
CHKDSK 52
CLS 52 83
Cluster 186 244
Code eingeben 308
Code-Segment-Register 297
COMMAND /C 234
COMMAND 52
COMMAND.COM 93 234
COMP 53
COMSPEC 97

CON 104
CONFIG.SYS 94 116
Controller 7
COPY 53 117
COPY CON (Eingabe) 81
COPY CON 116 130 312
COUNTRY 53 95
CR 236 299
CS-Register 297 303
Ctrl-Alt-F1 (Tastatur) 104
CTTY 54
CX-Register 297 303

D (Dump) 292 298
DATE 54
Dateisystem 18
Dateitypen 46
Daten-Register 297
Datenflußplan 103
Datensegment 154
Datensicherung 26
DEBUG 54
DEBUG-Befehle 292 335
DEBUG.COM 291
DEL 54
DEVICE 54
DEVICE=ANSI.SYS 95
DEVICE=Treiber 95
DEVICE=VDISK.SYS 96
DIR 54
DISKCOMP 55
DISKCOPY 55
DISPLAY.SYS 55
DOSSHELL 16
DRIVER.SYS 55
Druckroutinen 226
Dump 298

E (Enter) 292 299
EBCDIC 324
ECHO (Stapel) 82
ECHO (Tastenbelegung) 207
ECHO 56
Editor (Menü) 47
Editor (Prompt) 47

EDLIN 56 291
Eingabeumleitung 101
EMS 254
Environment 90 98
ERASE 56
ERRORLEVEL 139
Escape 171
Escape-Sequenz 195 211
Etikettendruck 230
EXE2BIN 57
EXIT 57
Expanded Memory 254
Extended Memory 254

FASTOPEN 57
FCBS 57
FDISK 12 57 120
FILES=8 57 95
Filterbefehle 100
FIND 57 100 239
FOR (Stapel) 58 88 191
FORMAT 58 107

Gerätenamen 45
GOTO (Stapel) 58 87
Grafikzeichen 173
GRAFTABL 59
GRAPHICS 59
Großschreibung 110

H (Hex) 292 309
h (hex) 297
Hexadezimal 332

IBMDOS.COM 93
IF (Stapel) 59 86
IF ERRORLEVEL 85 139
IF EXIST (Stapel) 83
INSTALL 59 96
Installieren 9
Instruction Pointer 298
IO.SYS 93
IP-Register 298 303
JOIN 59

Kaltstart 93
KEYB 60
KEYBOARD.SYS 60
Konfigurieren 8 92

LABEL 60
LASTDRIVE 60 96
Leerzeile (Alt-255) 187
LF 299
LINK 60

Maschinenprogramm 271 307
Maus 144 152
MD 61 71 109
MEM 61
MENU.BAT 148
MENU.TXT 127
MENUKEYS-Attribute 337
MENUKEYS.COM 151 306
Menü-Oberfläche 15
Menügruppe 33
Menüpunkt 22
MEU 21 39
MKDIR 61
MODE 61
MORE 62 265
MSDOS.SYS 93

N (Name) 292 310
NLSFUNC 62
NUL 147

Offsetadresse 295 299

Paragraph 273 305
Parameter (Stapel) 84 189
Partition 12
Passwortsystem 200
Patchen 291
PATH 62 74 97
PAUSE (Stapel) 62 83
Pfad (Umgebung) 92
Pfad 103 188
PRINT 62
PRINTER.SYS 63

PRN 101 228
Programmlänge 316
Programmsegment 303
Programmstartkommando 24
Programmverzeichnis 338
PROMPT (Tastenbelegung) 205
PROMPT 63 97
Promptzeichen 188

Q (Quit) 292 306

R (Register) 292 297
RAM-Disk 253
RD 63
RECOVER 63
Register 295
Rekursion 232 265
Relativer Pfad 71
REM (Stapel) 63 82
RENAME 63
REPLACE 64
RESTORE 31 64
RMDIR 64
Root 69

S (Search) 292 304
Scancode 204
Segmentadresse 295
Sektor 245
SELECT 8 64
SET (Defaults) 189
SET 179
SET 65 90 99
SHARE 65
SHELL 65
SHELL*.* 119
SHELL= 182 225
SHELLC 19
SHIFT (Stapel) 89
SHIFT 65 229 235
Shiften 251
Sicherungskopie27
SORT 66 100 103
Spooler 226
Spur 6

STACKS 66
Stammverzeichnis 69
Stapel (in Menüpunkt) 34
Stapel-Befehle 81
StapeldateiRAM-Disk 130
Stapelprogrammierung 185
Stapelverarbeitung 81
Starten von MS-DOS 93
Steuerzeichen (Escape) 211
Steuerzeichen 321
Streamer 32
Strg-Alt-F1 (Tastatur) 104
Strg-V (Escape) 171
Strg-Z 81 116 130
SUBST 66
SWITCHES 66
SYS 66

T (Trace) 303
Tastaturwechsel 104
Tastenbelegung 204
TIME 67
TREE 67 76 100 109
TYPE (Tastenbelegung) 208
TYPE 67

U (Unassemble) 292 311
Umgebung 98
Umgebungsbefehle 90
Umgebungsbereich 225
Umgebungsvariable 188
Unassemble 311
Unterverzeichnis 109
US-Tastatur 104

VDISK.SYS 67 96 254
VER 68
VERIFY 68
Verkettung (Stapel) 193
Verzeichnis 69 92
Virtueller Speicher 253
VOL 68

W (Write) 292 302
Warmstart 320

Wurzel 69 108

XCOPY 37 68 75 80
XMA2EMD.SYS 68
XMA2EMS.SYS 254
XMAEM.SYS 68

Zeichenattribut 173 197
Zugriffspfad 71
Zylinder 6 245